"博学而笃志，切问而近思。"

(《论语》)

博晓古今，可立一家之说；
学贯中西，或成经国之才。

复旦博学·复旦博学·复旦博学·复旦博学·复旦博学·复旦博学

孙时进 复旦大学心理学系主任，复旦大学心理研究中心主任，教授、博士生导师。上海高校心理咨询协会理事长（法人代表），上海市心理学会副会长。出版《社会心理学》、《心理学概论》、《管理心理学》等著作；发表论文多篇。教学领域：社会心理学、咨询心理学、管理心理学等方面；研究兴趣：人本主义心理学、进化心理学以及超个人心理学；掌握技术：团体心理咨询、催眠和内观疗法的理论与技术等。

普通高等教育"十一五"国家级规划教材 复旦博学·社会学系列

An Introduction to Social Psychology

社会心理学导论

孙时进 编著

复旦大学出版社

内容提要

　　本书从进化心理学的视角来整合社会心理学的体系，通过对社会心理学理论在实践中形成、发展历程的评析，比较全面、系统地阐述了社会心理学的一些最基本的范畴与理论，介绍了该领域及相关领域的许多有代表性学者的代表性观点，分析了介入人类社会生活的诸多心理因素或现象，力图从人的心理对人的行为，从而对人类的种种社会活动的影响，揭示出心理学在社会发展过程中所发生的重要的不可忽视的作用。

　　本书适合作为大专院校社会学、心理学、社会工作及相关专业的课程教材。为方便教学，本书配有多媒体电子课件，相关专业的教师可以登录复旦大学出版社网址（http://www.fudanpress.com.cn），点击进入教学服务网下载该电子课件。

目　　录

9

第一章 绪 论

作为一个社会的人，任何心理和行为都将受到社会的影响。

社会心理学以个人行为与社会的相互影响为研究对象,就人们如何看待他人、如何影响他人、又如何相互关联的种种问题进行科学研究。社会心理学家将他们的想法与发现构造成理论,好的理论将会在一长串事实中提炼出许多简短的预测原则,我们可以利用这些预测原则对理论加以证实或修正,以产生新的研究,并将其应用于实践。

第一节 什么是社会心理学

一、社会心理学的定义

所谓社会心理学的研究对象,简单通俗地讲,实际上就是指社会心理学是研究什么的,即要给社会心理学下一个定义。但要下一个让所有社会心理学家都能接受的、确切而又严密的定义,几乎是不可能的。有人说有多少个社会心理学家就有多少个社会心理学的定义,事实也确实如此。许多西方的社会心理学教科书都对此避而不谈,而直接介绍社会心理学研究的内容。然而社会心理学研究的内容是在不断变化的,20世纪50年代教科书介绍的内容和21世纪的教科书可能有很大不同。如果不从宏观上去把握社会心理学的研究对象及范围,则会迷失研究方向。因此,我们首先要讨论社会心理学的定义究竟应该是怎样的。

社会是由单个的人组成的,个体是如何影响这个社会的,社会中的人与人是如何相互影响的,这显然是社会心理学所应研究的问题。除了单个的人,人类社会中还有许多组织,这种组织对于身处其中的人总是有一定的影响的,且这种影响很难直接作用于个体,只能通过一些具体的社会情境来进行。而在社会结构、社会情境影响人的同时,人也具有能动性,可以反过来影响社会。社会的发展和演变正是由人来推动的。人在改造、影响社会的同时也改造自身,使自己的社会心理产生变化。上述过程也都是社会心理学所关心的。

3

通过以上的论述,我们可以把社会心理学定义为从心理的角度研究个体与个体、个体与群体、个体与社会以及群体与社会之间的相互影响和相互作用的学科。我们如何认识别人,如何对别人作出反应和影响,别人如何对我们作出反应和影响,人们怎样受社会环境的影响等,都是社会心理学所要研究的问题。

社会心理学的研究对象大都是每个个体所熟悉的事情。这初看起来给研究带来了方便,事实上却同时带来很多困难。弗洛伊德(S. Freud)曾非常羡慕爱因斯坦(A. Einstein),他在给爱因斯坦的一封生日贺信中称爱因斯坦为幸运儿。弗洛伊德对此的解释是,他之所以认为爱因斯坦幸运,是因为尽管当时世界上几乎没人真正理解爱因斯坦研究的相对论,但大家都对爱因斯坦表示尊敬,而他所研究的心理学和创立的理论,真正理解的人也不多,可大家都自以为理解了。男女老幼都要对他的理论评头论足。可谓是"画鬼容易画人难"。事实上社会心理学研究对象的复杂性比想象的要大得多。

二、社会心理学的研究角度

(一) 社会学的社会心理学

有许多人从社会学的角度出发,从社会组织、社会结构、社会规范、社会群体入手,试图以群体内部互动等来解释人类的社会行为和社会心理。这一角度研究的代表人物有乔治·米德(G. Mead)等人。乔治·米德提出的"符号互动理论"、萨宾(T. Sarbin)的"社会角色理论"、戈夫曼(E. Goffman)的"社会戏剧理论"等都是从群体的互动过程来理解人类行为的。这些理论从较宏观的角度来展开论述固然有正确的一面,但不了解微观,撇开个体心理去研究社会心理学也是有局限性的。

(二) 心理学的社会心理学

心理学中的社会心理学流派繁多,其研究者大多是心理学家,他们认为社会心理学可以看作是心理学的一部分,都试图从个体心理和个体人格结构中找到对人类行为和心理的解释。他们认为应从个体心理入手去理解人类社会的发展变化及种种复杂难解的社会现象。在这一派人看来,既然社会是由个体构成的,那么了解社会心理、社会现象当然要从个体入手。从该研究角度研究的代表人物是奥尔波特(F. Allport),他使用实验研究法,力图用自然科学的研究方法来研究社会心理学。这种微观的、下行路线的研究,虽然看起来取得了一些较精确的结果,但却有着很大的局限性。社会存在决定社会意识,不研究社会结构、社会情境,很难透彻地研究社会心理。这种受笛卡儿思想影响的、分析的、孤立的研究方法已经在一定程度上限制和影响了社会心理学的发展。

(三)文化人类学的社会心理学

文化人类学家通过深入实地、现场、跨文化的比较研究,采用在自然情境中对不同民族、不同文化人的行为和心理的系统观察,得到了许多有价值的材料,补充完善了社会心理的研究。马林诺夫斯基(Bronislaw Malinowski)以通过这种方法得到的材料批驳了弗洛伊德的"恋母情结"在人类心理发展中具有普遍性的观点。玛格利特·米德(M. Mead)和本尼迪克特(R. Benedict)的研究也扩充了社会心理学研究的范围,但文化人类学家所采用的"描述性调查"也被许多人批评为有较大的主观性。

总之,研究社会心理学既不能仅从微观出发,只研究个体层面的心理现象,也不能仅从宏观层面出发,只研究群体、组织层面的现象,两者都失之偏颇,不能全面揭示社会心理学的研究对象。进行社会心理学研究应该用系统的观点,同时从这两个角度出发,像前面定义中所说的那样研究个体、群体、社会相互之间错综复杂的关系,揭示其中的规律,从而增加人们对自己的认识,增强人们改造自身和社会的能力。

三、社会心理学的研究范围

心理学从个体的角度出发,对个体的心理现象,如感觉、知觉、想象、记忆、个性等进行研究,而社会心理学偏重的是对群体、社会中的个体的社会心理现象的研究,就整个结构来讲,现在已形成比较完整的体系。从研究对象的角度可以将社会心理学的研究范围划分为个体社会心理、群体社会心理和应用社会心理三个层面。

(一)个体社会心理

这一层面研究的着眼点主要放在特定社会情境中的个体,主要包括以下几个领域:

1. 人的社会化。人出生之时,只是一个自然人,要想成为社会的一员,就必须进行社会化。人的一生其实都在进行各种各样的社会化,社会通过社会化将本社会的风俗、习惯、道德、文化传授给个体,从而使他可以融入社会,成为其中一员。社会化可以将"自然人"变为"社会人",形成个体的自我意识,培养其社会技能,完成世代交替。

2. 人的社会认知和归因理论。普通心理学偏重研究人对物的认知,而社会心理学则注重研究人对人的认知,包括人们如何对他人形成印象和受影响的因素是什么、认知的过程是怎样的等,社会心理学还研究归因问题,即研究人是怎样寻找自己或他人行为的原因的。

3. 人的态度与态度的改变。人们对各种社会事物和人总体形成一些自己的态度,这是社会心理学研究的一个重要内容,在日常生活当中有很大的实用价值。主要研究内容有:人的态度是如何形成的? 如何测量态度? 态度可否改变? 有何条件? 人们对事物和他人的偏见是如何形成的? 如何防止?

4. 人类的攻击性和利他行为。人类为何既有攻击性,同时又有利他行为? 如何减少攻击行为、增加利他行为? 社会情境下的利他行为有何变化? 这些都是社会心理学要研究的内容。

5. 人际吸引与人际交往。它研究的是在社会情境中一个个体与另一个个体或多个个体的关系,探讨人与人之间如何产生吸引,受什么样的因素影响,人际关系发展的过程是怎样的。这些研究对于日常生活中人们如何与他人发展人际关系具有重要的指导作用。

(二)群体社会心理

这一层面的研究对象主要是群体成员、群体与个体之间、群体与群体之间的相互作用。这时每一个个体都不再是特别的存在,而仅是作为团体成员的角色被研究。社会学对群体进行研究,社会心理学也研究群体,但它的研究角度不同于社会学,它主要是从群体心理的角度研究群体的类型、结构和功能,群体内的压力和规范,群体凝聚力的形成,群体决策及执行的过程,群体内成员之间的合作与竞争等。另外,社会心理学还研究在人数众多时人们由于匿名效应或互相影响而容易发生的所谓大众社会心理现象,主要指社会影响和相符行为,包括从众、服从和顺从、暗示、模仿、流言、舆论等。

(三)应用社会心理

从整体上说,社会心理学本身就是一门应用性很强的学科,它的各种研究成果都应该可以应用于日常生活中。但是社会心理学仍有必要在一些专门的领域进行应用研究。本书就社会心理学在以下几个领域的应用进行探讨：环境与都市心理、广告与消费者心理、爱情与婚姻心理、团体心理辅导、身心健康等方面。其实，社会心理学的应用研究领域相当广泛，本书只是提及了其中的一部分，有兴趣的读者可以再参阅其他社会心理学著作。

第二节 社会心理学的主要理论

在第一节中，我们已经提到了研究社会心理学的三个角度，即社会学、心理学和文化人类学，每一种角度下都包含着众多解释各种社会心理现象的理论，在此我们不可能一一加以介绍，只能择其主要理论加以简单的阐述。除了这些大的理论之外，还有很多解释个别社会行为的小理论，如归因理论、认知失调理论、社会标签理论等，其具体内容我们都将在后面各章论述有关问题时再作介绍。

一、社会学角度的社会心理学理论

社会学家倾向于从整体的角度去研究社会心理现象，关注群体内部和群体之间的互动，这在下面将要介绍的几种理论中都得到了充分的体现。

（一）社会交换理论

交换本来是一个经济学的名词，指的是商品交换。但社会交换理论将这个名词转借过来，将其内容扩大为社会交换。这种理论认为整个人类的社会行为都可视为一种至少是在两个个体之间进行的交换活动，无论这种过程是有形的还是无形的，也无论其报酬或代价的大小如何，这种理论考察的重点是人们在社会互动过程中付出的代价和获得的利润。社会交换理论最著名的代表是美国社会学家霍曼斯（G. C. Homans）和彼得·布劳（P. M. Blau）。霍曼斯是社会交换理论的创始人。经济学讲报酬、利润、成本，社会交换理论借用这些术语，但其中的成本是指自己拿出去的东西，包括体力的消耗，放弃的享受、赞扬和安慰等，报酬不仅包括物质财富，也包括社会财富和心理财富，利润等于报酬减去成本的剩余。社会交换理论认为人们的行为都是为了追求最大利润。但是，它与经济学的观点又有所不同，认为人的行为并不总是追求物质方面的利润。当有两个或多个选择时，人们总是要进行价值比较。这种价值主要是主观价值,对每个个体来说是不一样的。经过比较,人们总是选择自己认为价值高的那一个。一旦选定,一个就成了报酬,另一个就成了成本,报酬和成本是随时可变的。举一个例子,对于英王爱德华的"不爱江山爱美人",有些人感到不可理解,认为江山重于美人,有了江山就什么都有了。这两种主观价值判断就存在着巨大差异。正是因为人们的主观价值判断不同,人们才有了各种不同的行为,有的人能舍生取义,有的人却卖国求荣。在上面的例子中,王位就成了成本,爱情就成了报酬。正是因为爱德华认为爱情重于王位,所以他才会作出令许多人瞠目的选择。

布劳使社会交换理论得到了进一步完善。他将这种对微观的社会结构,即人与人面对面互动过程的分析,同宏观的社会结构的分析结合起来。一方面,他发展了霍曼斯的报酬概念,将其划分为内在报酬和外在报酬两部分,并区分了经济交换和社会交换的不同,还按价值的依次递增将日常生活中常见的酬赏分为四种类型:金钱、社会赞同、尊重和服从;另一方面,他认为交换只是小群体的取向原则,在大的社会组织中进行的活动是不能被还原到这种心理的水平并进行分析的。

(二)符号互动理论

这一理论是由美国心理学家乔治·米德系统地提出来的,他的《精神、自我与社会》一书是这一流派的经典之作。米德认为,人的独特之处就在于人能够运用符号。所谓符号是指人们在相互沟通过程中用来代表任何东西的客体。正是由于这种能力,人们才能保存过去的经验和建立新的意义。社会生活是由社会成员的协同行为来完成的,而协同需要靠符号相互作用来建立。一个人必须理解其他人行动的目的,并作出反应。即甲传来一个符号,乙据此作出反应;反过来,乙的反应对甲也构成一个符号,甲又对乙作出反应,这就是所谓的"相互作用"或"互动"。社会与个体是通过符号相互作用来互相影响、互相制约的,一方面,社会通过符号的相互作用来"塑造"个体、影响个体的自我发展;另一方面,个体又通过符号相互作用来维持和改造社会。米德认为人对环境的适应不是像动物那样的简单的"刺激-反应",而是当刺激产生时,先对其进行理解、解释,而后再作出积极的反应,这是一种"延迟反应"。所以,人类的行为不是由外来力量或生理本能决定的,在很多情况下是自愿作出的。

继米德之后,布鲁默(H. Blumer)成为这一理论的代表人物,符号互动论这一名词就是他首先开始使用的,他发展了符号互动论。符号互动论强调人的主观作用,强调对刺激的解释过程,因此布鲁默就力求找到一种了解主观意义的方法。他认为每个行动者的行为都有其特殊意义,研究者应该仔细探索行动者的内部经验,用行动者的眼光看问题。他认为社会科学应在真实的背景中研究人,而不是在实验室里或用问卷去研究人。

(三) 其他主要理论

除了上面提到的两种理论之外,还有许多从社会学角度进行社会心理学研究的理论,如社会角色理论、参照群体理论、戏剧理论等,这些理论都受到符号互动理论的影响,但又都已各成理论体系。社会角色理论将角色概念引入社会心理学,认为角色其实是个体在社会中的地位,它包括两个方面,即社会对担任某一角色的社会成员在行为上的客观期望和该成员在扮演这一角色时的主观表演。对不同的社会角色,社会有不同的客观期望;对同一角色,不同的人扮演就会有不同的主观表演。社会角色理论正是从这主观和客观两个方面来研究人的角色行为。参照群体理论中最重要的名词是参照群体。它是指个体并不隶属但却心向往之、愿意接受其行为规范的群体。人们的行为和态度往往不受隶属群体的影响和制约,相反是受其参照群体的影响。例如二战期间对美国士兵的一项调查发现,只有极少晋升机会的兵(军)种(如宪兵)比有许多晋升机会的兵(军)种(如空军)对提升会有更强烈的满足感。对此的解释是,使人们满足的是其与他人相比的相对值,而不是物理上的绝对值。这种相对满足现象揭示了参照群体(指人们在心理上加以比较的群体)对个体的态度和行为的影响作用。参照群体理论可以用来解释生活中的许多现象。戏剧理论则认为生活如同戏台,社会心理学应该研究人们在互动过程中给他人留下的"印象",即个体运用哪些技巧,如何在他人心目中创造出特定印象,故这一理论又称"印象整饰"。此外还有一些其他的理论,如标签理论、日常生活方法论等。

二、心理学角度的社会心理学理论

心理学家注重从个体的角度透过微观的心理现象去反映、理解宏观的社会心理现象,这一研究的"下行路线",使其研究看起来比较精细,贴近生活,但因此也使他们"只见树木不见森林",难以从整体、宏观的角度把握社会心理现象。

（一）精神分析理论

弗洛伊德所创立的精神分析理论对于西方心理学乃至整个人文、社会科学的影响都是不可估量的。所以有些心理学家认为，如果没有弗洛伊德思想的渗入，西方心理学理论的建立与发展就不可想象。不考虑精神分析的影响，就不可能理解现代西方社会心理学的整个面貌及其某些根本特征和方面。在心理学范围之内，弗洛伊德的贡献主要包括潜意识理论和本我、自我、超我的三位一体人格结构理论。在弗洛伊德的著作中，他将人的精神世界主要划分为意识和潜意识两大部分。意识是可以直接感知到的心理部分，潜意识包含了人的原始冲动和本能，其内部以性驱力为动力源，是人自我意识不到的部分。两者相比较，意识显得小而不重要。与此相应，人的人格结构可以分成三个部分，即本我、自我和超我。本我是心理能量的基本源泉，它奉行快乐的原则，不受理智、道德的约束，以满足本能的需要；自我位于本我和超我之间，对两者加以控制和统辖，奉行现实的原则，是真正能满足的需要；超我是人格的最上层，奉行道德的原则，是社会和文化的产物。弗洛伊德正是在这三者的对立、冲突与协调中，论述了本能与社会的既对立又联系的关系。弗洛伊德还力图打破个体心理学与群体心理学之间的壁垒。他认为，在个体的心理生活中，始终有他人的参加。这个个体或是作为榜样，或是作为协作者，或是作为敌人，因此，从一开始，个体心理学同时也是群体心理学。弗洛伊德还将其理论应用于对文明的解释，认为文明是在压抑人的本能欲望中产生的，禁忌、道德、制度和图腾崇拜都从不同方面限制了人的原始冲动，这不可避免地导致了本能与文明的冲突。此外，弗洛伊德还对家庭、文化、宗教等一系列社会因素对人类心理的影响作出了广泛论述。

弗洛伊德的后继者荣格（C. G. Jung）、阿德勒（A. Adler）、弗洛姆（E. Fromm）、马斯洛（A. H. Maslow）等都为精神分析理论在社会心理学研究中的作用作出了重要贡献。荣格提出了集体无意识的概念，进一步深化了心理学研究的领域，扩大了心理的范围。阿德勒则认为人的行为不是由生物学的本能力量决定的，而是由社会力量决定的。弗鲁姆和马斯洛则将精神分析理论关注的重点从本能与行为的关系转移到了社会与人的关系上，从而建立了人本主义学派，他们所提出的社会潜意识、社会自恋和社会性格、人的需求层次、人的自我实现等概念，已经成为现代社会心理学中的流行概念。

（二）社会学习理论

社会学习理论是社会心理学理论中的重要流派之一,它起源于行为主义心理学,巴甫洛夫(I. P. Pavlov)和华生(J. Waston)是该理论早期最著名的代表人物,后来霍尔(G. S. Hall)和斯金纳(B. F. Skinner)、米勒(N. E. Miller)和多拉德(J. Dollard)把学习的原则运用到社会行为上,又经班图拉扩大成为一种理论方法,社会学习理论才因此形成。这派理论注重研究人们的外显行为。早期的行为主义认为人类的一切行为都是由外界环境决定的,是一个简单的刺激-反应的过程。社会学习理论发展了这种观点,认为个体的行为不是由动机、本能、特质等个体内在结构决定的,也不是由环境力量决定的,而是由个体与环境的交互作用决定的。社会学习理论的代表人物班杜拉(A. Bandura)就是一个交互决定论者。他认为,人的行为受到内在因素与外在环境因素的交互作用影响,这三者之间构成一种三角互动关系。行为同时受到环境和个体的认知与动机的影响,人的行为的结果又创造、改变了环境,同时也使人的认知和动机发生改变。

班杜拉十分注重研究通过模仿他人而学会某些行为的过程,因为他认为我们的大部分社会行为都是通过观察他人、模仿他人而习得的,而不需像早期行为主义假设的那样经过一个漫长乏味的尝试错误过程逐渐形成这些行为。班杜拉将观察学习分为四个过程,即注意、保持、动作再现以及动机或激励过程。与早期学习论者不同,班杜拉认为人的行为并非仅仅受到自己行为的直接后果的影响,还受到观察他人所获得的结果,以及由个体对自己的评价、认识所产生的结果的强化影响。

此外,班杜拉还将这一理论应用到许多重要的人类行为,如侵犯行为、利他行为、满足延迟行为以及性别角色的社会化上,并取得了积极的成果。这为人类对自身行为的理解、预见和控制提供了很有价值的理论参考。

（三）其他主要理论

除了上述两种理论之外,从心理角度研究社会心理学的理论还有社会认知理论、群体动力学理论等。社会认知理论和行为主义的不同是,它将研究的重点放在了人的主观意识上,认为只有理解了人的认知过程,才能理解人的行为。社会认知理论并没有统一的理论体系,它只体现了社会心理学家的一种研究倾向,内容涉及态度、动机、知觉、偏见、归因等。社会认知理论的一个典型代表就是由海德(F. Heider)、纽科姆(T. M. Newcomb)、奥斯古德(C. E. Osgood)和费斯汀格(L. Festinge)等人创立的"认知一致性理论",其基本观点是:人具有一种保持心理平衡的需要,而认知矛盾往往会打破心理上的平衡,使个体出现不愉快的心理状态。这种心理状态又会促使个体做出一定的行为,以重新恢复心理上的平衡,这一理论又可分为许多具体的模式,主要有海德的认知平衡理论、纽科姆的认知均衡理论以及费斯汀格的认知失调理论。后来,认知一致性理论逐渐为研究社会认知过程本身的归因理论所代替,有关这些理论的具体内容我们将在后面的有关章节中加以介绍。群体动力学曾被视为社会心理学发展史上的一个里程碑,一度引起整个社会科学界的关注。这一理论的代表人物是美国社会心理学家勒温(K. Lewin),他的场论是这一理论的理论基础。他将人的行为环境视为一个场,人也是这个场的一部分。场的整体性使在场内并存的事物相互依存、相互作用。一个个体在场内所受到的全部力量来自他的内部和他外部的场,他的行为是对他所受的所有力的反应,因此是多重性的。勒温把作用于一个个体的所有心理力量称之为"生命空间",行为(B)被说成是生命空间的一个函数: $B = f(P \cdot E)$,其中 P 是该个体,E 是环境。群体动力学还研究群体中各种力的交互作用及影响群体行为的潜在动力,这对于促进群体的功能发挥以及群体对个体和社会的作用有着重要的指导意义。近年来人本主义、超个人心理学和进化心理学对社会心理学有着越来越大的影响。

三、文化人类学角度的社会心理学

文化人类学家重视社会文化这一因素对人们心理的影响作用。他们主要是通过实地的原野研究,考察不同社会的文化和心理特点并加以比较,因此被称为跨文化研究,或称为比较文化研究。在他们进行的有关人格与社会行为的跨文化研究中,他们也从自己学科出发,创立、发展并逐渐完善了解释人格及社会行为的社会心理学理论——文化与人格理论。这一理论的创始人是英国的马林诺夫斯基和美国的波亚士(F. Boas)。通过实地考察研究,前者否定了弗洛伊德关于恋母情结普遍存在的观点,后者则得出决定人类行为的不是遗传因素而是文化因素的结论。在文化与人格理论的发展中,早期以波亚士的两个女弟子本尼迪克特和米德为代表。她们为反对当时盛行的人格及人类行为的生物决定论观点,曾数度只身闯入原始部落,力图揭示人类(野蛮而未经教化的原始人类)所赖以生存的丰富多彩的文化环境是如何塑造人格的。经过研究,她们认为只有从文化入手才能真正揭示出人格及人类社会行为的形成原因。这被称为人格的文化决定论。后来这一理论又有所发展,变为文化与人格的互动论,其代表人物是林顿(Ralph Linton)与卡丁纳(Abram Karchiner),他们一方面同意前面本尼迪克特和米德的观点,认为人格及社会行为受制于文化,因文化不同而有所不同,另一方面又在以下两点做了一些修正:(1)文化影响、制约着人格,个体的心理结构也在某种程度上影响着文化的构造及变迁;(2)人格不仅仅是文化的,而且是综合的、累加的,是从个体出生之日起就与之发生联系的各种文化的以及非文化的力量不断进行塑造的结果。文化与人格理论如今仍在不断发展,有着比较广阔的前景。

第三节 社会心理学的发展历史

社会学与心理学都只有一百多年的历史,作为这两门学科的交叉学科,社会心理学历史则更短。中国社会心理学界倾向于把社会心理学的发展历史划分为孕育时期、形成时期和确立时期,下面我们也将以这一划分方法对社会心理学发展作一简要介绍。

一、社会心理学的孕育时期

这是社会心理学形成前的准备阶段,其时间从古代一直到19世纪上半叶,这阶段人们主要依据主观思辨和猜测去阐明人们的社会行为。由于这一时期时间跨度较长,而且社会心理学思想同一般的心理学思想的见解紧密相连并蕴含于哲学体系当中,所以很难把"纯"社会心理学观点划分出来,但这一时期理论的系统化和条理化直接为后来社会心理学的各理论流派的形成提供了理论基础。其中关于"人性"所展开的争论对今天的各社会心理学理论流派的形成影响巨大。关于人性,中国古代的孔丘、孟轲、荀况等都曾作过论述,王充、范缜、朱熹、王夫之等人也都对其他社会心理现象进行过论述。但对现在西方社会心理学的各理论起主要基础作用的还是古希腊的哲学思想。其可以分出两条理论线索:一是柏拉图,他从人的生物学基础去理解"社会心理学"。他把人的生物本性分为:头、心和胃三部分;与之对应的心理成分则是理智、意志和欲望。三种心理成分全面发展的结果是产生智慧、勇敢和节制三种美德。个体充分、全面的发展生物和心理本性,正义就会在个体身上出现,而正义是个体幸福最重要的因素。他还认为:国家的政治结构产生于人的性格,有几种个体心灵就会对应有几种政治制度。二是亚里士多德,他认为人是社会性的动物,人的社会等级是由人内在的心理气质决定的。亚里士多德的许多论述为当代社会心理学研究开辟了诸多领域,他提出的"宣泄说"孕育了弗洛伊德的"心理动力说",现代交换论也受到他对人类行为观点的影响,当代对人类侵犯行为的研究也可追溯到他的思想。所以,美国早期社会心理学家奥尔波特认为亚里士多德是在哲学知识内部建立了社会心理学的主题思想的创始人。

二、社会心理学的形成时期

19 世纪下半叶到 20 世纪初是人类社会发生重大历史变化的时期,许多学科都取得了很大的发展和进步,其中包括那些同社会生活的各个过程有直接关系的学科。在这一时期,社会学、心理学、文化人类学都逐步建立了起来。社会心理学的形成既来自社会的需要,也来自社会学、心理学等学科本身的发展需要。随着社会的不断发展,心理学家发现要研究个体行为必须注意到他人存在的影响,而社会学家在研究个体与群体间的互动时也不能不注意到其中的心理现象,这些所谓的"边缘问题"都不是单单心理学或社会学所能解答的,于是心理学开始与社会学彼此接近,最终形成了一门新的学科——社会心理学。1859 年,德国人拉扎勒斯(M. Lazarlls)和施坦达尔(H. Steinthal)联合主编了《民族心理学和语言学杂志》,有人将此视为描述性社会心理学的诞生之年。1875 年,德国学者舍夫勒(A. Shefule)首先在现代意义上使用了"社会心理学"一词。但真正可以说是社会心理学形成标志的应该是 1908 年英国心理学家威廉·麦独孤(W. McDougall)和美国社会学家爱德华·罗斯(E. A. Ross)分别写出的最早的社会心理学同名教科书。

在这一时期,社会心理学的形成有三大理论来源,即德国的民族心理学、法国的群众心理学和英国的本能心理学。下面对这三大理论分别予以简单的介绍。

(一)德国的民族心理学

这种理论是 19 世纪中叶在德国形成的。该理论认为有一种"超个体的灵魂"的实体存在,它从属于称作民族的"超个体的整体"。这种思想源于黑格尔,后经拉扎勒斯和施坦达尔加以发展从而成为民族心理学的直接创造源。该理论认为,历史的主要力量是民族或"整体精神",这种精神通过艺术、家教、语言、风俗习惯和神话表现出来。个体意识仅是它的产物,是某些心理联系的环节。社会心理学的任务是从心理方面认识民族心理的本质,揭示民族精神活动的规律。民族心理学的思想在冯特(Wilhelm Wundt)那里得到了充分的发展。他认为,心理学由生理心理学和民族心理学两部分组成,研究高级心理过程应由民族心理学来完成。民族心理学必须对民族文化——语言、神话、风俗习惯、艺术等进行分析。他也认为,社会生活中最基本的是民族精神,社会与文化的心理学应该称为民族心理学。民族心理学认为,在个体意识之外,还存在着表征群体心理性质的某些东西,个体意识在某种程度上是由这些东西决定的。这一观点对加强群体心理学的研究不无启发。

(二) 法国的群众心理学

这一理论产生于 19 世纪后期的法国,其代表人物是法国社会学家塔尔德(G. Tarde)和黎朋(Le Bon)。他们以群众的心理作为研究对象,对群众和公众的时尚、风俗、舆论、传说等社会现象所表现出来的共同行为进行研究。塔尔德将社会事实的一般模式描绘成两个个体的相互关系,他们一个模仿另一个。黎朋则认为,人的任何聚集都是"群众",群众的主要特点是丧失了观察能力。人在群众中的行为特点是:失掉个性,感情的作用大大超过理智的作用,失掉了个体责任感。由此黎朋得出结论:群众按其本性来说是没有秩序的、混乱的,因此需要有"领袖",而"优秀分子"可以履行这种职责。群众心理学中的"暗示和模仿"理论对以后的社会心理学理论影响巨大,在解释特定情境下的大众心理现象如骚乱、恐慌等时,极有参考价值。但群众心理学只是进行了一些现象的描述,缺少对深层的心理机制的解释,它还具有明显的阶级色彩,而且这种理论把特定情境下的群众行为视为所有群体行为的特点也是片面的。

(三) 英国的本能心理学

这派理论的代表人物是英国心理学家麦独孤。他从达尔文的进化论观点出发,探讨了个体行为的动力问题,并将这种动力归结为人的本能,在其著作《社会心理学导论》中,麦独孤写道:"先天或遗传的倾向,是一切思想和行动(不论是个体的还是集体的)的基本源泉或动力。"他在书中列举了诸如求食、合群、性及生殖、母爱等12种本能,并认为正是从这类潜伏在行为背后的本能中衍生出了全部社会生活和社会现象,个体生下来具有许多本能,后来这些本能在社会影响下得以发展,因此他认为要了解人的个性发展与变化,必须先了解其本能。麦独孤的著作出版之后,他的观点为许多社会心理学家所接受。但后来也遭到另一些心理学家的反对。众所周知,人的本能是与生俱来不学而能的先天功能,本能对人们的行为并不起重要作用,决定行为目的并为行为提供动力的乃是社会环境。麦独孤把本能用来解释人们的全部行为显然是站不住脚的。除了上述三大理论来源,在社会心理学的形成时期,还诞生了后来对西方世界影响巨大的两大心理学流派:精神分析学派和行为主义学派。这两个学派对后来社会心理学的发展产生了持续不断的影响,其具体内容在前面第二节中已作过介绍,这里就不再赘言了。

三、社会心理学的确立时期

20世纪20年代以前,社会心理学虽然已形成一门独立的学科,有了自己的研究领域,但从整体上看,仍然没有完全摆脱从哲学母体中带来的思辨和抽象的性质。从20年代起,随着各种实证手段的运用,社会心理学开始走向科学,进入确立时期。这一阶段的主要特征是:从描述转变为实证,从定性研究转变为定量研究,从理论转变为应用,从大群体分析转变为小群体研究。从此之后,社会心理学在70多年中获得了稳步的发展。

二战后,随着美国政治、文化的扩展,心理学,包括社会心理学的理论和方法又从美国渗入欧洲及其他许多国家的心理学理论中,因此有人说社会心理学基本上是北美的,这一时期的介绍也以美国为主。这一时期心理学家、社会学家和文化人类学家都从各自不同的角度出发研究社会心理现象,为其发展作出了应有的贡献。

(一)奥尔波特与心理学角度的实验研究

由于美国一贯奉行实用主义,社会心理学也不免受到影响,表现出极端的实用倾向,明确指向实际社会需要。这一倾向促使心理学家奥尔波特于1916—1919年间进行了一系列有关"社会促进"的实验。从实验中他得出结论:合作群体中存在的社会刺激,会使个体工作在速度和数量方面有所增加。这一增进在涉及外部物理运动的工作中要比纯智力工作中表现得更为突出。他将这些实验成果写进了1924年出版的《社会心理学》一书,被人们公认为实验社会心理学诞生的标志。虽然奥尔波特所创立的社会心理学体系不为后人重视,但他所创立的社会心理学中的实验方法却具有划时代的意义,实验社会心理学成为美国社会心理学的一个重要特点。此后,实验方法和小群体研究就成了社会心理学的发展趋势。其中,谢里夫(M. Sherif)1935 年所作的有关社会规范形成的研究,勒温 1939 年所作的有关社会气氛的研究,瑟斯顿(Louis Thurston)1928 年对态度的测量等都成为经典性的研究。所有这些方法都极大地推动了社会心理学的发展。

在应用方面,社会心理学也有不少的分支,如这一时期,心理学开始将社会学习理论应用到教育实践中;临床心理学家的训练计划也大量运用社会心理学的研究成果;至于管理心理学、政治心理学、旅游心理学、商业心理学等,更是社会心理学的广泛应用。另外,这一时期还产生了几个心理学角度的社会心理学派,有行为主义的社会学习理论、精神分析理论,还有群体动力学理论、社会认知理论,这些在前面都已讲到过。但总的来说,美国的社会心理学在这段时期不重视理论,而是重视实验,强调应用,迷恋小群体研究,但由于极为丰富而又复杂的社会情景在实验室中无法模拟,大量的社会心理现象研究不可能在实验室中进行,于是造成了美国社会心理学的片面发展,最终导致了 20 世纪 70 年代社会心理学面临的危机。

(二)乔治·米德与社会学角度的社会心理学研究

社会心理学的确立虽然以奥尔波特的实验社会心理学的形成为主要标志,但作为一门研究人类自身行为的学科,将自然科学中的实验转而研究社会行为,显然有较大的局限性。另外理论研究在该学科内处于何种地位的问题也随着实证研究的兴起变得更加突出。而这一时期以米德为代表的美国社会学家所从事的理论研究,在一定程度上弥补了这一不足。米德将原先社会学家对社会的宏观研究缩小到微观研究,即将社会行为看成是两个个体或两个以上个体的社会互动,这一思想为后来的"符号互动论"奠定了理论基础。在具体研究方面,社会学家也有一些可以和心理学家的实验室研究相媲美的社会心理学经验研究,如 20 世纪 30、40 年代进行的有关社区心理和社会流动的调查,代表作有朴德夫妇的《中镇》和沃纳的《杨基城》,它们揭示了一个个体所占据的阶级位置是决定其世界观的重要因素;埃默里·博格达斯(Emory S. Bogardus)从种族歧视和种族冲突入手进行了社会距离测量,他提出社会学家应以社会个案研究及访谈法丰富社会心理的研

17

究;1935 年乔治·盖洛普(George Gallup)开始用分层抽样方法进行科学的民意测验;20 世纪 20 年代和 30 年代梅约等人进行了"霍桑实验"等。这一时期,社会学角度的各种社会心理学理论也大部分形成,如米德、布鲁默和库利(C. H. Cooley)的符号互动理论,霍曼斯的社会交换理论,萨宾的社会角色理论,海曼(H. Hyman)的参照群体理论,戈夫曼的社会戏剧理论等。

(三)文化人类学角度的社会心理学研究

20 世纪 20 年代前后,当心理学家坐进实验室,社会学家借助计算尺的同时,文化人类学家则走向世界各地原始民族的栖息地,开始了他们的文化与人格理论的现场研究工作,这为社会心理学的研究开辟了一条重要途径。文化人类学通过比较分析不同文化背景下人们的心理特征,来揭示一定文化因素与某种社会心理现象之间的内在联系,这一特征使它在一定程度上发挥了相当于实验研究的作用。

从 20 世纪 20 年代到 40 年代,由文化人类学家完成的社会心理学研究主要有这么几项:马林诺夫斯基通过对西太平洋某些部落的土著居民的心理研究,批驳了弗洛伊德关于"恋母情结"在人类心理发展中具有普遍性的观点;1928 年和 1932 年,米德在她对南太平洋萨摩亚群岛和新几内亚的现场研究的基础上指出:青春期危机并不是伴随着生理成熟而必然出现的心理反应,男性和女性的心理特征并不依赖生物学的性差异,它们是特定文化条件的反应;本尼迪克特则在实地研究之后,在其 1934 年出版的《文化模式》一书中开始探讨个体的心理与行为特征同其所处的文化之间的关系;1945 年,林顿在其有关人格与文化方面的著作中综合了文化人类学家和心理学家的许多观点。

文化人类学家的上述研究对社会心理学的发展影响甚大,在一定程度上帮助社会心理学家克服了在早期阶段将西方人的行为视为人类一般行为模式的倾向。

20 世纪 60 年代末 70 年代初,美国社会心理学开始发生一场危机,危机源于当时美国的社会危机、黑人运动、妇女运动、反越战运动以及青年运动。社会的大动荡呼吁社会心理学家走出书斋和实验室,去解决最迫切的社会问题,但这时社会心理学家却手足无措,拿不出什么好办法来,对此人们展开了大辩论,有的认为美国的社会心理学不重视一般理论的研究,认为其应用性不够,应加强应用研究;有的认为美国的社会心理学太重视实验室研究,不能解决实际问题;有的则认为其忽视了个体与社会的统一问题研究,以个体为中心的社会心理学是无法解决日常的社会心理学问题的,等等。这都说明社会心理学还不是一门成熟的学科,还需要不断地发展。针对这场危机,欧洲社会心理学界也认识到不能过分模仿美国的社会心理学,应该建立起一套自己的理论,以推动欧洲社会心理学的研究。但坦率地说,社会心理学迄今为止,仍没渡过它的危机。

四、中国社会心理学发展简况

中国社会心理学的发展大致可以划分为三个阶段:第一阶段是 1949 年之前的初步发展阶段,第二阶段是 1949 年至 1980 年左右的停滞和空白阶段,第三阶段是 1980 年后到现在的新的起步和发展阶段。

在第一阶段,由于中国的社会心理学研究状况很落后,所以主要是翻译介绍西方的有关著作,最有影响的是 1931 年由赵演翻译的奥尔波特的《社会心理学》,此外,也出版过几本社会心理学专著,如陆志韦 1924 年著的《社会心理学新论》,孙本文 1948 年出版的《社会心理学》等。

第二阶段正值中华人民共和国成立以后,由于盲目学习苏联及极左思想的干扰,新中国在当时取消了社会心理学学科,导致了持续 30 年之久的社会心理学研究上的空白和停滞。

中共十一届三中全会以后,极左、僵化的思想和路线受到了批判,从 1981 年起,中国(不含港、澳、台)的社会心理学进入了第三阶段,即新的起步和发展阶段。1981 年夏天,北京心理学会首次举办了社会心理学学术座谈会,这是中国社会心理学重建的重要标志。1982 年 4 月,中国社会心理学研究会(同年 9 月改名为"中国社会心理学会")成立,这标志着社会心理学在中国大陆的正式确立。此后,中国社会心理学界就不断地进行各种活动,开展学术研讨,培养心理学人才,出版社会心理学著作,从而使中国的社会心理学研究取得了很大发展。但总的来说,中国社会心理学的基础仍很薄弱,尚需不断的努力。

在 20 世纪 80 年代以前,中国港台地区的社会心理学主要是处在学习、移植西方社会心理学的阶段。此后,有感于这种过度西方化倾向,港台地区掀起了一场颇具声势的社会心理学"中国化"或称"本土化"运动,对中国传统的价值观,中国人的人格、道德、人情、面子等进行了深入的研究,并开始与大陆的社会心理学界开展学术交流,这对中国社会心理学的发展大有益处。

第四节　社会心理学的研究方法

一、社会心理学研究的方法论

研究的方法论问题,对于任何一门科学来说都是迫切的问题。但西方学者在谈到方法论时,往往将其等同于方法,理解为具体的研究技术和手段,这反映了西方社会心理学界重实际研究、轻理论指导的传统,这种做法的弊端已日益暴露出来,"达尔文格言"说:所有的观测结果只有在支持或反对某种观点时才有意义。这句话告诉我们没有理论的指导,就不可能对研究材料作出正确的质的分析,不可能形成正确的结论。中国社会心理学界对于方法论问题也作过探讨,比较一致的意见是将研究方法分为三个层次。

第一个层次是一般方法论,即哲学世界观层次。任何一门学科都要以此为指导,社会心理学也不例外,对于马克思主义的社会心理学来说,这就是辩证唯物主义和历史唯物主义。在研究过程中,一定要把人的社会性和社会存在决定社会意识放在首位,这是社会心理学研究的首要问题。

第二个层次是专门方法论,即在社会心理学研究领域应采用的专门方法论。由于社会心理学有三个来源,即社会学、心理学和文化人类学,所以它的专门方法论也就是在综合社会学、心理学和文化人类学的方法论原则的条件下形成的。

第三个层次是具体方法,也就是社会心理学研究的具体技术和手段。具体方法应在一般方法论和专门方法论指导下应用,但一般方法论和专门方法论也不能取代具体方法的研究。鉴于社会心理学的三个来源,所以一般说来,社会学、心理学和文化人类学所创立的各种具体研究方法都可以应用于社会心理学的研究。下面就对在社会心理学研究中常用的一些具体方法进行简单的介绍。

二、具体方法

(一) 观察法

观察法是指借助人的感官和各种仪器,直接对研究对象进行有目的、有组织的观察,并将结果记录下来,从而了解人们的社会心理的方法,观察法按照是否参与被观察者的活动可以分为参与观察和非参与观察。

1. 参与观察。参与观察就是进入被观察者所处的社会环境或社会关系中,成为其中的一员,在自然的状态下观察被研究者的活动和表现。这种方法最早是人类学家、民族心理学家采用的。如马林诺夫斯基、米德等曾亲身体验过一些原始部落的生活,后来这一方法也在社会学和社会心理学研究中得到应用。如怀特(W. F. Whyte)就曾完全参与到波士顿一个青少年团伙中达数年之久,了解观察他们的活动,最终写成了名著《街角社会》。由于在参与观察中观察者可以与被观察者建立比较密切的关系,因此可以了解到被观察群体特殊的文化模式,了解到他们的隐私机密。所以这是观察法中最深入、最全面的一种。但观察者也会由于涉入过深而带感情色彩,失去客观立场。

2. 非参与观察。这种方式中,观察者完全处于旁观的立场,不参与被观察者的任何活动。在这种观察中观察者可以做到客观冷静,得到的材料也比较真实,但属于隐秘的东西一般就很难观察到了,这会导致观察不深入、不全面,而且观察者以旁观者的身份出现也很可能会影响被观察者,从而导致观察结果失真。

此外,观察法也可以按照事先有无制定观察计划而分为结构性观察和无结构性观察。这两种类型和参与观察与非参与观察两种类型相互交叉又可以构成四种类型,这里就不再介绍了。

观察法的主要优点是可以在自然的情况下获得真实的材料,消除大部分主观安排的影响,得出的结论比较符合实际,主要缺点是:第一,不是所有的行为和情况都是可以观察的;第二,由于对自变量缺乏控制,所以难以得出因果关系的结论;第三,如果观察时被观察者意识到正在受到观察,那么行为就有可能不同,使观察结果不真实;第四,观察者的主观愿望易于影响观察过程及观察结果。

（二）实验法

所谓实验法,就是在控制不相关变量的情况下,系统地操纵一个或多个变量(自变量),并观察这种操纵对其他变量(因变量)的影响,从而发现因果关系的一种方法。操纵与控制是实验法的两大特点。主试应该在控制不相关变量的同时操纵自变量,以观察因变量的反应,理想的情况下实验应该有实验组和对照组,这两组的成员特点应该是一致的。在实验中进行控制与操纵,然后将实验前后测得的值与对照组相比,大致就可以显示出因果变量的效应。实验法可以分为三种,即实验室实验法、自然实验法和现场实验法。

1. 实验室实验法。一般实验室实验法是指研究者在严格地控制较多的外部变量的情况下,通过操纵自变量以观察因变量从而确定因果关系的方法。由于实验室实验法可以最大限度地突出重要因素,故能确定自变量对因变量的影响作用。实验室实验法的优点在于实验者能够控制实验变量,从而可以消除无关变量的影响。另外,实验者还可以随机安排被试,使他们的特点在实验条件下相等,从而暴露出自变量和因变量的关系,由于这一方法可以做到严格控制,进行精确的测量,统计信度高,可重复验证,故曾被认为是过硬的研究方法。但后来人们逐渐发现它的严重缺陷。首先,在实验室条件下得到的结果缺乏概括力,即在外效度较低;其次,实验室条件与现实生活条件相去甚远;再次,在实验室环境中难以消除被试者的反应倾向性和实验者对被试的影响。

2. 自然实验法。这是一种介于观察法和实验室实验法之间的方法。它是指在日常情境中观察两个以上对立情况对人心理及行为的影响。其中对立情况为自变量,人的心理及行为是因变量,因果关系比较明显,因此有实验法的特点。由于这种实验法所研究的变量不是实验者操纵的,而是环境操纵的,实验者只是利用现成条件进行研究,故可大大减少人为性,从而获得真实的材料,同时结论又有较高的效度。但由于实验控制往往不严,因此难免有其他因素加进来。另外,因为研究必须随事件发展的本来顺序进行,所以费时较长。

3. 现场实验法。这种方法与自然实验法的不同之处在于它要对环境加以一定的控制。实验者把现场当作实验室从事实验研究,由实验者操纵自变量,尽可能地控制额外变量,观察因变量的情况,例如要检验来客的身份是否会影响出租司机的收费行为,实验者可以让一半助手装成本地人,一半助手装成外国人去乘车,再观察司机的收费情况,从而得出结论。

现场实验法的优点在于:由于被试者不知道自己当了被试者,所以不会产生反应偏向;又由于控制了自变量,所以可以得出变量间的因果关系,但由于是在现实环境中,因此很难控制额外变量的影响,另外也难以保护被试者的权利与安全。

实验法在现代社会心理学的研究中具有重要的地位,正是它增强了社会心理学研究的科学性,它对克服社会心理学中的本能论思想也起到了积极的作用,它也是确定变量之间因果关系的最理想的方法,但它同时也给社会心理学的发展带来了不可忽视的消极影响。首先,它阻碍了对社会心理学理论的探讨,造成了其片面发展;其次,它在社会心理学中产生了明显的"方法中心论"倾向;再次,它还限制了人们对于大量的社会问题的研究。因此,实验法要在研究中发挥其应有的科学效用,仍需进一步的改进和完善。

(三) 调查法

调查法是通过访谈、问卷等手段,系统地、直接地收集资料,并在此基础上加以分析概括,从而获得科学结论的一种方法。调查法按不同的标准可以分为不同的类型,比较常见的是按调查方式的具体内容分为普查、抽样调查、典型调查和个案调查,其中在社会心理学中经常用到的是典型调查、个案调查和抽样调查,它们都比较适于深入地了解研究某一方面的问题。现将其简单介绍如下:

1. 典型调查。在研究对象的总体中选取某些具有代表性的典型进行深入系统的调查,借以认识事物和现象的总体情况,这就是所谓的典型调查。典型调查成功的关键是要选择有代表性的典型,只有选的是真正的典型,才可以保证将调查结果推广到一般时的正确性。典型调查可以节省人力、时间、经费,而且调查方法可以灵活多样,取得丰富、全面的资料,从而获得对研究对象深入的了解。

2. 个案调查。它指的是个别地对于一个或几个研究对象进行较长时间的调查研究,搜集关于这些特定对象的客观情况,包括对其家庭情况、社会地位、教育影响、职业经历等历史资料加以分析,以阐明其社会行为的本质及规律。进行个案调查,可以获得感性认识丰富的资料,从而把调查对象放到社会、文化背景中去加以考察,以便对调查对象进行多层次、综合性的分析,这些分析可以加深对总体类型的认识。因此个案调查更适用于作定性的研究。

3. 抽样调查。虽然上述两种调查方法在社会心理学中应用较广,但有时研究对象的总体数量过大,不可能对每个对象都进行调查,这时就需要用到抽样调查的方法。抽样调查就是从全体调查对象中,随机地选取一部分对象作为代表进行调查分析,并因此推断全体调查对象状况的方法。其实典型调查和个案调查也是从总体中选取某些对象进行调查,抽样调查与它们的区别主要在于其调查对象是随机抽取的,而不是主观选取的,从而保证了将调查结果推论到总体的科学性。抽样调查因其准确性、对误差的可控制性等特点而在社会心理学的研究中得到应用。

（四）跨文化研究法

所谓跨文化研究,就是通过对两种或两种以上的文化进行比较、分析,从而获得研究结论的方法。跨文化研究是文化人类学的基本研究方法,文化人类学家利用这一方法,比较和分析了许多不同的民族部落和文化群体,考察他们特殊的生活方式以及不同的人格特征形成的原因和规律。这些研究成果对于社会心理学有着极其重要的意义,它丰富和深化了社会心理学对于人的社会行为的理解,由此而建立的文化与人格理论已成为社会心理学的重要内容。同时也为社会心理学的研究开辟了新途径。社会心理学应用了跨文化研究的方法可以保证其研究结果具有更大的普遍性,还可以发现在不同的社会中同样的变量所起的作用可能是不同的。跨文化研究的具体形式主要有以下几种:

1. 现场考察。对不同的地区、不同的民族、不同的文化部落的现场考察是跨文化研究的基本方法,这也是文化人类学家获得信息资料和经验的重要来源。在跨文化研究的现场考察中应用到许多前面讲过的具体技术,如观察、抽样调查等。但对文化人类学家来说,现场考察还意味着一种深刻的经验。由于考察的深入,这种方法只能用于进行小群体的研究,将小群体作为整体的一个缩影,通过深入的调查分析,以达到对这一文化模式的彻底理解。

2. 心理测验。这种方法是指对不同民族和地区中的人们进行一些必要的心理测验,以确定文化与人格以及文化与行为之间的关系。所用的心理测验的具体方法主要有:罗夏墨迹测验、主题统觉测验。使用心理测验可以比较简便地获得某些资料,但我们必须谨慎地使用它们。

3. 对民俗、艺术和神话传说的分析。这是一个社会中最重要的文化内容。不同的社会往往有不同的民俗、艺术和神话传说,它们往往与该社会的政治、经济、科技密切相关。更重要的是一个社会的民俗、艺术和神话传说常常成为这个社会特定的象征和符号,还代表了一个社会中典型的社会心理状态。所以,对民俗、艺术和神话传说的分析无论对人类学还是对社会心理学都具有极其重要的意义。研究证明,一个社会普遍的价值观和态度,就蕴含在这个社会的民俗之中。分析一个族群的民俗是了解他们的人格倾向、行为特征及价值观和态度的重要途径。另外,一个族群的艺术和神话传说是该族群的生活和劳动的真实反映。因此,通过对一个社会的艺术和神话传说的研究,同样也可以洞悉他们的人格倾向和行为特征。所以在跨文化研究中,研究者往往非常关心被调查民族的民俗、艺术和神话传说的特点,以探索人类行为活动的规律。

(五)其他的研究方法

除了上面提到的四种重要的研究方法之外,社会心理学研究还有许多方法,如档案研究法,即研究人员不亲自去收集资料,而是利用文件、记录等文字或图片中的现成材料进行研究的一种方法。再如相关研究法,即先对两个变量进行测量,然后估计一下它们相关与否,如果相关,那么相关的程度及方向如何。再如非强迫性测量法,就是在不以任何方式妨碍自然情境的条件下收集资料,获得数据。此外还有其他的一些方法。

三、社会心理学研究中的偏向及伦理问题

(一)偏向问题

1. 研究者的偏向。在具体的研究工作中,研究者常常会带有对研究结果的期望,这种期望会自觉不自觉地表现在与被试者的相互作用中,研究者的表情、动作、姿势、语气等都可能会有意无意地影响被试者的表现,从而影响研究结果的正确性。"手里拿着锤子,满眼都是钉子"就是指的这种偏向。这种偏向在各种研究方法中都可能出现,尤以实验室研究表现最为明显,解决时可以采用双盲法等。

2. 被试的偏向。在实验中,被试的偏向也会对研究结果产生影响。其偏向来源有二:一是被试因为知道自己在充当被试的角色,这会使他的行为表现得不自然,不同于平时那样;二是被试害怕自己在实验中表现不好,不合研究者的要求,另外他也不愿意让人以为他是愚蠢的,易上当的,于是他会尽量做出"正确"的反应,这样反而使其行为表现不正常。被试的这种偏向是难以完全消除的,但研究者可以通过一些方法尽量减少这种影响,如不暴露被试的姓名等。

(二)伦理问题

社会心理学研究是以人类为对象的研究活动,所以不可避免地涉及伦理问题。在各种伦理问题中,有三个方面的伦理问题最为明显。一是对被试的实验性欺骗,即为了在实验中创造出更加真实的实验条件而对被试掩饰真正的研究目的的某种欺骗;二是侵犯被试的隐私;三是给被试造成实验性痛苦,包括精神上的和肉体上的。但有时为了实验的目的好像又必须这样做。那么,如何解决这些伦理问题呢?

现在一般认为,每一个社会心理学的研究中都要遵循三条原则:一是必须让被试自愿地参加实验研究,被试应当知道他们在实验中要做些什么;二是研究必须"风险最小",即研究的设计尽量减少被试所冒风险;三是研究者要进行"风险-获益分析",即在研究中让被试承担的风险要与通过研究获得的利益平衡。这里的利益可以是对社会而言。这三个规定对于每一个社会心理学家的研究工作都是具有指导价值的。在研究中我们必须记住,任何研究方法都是为解决问题服务的,而不能相反。否则就会出现像醉汉丢了钥匙,不到丢了钥匙的地方去找,而只到灯光亮的地方去找这样的笑话。

第五节　社会心理学的叙事方式

中国社会心理学学者编写的教材多半是严肃的,这并没有什么错,自古以来,知识的传播都是以一种严肃且让人敬畏的方式在进行。对于读者,特别是心理学专业的学生来说,阅读结构化的阐述可以省却不少事情,不用他们自己来总结这些纷繁的理论和思想。但是,本书的这次修订除了告诉大家经典的研究以外,还要和读者在这一节中谈一谈关于社会心理学的价值和使命的思考和看法。

一、传统的分类逻辑

要想窥视一个学科的全貌,首先要分清这个学科的分类体系和逻辑,对于心理学来说也不应该是例外。很多读者可能读过心理学史方面的资料,从这些资料中我们可以发现,心理学从哲学中发展而来。1897年冯特在德国莱比锡大学建立了心理学实验室,标志着心理学作为一门独立的学科正式诞生了,而且从那以后主流的心理学家们逐渐接受或开始了基于实证的研究。20世纪中,心理学的很多分支也次第登场。比如,普通心理学、实验心理学、生理心理学、消费心理学、广告心理学、教育心理学、发展心理学、变态心理学、认知心理学、工业组织心理学、临床心理学,还有本书主要探讨的社会心理学等。

这样的分类体系,主要是以研究的范畴或对象为依据的。尽管研究的范畴和对象彼此不同,但是这些分支之所以能够成为心理学的延伸,根本原因都是因为它们是在研究人和动物心理现象发生、发展和活动的规律。研究人们在不同生活领域中的心理现象和心理规律是它们主要的任务。

除此之外,由于心理学研究者的假设、观点等不同,也陆续出现了各种流派。每个流派都希望能够用自己的核心理论或观点建立一套话语体系,来解释、预测或者改变一些心理现象。比如,内容心理学派、意动心理学派、构造主义心理学派、机能主义心理学派、行为主义心理学派、格式塔心理学派、精神分析心理学派、日内瓦学派、人本主义心理学派、认知心理学派。他们都在特定的时期对心理学的发展起到了非常重要的推动作用,当然像我们通常的评价套路一样,我们认为这些流派都有着其固有的局限性。但是这不是这本教材要讨论的重点,这里也就不赘述了。

如同我们前面提到的一样,这些学派都有着他们的核心的观点或者价值观,并且试图在心理学的一些分支或者研究领域建立自己的话语权,试图解释一些现象。可是纵观心理学这 100 多年来的发展,还没有一个流派能够完全地形成一套话语体系,换句话说,总有它们解释不了的地方。这就形成了一个问题,其实心理学的这些分支学科之间虽然有着本质上相同的出发点,但是在理论和形式上是割裂的。结果就使有些学了多年心理学的学生,在让他串讲一下心理学的内容时,还是不知所云,没有一条主线。

社会心理学,按照传统的说法,它是研究个体在特定社会、群体条件下,心理、动机、人际关系发生发展及其规律的学科。实际上,无论是从逻辑还是内容上来说,这种说法都是没有错的。但是我们也会发现这样的定义被加了一些限定的词语,就是在特定社会和群体条件下。从这一点上,我们就能够大概感觉到该分支内部的分类是怎样的,不管是研究哪个方面的问题,都是统合在社会的名义下。以国外一本比较著名的教材来说,它将社会心理学的内容分为导论、社会思维、社会影响、社会关系和应用这几个部分。从表面上看,这几个章节直接是有联系的,但是如果我们细读每一个部分,会发现其实并没有一条主线,各个部分之间是相互独立的。

二、学科还是学派

和学生讨论社会心理学的相关问题的时候,有学生问我说,社会心理学作为一个学科为什么看不出一个清晰的脉络,无论是国内的还是国外的教材都是如此,每一章都能独立成篇,很少能够看出彼此之间的联系。这是一个善于思考的学生提出的问题,正如我们上面提到的那样,确实没有融会贯通。为什么会如此?是研究者不愿意作一些努力,还是到现在为止,尚未发现一条可以贯穿的主线呢?

回顾社会心理学发展的过程会发现,经典的理论和研究设计即使在今天看来仍然有着光彩夺目的一面,我们惊叹于研究者的智慧与对这门科学的热爱。可是,尽管如此,学生还是会提出疑问:社会心理学到底是一门学科还是一个学派。说实话回答这个问题不难,它就是一门学科,和学派还不能说得上有什么关系。但是,学生们往往在社会心理学这个知识的海洋中觉得茫然,找不着方向。不少社会心理学名家都在自己专注的一个领域中成就辉煌,对于该学科其他部分却很少有涉及,其直接的结果就是整个学科难以形成一个有解释力的思想。

读者们也许有着这样的经验,通过学习普通心理学,基本上就能掌握关于心理学的线索、研究范围和有关的议题等,从而有一个好的入门;学习心理学史则会对心理学思想的发展有一个清晰的认识。当我们在课堂上讲授社会心理学的时候,却会发生不一样的事情。通常我们学习什么是社会认识,学习归因的理论。到课程结束的时候,会发现我们脑子里能够浮现出的还是那些经典的理论和研究,我们知道归因,知道从众,可是让大家描述一下社会心理学的时候却显得心有余而力不足。

这不是学生和读者的问题,是我们主流的社会心理学研究者们,有意无意地忽视这个问题。有不少人认为,用行为主义、认知学派的思想来整合社会心理学显然是不合实际的,而其他的一些理论则还没有得到公认。没有人愿意冒风险来做这样的事情。我们之所以愿意在这本教材中和读者谈一谈,主要动因是我们觉得没有思想的学科是单薄的,苍白的,一些学派可以为一门学科提出自己的理论和结构框架。哪怕我们所做的初步工作会有很多疏漏甚至矛盾的地方,只要逻辑上说得通,也是可以接受的,毕竟我们迈出了一步。

三、社会心理学的价值和使命

尽管我们已经梳理了关于社会心理学的叙事方式,或者用一种更加规范的语言表述,就是所谓学科架构,还有一个话题我们是绕不开的,那就是社会心理学的价值和使命。关于这个问题有个通俗的问法，就是社会心理学为什么要存在，它能够给社会和人们带来什么。产生这样的问法，不是功利，而是一种自然而然产生的疑问。也许作为科学研究者，我们应该有着纯粹的科学价值追求，但是有一点我们是永远不能回避的，我们所做的任何工作，哪怕是极微小的贡献都将汇入历史的长河，成为人类精神财富的一部分。但是需要一个前提：我们的工作对于社会来说是积极的。

每个社会心理学家对于社会心理学的价值和使命这个问题有着不一样的看法，体现到具体的工作上就是研究目的、目标和方法上的区别。还有一种情况，就是研究者自己的价值观会对他进行的研究产生影响。每个人都从自己独特的视角去观察社会、研究社会，社会心理学家也是如此。试图调和大家的差异是一项艰巨的任务，这也是社会心理学体系内理论纷繁，很难形成一套系统的理论的众多原因之一。

虽然对于社会心理学的价值和使命的认识千差万别，但是如果我们撇开这些表面的不同还是可以发现一些共同的地方。社会心理学可以让我们的社会更美好，社会心理学家可以通过自己的研究为社会作贡献。没有人可以脱离这一点去进行社会心理学的研究工作，从心底为人类社会的进步和改善服务的人才有可能创造出令人尊敬的成果。

艾略特·阿伦森（Elliot Aronson）对于社会心理学的价值和使命有着其独特的看法，"社会心理学是极为重要的——社会心理学家可以起很大的作用，可以让这个世界成为一个更好的地方。的确，我更夸张一些的时候，心里还在暗想，社会心理学家处于一个独特的位置，可以对我们的生活产生深刻而有益的影响，他们可以为理解像顺从、说服、偏见、爱和进攻性这类的重要现象提供更多的解释"。

从他的这段话中，我们可以发现，社会心理学家具体的任务就是对一些社会和群体中的心理学现象进行解释。正是这些解释体现了社会心理学家工作以及社会心理学本身的价值。认识自我、寻求真理是人类永恒的追求，这一点与社会心理学是契合的。

对于具体现象的解释固然是有意义的，但是喜欢追根问底的人似乎并不满足于这样的结果。人们期望能够有一整套的理论解释他们的行为。总结起来就是一句话：寻找根本原因或者通用法则。基于此，社会心理学不仅要对个别的、独立的现象进行解释，更重要的是要为人们寻找真理寻求根本解释。社会心理学家前一方面的工作是非常出色的，但是在追根问底的工作上还有很长一段路要走,尽管已经有人开始了探索。

四、社会心理学应该如何叙事

从这一节开始我们都似乎在说明一个问题:社会心理学的叙事方式有改进的空间。阐述这个思想并不是说我们对以往的社会心理学家,包括一些有特殊贡献的大家们持一种批判的态度,自始至终这都不是我们的目标。我们只是想表明自己对于这个问题的认识。在进行了一番反思之后,我们形成了一些想法,一个最起码可以形成理论框架的提纲。前面也已经提到,每个人都有着自己独特的价值观,在这样的价值观指引之下会形成自己的思路和工作方式,这一点是不会发生改变的。尽管如此我们还是要提出我们心中对于社会心理学的认识和期待。

社会心理学应该承担宏大的使命。偏安一隅的想法已经过时,心理学家特别是社会心理学家也可以在宏观的社会问题上作出自己的贡献。有些事情不仅仅需要经济学家、政治学家、法学家、社会学家的参与,心理学家也应该有自己的贡献。我们关注的话题应该更加多样,我们需要探求一些更加一般的原理,通过这些原理规则,对社会现象作出解释,这种解释不是虚妄的,伴随这种解释自然而然就会出现解决方案。千万不要看轻心理学角度的解决方案,觉得它们会被其他学科的宏论所淹没。经验告诉我们,心理学的解释与解决方案很有深度,往往直指问题的本质。这并不是一项简单的工作,需要我们的思维方式发生一些改变,研究的兴趣点发生一些转移等。本书的最后一章中将试图就应对全球化这个宏大课题进行心理学角度的分析和论述。

社会心理学应该有一套系统的理论体系,而这一套系统的理论并非是取代原有的心理学理论,而是能使各种理论有机地结合起来形成新的理论,使社会心理学成为从宏观到微观、从理论到应用的"顶天立地"的学科。

第六节 整合社会心理学的途径

心理学作为一门独立的学科从诞生那天起就伴随着诸多批评,甚至心理学界内部也存在着质疑:这门学科到底是怎样的一门学科? 能不能称为科学? 它对社会的价值体现在什么地方……首先要明确的一点是,面临质疑从来就不是一件坏事,相反,这些质疑是我们进步的助推器。从这些疑问中,我们可以获得不少灵感,使我们的研究更加规范,使我们的工作更加有意义。此外,我们还认为以某些流派比如人本主义或者进化心理学的观念为主线,可以对目前社会心理学相对独立的各个部门进行整合,以更好地完成社会心理学的使命,实现其价值。

一、对研究目的与范式的反思

想要有所进步,反思是必需的。美国心理学家库克(S. Koch)称心理学不应被称为"心理科学",而只能称之为"心理研究",因为心理学只是由不同的理论观点和思想方法集合起来的松散家族,并没有一个统一的体系和基础,不能称其为"科学"。我们的观点与库克的观点不谋而合,只不过他讲的是更加宏观的心理学,是对整个心理学体系的反思。而我们则将重点放在社会心理学上。

外界对心理学有批评。与批评相对应的是期望,人们期望社会心理学能够不局限于科学主义的范式,采取一种更加接近于"人"的路径取向,实现它的社会价值。社会心理学家内部对自己其实也有着一些不确定的评价。如果我们通读迈尔斯(David G. Myers)编写的《社会心理学》,会得出一些观点,其实他也不能完全认识20世纪70年代的社会心理学学科危机,甚至也不知道如何面对外界的评价。科学主义始终不会被放弃,要想融入主流的科学社会,获得与自然科学对话的资格与机会,科学主义是唯一的途径。在这个小节里我们主要提两个方面的思考,一个是研究目的,一个是研究的范式或者说取向。

关于研究的目的在前文中已经有过不少的叙述。从大的方面来讲,研究应该能够为人类创造价值,帮助人们认识自己、寻求真理;现实点讲就是能够为当前社会的改变和发展提出一些建设性的建议和方案。

从研究的范式上来看,有研究者指出,实证主义、实验主义和个体主义一直被人认为是社会心理学的现代特征,但发生在20世纪70年代的整个现代社会心理学的学科危机,使人意识到这三大现代特征正是造成现代社会心理学踌躇不前的根源所在(周晓虹,1994)。

31

正如研究者们认识到的那样,科学主义的取向给社会心理学带来了问题。有研究者认为科学主义促成了心理学的独立,使之朝着精确化、客观化方面发展,提高了心理学的科学价值;人文主义关注人生存的价值、意义,使心理学要贴近人们真实的心理。这种取向相互对立,很难融合。很长一段时间内,包括现在,科学主义都是占据了上风,被主流社会心理学家所接受。20 世纪 70 年代以来,人们开始更多地对现实进行反思,人文主义取向开始有所发展,但是尽管如此,它还是处在弱势的地位。为了应对社会心理学学科危机,有学者提出对两种取向进行整合:尽管两个取向乍看起来迥然不同,但其精神实质、深层底蕴是相通互补的。因此心理学的科学人文主义既继承了科学主义的求真,同时它在要求心理的客观化、定量化的同时,更加注重吸收其他学科关于人的心理的知识及日常概念,使研究对象血肉丰满,使疏远的科学世界重归人生活的世界。此外,由于它将科学主义的实证方法与人文主义的理解、描述相结合,拓展了实证方法的内涵与应用领域,因此也同时成为人文主义领域的研究方法。同时,心理学的科学人文主义也将人的价值、意义建立在对人的心理客观认识基础之上,将质与量、整体理解与分析结合并用(彭彦琴, 2007)。

我们同意这样的观点。两种取向之间没有不可调和的矛盾,更不是水火不相容的,完全可以互相借鉴,共同为社会心理学的发展作出贡献。

二、整合社会心理学的可能途径

(一) 人本主义途径

人本主义是整合社会心理学的一条可能的主线。人本主义心理学家认为心理学应着重研究人的价值和人格发展,他们既反对弗洛伊德的精神分析把意识经验还原为基本驱力或防御机制,又反对行为主义把意识看作是行为的副现象。关于人的价值问题,人本主义心理学家大都同意柏拉图和卢梭(Jean-Jacques Rousseau)的理想主义观点,认为人的本性是善良的,恶是环境影响下的派生现象,因而人的素质是可以通过教育提高的,理想社会的实现是可能的。在心理学的基本理论和方法论方面,他们继承了19 世纪末狄尔泰(W. Dilthey)和韦特海默(M. Wertheimer)的传统,主张正确对待心理学研究对象的特殊性,反对用原子物理学和动物心理学的原理和方法研究人类心理,主张以整体论取代还原论。

人本主义心理学家的代表马斯洛曾经提出,传统的科学方法不足以解决人类心理的复杂问题,人本主义方法论不排除传统的科学方法而是扩大科学研究的范围,以解决过去一直被排除在心理研究范围之外的人类信念和价值问题。

正是人本主义这种兼容并包的情怀,使我们相信它可以成为整合社会心理学的一条主线。但是在仔细研究后,我们发现,虽然在某些方面可以进行解释,人本主义的观点并不能作为一般规则来论述社会或群体中的现象或规律。因此,它可以作为我们行动的指导,但是不能让我们认识到起初的情形。人本主义是我们所追求的,是人认识自我、超越自我的一条有效途径。

(二)进化论途径

进化是遗传学中的一个观点。核心观点是,生物都有繁殖过剩的倾向,而生存空间和食物是有限的,所以生物必须"为生存而斗争"。在同一种群中的个体存在着变异,那些具有能适应环境的有利变异的个体将存活下来,并繁殖后代,不具有有利变异的个体就被淘汰。如果自然条件的变化是有方向的,则在历史过程中,经过长期的自然选择,微小的变异就得到积累而成为显著的变异。由此可能导致亚种和新种的形成。

达尔文(Charles Robert Darwin)的进化理论,从生物与环境相互作用的观点出发,认为生物的变异、遗传和自然选择作用能导致生物的适应性改变。尽管面临很多质疑,由于有充分的科学事实作根据,所以能经受住时间的考验,百余年来在学术界产生了深远的影响。

达尔文还观察到一些弱的物种会在自然界中消失,而强的物种则会生存下来。当强的物种生存下来时,它们就能把更多优秀的品质及特性传给下一代。

根据达尔文的说法,动物与植物在它们的生活环境中的适应性是"天择"的结果,各物种族群中的个体之间的差异,造成了适应性的差异,由于生活环境的资源(如食物、空间)有限,加上自然环境的不断变化,造成"物竞"。只有"适者生存"及繁殖下一代,把优秀的品质及特性传给下一代,结果形成一代又一代的微演化,在长时间的累积下,渐渐造成了新的物种,而不能适应环境变异的那些便会遭到淘汰。

达尔文的进化论以及自然选择的理论为进化心理学提供了有力的理论依据。也正是基于此,进化心理学取得了长足的发展。

33

进化心理学是部分心理学家试图运用达尔文的"自然选择"理论来解释人类现在的心理要求和生理需要的产物,是进化论生物学和认知心理学的结合体。进化心理学把人类的心理属性看作是进化的结果。也就是说,人类所拥有的许多心理属性是在漫长的岁月中被选择出来的,而最早形成的一些心理行为还会在现在发挥着影响。

进化论是一个包容的理论,同样适用于社会心理学的领域。社会心理学要想获得一个"一般规则",进化论则是一个很好的启发,可以以进化为起点,形成一个框架与话语体系,从而进行阐述和解释。

三、进化论的社会心理学

进化论不是新鲜的概念,也不仅仅是生物学、遗传学等学科独有的,其已经被引入心理学的理论体系中,并逐渐形成了进化心理学派。进化心理学家们通过大量的论证,试图证明适者生存、生态平衡等同样影响了人的心理机制的形成。并且,他们也试图对社会心理学这个领域提出自己的观点。

(一)进化论与心理学

进化论的思想与心理学有着千丝万缕的联系。回顾西方哲学的发展历史,我们会发现有一个人对达尔文的思想产生了影响,同时又提出了自己在心理学上的见解,他就是边沁(J. Bentham)。他把联想原则看成心理学的核心机制,该原则根据经验提供的素材发挥作用,并以此取代了有关心灵及其运作概念的传统手法。这就使他能够确定性地解释心理学,而根本不必牵涉到心灵概念。后来由巴甫洛夫提出的条件反射理论,正是建立在联想主义心理学相同的观点之上的。边沁提出的第二条与心理学有关的原则是"最大快乐"原则,即人们尽力所做的就是去获得自己最大可能的幸福。幸福就是指快乐,此为功利主义的先驱。在他看来,在不妨碍别人同样追求的情况下,人们都可以自由地去追求幸福。后来达尔文提出"自然选择"的理论,在为了有限的生存手段而进行的自由争夺中,胜利属于最能适应环境的有机体。在某种意义上,这只是边沁"自由竞争"概念的一种延伸(罗素(Bertrand Russell))。

与进化论有关系的另一个心理学学派是机能主义学派。机能主义是19世纪末20世纪初出现于美国的心理学派。它代表当时美国心理学的主流。这个学派受达尔文进化论的影响和詹姆斯(William James)实用主义思想的推动,主张心理学的研究对象是具有适应性的心理活动,强调意识活动在人类的需要与环境之间起重要的中介作用。该学派强调心理现象对客观环境的适应和功用,不以研究意识经验为限,关心心理学在各个领域内的功效和应用及改进心理学的研究方法。詹姆斯认为,心理学是研究心理生活的科学,是一门自然科学,研究对象包括心理生活的现象及其条件。他反对冯特式的心理学把心理现象分解为各种元素,并提出意识流的概念,认为内省是心理学的一种基本方法,内省在他看来是指一个敏锐的观察者迅速而确定无误地抓住实际印象的一种能力。他还主张心理学可以采用实验法,比较法可以作为内省法和实验法的一种补充方法。关于身心关系的终极问题,他认为是哲学的问题,不应作为一门经验科学的研究对象。

除此之外,进化心理学则是完全地将进化论的思想引入心理学的理论体系,形成了一个全新的学派,近年来其影响也越来越大。

(二)进化心理学的理论基础和研究方法

有研究者在总结进化心理学的理论观点时,发现它主要由"过去是理解心理机制的关键"、"功能分析是理解心理机制的主要方法"、"人类进化过程中主要的问题是生存与繁殖问题"、"心理机制是在解决问题的过程中演化形成的"、"心理机制具有模块性"和"人的行为表现是心理机制和环境相互作用的结果"六个基本的原理支撑着其理论体系(朱新秤,2000)。

具体来讲,其有下面一些理论。基因和种群都可能是选择单位;理查德·道金斯(Richard Dawkins)强调以基因为中心的进化和选择过程;汉密尔顿(William D. Hamilton)的种内适宜性理论;互惠利他理论;特里弗斯(Robert L. Trivers)的亲本投资理论;生活史分析;K 和 r 的人口增长模式以及鲍德温效应和生态位的构建(张雷,2007)。

特里弗斯的亲本投资理论(parental investment)认为投入较少的性别(一般是雄性)会与同性别的其他个体竞争,争取接近投入较多的性别(一般为雌性),亲本投资的性别差异越大,竞争就越激烈。比如,女性更倾向于选择身强力壮、资源丰富的男性作为配偶,因此男性要在体力和资源两个方面进行性别内部的竞争。在这个意义上,雌性设立标准对雄性进行挑选就不断塑造着雄性的特征。

进化心理学的基本研究方法是自顶向下——从进化选择的原则,提出理论假设,根据假设进行预测,把预测结果和事实比较,证实或证伪;自底向上——根据观测到的现象，从进化角度提出理论假设，判断这些假设之间以及假设和其他科学事实之间的兼容性。它的研究手段和主要数据来源包括：人类学、生物学、人类行为学的一些有关科学事实，其也采用一些传统的心理实验设计手段，此外，人工智能、脑神经学、认知科学也是进化心理学常用的参考系。

（三）进化心理学如何叙述社会心理学

如果我们翻开一本进化心理学教材，有时候会发现，它对社会心理学有专门的章节来进行论述。乍看上去，可能会感觉失望，它的分类体系和传统的社会心理学分类体系并没有太大的区别，但是如果仔细阅读我们会感受到始终有一条主线或者叫"一般规律"存在，那就是"自然选择"。进化心理学在叙述社会心理学的时候，试图将人在社会或者群体中的行为从进化或者自然选择的角度加以解释，并追溯其形成的早期条件或机制，描述这些行为的适应意义和功能。一些原本只知其然却不知其所以然，或者没有对其进行深入挖掘的现象，在这样的叙述下就变得容易理解，甚至"自然而然起来"。

举例来说，在论述情绪时，进化心理学认为厌恶是一种与不干净或不可食用的物体有关的情绪，其进化起源是，厌恶这种受到自然选择的本能可以防止食物中毒或者暴发传染病。愤怒是由特别强烈的刺激所引起的紧张情绪，可以诱发攻击行为，它有很多积极的进化功能，首先是自我保护，愤怒状态能够使身体用最大的能量来抵御潜在的伤害；还可以帮助自主神经系统恢复到正常的放松的状态。恐惧是祖先遗传给我们的情绪，在人类长期的进化历史中，恐惧情绪可能最早形成于对捕食者或者其他危险事物的反应中。特定的恐惧直接与人的生存有关，因此有恐惧情绪的人能够更好地适应环境，更有可能生存下来并繁衍后代。快乐的情绪则与客观的良好适应、主观幸福感有关系。悲伤似乎具有阻止人的活动、迫使他们转向内部心理活动和进行自我保护的作用。

再比如，在叙述群体行为时，进化心理学认为，人际互动对于生存和繁殖具有极其重要的意义。这是因为资源的配置和获取配偶的几率都取决于人际交往的技能和特点。在解释复杂的人际关系时，进化理论主要从亲缘选择和互惠利他两个层面来解释（张雷，2007）。这样的例子有很多，我们在这里就不一一列举。综上所述，我们发现社会或群体中无论什么样的行为都有着其进化意义。

（四）进化是起点不是终点

进化论并不是万能的，也不是十全十美的，对于它的不足学术界也有很多批评。比如，从进化论的角度看，可能会存在种族的优劣，但是毫无疑问随着社会的发展，在不同的历史阶段，其劣势和优势之间可能会发生某种转换。即使在已经不强调体能的今天，我们同样可以发现非洲同胞在短跑、长跑等方面的天赋，他们让我们有机会看到人的潜能。除了这一点之外，外界对于进化心理学最根本的批判其实是评述它只看到了起点，无情地揭示了人的动物性，但是它没有看到终点，即人应该如何发展。

即使面对这些质疑，我们仍然相信进化对于社会心理学有着不可替代的价值。它帮助我们认清人的动物性，知道我们一些思维和行为的最初来源。对于这些，我们之前都没有接触到，而且其中有些甚至让人觉得血腥和赤裸裸，完全没有人性可言。但是，我们强调一点：进化仅仅是一个起点，它所做的工作、发挥的作用就是帮助人们来认清自己，比如，我们看到一棵橡树，可是不知道它是怎么长成的，这个时候我们需要回到橡子，对它做一些分析，然后知道从橡子成长为橡树的过程。进化帮助我们认识人性的最初状态，只有认清了这些，才能直面它们，才能获得不断的成长。但是进化远不是终点，人类不能只停留在动物性这一面上，需要超越，获得真正的幸福。正如顾城所说的，"黑夜给了我黑色的眼睛，我却用它寻找光明"。进化心理学正是这黑色的眼睛，我们以它为起点来寻找并发扬人性的光辉。在这个意义上，人本主义的观点是对进化观点的有效补充。

在绪论的最后，还是要提一下，这不是一本沿袭传统视角的社会心理学教材。作者试图打开人本心理学、进化心理学等的视角，形成社会心理学的框架，对社会心理学的各个部分和理论进行整合。当然这是一个宏大的工程，不是一朝一夕可以完成的，作者也只能部分地加入一些思考，尝试做一些工作。这些工作仅仅是一个开端，社会心理学工作者们还任重而道远。

思考题

1. 社会心理学是研究什么的？
2. 社会心理学有哪些重要的研究角度？
3. 试述社会心理学有哪些有影响的理论。

4. 西方社会心理学在 20 世纪 60 年代末产生危机的原因有哪些?

5. 社会心理学有哪些重要的研究方法,其各自的优势和局限是什么?

6. 试对社会心理学理论体系作一简要评价。

第二章　人的社会化

　　要真正成为一个社会性的人，就必须与他人和社会建立互动关系。

1799 年,猎人们在法国南部阿韦龙省的森林里,发现一个约 10 岁的小男孩在树上像猴子一样跳来跳去。猎人们将其逮住,并取名维克托。维克托不会讲话,只能发出猴子似的叫声。他脾气暴躁,总是想方设法咬东西,晚上要到室外睡觉。维克托虽然在人的呵护下生活了近 30 年,但最终没有学会人类的语言,只能明白几个简单的字的意思。

1920 年,印度猎人在山上捕获了两个与狼群嬉戏的女孩,交给当地的孤儿院抚养。这两个女孩汗毛长且密,喜欢吃生肉,她们昼伏夜出,靠四肢行走,经常咬人、嚎叫。其中一个女孩仅在孤儿院里存活了一年就去世了,另一个女孩 4 年后学会了独立站立,随后学会用点头或摇头表示是与否、端着盘子抓食吃和用杯子喝水,懂得了二三十个单词的含义。她在 17 岁的时候因病去世,当时她的智力和行为水平,与正常发育的 4 岁幼儿基本相当。

到 20 世纪末,上述这样的孩子,世界上已发现 50 多个,由于他们被怀疑是由猴子或狼等兽类养大的,因此被称作兽孩。尽管其被带回人类世界进行教化,但绝大多数的兽孩最终都无法达到人类正常的智力水平,也不能成功学会人类世界的行为规则。

兽孩的案例表明,人在出生之时,只是一个自然人,要想成为社会的一员,就必须与他人有正常的互动,向他人学习如何思考和行为。这种互动的学习过程就是所谓的社会化。当人们度过他们的童年的时候,已经被教会了社会所期待的行为模式、语言、技能,以及如何去扮演一系列的角色,即使成年后,仍有新的角色和技能需要学习。社会化不仅对个人的生存发展至关重要,对社会的存在与有效运作也是如此(David Popenoe,1999)。

第一节　社会化概述

一、什么是人的社会化

人从母体中分离出来,还不能算作社会意义上的人,那么人是怎样从一个生物人成长为社会意义上的人的呢？社会心理学者霍布斯（Thomas Hobbes）认为：人的自然状态（在没有组织的社会的情况下）将是孤独的、贫困的、野蛮的和浅薄的。心理学家皮亚杰（Jean Piaget）也曾说过，"社会每分钟使成千上万的野蛮人来到人世间"。那么，这种野蛮人——仅有自然实体的人——是怎样懂得穿上衣裳、吃饭用餐具、走路靠右行、见人行礼和握手问好的呢？从生物人、野蛮人成为懂得这些规矩的社会人，这是个体与社会中的他人交往的结果，即社会化的结果。社会心理学不仅要揭示个体心理活动发展变化与其所受的社会环境影响的关系，而且还要研究个体对社会环境表现出的行为方式的特殊性，即研究不同的个体自出生以后是如何适应社会，又如何形成具有独特行为方式的主体的，这实质上就是人的社会化的问题。

一个人自离开母体之日起，就已经和社会及他人建立了某种联系，从而具备了某些社会化特征，如有一定的国籍和民族身份，是某个家庭的成员等。但更多和更高层次的社会化在个人身上尚无体现，他不知道根据社会规范控制和调整自己的行为，不知道与他人建立和协调关系，不知道在社会里如何谋生，不知道善恶美丑……他只是靠生理本能来向父母和周围其他人表达自己的要求和情感，因而这个时期的人主要还是一个自然人，即尽管具有与生俱来的身心发展潜能，但基本上仍是一个生物性或自然属性占据主导地位的生命个体。

人既然来到了社会，他就不可避免地与周围的人和社会发生交往，并受其影响。一方面任何一个社会都毫无例外地要求它的成员成为一名符合它的需要的公民，因而使用包括强制性手段在内的各种形式对其社会成员进行思维方式、情感方式、价值观念、社会期望、行为规范等的各种社会教化。另一方面，由于人从出生之日起就被置身于某一特定社会的文化模式之中，因而他每日每时自觉不自觉地都在接受着社会文化的熏陶，接受着社会的影响，并或多或少地将其内化成符合社会需要的价值观念和行为方式，最终大体上能按照社会这个人生大舞台对于某种社会角色的要求来扮演这种社会角色，如学生、工人、丈夫、父亲、妻子、朋友或其他，并且绝大多数人不断地改进自己所扮演的社会角色形象，朝着一个名副其实的合格的社会成员方向发展。这样，一个人随着自身社会化的日益丰富和完善，便逐步由自然人转化为社会人。

可以认为，个体的社会化就是个体经过同他人交往，接受社会文化影响,学习掌握社会行为规范和价值观念的过程。

二、社会化的内容

社会化的内容可分为广义和狭义两个层面,从广义上说,人们所处的历史时代的文化遗产都是社会化的内容。在这里,我们仅从狭义的层面,即个人与社会的交互作用的基本需求这个层面对社会化的内容作介绍。

(一)社会生活基本技能社会化

社会生活基本技能包括生活自理技能和谋生技能。生活自理技能社会化是人的社会化的最基本内容,婴儿在离开母体的最初阶段除凭借哭声表示吸吮母乳或别的需求外,其生活知识是一片空白。稍大之后,成人就教他穿衣吃饭,教他咿呀学语,使他逐步形成有关社会与事物的简单概念,同时他也按照渗透在衣食住行及周围环境中的特定文化模式塑造自己。此外,他还必须更进一步认识自己的心理与生理结构,自我调节情绪,合理安排生活,协调人际关系等,这样才能获得生活自理技能。一个人对基本生活习惯和知识的掌握,是一个逐步习得的过程。个人通过每天周而复始的生活节律,学习、养成衣、食、住、行的常识和习惯。而且,人类的基本生活知识呈开放状态,它随着社会生产的发展和社会文化的进步,不断变化发展。因此,个人也必须随着生活的发展,学习新的生活知识。如喝的方面,在茶叶还没有出现之前,人们无需去学习饮茶的知识,而当茶叶被引入人类的生活领域之后,泡茶、饮茶的知识也就成了社会化的必然内容。不学习这些知识,就可能闹出把茶水倒掉而吃茶叶渣的笑话。因此,加强基本生活知识的学习,获得生活上的自理,这是个人发展的基础,也是社会化的第一项内容。

谋生技能是一个人独立参与社会生活的又一项能力。在传统社会中,谋生技能社会化主要依靠子承父业式的家庭传授,而在现代社会中,随着科学技术的迅猛发展,社会分工越来越细,社会对其成员生产技能的要求越来越高,这样,传统的家庭教育便远远不够了。有组织、有计划的多方面的社会教育,尤其是学校教育承担了人的谋生技能社会化的主要任务。教育的重要性决定了今天社会里任何人只有受到良好的社会教育,才可能成为合格的社会成员,才可能在社会生活中正常的生存下去和按照社会的需要发展自己。

(二)行为规范社会化

任何社会都有一套必要的社会规范,即社会向全体成员提出的行为准则或要求人们的行为遵从的一定规则和方式,它表现为法律、道德、风俗等不同的方面。行为规范社会化是指通过社会各种形式的教育、社会舆论以及使用强制性手段等使人们逐渐形成一种信念、习惯、传统,用以约束自己的社会行为,调整个人、团体、社会三者之间的关系。

法律规范社会化和道德规范社会化是行为规范社会化的两个基本方面。法律规范社会化就是指使人们能按照法律制度来调节自己的行为,具有明显而强烈的强制性,不同的国家有不同的法律制度,学习法律知识可以更好地使人遵守国家规定的法令。道德规范社会化就是指使人按照道德标准来支配自己的行为。在社会中为了维护人们的共同利益,协调彼此的关系,便产生了调节人们行为的标准。个人若遵守这些道德标准,会受到舆论的赞许并感到心安理得,否则会受到舆论的谴责并感到内疚。在行为规范社会的过程中,法律规范社会化和道德规范社会化相互配合,相互补充。

社会行为规范作为调整人与人之间的关系、维持社会正常生活秩序、规定个人行为的规范,它们的属性和发挥作用的途径各不相同。如法律规范具有明显的强制性,道德规范不具有明显的强制性,它靠社会舆论来促使人们遵守。但所有的社会行为规范,都必须通过个人的服从、认同和内化三个阶段,才能成为社会化的成果,社会行为规范的内化,使个人逐渐形成一种习惯。造成行为规范只是社会化的一个方面,更主要的是内化行为规范,用社会行为规范指导、约束自己的行为,这才是社会化的真正目的。当然社会行为规范和道德的形成也是内外因共同作用的结果。

(三) 社会角色社会化

根据美国心理学家 G·H·米德的解释,角色是一种行为模式,具体说是一种符号,是一个人的社会地位及其权利义务要求的行为模式。角色代表一种社会期望,特定社会(以及组织等)总是期望它的成员按照他的社会地位行事,社会成员也总是要求自己努力表现出符合这种期望的行为来。比如,性别角色社会化就是指个体根据社会对男女基于性别不同所产生的不同的角色要求和期望而形成的相适应的行为的过程。社会角色化可分为三个方面。第一是对社会角色的认知,包括对目前角色的认知和对未来角色的认知,角色认知是否准确,决定了个体能否达到良好的社会适应。例如,从学校过渡到社会的过程中,很多人因对将来所要充当的社会角色思想准备不足,以至明显地感到对工作、生活、复杂的社会环境难以适应。第二是确定社会角色的期望值。人是社会的人,每一个在一定的社会关系和社会组织中处于特定地位的人,都被赋予了按照这个地位的规定行事的要求和期望。过高或过低地估计这一要求和期望都可引起角色差距或混乱。第三是培养角色变化的适应能力。人类社会是纷繁复杂的,特别是现代社会中社会分工带来了角色位置的增多,人与外界的交往面较广及社会流动性大,再加上许多约定俗成的人与人、人与社会之间的关系,使每个人所担任的角色的变化也越来越大。这就要求人们在自己所处的环境、所充当的角色发生变化时,能及时地调整自己的行为与之相适应。

(四) 心理素质社会化

心理素质社会化就是指使人们用健康的心理指导自己的行为的过程。它是人的社会化不容忽视的一个重要方面。心理健康在人的成长、发展中,具有十分重要的意义。一般说来,心理健康就是指一个人能协调自己的知情意行,并能免遭有害冲突。心理素质的社会化包括五个方面:(1)发育正常的智力;(2)稳定而快乐的情绪和高尚的情感;(3)具有自信、果敢、有恒心、精益求精等优良的意志品质;(4)健康的性格;(5)健康的人际关系。

此外,心理素质社会化还包括培养与职业相适应的心理素质。如一名运动员,就应具备与竞技职业相适应的心理素质。总之,心理素质社会化不仅是一个人早期社会化的重要内容,而且在继续社会化过程中,同样居于十分重要的地位。

(五) 政治社会化

政治社会化是个人逐渐学习和接受现有政治制度采用和确定的政治信念、思想体系、社会制度和政治态度的过程。在这一过程中,个人逐渐适应现有政治结构采用的规范,认识自己所处社会的政治制度,并决定服从、巩固或变革它。任何一个希望自己能够兴旺发达的社会,都十分注意对它的成员进行政治社会化,包括思想体系、社会制度、人生观等各个方面的教化,从而使社会成员能够自觉地接受社会的价值标准,承担起对它的责任和义务。政治社会化的目的是将个人培养和训练成为有政治意识和为特定社会发展发挥作用的社会成员。

三、社会化的作用

人为什么必须社会化?这既是个人生存和发展的需要,也是社会新陈代谢、稳定和发展的需要。一般来说,社会化有促进人格发展、传递社会文化、培养社会角色等功能。

(一) 促进人格的形成与发展,完善自我意识

人格是指一个人通过社会化而形成的观念、态度、性格和习惯等,是比较稳定的生理、心理素质和行为特征的总和。人格是人的个性与社会共性的统一体,由两方面的要素构成,一方面是人对社会环境的态度和行为的积极特征,如需要、动机、兴趣、理想、观念、态度、习惯和角色等;另一方面是心理特征,如能力、气质和性格等。

人格是人的社会化的产物,人的社会化不仅培养了人的共性,也培养了人的个性,这种个性一般表现在人的兴趣、能力、气质、性格等方面。在正常的社会化过程中形成和发展起来的个性间尽管各不相同,但它们有一个共同的特点,即都是符合社会价值标准的个性。我们开展社会化问题的研究就是促进这种个性的形成和发展。

个性的核心内容及形成、发展水平的标志是自我。自我也称自我观念或自我意识,它是个体对自己存在及存在状况的觉察,是自己对于属于自己的人的特征及生理、心理状况的认识,其中包括自我评价、自我感觉、自尊心、自信心、自制力、独立性、自卑感等一系列涉及认识自己的内心活动。

自我的形成与发展也不是单纯个人的事,它作为客观存在的人类心理状态,是在一定的社会文化环境中,通过主体与他人的相互作用形成的,是社会化的必然结果。而一个人的自我意识形成之后,就能够指导自己的行为,知道应该做什么和怎样做,从而影响个人的社会化选择。因此,培养或塑造个人什么样的自我观念,对个人和社会来说都是极为重要的。自我的发展贯穿社会化过程,它的形成和确立对个人的学习和工作有重大的推动作用,对态度形成和转变有着调节甚至是决定性作用,对人在社会生活中的活动具有自我控制功能。在本章第四节还将对自我做进一步详细的介绍。

(二) 内化价值观念,传递社会文化

社会化研究的文化模式认为社会化是社会文化的传递过程。"社会化"不过是掌握了社会的群体行为方式,并将社会文化的主要内容内化于人的内心。在这种社会化模式或角度看来,社会化的内容就是个人学习和掌握社会文化。

文化有狭义和广义之分,前者指一定物质资料生产方式基础上的精神财富的总和,后者指人类社会生活的衣食住行、物质产品、生活方式、风俗习惯、宗教信仰、文化教育、文学艺术、科学技术、哲学及政治等。文化既是一种历史现象,也是一种社会现象,每个社会及社会发展的每个阶段都有与其相适应的文化。

由于社会文化如此纷繁复杂,因此在个人社会化的过程中所内化的社会化只是能代表特定文化的最核心的、最基本的内容。一般说来,社会文化的这些核心内容包括价值体系、社会规范两大部分。价值体系指社会民族或群体中存在的比较一致的共同理想、共同信仰及较为持久的信念。价值体系在社会文化中的核心地位表现为对个人社会行为所起的定向作用和稳定作用。社会规范是社会文化的另一项核心内容,教导和学习社会规范是内化社会文化过程的主要组成部分。社会规范属于维持社会秩序的工具,表现为一种标准或规定,它包括道德规范、法律规范及各种各样的生活规则。社会规范比价值观念具有更大和更明确的强制性和制约性,但要使其发挥作用,仍需要通过社会各种形式的教育和舆论的力量,把它内化为人们的信念、行为方式和行为习惯。

对于个人来说,学习和掌握社会文化,或者说社会文化的内化,属于正常社会化过程中的重要组成部分。经由这一过程学得的社会价值观念和社会规范是个体社会学习过程的重要内容,这对于个体的人格、自我观念的形成和发展以及个体在特定社会结构中的角色扮演具有重要意义。此外,社会文化的内化对于社会来说意义更为深远,事关文化继承、传递和延续。个人通过社会化过程将社会价值观念内化,学习和掌握社会规范,这事实上就是继承、传递和保存了社会的文化。在社会心理学看来,社会文化的传递和延续,以及在传递和延续当中必然要出现的变化就是社会发展。所以社会化还推动、促进了社会的变化和发展。

（三）培养社会角色,促进社会的稳定与发展

人的社会化过程无论多么复杂,最后都要体现在个人对社会角色的扮演上面。所谓社会角色,通俗地讲,就是社会平台上特定的角色的表演者,即有着特定权利、义务、行为规范的人。社会化的最后结果就是要培养出符合社会要求的社会成员,使其在社会生活中承担起特定的责任、权利和义务。社会化过程就是角色学习的过程,角色学习又必须以基本生活技能和某些专门技能的掌握为基础,这些技能的掌握对于成年人和未成年的个人具有同样重要的意义。未成年的人除了必须首先学习基本生活技能外,也需要不断发展基本生活技能。特别是在科学技术日益发展的现代社会,学习基本生活技能与专业技能对所有的人都具有几乎相同的意义。也正是在这个意义上,角色学习过程应当包含基本生活技能的学习和专门技能的发展,以及与此同时出现的对角色的理解。

既然培养社会角色是社会化过程的重要结果,那么从角色学习的角度来看,社会化的含义就是指在一定发展阶段,个体在掌握基本生活技能的基础上,逐渐了解自己所在群体或社会对这角色期待并学习顺利地完成角色义务的过程。

在任何一个社会中,人们只有扮演好自己的社会角色,这个社会才能正常地运行。人们的角色学习和角色实践,正是在社会化过程中实现的。培养合格的社会角色,既是社会化的成果,也是社会稳定和发展的需要。只有对人的行为形成了统一的规范,才能实现社会生活秩序的正常化。

第二节　基因、文化与社会化

一、基因、进化与社会化

社会化过程与人类生物学密切相关:有异与其他动物的身体结构,为人类发展自己的社会性准备了首要的先天生理条件;人类结构功能复杂的大脑,为其认识世界、学习社会文化、接受社会教化提供了生理物质基础;而人类独有的高级神经活动系统——语言中枢,成为了社会化强有力的工具和杠杆。

人有六年左右的时间处于幼年期,也就是说,这是完全依赖于他人的时期。之后 14 年左右的时间是青少年期。这样,人整个生命中的 15% —25% 的时间是依赖于他们父母的。这比起其他动物(包括其他的灵长目动物)是一个非常长的时间段。然而,就是这个延展了的依赖时期,为人学习文化意义与社会技能提供了必要的时间,也使其与他人和社会总体建立了终生的社会和情感联系(David Popenoe,1999)。

对低级动物而言,它们是靠本能而不是文化指导群体生活。例如,大多数蜘蛛都是在缺少与双亲的接触中孤独地成长的,它们在破壳之后要尽量避免与它们的父母接触,以免成为其腹中之物,然而尽管没有任何榜样可以参考,到了一定的年龄,它们照样懂得如何织网;沼潮蟹刚出生就会按照潮汐规律进行搬家;一些迁徙性的幼鸟不靠成鸟的带领就会飞往热带过冬;刚孵化的小鸭就会走路,下水游泳、摄食。这些协调一致的复杂固定行为,都是某些发育正常的动物不需要经过学习、练习、适应、模拟或体验就能表现出来的,即是它们的本能。本能对幼小动物的生存适应起到了很大的作用,但同时,对本能的依赖也将它们局限在了一套固定的行为模式上。

如何理解本能对动物生存与适应的意义的双面性呢? 斯宾诺莎(Benedictus Spinoza)说过,"一切规定的都是否定",本能可以看作是对动物行为的一种先天规定,它使动物一出生就可以按预定程序进行一系列的行为活动,尽快地适应生存环境;但同时,任何规定都包含着否定的成分,从生物学中我们可以发现,越是低级的动物,它的行为受本能控制的程度就越强烈,就越难以在它身上找出个性的踪迹,也就是说,它后天的可塑性与发展性就由于"本能"而被否定得越多。

是否存在真正的人类本能,这一直是一个存在争议的问题。弗洛伊德把本我视为生物本能和强烈的先天因素,而人本主义心理学家马斯洛则认为人性内核是"似本能"(或"类本能",instinctoid),即人类内在的、高级的一种需要或潜能(potentiality)。潜能和本能虽然都属于先天生物学因素,但潜能是一种比较微弱的先天因素,不像本能那样强烈。物种的等级越高,这些似本能的需要越明显。越是高级需要,越带有人性的特征(车文博,1998)。老子曾说过,"无执故无失",人类恰恰可以不以遗传的好多东西而堵死很多可能发展的路径,人类也因此具有了无限发展的潜能。

在19世纪,许多人坚持认为人类的社会行为受到生物遗传的影响很大。而今天,大多数社会科学家强调文化影响社会行为的重要性。大多数人相信,人类行为是由遗传基因和环境两者共同塑造的。然而,生物与文化,或者说"自然与教养"之间的对立问题一直没有得到解决。在心理学历史上,遗传决定论与环境决定论一直是争议较大的问题。遗传决定论片面强调遗传因素在人的心理发展过程中的作用,认为人的心理发展是由先天、不变的遗传决定的,与外界的影响、教育无关;环境决定论片面强调教育和环境对人的心理发展的作用,认为心理的发展完全是由环境决定的。

达尔文认为,进化过程中最基本的问题便是生存和繁衍。他提出了进化论的观点,主张重视基因的作用。由于生物的多样性,自然会选择那些最适合某种环境下生存和繁衍的物种,那些有利于物种生存的基因会逐渐增多。进化心理学家不仅研究自然选择如何影响人类那些适应特定环境的生理特征，还研究人类那些有利于基因存活和延续的心理特征和社会行为。如他们认为，人们害怕陌生人、怕蛇等心理机制是远古祖先在面临恶劣的气候、弱肉强食的竞争环境和食物匮乏等自然环境的威胁时，为解决生存和繁衍问题而演化形成的，这些心理机制对于人的生存具有重要的作用。种属的繁殖与生存，必须解决一系列问题，如：成功地与同性竞争、战胜别人，获得自己喜欢的配偶；在潜在配偶中进行选择，选择对于个人成功价值最大的配偶；必要的性行为，遗传其基因；进行一些必要的亲本投入，确保后代的生存和发展；对与自己基因相关的亲戚进行额外的亲本投入等（刘征等，2007）。

举例来说，利他主义行为是一种反映顾及他人利益的行为，这种行为形式经常被认为是完全的文化行为。然而，从社会生物学或进化心理学的角度来说，它可以被看作是一种强烈的生物行为，因为大量的利他主义行为主要有益于家庭成员及其近亲。如果一个妇女牺牲她的生命（极端的利他主义）从大火中抢救她兄弟的孩子，就基因而言，她实在是一种"自私"（Dawkins，1976）。她是在强化她的近亲基因的生存。同样，夫妻之间"为了孩子"而维持婚姻，也许也是为了通过孩子来促进他们自己基因的生存，因而也就营造更为安全的环境来养育子女（Barash，1977）。

进化心理学为心理学的发展提供了一个全新的视角，但它还是一门尚不成熟的科学，还存在着明显的局限。有人批评它太过于用生物学原因来解释社会行为了。例如，批评者们提出，在许多社会中，对亲属认定既是社会性的，又是生物性的，两者同样重要。一个扩大的父系家庭可能包括那些在基因上没有任何联系的人。如果人们为这样的家庭做出利他主义行为，显然是出于社会性的原因，而不是生物性原因。

对进化心理学的主要批评之一是认为它具有遗传决定论的倾向。进化心理学家认为，心理机制由大量的、功能不同的、解决某些适应问题的复杂机制构成，这些特殊机制可被称作"模块"（Foder）。他们认为，支配人的认知结构的许多模块是自然选择的产物。这种在物种进化期间由自然选择形成的认知模块，使该物种在自然环境中得以适应。心理机制的模块是"天赋"的认知结构，其独特性主要或完全由遗传因素所决定。批评者认为进化心理学忽视了文化对进化的意义，没有看到自然进化和文化变异之间的本质区别，他们所理解的"进化"，往往过分地、单一地强调自然选择的作用，常常造成对人类生活史和历史的分析错误,即把达尔文的自然范例高度简化。文化是社会历史现象,它可以超越自然选择的有限作用,因此,简单地利用自然选择的机制来解释模块的起源实际上是无效的(刘征等,2007)。

二、社会文化与社会化

我们来到这个世界需要具备学习语言并能与他人合作以获取食物、照料小孩、保护自己的能力,自然选择赋予了我们学习这些能力的潜质,而学习的过程需要在我们所处的文化环境中进行。我们也许可以承认人类所有的行为都受到基因进化的影响,但是必须强调社会文化在一个人社会化过程中所起的作用。

文化是无所不在的,由于传统的作用,也由于人类社会关系的多样性与复杂性,即使是一些简单的事物,哪怕如同动物一样的需要,也都会蒙上一层文化模式的外衣。动物饿了,只要看见有吃的食物,它就吃,而人却必须等到开饭时才吃。一日三餐是人为的,吃东西时要遵守一定的规则(例如用筷或刀叉)也是人类文化的体现。再说打喷嚏,这乍看起来纯属生理现象,但也发展了一些小小的习俗:面对人时必须赶紧用手帕捂住鼻子,有人打过喷嚏之后还会说一声“对不起”,可以说,人们任何一种活动都是文化的产物。

文化既具有多样性又具有相似性。人类正是在共有的生理基础上具有了文化上的多样性。它可以使一种文化里的人们接受婚前性行为,而使另一种文化里的人们完全不能接受。我们是否把苗条作为美的标准取决于我们生活在何处。我们是倾向于表现自己还是内敛含蓄,行为随意还是比较正式,这和我们生活在非洲、欧洲还是亚洲文化环境下有很大关系(David G. Myers, 2006)。

这里,我们可以用疼痛来举个例子。疼痛从根本上讲是一种生理现象,但它在人类社会中,和其他生理反应一样,具有特殊的社会文化的重要意义。有美国学者研究过疼痛反应中的文化因素的情况,他们在纽约选择了四个种族文化组,即犹太人、意大利人、爱尔兰人、美国人,共87名,都是住院病人。对他们所做的系统观察研究发现,犹太人与意大利人夸大疼痛,并抱怨、毫无顾忌地呻吟、呜咽、哭叫,他们对于自己这种外显表露并不感到难堪,他们的呼喊是希望得到医生与家属的同情与帮助。而爱尔兰人与美国人则不然,他们能忍受极大的疼痛,认为抱怨、呻吟、呼喊无助于减轻疼痛,即使是痛得忍受不住,宁可到单独的房间去哭叫,尽量不在人们面前表现出痛苦的感受,不是尽力博得他人的怜悯。

正是由于人类的适应性,才出现了多姿多彩的文化差异。然而在文化差异的表面之下,跨文化心理学家发现了"内在的统一性"。作为同一种族的成员,差异表面下的行为机制仍然是相同的。人类学家默多克(George P. Murdock, 1956)曾列举了近六十种文化普遍性,包括烹饪、劳动、民俗、葬礼、音乐和法律等。婚姻和家庭可作为两个重要的文化普遍性的例子,每个社会都有性别不同造成的社会分工,每个社会都必须抚育儿童。迄今为止,还没有发现无婚姻和家庭系统的社会,但是,和其他文化普遍性的事例一样,婚姻和家庭的具体形式在不同的社会中很可能大相径庭。

已有的社会学理论从人类生理需求和社会运作基本需求这两个层面的相似性解释了许多已知文化的普遍性。从个体的角度来说,我们都需要吃饭,需要住所;因为生老病死的无可避免,我们都必须照顾儿童,处理年老、疾病、死亡等问题。从社会的角度来说,社会为了正常运行,就必须替换掉那些死去的、离开的或者生病的和残疾的成员所担负的社会角色,必须教育新成员承担有用的社会角色;必须生产和分配产品、提供服务、维护秩序(David Popenoe, 1999)。

在这里,我们也可以把进化心理学作为思考文化普遍性的一个很好的视角。例如,对乱伦的限制可能是人类社会中最明显的共同规范之一:父母不可以和孩子发生性关系,兄弟姐妹之间也不可以。从乱伦导致的生物学惩罚的角度来考虑,我们很容易用进化心理学的理论来理解为何世界各地的人们都反对乱伦,读者在此可试着进行思考。

第三节　人的社会化历程

一、社会化的终身性

孔子在回顾自己的一生时曾说:"吾十有五而志于学,三十而立,四十而不惑,五十而知天命,六十而耳顺,七十而从心所欲。"

三十而立,是指三十岁时,人当自立,有栖身之所,有事业。四十不惑,是指人到了四十岁,应该业有所成,不会因为无业而困惑,并对人生或者事业有一定的把握和理解。五十知天命,是指人到了五十岁,对人生之中的机运已经了解清楚,知道了生命的真谛。六十耳顺,在孔子看来,人到了六十耳顺之年,应该是不远游、万事由之的时候,因此,不会因为很多尘事纷扰不休而觉得心有所役。七十随心所欲,是指经历知命、耳顺后,学业和心性到了很高的境界,或者说到了成圣德地步,自然随心所欲。

孔子从学业和个人修养的角度阐述了人一生的发展历程。由此引出了社会化的一个特点——终身性。人的一生是不断学习各种角色、不断社会化的一生,社会化过程有着明显的终身性。正如有位美国学者所说,在当今社会里,主要的生活抉择在整个成年时期都是未定的,社会化不再局限于童年,而是一个终身的、自我定向的过程。因此,每个人完成基本社会化后,面临的是新的、更加复杂也更为长久的继续社会化,正是这种社会化的终身性,帮助人们不断地协调与社会的关系,更好地在社会中生活,同时促进社会不断向前发展。

(一) R·哈维格斯特(R. J. Havikghurst):社会化六阶段

美国心理学家哈维格斯特特别强调人的社会化是持续一生的,他把人的一生的社会化过程分为六个阶段,并具体描述了各阶段社会化的任务:

幼儿期:要学习走路、吃固体食物、说话、大小便的方法;学会辨识脾气的好坏和控制自己的脾气;获得生理上的安定;形成有关社会与事物的简单概念;与父母、兄弟姐妹建立感情;学习区分善恶。

儿童期:学习一般游戏中必要的动作技能,与同伴建立良好的关系;培养对自己有机体的健康态度;学习自己的性别角色;发展读、写、算的基础能力;发展日常生活必要的概念;发展道德以及价值判断的标准;发展人格的独立性;发展对于社会各个单位和团体的态度。

青年期:发展与同龄男女的交际能力;学习男性或女性的社会角色;认识自己的生理结构,有效地保护自己的肌体;从情绪上独立于父母和其他成年人;有信心实现经济独立;为职业选择和结婚成家做准备;发展作为一个公民所必需的知识与态度;寻求并实现负有社会责任的行动;学习行为的价值和伦理体系。

成年早期:择偶;学习与配偶一起生活;迎接家庭中第一个孩子的到来;教养孩子;管理家庭;就职;担负起公民的责任;寻找适合的社会团体。

中年期：承担作为社会公民的责任；达到并维持一定的经济生活水平；帮助儿童成为一个能被人信赖的幸福的人；充实自己的业余生活；接受并适应中年期生理方面的变化；赡养年老的双亲。

老年期：适应体力与健康的衰退、退休和收入的减少、配偶的死亡；与自己年龄相近的人建立快乐而亲密的关系；承担公民的社会义务；对物质生活的满足方面要求降低。

哈维格斯特的社会化过程理论告诉我们，要使社会化取得良好的成效，必须注意社会化的时间性。根据不同年龄阶段社会化的不同要求和特点，不失时机地进行社会教化，是提高社会化成效的重要举措。

（二）埃里克·埃里克森（Erik Erikson）：自我发展八阶段

埃里克森认为，自我是人格中一个相当有力的、独立的部分，其作用是建立人的自我认同感和满足人控制外部环境的需要。

根据埃里克森的观点，自我的基本功能是建立并保持自我认同感。他把自我认同感描述成为一个复杂的内部状态，它包括了我们的个体感、唯一感、完整感以及过去与未来的连续性。自我认同危机是指人在缺乏自我认同感时所感到的混乱和失望。我们很多人在一生中都有一段时期不能确定自己是谁，不能确定自己的价值或自己的生活方向。埃里克森的自我认同危机通常出现在青春期，但又不限于年轻人，许多中年人也可能有类似的经历。

埃里克森认为人格在人的一生中都不断地发展。他提出了八个阶段，认为每一个人都会经历这八个阶段，每一个阶段对人格发展都至关重要。

1. 婴儿期：信任 Vs. 不信任。婴儿是否得到了充满爱的照料，他们的需要是否得到了满足，他们的啼哭是否得到了注意，这都是他们人格发展中的第一个转折点。受到适当的爱和关注的儿童会产生基本的信任感，对他们来说，世界是美好的，人们是充满爱意的，是可以接近的；而那些没有得到他们所需要的关爱和照顾的婴儿，就会产生一种基本的不信任感，这可能导致他们在以后的人生中对他人都会是疏远、退缩和缺乏信任。

2. 学步期：自主性 Vs. 羞愧和怀疑。一周岁以后，儿童在探索自己与外界的联系时产生了"自主性"的意识。他们感到自己是独立的，有了强烈的自主感。他们通过对周围世界的探索，获得个人控制感和对外界施加影响的认识。父母在这时不应对孩子施加过度的保护与限制，否则会阻碍孩子自主性的发展，使他们产生羞怯和怀疑的感情，对自己感到不确定，变得依赖于他人。

3. 儿童早期：主动性 Vs. 内疚。随着儿童开始与其他儿童交往,他们面临着进入社会生活的挑战。儿童必须学会怎样与其他人一起玩、一起做事,怎样解决不可避免的冲突。儿童通过寻找游戏玩伴、学习怎样组织一个游戏以及参与其他的社会性活动,使他们的主动性得到了发展。他们学习怎样设定一个目标、通过说服来处理挑战,他们发展了目的感。不能很好地发展主动性的儿童,在这个阶段会产生内疚感和退缩性,他们可能会缺乏目的感,并在社会交往或其他场合很少表现出主动性来。

4. 小学期：勤奋 Vs. 自卑。儿童进入小学后开始与别的孩子展开竞争,为学习成绩,为得到大家的欢迎,为引起老师的注意,为体育比赛中的胜利等。他们不可避免地要将自己的聪明和能力与同龄儿童进行比较。如果儿童体验到了成功,他们的竞争意识就会不断增强,这为他们今后成为积极的、有成就的社会成员铺平了道路。但失败的体验,会使儿童产生一种不适当的感情,令其对今后的创造与生活都期望不高。正是在这个时期,在青春期躁动到来之前的少年时期,我们形成了勤奋感和对自己力量和能力的信任感,也可能形成自卑感和对自己的天分和能力的低评价。

5. 青少年期：认同感 Vs. 角色混乱。青少年阶段是一个迅速发展的时期,是进入成年期的短期准备阶段。突然要应付生活中的重要问题,这种跨越会使青少年感到烦恼甚至痛苦,青少年开始提出这样的问题:"我是谁?"如果对这一问题的回答是成功的,他们的自我认同感就形成了,他们能对个人价值和宗教问题独立作出决定,理解自己是怎样的人,接受并欣赏自己;反之会出现角色混乱。

6. 成年早期：亲密 Vs. 孤独。在这一阶段年轻人开始寻求一种特殊的关系,通过这种关系来发展他的亲密感,并在情感方面得到成长,亲密感发展的结果一般是结婚或者是对另一个人爱的承诺。在这一阶段不能形成良好亲密感的人,就会面临孤独感,可能经历了多次肤浅的关系却从来没有在真正的亲密关系中获得情感满足。有些人甚至回避需要的感情承诺,导致情绪和个人满足感发展的严重滞后。

7. 成年期：繁殖 Vs. 停滞。进入中年人们开始关心下一代。父母通过教育小孩可以丰富自己的生活,没有子女的成年人通过与年轻人的接触也会感到这种生活的丰富,从而形成了一种繁衍感。没有形成繁衍感的成年人会陷入一种停滞感中,表现为一种空虚感和对人生目标的怀疑。

8. 老年期：自我整合 Vs. 失望。过去的岁月和经历,走向死亡的必然性,使老年人要么达到一种自我整合,要么产生失望感。以满足的心情回忆往事的人,将以一种完善感走完最后的发展阶段;不能形成这种良好整合的人会陷入失望的境地,认为自己没有了年轻人拥有的选择和机会,一生已经过去,这样的人常常会通过对他人的厌恶和轻蔑来表达他们的失望。

在埃里克森的模式中,我们一生中会经历人格发展的八个转折点,他把这些点叫做"危机"。解决这些危机的方式决定了我们人格发展的方向,并影响到我们如何解决今后危机的方式。

二、生命历程中的社会化

社会化的过程伴随着人的一生,一个社会的结构越复杂,层次越多,社会发展与变化的速度越快,正在进行的社会化过程也越纷繁多样。个体在一生中将要经历的社会化类型有早期社会化、预期社会化、发展社会化、反向社会化和再社会化等。

(一)婴幼儿期与儿童期

发生在生命早期的基本的社会化被称作早期社会化,它主要是使儿童掌握语言、学习本领,将社会规范与价值标准内化,与周围的人建立感情,以及了解他人的思想与观点以与其周围的环境保持平衡。在早期社会化中,儿童主要通过"角色借用"(role taking)把自己想象为处于他人的角色或地位,从而发展从他人的角度看待自我与世界的能力。

1. 与人类的接触和情感发展。婴儿学会把自己看成独特的个体、建构社会联系、发展道德观念、学习语言等,是一个漫长过程,而被人拥抱这种与人类的接触是这一过程的第一步。

发展心理学家亨利·哈罗(Harry F. Harlow, 1959)曾经用恒河猴做过这样一项实验,他和他的合作者制作了两只假母猴(一只由海绵和毛织物包裹制成,一只由铁丝制成),当幼猴被置于有这两个假母亲的笼中时,这些幼猴大多数时间依附在柔软"母亲"的身边,即使当它们只能从铁丝"母亲"那里得到食物,它们也只是在要吃奶时才迫不得已离开柔软的母猴,吃完后便迅速返回来。当柔软"母猴"被拿走后,猴子们产生了严重的问题,如消化不良、经常腹泻等。而由柔软"母猴"带大的幼猴,尽管开始时似乎很正常,但后来的情况表明,它们日后完全难以胜任父母的角色,并且许多雌猴根本不能生育。

哈罗的实验证明,幼猴除了基本的饥饿、干渴等生理需求外,还有一种对接触式安慰的需求,他的研究至今仍不断为许多研究接触、依赖和依恋对情感健康的作用的论文所引用。

幼猴对接触和互动有着基本的生物需求与情感需求,那么人类婴儿是否也是如此呢? 让我们来看看下面的实验。

施皮茨(Pené Spitz,1945)曾比较了两组儿童的成长:一组幼儿有母亲的照料并允许自由走动,另一组是孤儿院的弃婴,施皮茨要求护士只给予他们最低限度的照料,并且不允许他们离开带栏杆的小童床。到第一年结束的时候,被限制自由的儿童发育迟缓、容易生病,许多孩子还异常忧郁。

戈勒曼(Daniel Goleman,1988)在一项研究中让一些早产婴儿得到每天三次、每次15分钟的按摩,结果发现,在体重增加方面,这些婴儿比那些独自留在婴儿床上的婴儿要快47%。在另一个研究中,他让护士每天额外多花20分钟与一些婴儿待在一起,结果发现,这些得到了额外的人类接触的婴儿,对外界事物的兴趣增加,比那些没有得到额外的人类接触的婴儿平均早45天学会抓东西。

可见,与人类接触对婴儿的成长发展起到了多么积极的作用。当婴儿在吮吸母乳或者被父母拥在怀里用奶瓶喂奶的时候,他们接受了三种人类生活的"必需品":温暖、食物以及与人类的接触。温暖与食物是保证婴儿存活所必需的,尽管与人类的接触不如这两者这么实在,但它对婴幼儿发展甚至生存来说也是相当重要的(David Popenoe,1999)。

婴儿在与父母日常生活的交往和沟通中,暗含着丰富的情感交流。这些交流会构成他们对世界、对社会、对人类、对人生的种种态度,并且影响其今后人生道路的方方面面。

情感萌发于生命之初。有实验证明,婴儿在出生之后的几分钟内,就会出现认人的知觉活动。这种认人的知觉,正是依恋和归属感的萌芽。

依恋是形成于个体生命早期的情感联结,是婴幼儿与抚育者之间一种积极的、充满深情的感情联系。它对儿童形成最初的信赖具有重要的影响。研究表明,具有良好的母婴依恋的婴儿,在智力、情感和个性等方面都能得到良好的发展。

早期依恋的发展可分为三个阶段:(1)从出生到3个月左右大,婴儿处于无差别反应阶段,这一时期婴儿对所有人的反应几乎都是一样的;(2)从3个月到6个月大是有差别反应阶段,婴儿对人的反应有了区别,他们对母亲更为偏爱;(3)从6个月—7个月起,婴儿对母亲的存在变得更加敏感,他们特别愿意与母亲待在一起,当母亲在身边时,他们能安心地玩耍、积极探索周围的环境,当母亲离开时他们会出现不安、困扰的情绪。从这时起到2岁多是婴儿的特殊情感联结阶段,他们出现了明显的对母亲的依恋,形成了专门对母亲的情感联结;与此同时,婴儿对陌生人的态度变化很大,见到陌生人,大多不再微笑、咿呀发声,而是紧张、恐惧甚至哭泣、大喊大叫。婴儿此时开始怯生。

正是在发出和接受强烈的情感信息的过程中,婴儿为成长为情感健康的成人作准备。

2. 认知发展。许多人认为,皮亚杰是创建关于儿童如何学习思考和推理研究方法的先驱。皮亚杰对我们认识社会化过程的主要贡献是,他描述了儿童在不同发展阶段是如何思考的。

皮亚杰认为学习是一个积极的过程。为了学习,儿童必须吸收知识并加以消化。他花了大半生的精力,通过大量的观察和实验,按着儿童智慧发展的水平,把儿童心理(智慧、思维)发展划分为四个阶段:

(1)感知运动阶段(0—2岁),儿童主要靠感觉和动作来探索周围的世界,逐渐形成客体恒常性(object permanence)的观念——即使物体不在眼前他也知道该物体仍然存在。在这一阶段的末期,儿童进行符号思维的能力开始萌芽;

(2)前运算阶段(2—7岁),儿童各种感觉运动行为模式开始内化为表象或形象模式,而语言的出现和发展更促进了儿童表象思维(imaginal thought)的形成。这一阶段的儿童的思维具有高度的自我中心的特点,他们几乎完全是从自己的角度来看待世界的,而不能领悟他人的角色或从他人的角度来看待世界;

(3)具体运算阶段(7—11岁),儿童开始具有逻辑思维和真正运算的能力,先后获得各种守恒概念,但运算形式和内容仍以具体事物为依据;

(4)形式运算阶段(11岁以后),儿童具有了接近于成人的思维。这一阶段的儿童不再依靠具体事物来运算,而能对抽象的和表征的材料进行逻辑运算。他们能够进行假设-演绎推理,进行命题逻辑思维,在头脑中把形式和内容完全分开,形成了形式运算的认知结构。

皮亚杰认为,在每个发展阶段,从婴儿期到青少年期,儿童所有的活动都标记着确定的智力操作类型,这些智力操作类型为儿童获得知识给定了某种结构。前一阶段的结构是后一阶段结构的基础,前一阶段的行为模式总是整合到下一阶段,并为后者所取代。他同时指出,这些发展阶段不是阶梯式的,会具有一定程度的交叉重叠。虽然各阶段和特定的年龄相联系,但不由年龄所决定。各阶段出现的年龄可因每人的智力程度、社会环境和教育影响的不同而有所差异(提前或延迟),但各阶段的先后次序不变。

尽管皮亚杰的工作在发展心理学家之间形成了一个主流的思想流派,也影响了许多其他理论家和研究者,但并不是说没有批评者。一种主要的批评是认为他的工作存在论证不足、流于思辨的问题,推论多于论证,很难进行科学的验证。

(二) 青春期与青年期

大量青少年期的社会化是以预期社会化的形式出现的,预期社会化主要是让人们学习今后将要扮演的角色。当孩子们玩过家家时,他们是为将来要扮演的父母亲的角色进行预期社会化。学校里进行的社会化大都是为学生将来就业时要扮演的角色预先作准备,商业、工业和军队中的训练计划也有着同样的目的。

在现代工业社会,大多数青少年比他们年幼时较少受到来自其直系家庭的影响,而更多地是受到同龄群体与学校的影响。与儿童期相比,他们能在更大程度上采纳别人的观点,仔细审查他们自己的人格。他们这时的世界观会很容易根据他们的切身经历和感受发生变化。

随着身体的发育成熟,性意识的觉醒以及社会与家庭地位与角色的改变,青少年的自我认识、自我体验、自我调节都发生了新的变化,有了对于自己所从属的社会价值体系的反思。在这个时期他们产生了各种愿望和对于未来的美好憧憬,但他们逐渐发现,原本和谐的生活变得不协调了。这段时期的青少年往往把父母、师长的教诲与关心理解为难以忍受的压制,他们不仅在思想上不愿与成年人交流,而且与同龄人也产生了隔膜。同时,由于抽象思维的发展,青年人增强了对外界事物的批判和怀疑,以至于使自己陷入了苦闷与烦恼之中。青少年期自我意识的特点主要包括以下几个方面:

1. 自我认识的内容更加丰富和深刻。人在这一时期开始对自己本身进行探究并有所发现,具有了如自己是否是成人、自己的美丑、自己的性格能力与社会角色、自己的社会归属与社会地位、性、人生价值等的自我意识(E. Spranger, 1924)。

2. 自我体验的情绪发生了一系列的变化,表现在情绪上具有敏感性、丰富性、深刻性、闭锁性与起伏性等特点。

3. 自我调节的自觉性与独立性显著增强。青年力图摆脱社会传统的束缚,要求按照自己的意志来行动,善于根据新的形势来决定新的行动与目标,善于根据行动过程中的反馈信息及时调整原来的行动目标与方法,善于控制自己不符合目标的动机和行为。

4. 青年期自我意识的矛盾性。这种矛盾性表现为焦虑与不安,个体为摆脱这种焦虑与不安,力图使自我意识中主、客体两方面再统一起来,这种统一在新的水平和方向上的协调一致,可能是积极的,也可能是消极的,由此可产生 5 种自我类型:

自我肯定型——指正确的理想自我与进步的现实自我通过积极的矛盾斗争达到的统一,也可以说是符合社会发展要求,有利于社会进步的理想的自我和逐步改正、不断完善的现实自我的统一。

自我矛盾型——指内心矛盾的强度大或延续时间长,新的自我久久不能确立,积极的自我难以产生,自我调节缺乏稳定性和确定性。

自我否定型——指对现实自我评价过低,理想自我与现实自我差距过大,心理上常处于一种消极防卫状态。

自我扩张型——指一种消极的统一类型,带有危害性。这种类型对现实自我过度高估,虚假的理想自我占优势,如白日梦、自吹自擂,严重者可能导致反社会行为甚至犯罪。

自我萎缩型——指理想自我极度缺乏或丧失,对现实自我又深感不满,自卑心理非常严重,导致自我拒绝的心理,甚至出现理想自我与现实自我的对抗。严重者可以导致精神分裂症,或因绝望而轻生。

需要注意的是,虽然自我意识的发展与矛盾在青少年时期尤为突出,但正如埃里克森的理论所述,自我在人的一生中都是不断发展的。对自我意识这个概念,我们将在本章第四节再详细介绍。

(三)成年期

成年人在经历不同的情境的过程中——如结婚、从事不同的职业等,取得发展,同时学到了本领和知识。正常来讲,进入成人期的个体已经发展起了关于自我的形象,既包括真实的,也包括理想的;学会遵从社会的规范和价值;达到一定的自我控制的程度;使个人的欲望服从社会的规则。但成人的人格还没有完全定型,他们还将在这一基础上进行发展社会化。他们需要有新的期待,承担新的义务,扮演新的角色(如丈夫、妻子、父亲、母亲),在比较顺利的不断发展的过程中,新学到的东西对原来学到的东西加以补充,并与之合为一体。不断出现的证据也表明,成年人的人格仍在继续发展成长,并在整个成人期中都在变化(Brim & Kagan,1980;Levinson,1978)。

成人期的社会化与儿童期的社会化有几个主要的不同(Brim,1968)。第一,成人社会化的动机比儿童更明确,他们能够按照自己的愿望去选择角色,如改变自己的宗教、婚姻或工作状态,但儿童一般没有这样的自由去作这些选择。第二,与儿童的"角色借用"不同的是,成人在社会化的过程中可以"制造角色"(role making),即重新定义或再创造现行的角色,从而适应或促进角色内容的变迁。以男性角色的变迁为例,在过去,男性角色被要求强壮、坚定、不动感情,工作勤奋、养家糊口、事业有成;而现在,开始强调男性要分担抚养孩子的义务,在家庭中情感要更加开放,要能够有效地与人交流。虽然这种强调男性既要强壮又要柔情的新角色模式有时可能会使他们陷入混乱,但无可否认,男性角色的重构工作正在进行之中。

还需一提的是,许多人在成年期中会遭遇一个再评价和变更的时期,这一时期出现在40岁左右,许多人发现他们对自己成就的价值感到怀疑,害怕他们无法完成他们开始想做的一切(Park,1985)。于是他们设法对自己在成年初期是否对职业生涯作出了合适的选择以及工作中的自我认同感等作出再评价(Filene,1987)。那些在再评价中陷入困扰的人就进入了一个被称为"中年危险期"的时期,这种危机可能以巨大的悲哀与不幸为特征。但那些安然度过这种危机的人,经常会发现他们往后的成人生活是一生中最为快慰的时期(David Popenoe,1999)。

(四)晚年生活、衰老与死亡

1. 衰老。在现代社会,老年期有时被当作是无助的、无用的、依赖别人的时期,也许也是一个自我认同弱化的时期。埃里克森(1982)认为,一些最困难的态度和行为变迁发生在一生中最后的岁月里。在这一时期,一个人必须调整自己,以求与社会声望的降低、身体机能的下降、面临死亡,以及一个人的生活失败等相适应。

人到了晚年,不仅面临着生理机能如视、听、嗅觉等的逐步退化,心理机能也会减退,如记忆力下降、反应速度变慢等。而老年期的角色改变尤其会对个体的心理状态产生巨大的影响。退休后,长期形成的生活规律发生了改变,他们多感到生活单调、乏味,常有焦虑、不安等情绪表现;社会地位、经济收入的变化,会使某些老年人形成较大的心理落差,短时间难以接受这个现实,从而产生极强的失落感,表现为苦闷、抑郁、情绪低落;子女长大成人,离家独立,"空巢"现象的存在,也会给老年人带来一定的心理问题,使他们感到在家庭中的地位减弱,由此产生寂寞、孤独等心理;丧偶的寂寞与悲痛也是老年人会面临的一个沉重问题。

近年来,健康老龄化的观念日益受到国际社会的关注。联合国提出,将健康老龄化作为全球解决老龄问题的奋斗目标。健康老龄化是指个体在进入老年期时躯体、心理、智力、社会、经济五个方面的功能仍能保持良好的状态。实现健康老龄化需要社会各方面协调一致的努力,也需要老年人的积极参与。

让老年人度过幸福的晚年,不仅要让他们吃好、穿好,还应该对他们的情感世界多加关注。虽然现代社会保障事业的发展可以在制度上、经济上或设施上满足老年人的部分需要,但家人的关心照料为老人带来的精神慰藉也尤为重要,它是帮助老年人摆脱孤独感、失落感,以积极的姿态度过人生晚年的最好方式之一。家庭是老年人心理寄托、享受天伦之乐的主要场所,因而家人的关怀也就构成了满足老年人精神需求的重要条件。

另一方面,每个人的衰老体验都是独特的,根据埃里克森的理论,个体在老年期会回顾他们的一生,寻找生命意义和价值这类基本问题的答案。有积极答案的人,能够很好地面对后面的生活以及死亡,否则就可能陷入绝望。因此,调整心态,以积极的态度对待衰老,寻找人生的完善与整合,也是这一时期的人自身应该去努力做的。

老年期的心理调试——接受新的角色要求

人们应该如何调整自己的晚年生活,消减对生活和环境的无助、无力之感,活出老年的精彩呢?下面给出了几点建议。

1. 正确地认识衰老与老年期

机体衰老是自然规律,老年人应正视这个事实,注意调整自己的心态,适应个体的生理和心理变化,从事力所能及的工作和活动。有病要及时诊治,定期检查。同时还应正确地认识到,老年期是人生进程中一个自然的生理阶段,老年人和不同年龄段的人一样,存在着完全健康的、部分健康的、不健康的生理过程,老年期不等于病理过程。在老年期仍可培养新的志趣追求,如参加体育锻炼、票友聚会、老年大学等群体活动,克服心理上的"衰老",改变无所事事、担心疾病和死亡的消极心态。

2. 修身养性,保持愉快的心境

老年人应心胸豁达,宽容大度,性情温和,善于控制自己的情绪,尽量减少消极情绪的产生和蔓延,及时地进行心理调适,注意保持乐观的心情。

3. 建立良好的人际关系

老年人退休后,人际交流的对象发生了新的变化,应注意尽可能地扩大自身的社会活动范围,在新的生活圈中结交新的朋友。切不可身居斗室,闭门不出。妥善地处理好家庭成员之间的关系,保持独立的经济收入支配权,维持正常、良好的生活状态。

4. 老有所为,充实老年生活

整个社会包括老年人自己在内,都应转变"老年人是'负累'"的刻板印象。退休或即将退休的老年人也可发挥余热,老有所为。目前世界上许多国家正在实施"亲老政策",适当延长退休年龄。一些大公司也将人才战略瞄向"银发人才"群体,回聘退休人才作为决策顾问等。在中国,越来越多的老年人也已经把"老有所为"作为晚年生活追求的目标,发挥余热的愿望十分强烈,积极参加一些力所能及的社区、街道服务工作。老有所为一方面可以将老年人从养老的思维定势中解放出来,在有所为中充实他们的精神生活;另一方面,老年人用自己积累了一生的知识和技能继续对社会作出一定的贡献,会使全社会逐步认识到老年人也是一种宝贵的社会资源。由此,可以促进社会更加尊重老年人应有的权利,为他们提供更多发挥自身能力的机会,从而逐步消除社会上对老年人负面的刻板印象和歧视,提升老年人的社会形象、自我尊严和价值。

2. 死亡。不可避免的衰老和死亡是人生中的一个阴影。面对死亡从来是不容易的,美国心理学家库布勒罗斯(Elisabeth Kübler-Ross, 1969)通过对许多面临死亡的人的观察,将死亡过程分为五个阶段:否认期、愤怒期、妥协期、忧郁期和接受期。在否认期,人们拒绝相信死亡会发生在他们身上,甚至与他人隔绝,但这一时期不会维持很长时间。然后他们变得愤怒,认为疾病发生在他们身上是不公平的,因而要求解释:"为什么是我?"到第三阶段,他们不再愤怒,转而开始讨价还价,他们祈求通过施善行为或许诺改变个人行为以暂缓死亡的发生。第四阶段是忧郁期,这时人们被残忍的信息控制,沉浸在巨大的痛苦之中。最后,人们承认死亡是不可避免的,并开始为死亡作准备。准备包括安排好个人和家庭事务、与朋友道别、和家人一同度过可能的每一分钟。在这一阶段的任何时间,心理学家可能被叫来给病人或家庭成员提供心理支持。

当死亡确实发生时,生者对死亡的反应也会经历几个典型的阶段:首先是震惊,麻木地拒绝所发生的一切;其次是拒斥死亡的事实,经常盼望死者的重新出现;最后是绝望,经常是极度消沉;最后是适应,活着的人试图建立新的生活(Weiss,1988)。然而,这些阶段也许不会按照一定的顺序发生(Lund,1986)。

由于死亡的神秘与不可逆,人们总是对其充满一种本能的恐惧感。但这并不是说死亡带给人们的只有悲痛和消极。正如爱情是文学作品永恒的话题一样,人们对于死亡的思索也是永不停息的,由此产生的积极死亡观,是人类对死亡恐惧的一种精神超越。在 2008 年日本一部根据伊坂幸太郎的同名作品改编而成的电影《死神的精度》(sweet rain)中有这么一句话:"死亡没什么特别,却很重要。"没错,人生的经历千差万别,而死亡却把我们绝对统一起来。死亡是一种宿命,是每个人生命的"老家",因此没什么特别。但是只要我们觉悟到死亡的人生真谛,认识到日益逼近的死亡所造成的生命的有限性,就能从死亡中得到对未来希望的某种启示和提醒。我们无法设想,假如人类没有死亡,这个世界将会变得多么的空虚、无聊甚至可怕。正因为生命的有限性和死亡的渐近性,我们才会珍惜生命历程中的种种机遇,最大限度地利用生命,赋予生命存在的意义和价值。(刘衍永,周晓阳,2008)不知生,焉知死?不知死,亦焉知生?正如于丹所说,"让我们在思考死亡的过程中感悟人生,善待人生,让我们的心灵在另一种境界中得以升华。"

(五)再社会化、正向社会化与反向社会化

再社会化指与过去一刀两断和将截然不同的规范和价值标准内化。再社会化经常在人们部分或全部地脱离了他们从前的背景的情况下出现,例如,当人们改信某种不同的宗教时,当一个人类学家去一个不同的民族中生活时,就会发生再社会化。再社会化还发生在"全控机构"中,在全控机构中,居住者都被限定在这里生活一段规定的时间并与外界断绝往来,并几乎是处于管理者的绝对控制之下。新兵营、军舰、监狱、精神病院等都是全控机构,居住在里面的人都经历着与其过去的生活方式的决裂,他们对自己生

活中的许多方面都失去了权利并听凭某个管理机构的管理。由于不得不穿起制服和服从严格的规定,他们在某种程度上丧失了自己的个性,并在强大的压力下被迫服从新环境中的价值标准和规定。

反向社会化是指青年一代将文化知识传递给年长的一代。在传统社会中反向社会化是十分少见的,在现代化社会中却十分普遍,尤其在社会急剧发生变革的时代,知识更新加速,老年人所掌握的许多知识技能可能变得陈旧过时了,而年轻人却可能对世界各方面的信息接受得快,成年人的社会化甚至有可能受到青年文化的内容的影响。反向社会化在移民家庭里是十分明显的,家庭中成员在学校里很快学会了新的语言,并向他们的父母解释周围的文化,传达当地社会的要求。

第四节 自我意识的发展

一、自我意识的理论概述

个体在社会化的过程中,会试图解决诸如我是谁、我怎样与他人区分开来这样的问题,这就涉及了自我意识这个概念。自我意识是指个体对他们的个人特征和社会认同的意识与感觉,是个体对自己存在的觉察,这种觉察可以区分为三个方面的内容,即物质的自我、社会的自我和精神的自我。(见表2-1)

表2-1 自我意识的内涵

	自 我 意 识	自 我 情 感	自 我 控 制
物质的自我	对自己身体、外貌、衣着、风度、所有物等的认知	自豪感或自卑感	追求身体的、外在的、物质欲望的满足
社会的自我	对自己在团体中的名望地位、自己拥有的各种社会关系的认识	成就感或失败感	追求名誉、地位和权力
精神的自我	对自己的智力、性格、气质、兴趣等身心特点的综合认识	自我实现感或自我缺失感	追求信仰,要求智慧、能力与心灵的成长和发展

　　自我意识发展的过程是自己认识自己的一切的过程,包括认识自己的生理状况(如身高、体重、形态等)、心理特征(如兴趣爱好、能力、性格、气质等)以及自己与他人的关系(如自己与周围人们相处的关系,自己在集体中的位置与作用等),总之,就是自己对于所有关于自己身心状况的认识,可以将之看作是一种主观的我对客观的我的觉察。由于个体能对自己的行为加以控制与调节,因此也形成了对自己固有的态度,如自爱、自怜等。

　　自我的形成以我们与他人的相互作用为基础,并取决于这种相互作用的过程,同时它也广泛影响着我们的社会行为。我们怎样判断他人,我们怎样与他人进行信息沟通,当我们想帮助一个人时,我们愿意当一个领导者还是一个服从者时,所有这些行为都受到我们对自己看法的影响。在我们刚出生时并没有自我观念,也不知道自己有着一种独立的身份。要到两岁时才开始使用"我"、"我们"这样的词汇。只有到两岁以后,幼儿才逐渐意识到别人也有其各自的自我,也有着与自己不同的需要和见解。

　　自我在童年期内是怎样出现的,在整个生命周期中又是怎样不断被改变的呢? 这是社会学家、心理学家都很感兴趣的问题。除了我们在本章第三节介绍过的埃里克森的自我发展八阶段理论,下面还将介绍三种曾经出现过的主要理论:弗洛伊德的理论、库利的理论和乔治·米德的理论。尽管这些理论的详细内容有所不同,但每种都强调自我的概念是通过社会相互作用学来的。

(一) 弗洛伊德的理论

　　弗洛伊德(Sigmund Freud,1856—1939)是现代心理学的创始人之一。弗洛伊德对个性的主要看法是,人类的行为动机中有许多(如果不是大多数的话)是无意识的,因此我们常常并不知道自己行为的真正原因。弗氏认为,虽然儿童长大以后常常不再能清晰地记起他在童年早期的经验,但这些经验对其后来的个性发展却十分重要。弗洛伊德通过分析梦、失言和长时间地与训练有素的专家进行探询性的会晤来查明指导着大量人类行为的无意识的动机,这就是他所谓的精神分析法。弗洛伊德还指出,个性可以被分为本我、自我和超我三个相互作用着的基本组成部分。本我是针对个人在出生时和一生中表现出来的驱动力来说的,它完完全全是无意识的,并要求不断及时地得到满足。幼儿几乎完全是由本我组成的,但儿童很快就通过与他人的相互作用知道了本我并不能得到满足,而且必然经常受到压制。于是自我(ego)出现,它是个性中能自觉的部分,它理智地试图在超我与本我的驱力之间求得平衡。儿童从其他人那里(尤其是父母那里)知道了社会的要求,通过作为一个整体的个性与社会环境之间的调解,最终与这些超我的要求取得一致。在这个调节过程中,如果意识我在个性内部以及整个个性与社会之间实现了一种协调的平衡,个人就能很好地适应,如果意识我不能完成这一任务,个性与自我概念就可能受到严重损害。

当然,弗氏并不认为大脑被物理地划分成这三个部分,而仅仅把他的理论作为理解自我发展的一种有效方法。弗氏强调了个性是人类有机体与周围的社会力量发生相互作用的产物,以及童年早期的社会化对于后来有意识和无意识的动机和行为的极其重要的影响。

(二) 库利的理论

库利(Charles Horton Cooley, 1864—1929)是美国社会心理学家。库利自我理论中的核心概念是镜中我。这里的"镜"是指社会,它提供了一面镜子,从中我们可以看到别人对我们自己的行为的反应。我们对自己的看法就产生于这种反应之中。只有通过看别人的态度,我们才能知道自己是妩媚的还是丑陋的,是讨人喜欢的,还是惹人讨厌的;是值得尊敬的,还是声名狼藉的。通过观察他人的反应或者通过设想他们对我们打算做的事将会作出什么样的反应,我们就可以对自己以及自己的行动作出评价。如我们在社会这面镜子中看到或想象的形象是美好的,我们的自我概念就会更美好,就可能重复我们的行为。而如果这一形象是不好的,我们的自我概念就会变坏,就有可能改变我们的看法。没有社会就没有自我,没有相应的"他们"来提供我们的自我形象,就没有"我"。

库利和弗氏一样,认为在童年时期形成的自我概念比后来的生活中形成的自我概念更稳定、更持久,因此,在个性发展中的作用也更重要。不过他强调指出,每当一个人进入一种新的社会环境时,自我评价过程就会继续进行,这在人的整个一生中都是如此。与弗氏不同的是,库利不赞成那种认为个人与社会永远有冲突的说法。他认为这二者是不可分的,没有相互作用着的个人,社会就无法存在,没有社会相互作用,个人的自我也不可能存在。

(三) 米德的理论

乔治·米德(George Herbert Mead, 1863—1931)是美国社会科学界中最重要的人物之一,是著名的哲学家和社会心理学家。米德通过提出符号互动的概念详尽阐述了库利的思想。互动作用是人们之间通过诸如手势、面部表情(首先是语言符号)进行的相互作用。语言是从社会中学到的,对于任何人来说,语言都是最基本的思维形式。从这个意义上讲,人们用以解释自己和他人的行为的智力也是社会的产物。

米德指出,社会化最重要的产物之一就是使我们有能力预料他人对我们的期待并据此形成我们自己的行为。他论证说,这种能力是通过角色扮演才获得的,即假装或实际扮演他人的角色,从而可以用他人的观点来看自己。在童年早期,儿童只能将特殊他人的期待内化,所谓特殊他人是指像父母这样的具体的他人。随着个体的成长,成人逐渐将整个社会的态度和观点内化,这种将社会期待内化了的一般概念为自我评价和自我概念提供了基础。然而,米德指出社会化永远不会达到尽善尽美、圆满完成的地步。他对他所谓的主体我(即本能的、自私自利的、任性的和未经社会化的自我)与客体我(即了解社会规范、价值标准和社会期待的社会化的自我)加以区分。虽然米德并不认为个人与社会是冲突的,但他感到主体我绝不会完全处于客体我的控制之下。尽管社会化了的自我通常占主导地位,但是我们都有能力打破社会规则,违背他人的期待。

二、自我意识的作用体现

通过前一节的叙述,我们已经了解了什么是自我意识,它是怎样发展的。现在,让我们来看看自我意识具体是怎样体现的,它对我们的行为起到了怎样的作用。

(一) 分析自我

分析自我是主观的我对客观的我的认识与评价。自我认知是自己对自己身心特征的认识,而自我评价乃是在这个基础上对自己作出的某种判断。正确的自我认识和自我评价,对个人的心理活动及其行为表现,对协调社会生活中的人际关系有较大的影响。人们经常会把自己看作是有价值的、令人喜欢的、优越的、能干的人。如果一个人看不到自己的价值,只看到自己的不足、什么都不如别人、处处低人一等,就会丧失自信,产生厌恶自己并否定自己的自卑感,这样的人会缺乏朝气,缺乏积极性。但如果一个人只看到自己比别人好,别人都比不上自己,就会产生盲目乐观情绪,孤芳自赏,自以为是,因此就不能处理好各种人际关系,不能调动主客观双方的积极性,甚至会遇到社会挫折,产生苦闷。

一般来说,个体对自己生理、心理等方面的评价不可能做到各方面都恰如其分,人们认识客观世界总是从不全面到全面,从不正确到正确。如果个体自己的估计与社会上其他人对自己的客观评价距离过于悬殊,就会使个体与周围人们之间的关系失去平衡,产生矛盾,长此以往将会形成稳定的心理特征——自满或自卑,不利于个人心理上的健康成长。

(二) 表现自我

表现自我是主体在不同的社会场合下表现出的客观我的不同方面。一个人会有许多的社会自我,他所具有的自我,就如同他所重视的群体数量一样多,他对不同的群体表现出自我的不同方面。如一些在父母或老师面前显得很严肃的孩子在他的年轻伙伴中会表现得活泼好动,我们在自己家庭中的表现与我们在别人家庭中的表现也绝不会一样。

除了人们寻求的一般印象外,人们运用一些不同的具体方法在表现自我,心理学家琼斯和皮特曼根据人们试图获得的具体归属划分了五种自我表现的方法,这五种方法是迎合、恐吓、自我促进、示范和祈求。

1. 迎合。琼斯和皮特曼把迎合定义为试图影响关心自己人品的他人的一组不正常的行为,换句话说,迎合的主要目的是使自己看上去与别人类似。迎合可采取多种方式,其中一种常用的方式是对别人讲恭维话。可是,由于成功的迎合需要一定的信任和诚意,因此恭维话是不能滥用的。另一种方式是附和他人的观点与行为。这种观点认为人们一般喜欢在信念、态度和行为等方面与其一致的人,因此附和他人的观点与行为可以增加对方对自己的好感。可是当对象怀疑这种迎合时,这种方式就会毫无效果。

2. 恐吓。与使用迎合的方法的目的相反,使用恐吓方法的目的是引起对自己的恐惧。恐吓者制造了一种危险的形象,运用力量去控制相互交往,如有些父母对孩子或有些老师对待学生的某些举动。但威胁是令人不愉快的,这会引起他人试图躲避这种环境。因此,琼斯和皮特曼认为只有在一些非自愿的场合,或者躲避很难实现的场合中,恐吓方法才经常得到使用。

3. 自我促进。如果一个人想让自己具有能力,如聪明或者会某种技能,他就会使用自我促进的方法。有时为了使别人相信自己有某些重要方面的能力,一个自我促进者也会承认一些次要的缺点。同样的,如果一个自我促进者已经被对象所知,那么他也会承认自己的一些缺点,但更多的是进一步强调还没有被人觉察的优点。例如,我宣称自己是一个打羽毛球的好手,那么我最好确定自己的确是个好手,否则最好不要与对象一起打球。

4. 示范。示范方法的使用是为了使人产生一种品德高尚和正直的印象,有时它也为了使对象产生惭愧的感觉。示范者常常是一种自愿活动的领导人或是一个喜欢艰苦工作的人。无论是哪种人,示范行为的目标都是影响他人的印象,以使他们产生更积极的行为。

5. 祈求。一个使用这种方法的人会宣扬自己的缺点,企图依赖他人。示范者寻求的是尊重,祈求者寻求的是同情。当人们无法用其他各种方法时,他们经常会想到祈求。例如,一个男人会宣称自己很笨,连扣子也不会缝;一个女人会说自己很怕电,以此来请人帮助修理一只台灯。在以上各种情况中,这些人都表现出一种无能的印象,以取得他人的帮助。

在不同的场合下,一个人会使用不同的自我表现方法,无论一个人使用什么方法,他的目的都是使别人产生对自己有利的印象,由此增加得到有利反应的机会。

（三）控制自我

控制自我,乃是自己对自身行为与思想言语的控制,是主观的我对客观的我的制约作用。控制自我表现为两个方面:一是发生作用,即人们去克服困难的过程中,自己命令自己的言语器官和运动器官进行种种行为。二是制止作用,主观的我根据当时的情境,抑制客观的我的行为和言语,如不乱扔纸屑,不随地吐痰等,都是控制自我的结果。

控制自我对个体态度的转变有决定作用。例如,一个人对自己各方面的评价都很高,认为一贯正确,甚至十全十美。但当客观上要求自己改变某种态度时,由于自己对自己的看法与社会、他人对自己的看法距离过大,自己就会感到委屈,很难转变自己的态度。另一种情况下,即使自己看到社会要求与现实的我之间存有很大差距,但自己却把社会要求降至最低水平,认为能混过去就行,这样,也无法改变自己的态度,赶上时代要求。

控制自我能掩盖自己的真实情况,称为自我掩饰。在表现自我中,有时当客观上要求人们改变其原有的态度时,人们往往不愿意改变,而不改变其原有的态度又会受到社会舆论的压力,使自己失面子。为此,个体有时会声称或表现出自己的态度已经转变,其实依然故我。对自我掩饰不能一概说好或一概说不好,要具体分析。有时个体是出于礼貌或出于公心要掩饰自己的真实状况。如他人无意碰着或踩着自己的脚,痛得非常厉害,自己并不表示疼痛或自己明明发着高烧而宣称自己身体状况正常,坚持工作等。控制自我对个体的学习、工作有推动作用,主观的我要求客观的我符合其期望水平,从而推动并促进其思考、记忆、注意等心理机制能处于积极活跃的状

70

态,并促使个体为获得优秀成绩、博得社会的赞同而作出不懈的努力。

第五节　社会化的主体

社会化过程会广泛涉及一系列的个人、群体与机构等要素,其中最重要和最有影响的要素被称为社会化的主体,主要的社会化主体有家庭、学校、同龄群体和大众传播工具,它们构成了社会化的环境因素,直接影响着个体会有什么样的社会化过程和社会化结果。这些主体对个体的社会化的作用既是相互渗透的,又各自有独特的功能。

一、家庭

在任何社会中,家庭都无疑是一个最重要的社会化因素。家庭之所以重要,原因之一是在人社会化关键性的生命早期阶段,正是由它主要负责儿童的社会化,使儿童在家庭中建立起其最初的亲密的感情联系,学习语言,并开始将文化规范和价值标准内化。对于幼儿来说,家庭就是全部天地,在家庭以外,他们几乎没有什么社会经验,因此也不会对其从家庭成员那里学到的东西加以比较和评价。

家庭中的社会化大量是有意安排的,但也有不少是无意识地进行的,例如,家庭内部的社会相互作用方式就可能在无意识之中为儿童长大后的行为和个性提供模式。

重要性的第二个原因是它在社会结构中处于一种独特的位置,从出生之日起,儿童就具有了在某一种族、阶级、民族、宗教和地区的亚文化中的先赋地位,这些都可能会有力地影响到后来的其与社会相互作用和社会化的性质。

研究表明,儿童的人格和社会发展会受到父母教养方式的强烈影响。教养方式可以分为专制型、放任型和权威型三种。专制的父母要求孩子绝对遵循父母所定的规则,不鼓励孩子提问、探索、冒险及主动做事,严格执行对孩子的处罚。放任型的父母不为孩子立任何规矩,无明确要求,奖惩不明。只给予孩子足够的温情,忽略对规则的教导,不能适时教导孩子做人处事的基本道理,使得孩子较缺乏自制力。权威型的父母以合理、温和的态度对待孩子,他们站在引导和帮助的立场,设下合理的标准,并解释道理。既尊重孩子的自主和独立性,又坚持自己合理要求;既高度控制孩子,又积极鼓励孩子独立自主。

一项长期研究得出的结论说,最有效地培养出独立的、有社会责任感的孩子的父母,不是专制型的也不是放任型的,而是权威型的(Baumrind,1980)。专制的父母为孩子规划所有的事,将孩子训练成听话的机器,并不能帮孩子获取必要的知识技能。放任型的父母很少向孩子强调他应负的责任,往往使孩子面对挫折无法适应。比较而言,权威型的父母试图强调与儿童特定发展阶段相应的权利与责任的平衡,这才有利于培养孩子形成健全的自我,在这种家庭环境中长大的孩子,从小被尊重,又不乏父母的引导和要求,往往成为最独立而有自信的人。

二、学校

学校是社会正式规定的负责使年轻人社会化、学习特定的本领和价值标准的机构。除了传授技能和知识,学校还从事着直接向学生灌输价值标准的工作。学校里的社会化不仅通过它的正规课程进行,还通过从课堂编组活动计划到有组织的体育活动的暗含的课程来进行。通过学校学习,孩子们知道了必须保持整洁和严守时间、听课时不能走神,学会了保持安静,等待轮到自己的机会,还知道了他们应该尊重和服从那些在他们面前具有社会权威的人们的指挥。

在学校里,孩子们第一次处于与自己非亲非故的人的直接监督下,知道了有时服从别人并不是由于这些人给了他们爱和保护,而是由于社会制度要求大家共同遵守规定。他们不再被看成是某个特殊的人,而是成了群体中的一员,共同接受群体规则的管辖。孩子们还学会了用别人评价他们的标准来评价自己,参与学校生活还减少了儿童对家庭的依赖性,形成了他们与更广阔的社会之间的新联系。

三、同龄群体

同龄群体指处于某一年龄阶段或年龄组的人组成的人群集合体,在同龄群体中,虽然也有年龄上的分界,但是,这种年龄上的分界是模糊的,其中有一个年龄幅度,不像同龄人所标示的年龄界限那么明显。它有四个特点,即:(1)明显的自发性,无需社会公开承认,完全是同龄者之间自发组成的;(2)强烈的表意性,成员间感情融洽,反应积极;(3)较大的流动性,它没有强制的纪律约束,成员极易变化;(4)领袖人物的自然性,同龄群体的领袖人物大多是自然形成的,并且在群属成员中有着较为公认的威信,起模范作用,其思想素质、价值观念、行为方式,对其他成员有重要影响。

同龄群体对个人有较强的吸引力和影响力,它的群体规范和价值往往被个人作为社会化过程中的重要参照体系,而成为个人社会化的一个重要环境因素。随着儿童年龄的增长,他们和同龄人一起度过的时间越来越多,受同龄群体的影响也越来越大,与此同时,父母对其的影响却在减少。当儿童逐渐长大,发现自己的一些兴趣和爱好在家庭和学校中不能得到满足时,便开始寻找同龄伙伴。在同龄群体中,儿童会体验到一些不同于家庭和学校环境中的新感受。首先,个体在同龄群体中会以一种独立的姿态参与大多数的活动,而不是接受某种权威事先的安排,他可以在平等的基础上与同伴交往,建立或中断某种人际关系。这可以大大提高个体的独立意识,促进其学会灵活地扮演多种社会角色,增强人际交往和解决人际冲突的能力。其次,同龄群体会给予个体大量亚文化的影响。个体在同龄群体中可以摆脱家庭或学校环境中的那些社会权威的约束,自由从事自己喜爱的活动,讨论大家共同感兴趣的话题,在沟通中产生共鸣,进而形成较为明晰的群体亚文化意识。这些亚文化包括共同的思想观念、价值标准、兴趣爱好、服饰发型、隐语、符号等。群体通过奖励遵守同龄群体规范的人、批评或排斥那些不遵守规范的人,对他们的社会行为和个性产生了强有力的影响。

四、大众传播工具

大众传播工具包括报纸、杂志、图书、广播、电影、电视、网络等,它们拥有众多的听众、观众或读者,无疑具有巨大的社会影响。

大众传播媒介通过新闻报道、舆论宣传、知识教育、生活娱乐等方式,为广大社会成员理解和接受社会所倡导的价值观念、奋斗目标、社会规范和行为方式等,提供了一个广泛的社会环境条件。在现代社会中,随着大众传播的日益发达,它对人们社会化方面的影响显得日益重要。这种影响表现出形式上的多样性、内容上的丰富性和受众的广泛性,对人们的价值观念具有

73

导向作用,对人们的行为活动具有暗示作用。例如,在社会生活中,报纸、杂志、电视上的商品广告会对人们的消费行为起到引导作用。电视和电影中所描写的生活历程和塑造的人物形象,经常被年轻人当作自己的人生追求目标和直接模仿的对象。由美国精神健康研究所(National Institute of Mental Health)资助的一项研究表明,电视暴力与观看此类电视节目的少年儿童的攻击性行为具有很强的相关性。还有研究认为,电视把社会生活的前台和后台的界限搞得模糊不清了,当儿童能够观看父母在电视上讨论如何抚育孩子的时候,父母的权威弱化了,成人与儿童的区分界限变得越来越模糊(Meyrowitz, 1985)。当然,电视的影响也不全是负面的。电视节目(包括广告)提供了大量有用的信息,儿童可以从电视中得到许多关于人物、地方和事件的广泛知识,了解医生、律师、警察、科学家、艺术家等多种社会角色。而近年来,随着互联网的飞速发展,天涯变咫尺的视频聊天、足不出户的网上购物、表达自我的博客和播客等大大改变了人们的沟通、消费、娱乐等生活模式,网络对人们社会化的影响也已不容小觑。

第六节　社会化与个性化

　　人的社会化与个性化是辩证的统一过程。个性的形成和发展是在一定的生理基础上和一定的社会条件的作用下,伴随着社会化的过程而进行的。个体社会化的结果一方面是形成某些共同特性,如接受特定社会共同的价值规范,遵守共同的行为规则,具有某些共同的心理特征等。但另一方面,社会化并不是把所有的人变得一模一样的过程,而是一个使个体具有个性化的过程。因而社会化过程也是个性化过程,人在社会化过程的同时也在进行着个性化。两者是辩证统一、不可分割的过程。

　　在社会化的作用过程中,个性化的发展也不容忽视,个性化的概念是与社会化相对的。所谓个性化,指个性在特定社会条件影响下,在实现社会化的同时形成个人心理-行为倾向的独特性的过程。个性作为一个决定其思维和行为方式的内部动力系统,是个人的社会共同性和自身独特性的有机统一体。它决定着一个人如何看待世界和如何体验世界,决定着一个人如何看待自己和如何体验自己,也决定着一个人对于外部世界和自己采取怎样的行为方式。个人的社会共同性通过个性所具有的社会意识及一定的与社会、文化要求相适应的行为方式得到体现,而个人的独特性则通过高度带有个人色彩的思维方式和行为方式,通过稳定而特殊的个人能力、气质与性格等特点得到体现。

个性化是与社会化同步进行、同时实现的。社会化目标的实现过程也是个人形成个性化的过程。个人随着身体的成熟和随之而来各种社会角色的变化,其社会化的广度和深度也不断增强。一方面,无论是儿童还是成人,社会对于一个特定的群体有着相对一致的期望和态度。这样,在同一个特定群体中生活的人们,会有着系统化的共同社会生活。这种社会生活经历的共同性折射到他们心理内部就是共同的经验。正因为如此,人们可以发展社会要求的、共同的、与社会期望一致的观念、情感、思维和行为方式,使社会的社会化目标得以实现。没有共同的社会生活、共同的经验,就谈不上社会化中共同性的形成。

另一方面,从个体的角度看,每个人不仅有与其他同辈相对一致的共同社会生活,还有个人不同于其他任何人的独特的生理心理特点和社会生活经历,从而导致每一个被社会化者与社会化执行者之间的相互作用都有其独特的一面。个人在与社会环境发生相互作用时,并不是一个简单被动的客体,而是一个主动、具有能动性与选择性的主体。这种能动性与选择性使得人们的经验世界具有了与其他任何人不同的一面。这样,个人不仅会因为有与其他人相同或相类似的社会生活、经历与经验被社会化,与此同时,他们还因为有不同于其他人的独特的个人生理心理特点、社会生活,以及独特的经历和独特的经验而形成个性化,使他们的观念、情感、思维和行为方式在内容和表现方式上都具有高度的个人色彩。

总之,社会化与个性化过程是伴生的,相互影响的,二者是不可分割的两个方面。对于个人的发展而言,个性化与社会化具有同等重要的地位,社会化保证了人类社会的延续与文化的传留,个性化使得个人可能具有超越现实而又改善现实的独特性与创造性。一个社会如果只允许社会化的存在而扼杀个性化,它就可能长期在一种水平上简单重复。另一方面,如果社会过分强调个性化而忽视社会化,那么这个社会将可能冒失范和动乱的危险。在社会化与个性化方面,一个理想的社会应当既具有完善的社会化代理机构体系(如完善的教育体系)和社会化诱导机制(如完善的奖励制度与法律制度),又能给予合理的个性化以广阔的空间。而一个理想的个人则应当是既可以较好地适应社会,又能有充分的个人风格与独创性,具有促进社会积极变化的潜力。

中国古代关于个人与社会的辩证思想

人自身的生存和发展问题是人类历史上古老而常新的问题,是历来备受关注又充满争议的大问题。中国古代关于个人与社会的关系的探讨,主要是从人性的角度展开的。人的发展,从实践形式而言,就是人的本质的实现过程,就是人性在时空中的展开。探讨人的发展,自然离不开对人性问题的研究。

中国古代人性论的建立与发展,大致经历了三个大的阶段。从春秋战国到先秦,是人性论的奠基阶段;汉唐时期,是人性问题的展开阶段;宋明清时期是人性论的解放阶段。中国古代人性论流派众多,观点纷呈。依据对人性本质及其与人的发展关系问题的理解,可以归为社会人性论和自然人性论。社会人性论是社会本位论,强调人性的社会性,强调社会环境在人性形成发展过程中的作用,更多地要求个人的发展服从社会的发展,要求个体服从群体;自然人性论是个人本位论,强调人性的自然属性,强调自然在人性形成发展过程中的地位和作用,认为人性的发展是人的自然本性的发展,提倡个人至上。这两大人性论体系相互对垒和交融,贯穿人性论发展的始终。一般而言,道家和佛教可归于自然人性论,道、佛之外的儒家等学派可划为社会人性论。虽然中国古代人性论在许多基本问题上观点表述有分歧,但在人性需要完善这一点上却具有一致性。他们都强调人性不能停留在生之初的"原始"状态,需要不断完善。社会人性论要求人性的完善应遵循社会原则,自然人性论则希望完善人性须遵循自然主义原则。尽管古代人性论自董仲舒开始出现了等级观念,即把人之性分为几品,人性不平等的思想日益得到封建统治者的青睐和提倡,宋明理学时期的诸种人性论趋向于束缚人的个性发展。但是,等级人性论并没有否认人性的可变性,并提倡通过社会的礼制和后天的努力不断完善人性。同时,自然人性论和先验主义人性论及其后学极力倡导个性自由和顺应自然,与等级人性论分庭抗礼,也有很大的影响。明清后期,人性论中的平等精神才日趋明显。

在人的发展这个问题上,儒家提倡"克己复礼",希求人外向发展,使人成为一个为他人、为社会作出贡献的"精英"。由于儒家在中国古代文化中的统治地位,从社会整体看,在古代中国,人依赖于人,人始终包裹在社会伦理道德的要求之中,受到社会整体的压制,始终没有独立的个体存在,个人被淹没在社会群体和整体之中;人的发展也始终以"家、国"为"本位",个人的发展服从和服务于"家、国"的需要。道家则要求人保持自身的本性和独立人格,"无所用天下为",既不愿为国家、社会做什么,不愿承担国家社会的责任和义务,也不愿国家社会干预自己的生活,想要尽力摆脱和舍弃社会规范的约束和限制,以实现人的自然、自由发展。而佛教的理想人格境界是"明心见性",即大彻大悟,洞明一切,觉悟和体认世界的空和人世的苦,从而跳出三界外,不在五行中,断绝"无明"烦恼而达到涅槃境界。

可以说,儒家、道家与佛家分别体现了"入世的自由"、"出世与入世不二的自由"和"出世与入世圆通的自由"。

儒道的群己观看似对立,其实互为补充,从先秦开始,就逐渐走向融合,对中国人的生存发展产生着深远的影响。儒道两家关于人与群、人与人、人与社会的思想奠定了中国古代思想界在这个问题上的基本立场和发展方向,也大体规定着中国古人自身发展的路径。中国人在"外求"和"内求"、"出世"和"入世"中,不断调整自己发展的方向,不断平衡自身。在接受社会规范中不迷失自身的本性,在保持人格独立的过程中,又不违背社会大义,积极为社会贡献自己的智慧和才能。孟子提出的"穷则独善其身,达则兼济天下"是中国人的抱负和情怀,也是中国人的处世原则。中国人正是在这种"独善"自身和"兼济"天下中发展自身、完善自身,实现自我和社会的融通,实现人和社会的协调共进,整体发展。这是中国人特有的性格。

资料来源:1. 李青:《论中国古代"人的发展"思想的哲学基础》,《湖南科技学院学报》,2006 年第 6 期,第 67—70 页;2. 华明:《和谐与自由——中西文学人生观的比较研究》,《南京师范大学文学院学报》,2008 年第 3 期,第88—94 页;3. 周义龙:《儒、释、道家理想人格模式的差异比较》,《江西省团校学报》,2004 年第 2 期,第32—33 页。

思考题

1. 什么是人的社会化？

2. 怎样理解生物因素与文化因素在社会化中所起的作用？

3. 为什么说社会化是终身性的？

4. 什么是自我意识？

5. 社会化的主体主要有哪些？它们在个体社会化的过程中分别起了什么作用？

6. 怎样理解社会化与个性化之间的关系？

第三章　社会认知

　　在与他人交往的过程中,个体获得对他人的认识,并以此为基础进行社会行为。

很多人在看到"社会认知"这个词时,联想到的是如何通过人的外貌判断他的性格。这些人也许没有意识到,这一点合乎盖伦(Claude Galien)的头盖骨理论,即头盖骨越大,人越聪明;并且他在人的头盖骨上划分了很多不同的区域,认为通过有的区域可以预测人格,有的则能预测某种能力。随着科学的发展,后来该理论有一个升级版:大脑越重人越聪明。为什么社会心理学不去研究人的头盖骨哪里凸出来凹下去能显示这个人怎样的性格?

第一个原因可能是因为当时还没有统计学,被算命先生钻了空子。现代人不再相信黑天鹅的出现会对天鹅总体造成什么影响,即使出现了一只黑天鹅,也不影响到"天鹅都是白色的"这个论断。手握统计学这把利剑,我们现在可以去测量一下每个人的天庭,以及每个人的职业,然后看天庭饱满度和薪水的相关关系。结果极有可能发现相关度几乎为零(当然还没有人做过这个研究,所以可以试一试)。就像当初,人们发现头盖骨和人的聪明并没有什么关系一样。

第二个原因,也是很重要的原因,心理学家们一开始就划定了心理学的研究范围:面对一朵花,物理学家研究的是这朵花有多少瓣,是平面顺时针排列还是螺旋上升排列;心理学家研究的是人是如何知觉到这朵花有多少瓣以及它的排列方式的。换句话说,物理学家研究的是花本身,即认知对象;心理学家研究的则是认知者(人)是如何知觉到认知对象(花)的,这个过程如何发生以及发生后会在人的脑中产生什么反应。任何之后发生的事物都是在它之前所有发生的事情的基础上发生的。后来的心理学家们进行的研究通常都是循着传统的心理学研究路线,也就是研究人的认知过程本身。

对于社会认知而言,它研究的也是一个过程,只不过对象换成了"人";它研究的是个体对于他人的心理状态、行为动机和意向作出推测与评判的过程。最初,认知过程定义是既不考虑认知者本身,也不考虑认知对象的,牵涉的只是认知过程如何发生。现在,人们发现认知者自身的某些特征会影响到认知的过程,以致影响到最终认知的结果。

认知过程牵涉到三者之间的关系:认知者、认知对象,以及认知过程发生的环境。本章的阐述将紧紧扣住这三者间的关系,详细阐述社会认知的内容、过程、影响机制和作用。

第一节　认知的主体——情绪、经验等对认知过程的贡献

一、主体的价值观念对认知过程的影响

人这一认知主体与机器的区别之一,就是人具有价值观念。对于相同的事物,因为对于每个人的重要性不一样,人作出的反应也不一样。而人们如何评价社会事物在自己心目中的意义或重要性,直接受其价值观念影响,事件的价值则能增强个人对该事件的敏感性。

奥尔波特等人做过一个实验,目的是检测各个背景不同的被试对于理论、经济、艺术、宗教、社会和政治的兴趣。实验者将与这些范畴有关的词汇呈现于被试面前,让他们识别。测验结果发现,不同的被试对这些词汇作出反应的敏感程度也不同;背景不同的被试由于对词汇价值的看法不同,识别能力显出很大差异。可以看到,对于已经形成了不同的价值观的人而言,对于相同的事物——实验中所呈现的词汇,被试的反应已各不相同。对于宗教感兴趣或有宗教背景的被试,对设计宗教的词更敏感;而有艺术造诣的人则更容易识别艺术术语。以 儿童作为研究对象的实验也获得了类似的结果。认知心理学家布鲁纳(J. S. Bruner)做了一个有名的货币实验,实验材料是一套包括 1 分、5 分、10 分、25 分、50 分等大小不同的圆形硬币以及一套与硬币大小形状相同的硬纸片。实验对象是 30 个 10 岁的小孩子。实验中,先把两套材料分别投射到银幕上,让被试依次观看,然后移去刺激物,请被试画出刚才看到的硬币与圆形纸片。这两套刺激物的大小形状是一样的,但因为它们在小孩眼中的社会意义不同,结果画出来的图形的大小与实际看到的刺激物不完全相同。其中被试画的硬纸圆形与实际的硬纸圆形的大小比较一致,但所画硬币的圆形大小却比他们看到的硬币大得多。因而,无论是 10 岁的小孩,还是已经进入各个领域的成人,人类无时无刻不在形成价值观念,这形成的价值观念又无时无刻不影响到人对于外界的认知。

既然人从出生到死亡无时无刻逃脱不了价值观念的影响,而每个人的

价值观念又不一样,怎么能够把所有的人抽象成相同的一架机器来研究呢?但是不作这个抽象难道去研究每个人吗? 这样的话又由谁去研究这世界上的每一个人呢! 这里涉及的其实是一个将自身与机器区别到何种程度的问题,这个问题将陆续在之后的内容中得到讨论。

二、主体的原有经验对认知的影响

一架收割机,它可以收割很多麦子并且一直以相同的方式进行收割。一个人,他收割了很多麦子之后,可能就会想要不要换种方式收割,或是想一种更省力的方法。个体原有的知识经验对认知过程产生着特殊的影响。例如我们在以往经验的基础上形成了什么是聪明、什么是愚笨的判断,那么以后在遇到一个人时,我们很快就可以有个印象,此人到底是聪明还是愚笨。更明显的是,以往的经验能制约我们的认知角度,比如对同一个罪犯的研究,法官着重于对其个人经历的探究,即哪些因素导致了他犯罪,而一个社会学家则会更着重于寻求造成这种犯罪现象的社会原因。

试想一下,看到一位神父从妓院里出来,人们会作何判断呢? 很多人也许第一时间会在嘴里发出啧啧的声音,心中嘲笑神职人员的伪善。男人去妓院会做怎样的事情,相信很多人脑海中都有相似的判断,因此自然会根据这一经验去认知属于男人的神父的行为。而事实上,神父是去为妓院里的宗教徒举行临终宗教仪式的,天主教徒弥留之际,即便在妓院里也是享有举行宗教仪式的权利的。因为我们缺乏对神父去妓院为教徒做临终仪式的知识经验储备,因此对事情的认知就出现了如此大的偏差。

不少学者认为,我们之所以能够认识对象的意义,是因为对关于该对象的经验已形成了观念,这种观念参与了认知过程。比如,一个学生的英语成绩极好,于是他认为自己是当翻译的料。在这里学生之前对自己英语水平所形成的概念帮他作出了当翻译的判断。机器有没有观念呢? 显然没有。

三、主体情感状态对认知的影响

机器没有情感,而人却拥有。个体的情感体验直接影响着认识活动的积极性。巴特利特(Sir Frederic Charles Bartlett)证明,应征入伍的人比未应征入伍的人把军官的照片看得更可怕,并能指出哪位军官有较强的指挥能力。有学者证实,处于恐惧状态下的人,对恐惧更为敏感。在一次实验中,他先让一些女孩做一种很吓人的游戏,再让她们和其他女孩一起判断一些面部照片。结果做过游戏的女孩比没做过游戏的把面部照片判定得更为可怕。

日常生活中的许多现象也表明,当一个人情绪很好、心情愉快时,他会感到周围的一切都那么美好,连陌生人也变得那么亲切;当他情绪低沉、沮丧时,他会感到周围一片黑暗,好像人人都在跟他过不去,我们对他人的好恶感也会影响我们对他人的认识。比如当个体对某人怀有好感时,便会觉得他做的一切都是对的,即使有错误也会帮他找借口,极端的情况就是爱屋及乌;反之,他会故意地找茬和这个人作对,看人时戴着一副"有色眼镜",有时连他自己也没意识到。一些学者研究发现,如果让耶鲁大学的学生享用花生和可乐,那么他们更容易被说服,即相信对方。另有学者也发现,令人愉快的吉他伴奏的民歌比无伴奏的民歌对肯特州立大学的学生来说更具有说服力。这些发现被称为好心情效应。当主体处在一个愉快的心情状态下,对被认知者的信任程度就会大大提高。

总而言之,认知的主体——人,并不等同于一般认知心理学中的机器式的人。因为人所具有的某些能力导致在人这里总会遭遇到一个自上而下(Top-down)的加工过程。这个所谓的"Top"包含了什么呢?就是上面所列举的价值观念、原有经验、情感等所有心理因素。认知心理学的逻辑起点中完全否认了研究这二者关系的必要,甚至否认了心的存在。认知心理学标榜自己研究的是人的心理过程,但它实际在做的又是不断的排除心理层面因素(如情感、价值)的影响,好使自己可以打造出一架完美的机器——哪怕这架机器是内在的。所以认知心理学本身包含了一个足以动摇其根本的自相矛盾。社会认知的理论,则是在做一个尝试,尝试使心理因素重新回归到人的认知过程当中。虽然这个领域现在看起来杂乱、没有头绪,但社会认知心理学家们相信,他们至少没有背离人本身。

第二节　认知的客体与对象

认知心理学默认了这样一条规则:每个人所看到的就是物体本身,而不去深究如休谟(David Hume)的感觉主义：我感觉到的茶杯的颜色和别人是一样的吗？我永远不知道别人的感觉是否和我的相同。我看到的是茶杯吗？事实上我只是通过眼睛看,有了颜色的感觉,通过触摸,有了某种触觉,我所拥有的仅仅是感觉而已,物体本身是怎样我永远都不知道。认知心理学是不理休谟这一套的,当然社会认知也标榜自己的科学性,不愿当休谟的同盟。然而,我接下来将让读者看到,实际上社会认知早就做了休谟的盟友。社会认知和一般的认知心理学不一样的地方在于,被认知的客体——人是完全区别于物的。被认知者不是一个东西,是一个千百年来困扰了无数哲学家的人,并且是他的心理状态(我在这宁愿把它称为抽象出来的人)。如果要认知这一客体的物理特征,那就像认知一件东西一样。但是要认知一个人的心理状态,试问谁能把所谓的心理状态拿出来放在读者面前让你们认识？如果是老百姓来问,也许他就会说："心理状态是个什么东西？重几两？"我可以告诉读者,没有谁知道。那社会认知中的认知者是如何对他人的心理状态进行认知的呢？这里就要提到社会认知所暗含的规则：对于他人的心理状态的探究可以透过他人的行为表现进行。然而,和休谟一样,社会认知承认被认知者的行为表现和他的本质(心理状态)未必是统一的,不统一可以发生在各种不同的情境下、不同的被认知者以及不同的认知者身上。

简单地说,认知就是人对人的认识。认知过程的主体是非机器式的人,那么认知的对象——他人呢？读者可以很容易地进行推论：被认知的他人当然也不是机器。但只答对了一半,"他人"这一整体(一个概念)是不可能被认识的,所以客体人本身是不能作为认知的对象的;被认识的只能是"他人"的某一些特征,它们才是被认知的对象。举个例子,我正在上面打字的这台"IBM 笔记本电脑",它作为一个整体"IBM 笔记本电脑"是不可能被我认知的,我只能对它的颜色、式样,或是屏幕、键盘等元素进行认知。我为了认识它,就必须对这台电脑的一些元素进行认知。社会认知所要认知的客体是人,为了认识他人,主体人就必须对客体人的某些特征进行认知,这些特征便是认知的对象。本节列举了视觉上、听觉上和嗅觉上可被认知的对象。

一、面孔

(一)面部表情——笑是通用的?
表情是反映他人心理状态的客观指标。在社会生活中,认知者往往根据被认知者的表情来判断其情感与情绪。

心理学家埃克曼（Paul Ekman）在1937年做了一个实验。这一研究以巴西、美国、阿根廷、智利和日本的受过高等教育者作为被试，拿一些分别表现喜悦、厌恶、惊异、悲惨、愤怒、惧怕等六种情绪的照片给他们看，让他们判断照片中人物的情绪，结果发现他们的反映有较高的一致性（见表3-1）。

表3-1　不同国家被试对不同情绪的反映

被试所属国家	人数（人）	对照片中各种表情判断正确的比例（%）					
		惧怕	愤怒	悲惨	惊异	厌恶	喜悦
智　利	169	68	94	88	93	92	95
阿根廷	168	54	90	78	95	92	98
日　本	29	66	90	62	100	90	100
美　国	99	85	67	40	95	92	97
巴　西	40	67	90	59	87	97	95

埃克曼等人还在新几内亚土人中进行了重复研究。（自从马林诺夫斯基在新几内亚的田野研究奠定了文化人类学的基础后，新几内亚成了各种理论家经常出现的场所。）这些被试从未看过电影，和外国人也极少接触，基本上没有见过西方人表达情绪、情感的面部表情。研究者先给被试听一段描写某种情绪的故事，然后给被试一张描写那情绪的照片和不描写那种情绪的其他两张照片，让他们选择符合故事中描述的情绪的照片。结果表明，有80%以上的原住民作了正确的描述。这说明了人类面部表情的共同性特征。

然而，面部表情也存在一定的文化差异，虽然这些小小差异并不影响到对于面部表情的意义的解读。有研究发现，情绪面部表情识别中存在组内优势效应，即人们识别自己文化中的他人的面部表情比识别其他文化中他人的面部表情更准确。2003年进行的一项实验证实了面部表情的组内优势效应。实验分别选取了九个日本人和九个美籍日本人（出生于日本，后来移民到美国）的愤怒、厌恶、害怕、悲伤和惊奇5种面部表情，分别从中挑选出一张情绪照片（有面部表情）和一张中性照片（无明显面部表情），总共36张照片。研究人员随机呈现18张照片，要被试判断18张照片中的人的国籍。

被试均为美国人或加拿大人。结果发现，被试判断情绪照片中人的国籍准确率要显著高于中性照片中人的所属国籍的准确率。人们对表达情绪的面部表情是先天遗传还是后天受文化的影响这一问题有颇多争论，但从20世纪70年代以来，人们基本公认面部表情在人类中的共通性（否则中国人就看不懂美国大片了）。

人的面部表情是一种重要的社会刺激。表情动作是人类祖先在生存适应中残存的遗迹，它最初是为了适应机体生存而产生的，以后逐渐变成为一种先天的、固定的行为模式，因此我们可以通过表情来认知他人。进化心理流派就认为，面部表情在进化中扮演了重要的功能。当信息还不能通过语言来传递的时候，表情可以起到传递的作用。比如，对于安全的场景或种群喜爱的食物可以通过"高兴"这一表情来告诉其他人；而对于不适合人类消化的某种植物，做出"厌恶"的表情，其他人看到就可以避免吃这种食物。

至于为什么当人们高兴的时候，都不约而同地翘起嘴角、露出牙齿而不是做其他的动作，这一点进化心理学无法解释。原因在于进化心理学采取的是功能主义取向，功能主义被人批评得最多的一点，就是它只能解释A为什么存在（为了实现某种功能而存在），但不能解释为什么单单是A存在而不是其他的B存在。就像这里的笑的表情一样，为什么高兴时是翘嘴角露牙齿而不是嘴角下撇和跺脚呢？认识到进化心理流派的缺陷并不等于宣告它的无用，就目前而言，进化心理流派是社会心理学内最具有贯穿力的理论。它可以将社会心理学内的研究材料基本贯穿起来，读者可以在本书的各个角落看到它的"身影"。

（二）目光——来源于捕食者？

目光可以传递各种信息，可以视为判断人的情绪、动机、善恶等的线索之一。目光接触可以表示人们各种心情状态，如关心、恐惧、爱情等。此外，目光接触还可以被用来吓唬人。心理实验发现被人盯着走过大街的人要比没人盯着走过大街的人走得快。实验者盯着开汽车的司机，车就很快地开过街口。正是通过目光所传达的种种信息，人们得以对他人心理状态加以判断。

人类和其他动物都喜欢把注意力集中在其他个体的眼睛上，这是有进化适应性的。研究发现，婴儿很喜欢看他人的眼睛或追随他人的视线。尽管鼻子比眼睛更显眼（鼻子更凸出），人在谈话的时候却喜欢注视对方的眼睛，以此来做许多判断，如对方是否真诚。哈佛大学里曾有这样一个实验，给一群学生看一位教授的课堂讲演录像（没有声音），然后叫他们对这位教授的各方面进行评分。结果发现他们的评分非常接近上了这位教授一个学期课的同学的评分。研究者将没有声音的录像缩短到 15 秒,发现二者的评价仍十分接近! 由此我们似乎可以得出推论,美国人在选举的时候只要看一两眼候选人就可以了,这一两眼已足以决定其对于候选人的态度。候选人的竞选演讲似乎也是不必要的,因为我们的祖先早已进化出了对于眼神、面孔等的快速反应。这里涉及了一个很有意思的话题: 社会认知的捷径——直觉,我们将在之后讨论。

再往上追溯的话,我们可以把目光回溯到捕食者对于被捕食者的注视。目光所包含的最基本的意义便是关注。当我们把目光投向一个地方时,这个地方的景象就会为我们所见。最初人类合作捕杀猎物时,如果一个人发现了猎物并注视它,注视的眼神中就会传达某种信息,其他人便可循着他的目光看到猎物。对于他人的眼神的快速认知到现在仍是一项必需的技能。眼神是最难伪装和控制的,通过对眼神的认知,主体人通常可以获得比较真实的信息。

要准确地认知他人心理状态,对于有的人来说并不是一件易事,与认知者本身的特征有关。认知者能否准确地把握身体语言的表现模式与规则,无疑是个体能否通过身体语言推断他人情感、情绪的重要条件。此外,认知者与被认知者的关系也决定着判断的准确性。认知者对于熟人、朋友的心理状态的把握肯定比对陌生人的心理状态的把握要准确。

二、体态

同样,身体姿势也表达着各种信息,认知者由此对被认知者作出种种推测。许多姿势都有明确的情绪含义,如点头往往表示赞同、许可,摇头往往表示否定、反对。有一些姿势则是了解他人感情的真实线索。人在说谎时,他可能不住地眨眼或做出其他动作。当然,这样的判断也可能存在着失误。因此,在现实生活中,人们的身体语言只能作为判断他人情绪、动机的线索之一,而不能作为唯一的根据。

三、语言——大脑进化的副产品?

对于物体的认知,毫无疑问人只能加工一些物体被动传达的信息,如外观、颜色、气味等。而人这一被认知的客体却可以自身主动散发出信息——通过语言,使得认知者可以加工更多的信息,从而对被认知者有更深层次的认识。语言本身传递了信息,认知者通过加工语言的意义可以对被认知者的心理状态、行为动机等作出判断。但语言中还包含了其他的元素,同样可以提供重要的信息。

（一）语调

一句相同的话用不同的语调说,会传达完全不同的意义,产生完全不同的效果。这也是电视娱乐节目中常常出现类似的游戏的原因。曾有人做过这样的研究:让监狱里的心理咨询师对犯人进行心理疏导,并且对不同的犯人使用不同的语调。结果发现,咨询师的语调能很好地预测对犯人的干预的成功程度。每个人基本上都能从语言中破译语义之外的更多的东西,其中可以夹杂喜爱、轻蔑、厌恶、悲伤等情绪。

（二）语速

通常人在紧张的时候语速会加快(相信读者在参加某一次演讲时会有这样的体会)。

目前主流的观点认为,语言是进化的产物,是自然选择的结果。持这一观点的理论家们认为,语言交流信息所达到的效率要远远高于本节前面列出的面部表情、目光、体态等。平克和布隆姆(Steven Pinker & B. S. Bloom)写了长达70页的论文《自然语言与自然选择》来阐述这一观点。他们认为,第一,生理上的一些变化只能用进化的观点来解释语言的出现,比如喉部的下移使得人类能够发出各种复杂而清晰的声音(并且喉部下移会使人吞咽和呼吸时容易出现窒息的危险,其他哺乳动物就不会有这一危险),除非语言是自然选择过程适应性的产物,否则很难说明人的这种变化;第二,通过口语交流可以释放我们的眼睛,比如有了语言,上面列出的面部表情还有姿势等就不一定要占用我们的眼睛,眼睛可以去关注如猎物之类更重要的东西;第三,有了口语交流,即使在黑暗中仍能达到信息传递的效果。这样,认知者对被认知者的认知效率就可以大大提高了,不但可以得到更多的信息,这些信息还更精确(张雷,2007)。

然而,也有持反对观点的,乔姆斯基(Noam Chomsky)和古生物学家古尔德(Stephen Jay Gould)就是反对阵营的学者。乔姆斯基认为儿童的语言习得有其先天的心理机制,但这一机制不是自然选择的结果,只是人类大脑在进化过程中的副产品。古尔德也把语言看做教堂建筑中门拱的拱肩,拱肩是为建造拱门而造的,一旦拱门形成,拱肩也就失去它的作用了。古尔德把语言看做大脑急剧扩展的一个副产品,它是在大脑发展到足够大而复杂的情况下,自然而然产生的,语言不是进化发展的适应性产物。说完了两派的观点,我们可以从中看出一个更深层的争论:语言代表的实际上是理性,确定语言在进化中的地位实际上便是在确定理性的地位。假如语言是自然选择的进化的产物,那么质疑理性的必要性大大降低;假如语言只是一种副产品,那么这对于所有的人类文明都将是一场灾难,人类的自大、对自己理性的狂妄将遭到史无前例的沉重打击。

第三节　主体与客体的相互作用

　　社会认知研究的是个体对于他人的心理状态、行为动机和意向作出推测与评判的过程。前两节分别对这一过程中的主体(人)和客体(他人)进行了说明,接下来我们就要讲到这二者间鲜活的相互作用了。遗憾的是,社会认知领域里的研究没有任何一项是能清楚地说明这个过程的。认知心理学的理论告诉我们,人看到这个物体之后,它如何先在人脑中形成感觉,然后结合过去的经验形成知觉,再通过某种形式的编码被储存起来,最后再看到这个物体时就把之前编码的信息调用出来同时命令手或脚进行反应。社会认知中的研究没有这么有序。总结起来,研究者比较关注的是个体对于他人的心理状态的推测过程的规律。个体是怎样对他人的行为动机进行推测的,又是怎样对他人的人格进行评判的? 换句话说,哪些因素会影响到认知过程?

　　回想一下,你刚刚进入大学的时候。你没有朋友,感到孤独。在一堂课的课间休息段,你独自一人坐在自己的座位上,正想着该怎么打发下午的时间。这时,一位同学走到你的座位旁,热情地进行了自我介绍,并亲切地与你交谈了起来。你们谈得很投机。你正为结识了一位新朋友而感到惬意,这时他要走了,说:"噢,对了,如果你想了解一下圣经以及寻找信仰的话,可以来找我,我是一个教会的成员,很乐意帮忙!"你会怎么推测这位同学的动机呢? 他到底是一位热情的身份为基督徒的朋友呢,还是想以朋友的身份接近你达到传教的目的?

对他人进行认知的结果,就是形成印象。任何一个印象的形成,都必须具备三方面的条件,即认知者、被认知者或叫认知对象和认知情境,关于这三要素在印象形成中的作用,在前面第二节中已有论述,所以这里不再赘述。

一、印象形成的过程

当我们收集某一个人的个人资料时,得到的往往是一些支离破碎的信息,那么,人们是如何整理这些零碎的信息而形成一个整体的印象呢?这时,我们可以以一种或一些核心特性为支撑点来构造印象,把其他特性都同化在核心特性之中。但人们采用最多的还是两种类似算术程序的方法:累加方式和平均方式。

1. 累加方式。这种方式表明人们是以特性的价值的总和来形成对别人的印象的。比如一个人被形容为真诚、机智,另一个被形容为随便、害羞、机智、真诚,那么,哪一个人会令人产生较好的印象?累加方式主张,我们对一个人的判断依据全部特性的价值的总和而定。假设真诚、机智、随便、害羞这四种特性的赞同值分别为5、5、1、1,则第一个人得分为 $5 + 5 = 10$,第二人得分为 $5 + 5 + 1 + 1 = 12$ 分,故第二个人会给人更好的印象。

2. 平均方式。平均方式是指以各种特性的平均价值来形成对别人的印象,还就上面的例子来说,按平均方式,第一个人的得分 $(5 + 5) \div 2 = 5$ 分,而第二个人的得分为 $(5 + 5 + 1 + 1) \div 4 = 3$ 分,结果与累加方式相反,第一个人给人的印象要好于第二个人。

那么,这两种方式哪种更正确呢?社会心理学家安德森经过研究发现,尽管在某些时候,能用累加的方式去解释一些印象的形成,可在大多数情况下,左右人们印象的是平均方式。安德森认为将这两种模式结合起来,能够比较有效地说明印象形成过程中的复杂情况。

1. 先行信息的加重作用。人们在形成印象时,并不是同等地看待他人所有的特性,那些首先被发现的特性,往往影响着人们如何对待以后被发现的特性。先行信息的加重作用往往导致首因效应,首先接触到的他人的信息会给认知者留下强烈的印象,影响到他对被认知者的判断。

然而,研究者又发现,对于他人的信息的加工存在近因效应,即最后的印象在某些情况下对人的社会认知会有强烈影响。表面上看来,首因效应和近因效应的同时存在是矛盾的,令人难以理解。事实上,首因效应和近因效应是在不同条件下起作用的。普遍的情况是,如果关于某人的两种信息连续地先后被人感知,人们总是对前一种信息印象较深,这就是首因效应。但如果关于某人的第一种信息先被人感知,隔了一段时间后才了解到第二种信息,则近因效应会发生作用。此外,不同的认知对象也会有不同影响。在对陌生人的认知中首因效应是明显的,而在对熟人的认知中则近因效应作用更大。

2. 负面特性的加重作用。认知者不会同等地看待认知对象所具有的正面(好的)特性和负面(坏的)特性。往往负面特性的影响会大于正面特性。学者们发现,正面印象比负面印象容易改变。对一个人来说,不论他其他的特性如何,一个极端的负面特性,足以给人造成一种极端不好的印象。而且一旦认知者对一个人某一特性形成坏(或好)的印象之后,还倾向与据此推论他其他方面的特征。这就是光环效应。

凯利(H. Kelly)在1950年所做的一个实验对光环效应进行了研究。凯利把55名学生分为两组,分别向学生介绍一位新聘任的教师A。介绍的内容有两部分,一部分是A的基本情况:26岁,已婚,是社会学专业研究生,曾经任心理学教师3年,还当过兵。就是说,A是一个既好学又有教学经验和判断能力的人。这些情况,对两组都介绍得一样。另一部分的介绍就不一样了。对第一组介绍说A为人热情,对第二组介绍说A为人冷漠。然后让A给两组学生上课,最后请两组学生对A进行评价。结果发现,第一组学生认为A能力强、有同情心、富有幽默感,而第二组学生则认为A严厉、专横。这说明,光环效应发生了作用。最初接受关于A的肯定性信息的人,倾向于认为A的其他表现也是好的,而最初接受关于A的否定性信息的人则正好相反。

二、认知情境对认知的影响

(一) 空间距离

人们在交往时,往往会不自觉地保持一定的距离,由于社会文化背景的不同以及当事人所处的情境不同,这种距离往往是不同的。霍尔将人际空间距离分为四种:亲昵区(3英寸—12英寸),表现在夫妇、恋人之间;个人区(12英寸—36英寸),表现在朋友之间;社会区(4.5英尺—8英尺),表现在熟人之间;公众区(8 英尺—100 英尺),表现在陌生人之间或一般的公开交往场合。这些距离都是人们无意间确定的。一般说来,太近的距离会使人受窘不适,太远的距离则又给人以冷淡、清高、不热情的印象,所以,合适的交往距离对人们的交往是很重要的。通过对这种空间距离的观察,也可以形成对某人的认识。比如,我们希望陌生人不要过于接近自己。如果他莫名其妙地一步步向自己靠近,自己就会感到紧张不安,同时也会认为这个人缺乏教养、不懂礼貌或有攻击性。在了解他人之间的关系时,空间距离往往成为一种判断依据。比如看到两人距离很近,并在低声交谈,则我们可推断他们关系很深,所说的事不愿让人知道等。

(二) 背景参考

在认知活动中,对象所处的场合背景也常常成为进行判断的参考。人们往往以为,出现于特定环境背景下的人必然是从事某种行为的,他的个性特征也可以通过环境加以认定。比如我们在舞会上碰到某人,便可推知他大概是一个喜欢文娱活动的人,其性格大概外向、开朗。这种推测一般情况下是正确的,但有时也会出现错误。然而没有对背景的认识,我们往往难以准确判断事物。比如我们看到一个人流出了眼泪,如果不知道背景,我们就很难判断他到底是伤心痛苦还是喜极而泣。

(三) 交往次数

交往次数往往对深入地认识一个人起到极其重要的作用。俗话说:"路遥知马力,日久见人心是。"如只有仅仅几次的交往,我们就可能被认知对象的自我表演所蒙蔽,但如果交往次数增多,交往场合变换,这种蒙蔽的可能性就越来越小,认知对象总会暴露出他的真面目。如果他在这些交往中前后一致,说明我们以前的认识是正确的,否则就需对其重新认识了。

三、社会判断

有学者让男性被试和一些女性(实际上是实验人员)进行约会。实验中,女性实验人员对每一名男性被试写出自己假定的印象,之后要求被试根据这些印象描述来猜测这名女性在多大程度上喜欢自己。当她仅仅列出消极的描述时,如果告诉男性被试她是在别人的要求下表现出消极的态度时,他们不会介意她的批评。但当那名女性仅列出积极赞赏的印象时,男性被试会坚定地认为她确实喜欢自己,而不管她是真正发自内心的表达还是被迫作出的积极评价。

学者们从认知者、被认知者身上以及环境中抽出了一条条的变量,想借助这些变量编织出关于社会认知的完美的天衣无缝的茧。但就像我们在自然中观察到的那样,茧都是蚕用来自缚的,最后只会使自己活在一个越来越窄的空间里。社会心理学(不仅仅是社会认知)中的很多研究也因此遭到一些有哲学偏向的学者的批判。然而,作茧自缚不代表闷死在里面,它的后面紧接着的就是化蛹成蝶。就像海德格尔(Martin Heideqqer)所说的"向死而生",要想在理论上有所突破就必须先有可用来突破的东西,社会认知领域,甚至整个社会心理学,就是在建造它的"可用来突破的东西"的阶段,这并不否定而恰恰是肯定了它存在的意义。

第四节　对另一个他者——自我的认知

古希腊德尔菲神殿中央的石头上刻着"认识你自己!"的格言,这句格言也越来越被心理学引用为宗旨。怎么认识自己呢? 有研究指出,"自己"对我们而言也只不过是一个他者罢了,整个认识自己的过程犹如一个认知别人的过程。

一、自我认知的客体与对象

(一) 面孔(表情)

研究者做了一系列研究表情与情绪的关系的实验。詹姆斯·莱尔德(James Laird, 1974, 1984)要求被试在电极触碰他们面孔的时候皱眉,被试报告说体验到了愤怒情绪。德国心理学家弗里茨·斯特拉克(Fritz Strack)等(1988)的研究发现,当人们看卡通片时,如果用牙咬住一支钢笔,会比仅仅用嘴唇含住它时更觉得卡通片有趣。因为用牙咬住钢笔时牵动了笑肌(仅仅用嘴唇咬并未牵动笑肌),人们通过知觉到自己的笑肌被牵动了而推测自己很开心。你有没有发现所有上面研究里的被试在判断自己时,与上一节我们讲到人在判断他人时是如此的相似? 被试们像一个分离出了自己身体的精神,根据自己的面部表情判断着自己的心理状态、行为动机。我们用于认知别人的线索完全适用在自己身上。

(二) 体态

加里·韦尔斯和理查德·佩蒂(Gary Wells & Richard Petty，1980)要求大学生被试在收听广播社论时上下点头或左右摇头以"测试耳机装置"。结果发现，那些曾经上下点头的人更同意广播里的社论，而左右摆头的被试则更不同意。如果你强烈地希望融入一个集体，可以在听到他们发表意见时频频点头，看自己是否更同意他们了？

另一个研究中，约翰·卡桥波(John Cacioppo)等(1993)让实验者来评价汉字，分别将他们的手臂向上弯(如同举起物体)或向下弯(如同将某物或某人推开)。根据之前介绍的实验，你可以猜猜哪一组对汉字的评价更积极？结果发现是手臂向上弯的实验组。当你掌心向上抬桌子而非向下压桌子时，是能体验到更积极的感觉的。就像我们平时所说的"积极向上"，而从来没有人说"积极向下"。

(三) 语言

语言是我们自己赖以思考的工具，它对我们认识自己的作用更毋庸置疑了。有一些极端的语言哲学家认为，语言塑造了我们的思维以及整个世界。这个世界就是依赖于语言才得以建立。我们没有他们那么极端，但至少我们承认语言的重要地位。

语言是一种符号，乔治·米德认为语言是一种互动之后产生的符号。例如：我们在作出某项决定之前是不是都习惯说"让我想一想"？我们在做一个行为之前是不是也要先"想一想"要不要这样做？甚至在认知别人的时候我们是不是也会在心里想"嗯，这个人……，所以他这样……"？我们的"想一想"其实就是在运用语言，经过一段内在的语言逻辑推论后，于是我们明确了自己：在这一件事情上，我的观点是……。当我们认为"我的意愿是这样的"、"我是这样想"的时候就是通过对我们内在语言的知觉得出了结论。对于他人的认知我们只能对他们外在的语言信息进行加工，而对于我们自己的认知，我们还可以通过自身内在的语言。我们自己都有过撒谎的经历，所以内在的言语似乎比讲出来的话能更真实地展现一个人的心理状态。

(四) 感觉

相比对于他人的认知，自我认知中可以作为认知的对象大大增多，不仅有面孔、体态和语言，还有感觉——自我认识的核心。

　　沙赫特(S. Schachter)做过一个经典的实验。被试是一些大学生,其中一组被注射了肾上腺素,这一组中的一半人被告知:注射后会引起真实生理唤醒(如呼吸急促、面部充血、心律加快等),而另一半则被告知一些虚假的生理唤醒(如昏昏欲睡、轻微头痛等)。控制组的被试者没有接受注射。然后被试被安排在一个房间中,其中有一名与主试配合的假被试。要求被试在房内填写一些问卷。过了一段时间,等到肾上腺素开始发生作用时,假被试开始做出欢乐的举动(如做滑稽动作、用纸折小飞机等),或者做出愤怒的举动(如撕碎问卷纸、在房内跺脚等)。结果发现未被告知真实的生理唤醒的被试,在体验到呼吸急促、面部充血、心律加快等感觉后真的认为自己的情绪发生了变化。这一组被试中,待在假被试做出欢快的举动房间里的被试认为自己情绪欢快,在假被试做出愤怒举动的房间里的被试则认为自己也很愤怒。

　　对于他人,认知者是没办法体验到他人的感觉的,认知者唯一确定的就是自己的感觉。因此认知者往往很顺理成章地从自身出发对他人进行认知,这被称为投射效应。例如,过于自私的人会认为他人也是自私的,并以人性本恶作为前提来对他人进行认知。

　　二、自我

　　拥有批判性思维并且是直觉型的读者也许已经稍稍地体察到了一个矛盾。认知过程所要求的基本要素有两个:主体和客体,即认知者与被认知者。对于他人的认知,我们可以理解是"我"这一主体对于"他人"这一客体的认知,认知者和被认知者的单位都是个人。那么对于自我的认知呢?谁是主体谁又是客体? 显然"自我"本身作为个人是不可能同时作为主体和客体的。的确,这个矛盾是存在的,但人总能找到解决矛盾的方法,那就是对于自我的分解。

　　自我分为主体我和客体我。在自我认知过程中,"主体我"就是认知者,"客体我"就是被认知者。客体我包含了我的物理自我、精神自我、社会自我。物理自我指我的身体、外貌等物质性的事物,精神自我指我能感觉到的我的内在心理品质,而社会自我指我与别人的关系中呈现的那个我。就像我们上面所展示的,客体我的面孔、体态、语言还有感觉构成了被认知的对象。比如有研究指出,人们在照镜子的时候更能唤起自我意识,从而进行自我控制。认知自我时,主体我对客体我进行认知,形成自我概念。然而相比对他人进行认知,认知自己似乎还更困难些,从自我展示以及自我服务偏见中就可以得到印证。

(一) 自我概念

自我概念也就是"我是谁?",对于"我是谁?",哲学家们探讨了几十个世纪,源于哲学的心理学也不停地对它进行探究。但我们只能很遗憾地告诉读者,这一问题至今没有答案。

有学者认为,自我概念的基础、你对界定自我的特殊信念,是你的自我图式(Markus & Wurf, 1987)。图式是我们组织自己所处世界的心理模板,它很大程度影响我们对于来自这个世界的信息的加工。换言之,我们在对信息进行判断的时候,这些信息与自我的关系构成了重要的变量。有一种效应叫自我参照效应,指人们更容易记住那些与自己有关的词。比如关于"内向"这个词,问被试"这个词是对你自己的描述吗?"和"这个词是对他人的描述吗?",结果发现前一种情况下被试对"内向"这个词记得牢固得多。自我为我们提供了一个万能的标尺,一切均源于与自我的比较。

不同文化下的自我概念也不一样,或者说自我所包含的范围不一样。经常拿来做对比的是个人主义文化与集体主义文化下的自我概念。研究者指出,这两种文化下客体我所包含的内容是不一样的。国内学者朱滢等研究发现,个人主义文化下的自我概念仅限于严格意义上的"我",如我的身体、外貌等;而中国人(集体主义文化下)的自我概念还包含了自己的母亲、群体,其范围要比个人主义文化下的自我概念广。朱滢对被试的参照效应进行研究,发现中国被试对于父母的参照与对于自我的参照一样好。

(二) 自我展示——印象管理

自我展示指我们想要向外在观众(别人)和内在的观众(自己)展现一种受赞许的形象。我们管理着自己的形象以期许别人留下我们想产生的印象。

为了维护自己经过努力的印象管理在别人那里形成的印象,主体通常要花费一定的代价。有学者用印象管理来解释得寸进尺效应。得寸进尺效应指,假如我们接受了别人的小要求,则以后接受更大、更不客气的要求的可能性,会比以前不提要求来得高。美国社会心理学家曾做过一个实验。他让助手访问一些家庭主妇,请求她们为了维护交通安全和美化环境,在窗户上贴一些小标记或在请愿书上签名。她们都接受了。半个月后,实验者再次访问这些家庭主妇,要求她们在门前草坪上竖一块并不美观的维护交通安全的广告牌,同时,实验者对一些以前未曾向她们提出过任何要求的家庭主妇直接提出上述要求。结果,前者中有 55% 的人同意,后者中只有不到 17% 同意,前者比后者高 3 倍多。这说明,由于人们想管理出首尾一贯的印象,一旦表现出助人为乐的言行,即使别人的要求有些过分,可为了维持印象的一贯性,也会继续帮助下去。但要注意,要求也要有一个限度,如果变本加厉,贪得无厌,就会超出对方的容忍程度而遭到拒绝,这正如《渔夫和金鱼的故事》中的老太婆。她刚开始提出的要木盆、木屋及变成财主婆的要求都得到了满足,但她得寸进尺,最后竟然要做海上的女霸王,终于超出了金鱼的容忍度而被收回了一切。

(三)自我服务偏见

如果问你,你觉得你在所有同级学生中成绩处于什么水平,你会回答前百分之多少?前百分之五?前百分之三十?还是前百分之五十?一个类似的调查中,美国高考委员会对 829 000 名高中高年级学生的调查中,发现没有人在"与人相处能力"这一主观而赞许性的维度上对自己的打分低于平均值,另外 25% 的人则认为自己是最优秀的 1%!所有人都高于平均水平,可能吗?但确实所有人都觉得自己高于平均值。

当我们加工和自我有关的信息时,与加工别人的信息的很大区别是,我们会出现一种潜在的偏见:我们把自己看得比别人要好。这就是自我服务偏见。从它的字面意思来理解,你就可以知道它描述的是所有人都具有的一种服务自己的倾向。

矛盾:人能否有自我意识?

把自我分为主体我和客体我似乎解决了人如何认识自己的矛盾:主体我对客体我进行认识,于是形成了关于自我的意识。但是,形成的自我意识是关于哪一方的自我意识呢?显然是关于客体我的。问题就此产生:若要对主体我进行认识当如何做呢?退到这里,已经没有办法再向后退了。孔狄亚克(Etienne Bonnot de Condllac)曾经也退到这,然后他在《感觉论》里说:

"我知道它们是属于我的,虽然我并不能理解这一点,我看到自己,我摸到自己,一句话,我感觉到自己。但是我不知道我是什么,如果从前我认为自己是声、味、色、气,那么现在我已经不知道我该认为自己是什么。"

"认识你自己!",多么伟大的言语!当"我"开始思考开始认知的时候,就已经确定了"我"不能认识那个正在进行认知的"我"了。因为我本身在认知,认知的主体在进行认知时是不能被自身认知的,正如一个人能把其他物体向前推却不能把自己向前推。那人自身能认识自己吗?或是人能具有完全的自我意识吗?唯一的答案是,这个问题还没有解决。

第五节　人脑的"死机"还是进化——偏差与偏见

社会心理学的研究者们尤其喜欢证明人有多么的愚蠢,存在多么多的偏差以及带着多么大的偏见。在社会认知的过程中,研究者总是能得意洋洋地揭露出人的认知过程会出多大的差错:首因效应、近因效应、投射效应、光环效应、自我服务偏见,还有对不同的人群形成刻板印象、偏见。

如果你想尝试把这些偏差都记住的话,这里可以提供一条线索:所有的偏差均来源于自我中心。首因效应与近因效应是因为自我对于外界的信息的不平等,它只加工及储存自己印象深刻的;投射效应很明显地是从自我的感觉出发推论到他人身上;光环效应的推动力在于当自我确定了对于客体的喜好后期望将这一喜好无限地放大,自我服务偏见中的自我中心更是不言自明。

人为什么会如此地以自我为中心,相信自己、抬高自己?大部分正常人对自己的评价偏高,觉得自己比他人更好,而患精神疾病的人对自己的评价反而比较接近事实。对于无规律、随机出现的骰子,正常人也都觉得自己有控制点数的能力。研究者将这种种现象定义为"认知偏差",言下之意是正常的认知过程中出了什么问题以至于发生了偏差。机器式的理性人的"计算机大脑"什么时候这么容易死机了呢?

　　也许,这种种认知的偏差根本不是"死机"! 进化心理学的假设是:人具有如此好的自我感觉不是大脑死机,而是具有进化意义。以自我服务偏见为例,进化心理学派的学者们用一个复杂的数学模型——贝叶斯模型,来解释这类偏差、偏见所具有的进化意义(张雷, 2007)。自我感觉良好者,即乐观者,采取的行动比现实主义者和悲观主义者更具侵略性,而且乐观主义者会夸大其行动对其收益的影响,因此他们总会有比较大的动作。侵略性的行为诱发对方也采取侵略性的行为,对方的侵略行为使得乐观者获益(有数学上的计算证明)。当然,挑衅的代价也是很高的,因为他不能向对手作出最佳反应,有时损失也会比较惨重。因此,高度乐观者的表现不及中等程度的乐观者。但总的来说,"谨慎"的乐观者会表现得比其他知觉种类的个体好很多。因此,乐观个体的适应性也会好些。通过遗传、模仿、学习,采用乐观策略的人就会越来越多,慢慢占据整个群体。

　　认知产生的偏差和偏见到底是人脑的死机还是进化? 这个问题是否让读者联想到了本章前面部分提出的问题:人与机器有多大程度的区别? 语言——理性是否能解释所有的问题? 人是否是一个显性逻辑意义上的理性人? 目前社会心理研究领域内兴起的对于直觉的研究有助于我们对于这些问题的思考。

　　人有没有可能不经推理和分析就迅速地作出一个判断? 换句话说,环境中的信息能否不经过意识层面就对我们发生作用? 如果可以,则说明人的行为是可以由意识之外亦即理性之外的某些机制来控制的,那么理性的作用也就大打折扣了。事实似乎正是如此,启动实验表明,某些信息被我们加工后,会以一种我们自己都意识不到的方式对我们发生作用。比如,呈现一个"医生"的词,你在看过这个词后就会对下一个词"医院"反应更快。但其实连你自己都不知道,你将会对"医院"这个词有更快的反应。对于一件事情的态度也是一样。当别人询问你对于某一人的态度时,正常的话你会说"嗯! 让我想一想,因为她上次帮了我的忙,所以我觉得她是乐于助人的"。而研究者将告诉你,在你下这个结论的时候,没有什么"因为""所以",你的大脑其实早已作了快速而准确的判断。你只是在有了这一判断的基础上找出例证而已。有学者(Bargh & Chartrand, 1999)认为:"对于绝大部分人来说,其日常生活不是由有意识的目标和经过深思熟虑的选择来决定的,而是受内部心理过程的控制,它通过对环境的主观加工影响人们的行为反应,并控制意识的觉察和导向作用。"

就像弗洛伊德对于意识的描述一样,我们也可以将人的思维比喻为冰山一角。冰山之下,更广大的,是几百万年积累下来的"直觉"。当代研究者也发明了可以测量这种"直觉"的技术:内隐联想测验(Implicit Association Test, IAT)。内隐联想测验由格林沃德(A. G. Greenwald)发明,这一方法测量的不是人的理性报告出来的东西,而是直接测量人的行为——你如何对一件事情作反应,通过人的反应时间的长短来分析推测背后的内隐的态度。

不需思考,就凭当下的第一反应来进行判断永远都是正确的吗?并没有充分证据证明,在电影中穿插阈下商业广告或是播放阈下励志磁带能对人造成影响(Greenwald, 1992)。关于理性与非理性、意识与无意识、偏差与进化等的争论将会一直持续下去。

思考题

1. 认知过程受到认知者的哪些因素的影响?
2. 印象形成的具体过程是怎样的?
3. 什么是自我服务偏见?
4. 认知过程中有哪些偏差?
5. 认知偏差的意义是什么?

第四章　态度与态度变化

我们对他人及群体的反应,以及对他人行为的解释,都或多或少与自己所持的态度有关。

我们对他人及群体的反应,以及对他人行为的解释,都或多或少与自己所持的态度有关。

在日常生活中,态度对我们的行为有着深刻的影响。我们对他人及群体的反应,以及对他人行为的解释,都或多或少与自己所持的态度有关。正因为如此,态度问题一直是社会心理学研究的最重要的领域之一。迄今为止,所有社会心理学教材无一不包括对这一问题的探讨,甚至有的学者认为:"社会心理学就是关于态度的科学研究。"虽然这一定义不那么科学,但它显然使我们看到了关于态度问题的研究在社会心理学中的重要地位。

第一节 什么是态度

一、态度的概念

自古希腊哲学家开始,不同的研究者对态度的定义都或多或少存在出入。综观这些观点,态度可以被界定为个体对待他人或事物的稳定的心理倾向及反应方式,包括认知、情感、意向三个方面。它通常表现在信念、感觉及行为倾向中(Olson & Zanna,1993)。你可以按照这三个基本要素的首字母"ABC"来记忆:情感(Affect)、行为倾向(Behavior)和认知(Cognition)。对这一定义我们可以从以下两个方面去理解。

首先,态度是主体对客体(他人或事物)的一种反应倾向,它对主体即将采取的行为具有指导性和动力性的影响。比如,"我喜欢看电影"这一表述,其中主体就是"我",客体就是"看电影"这件事,态度就是"喜欢",这种态度会指导我以后的行为,使我在其他条件具备的情况下,会经常采取"去看电影"这种行为。这是一个有关态度的极其简单、易于理解的例子。

其次,态度是一个复杂的心理活动体系,由认知、情感和意向三个因素构成,缺一不可。

认知是指态度主体对对象的知觉、理解、信念和评价,认知不仅包括对某人、某事之所知,而且也包括对某人某事的评论、赞同或反对。如"体育锻炼可以强身健体,人们应该多参加体育活动","交朋友可以增加自信、增长知识,所以应该广交朋友"等。

情感指的是主体对于对象的情感体验,如尊敬和轻蔑、喜欢和厌恶、无畏和惧怕等。比如:"我热爱中国"。

意向是指由认知因素、情感因素所决定的对于态度对象意欲表现出来的行为,即当个体对态度对象必须有所表示时,他将怎样做,此即为行为的直接准备状态。比如:"我要天天早起锻炼身体"。

在态度的三个因素中,认知因素是基础。由认知因素所形成的对事物的印象和观点,不仅是人们了解和判断事物的依据,也是形成我们对对象的情感体验,决定我们的行为意向的基础。应该说,态度来源于价值。价值是指态度对象对人的意义和用途。一般说来,价值越大,我们的态度就越强烈。当然,这里的价值不仅是指对象的客观存在价值,而且包含了主体的价值观,由于不同主体所处环境及知识文化等的不同,同一事物对于他们就会有不同的意义,从而形成不同的态度。比如一枚完整的恐龙蛋化石,对于一般人来说会认为这只是一块没什么价值的石头,引不起什么兴趣,而对一个专业的考古学者来说,它可能被认为是无价之宝,从而对其抱有强烈的态度。由此可见,认知因素在态度中的重要作用。当然,态度中的情感因素也占有极重要的地位。可以说,情感因素对态度有调节作用。当人的认知固定下来,演变为一种情绪体验时,它将会长期地支配人。我们常说"情人眼里出西施",其实就是情感调节认知的例证。也许在我们一般人看来,某人的对象并不漂亮,但在他眼中,她是世界上最美丽可爱的女孩,我们看到的缺点他会认为正是她魅力所在。其实这时他是受一种强烈爱慕之情所支配,以致认知发生了改变,产生了"晕轮效应"。正因为态度包含有情感部分,它涉及个性内在的心理结构,所以,改变情感要比改变认知困难很多。认知和情感产生后不会仅局限于内心,总要向外显示以支配行为,从而产生一种潜在的行为倾向。这种潜在的倾向,表现为行为的准备状态和持续状态,就是我们所说的意向因素。意向因素具有外显性,它制约了人们对某一事物的行为方向,所以我们可以测量它,并进而推测到认知和情感因素。

人们最早对态度的认识是从心理学关于反应时间的实验中得来的。1888年,心理学家朗格(L. Lange)在反应时间的实验里发现,被试者如果特别注意即将要作出的反应,其反应时间要比他集中注意于即将来临的刺激时来得快。因此,一些学者特别是早期的学者,一般把态度看成是"行为的准备"。如心理学家指出"态度是对于一共同对象的数个相关联信念的组织"。这里显然是着重突出了认知的方面。学者瑟斯顿把态度看成是一个人对任何事物的倾向、感情、成见、观念、畏惧、恐惧等的总和。这里,他除了认知之外,又着重强调了情感方面。渐渐地,态度包括认知、情感、意向三个要素的观念为大多数社会心理学家所接受,态度概念成为社会心理学的基石。

二、态度的主要特征

(一)态度的社会性

任何人的态度都不是与生俱来的,而是后天习得的。态度依赖于它和环境的相互作用,因而态度不仅表现出明显的个体差异,还在不同的民族、文化和社会群体中展露不同的特点。刚降生的婴儿对外界事物不存在任何态度,只是在后天随着意识的出现、感情的丰富和经验的积累才逐渐形成态度。态度一经形成,它就会反过来指导个体对外界事物和他人的反应。在这种反应过程中,个体又不断修正自己的态度,就这样不断反复,使个体的态度体系日益发展和完备。

(二)态度的对象性

任何态度都是针对某一对象的,或一个人或一种事物,因此具有主体与客体的对应关系。平时我们谈到态度时,必然同时提起态度的对象,如对社会改革的态度,对某位同学或同事的态度等,特别当对象是人时,态度可能会是双向的,并且态度主体和态度客体之间也可以相互转化。

(三)态度的稳定性

态度形成之后,将会持续较长时间而不会轻易地改变,有些态度甚至融合成为其人格的一部分。态度的稳定性会在行为方式上表现出规律性,使同一个人对同一对象形成前后一对一的、自然的固定反应。但我们所说态度具有稳定性,并不是说它是一成不变的,特别是在态度发展的初期,在其三种要素的组织还没有固定化时,导入新经验、新知识,很容易引起态度的变化,只是当态度形成之后,再要改变就比较困难了。

(四)态度的内在性

态度是一种内在的心理过程,像其他心理现象如思维、想象一样,是无法直接观察到的。虽然态度和行为有密切的关系,但行为本身不等于态度,所以态度是内隐的,是一种内在的结构。

（五）态度的协调性

态度是认知、情感和意向因素协调一致的结果。三种因素相互结合、相互对应从而使态度的知、情、意三者有效地达到了协调。但有时候,态度内部也会出现不一致的情况。例如在 20 世纪 30 年代,有学者进行了一项态度和行为的经典实验。他在一个针对餐厅、宾馆和汽车旅馆经理的问卷调查中,询问他们"你们会接待中国人吗"这个问题,调查他们的态度。结果发现,问卷调查得出的结果和这些经理的实际行为完全没有关系。

（六）态度的系统性

对不同的环境、对象,一个人就会有不同的态度。一个人的所有态度合起来就称为态度丛,它是我们对这个人行为的判断标准。在态度丛中许多态度彼此互相联系,紧密相关,形成态度群。在每个态度群中,由于其中的各种态度相互联系较为固定,所以人们可以从某人的一种态度推知其另外一种态度。

三、态度是如何形成的

态度不同于一般的认知活动,它具有情感因素,因此其形成比较复杂,它需要经历模仿与服从—同化—内化等阶段。

（一）模仿与服从

态度的形成与改变开始于两种方式,一种是自愿的不知不觉的模仿,另一种是受外界压力的服从。

人们对他人的模仿其实就是对他人态度的认同与吸收。幼时,父母常是儿童模仿的对象。随着年龄的增长,儿童开始模仿不同的对象,不断习得态度和改变态度。以模仿形成态度,是人们形成与改变态度最常见的开端,而且这还往往以不知不觉、自觉自愿的方式表现出来。

服从又称顺从,指个人按照社会要求或别人的意愿而采取行动。这是一种在外界压力下而产生的行为,刚开始都不是心甘情愿的,但当这种被迫的服从形成习惯后,就会变为自觉的服从,产生相应的态度。

（二）同化

在这一阶段,态度已不再是表面的改变,而是自愿接受新的观点、行为,使自己的态度与要形成的态度相接近,但此时新的态度还没有完全同自己原有的态度体系相融合。

(三) 内化

内化是态度形成的最后阶段。在这一阶段中,人的内心已真正发生了变化。接受了新观点、新行为,并将其纳入自己已有的价值体系之内,成为自己的态度。这时态度就比较稳固,不易改变了。比如一个已将共产主义理想内化的革命者,无论遇到什么艰难险阻,他都会坚持到底。所以要改变人的态度,最好是在服从、同化阶段进行,否则等进入内化阶段再要改变,困难就大得多了。

四、生活中的态度

(一) 学习态度

社会中几乎所有人都曾参与各类不同的学习,而学校教育组成了其中重要的一部分。1976 年和 1998 年,由芝加哥大学的国家意见研究中心进行的调查结果表明,在 20 世纪末,人们对教育的信任和对国家教育部门领导人的信任严重滑坡。而一项关于教育和学校的公众看法调查也在美国持续了近三十年。除此之外,对教学的态度、对计算机的态度、对教师的态度、对科学的态度等也共同组成了学习态度。

(二) 工作态度

指工作时个人经历和创造力的表现形式,它能为个体的存在赋予意义。现代人对工作者的看法是,他们不只进行带有一定货币回报的身体劳动,而且还是具有心理和社会需要的复杂个体,期望从工作中获得更多,而不仅仅是定期拿薪水以及下班后挥手告别。有些概念,比如工作满意度、工作投入、组织承诺以及工作态度和价值,已经成为组织行为学的术语。

(三) 群体态度

一方面,人们的态度受到同他们有关联的人的态度的影响;另一方面,人们也倾向于和有着相似信念、态度的人发生关联。这样一来,个人就会认同并归属于某些团体,并且形成该群体独有或特有的价值标准和信念。例如对性取向不同的人和主张堕胎合法的人的态度,决定了这些人相互间的关系。

(四) 宗教态度

人们相信的所有事情之中,宗教信仰和信念是影响最为广泛的。这些

109

信念与宇宙的起源、本质、最终状态及人类在宇宙中的位置相关。人类并非生来就具有宗教的知识。宗教信仰是习得的,与道德和伦理一起,形成了个人架构的宗教态度体系。

(五) 其他态度

生活的态度形形色色,与认知、情感、行为倾向相关联的事物便会被形成对其的态度。除了以上的一些态度外,还包括:政治态度、死亡态度、道德态度等。

第二节　态度的测量

态度是一种不能直接观察到的内在的心理活动,因此对它的测量只能采取间接的方式,即通过对人们的言语、行为及其他方面的测定加以推测。方法以量表法为主,还有其他一些方法。

一、量表法

测量态度的工具是态度量表。每一个态度量表都是针对某一态度对象设计的,由一些问题组成。具体方法是根据被测者对这些问题所作的反应给分数,以代表该人对某些问题所持的态度及其强弱,主要的态度量表有以下几种。

(一) 瑟斯顿量表 (Thurston Attitude Scale)

瑟斯顿量表是由美国学者路易斯・瑟斯顿首创的,又叫等距测量量表,其测量方法是用一组对某个问题的简单、直接而混合编排的陈述去询问被试,然后,把结果加以总结。制作一张适当的瑟斯顿量表非常复杂,首先要尽可能准确地确定所要测量的态度,然后提出大量的(50 条或更多)关于态度对象的简单明确的陈述,再把陈述分给许多审定者,让他们评定每个陈述的量表值,量表值最高为 11 分,最低为 0 分,假设 0 到 11 为等距的分数值,评分后进行复杂的计算,得出每题的量表值,然后经过分析,淘汰一些无区别性的题目,便成为一份正式的瑟斯顿量表。瑟斯顿量表常被用来测量牵涉范围较广的主题,如战争、教会、犯罪等。

（二）总加量表(Sum Scale)

总加量表也叫李克特量表(Likert Scale)，为美国社会心理学家李克特(R. A. Likert)所创，此量表由 20 个以上的问题组成。它有一个基本前提，即认为构成态度的各个问题价值相等，每个问题所包含意义的大小无本质差别，对问题的回答分为五等。同时，量表中的问题分为正向与负向两种，其目的是让被试认真填写量表，比如对于生育制度，"人们认为应按国家需要来考虑生育问题"就是正向问题，而"人们认为控制生育是违反天意的，应当顺其自然地生育"就是负向问题，对负向问题的记分与正向问题正好相反，这一点应该注意。被试填完量表后，将每题的得分总加即得到他的李克特量表分数，由此可推知他对某一对象的态度。由于李克特量表制作比较简单，因此是人们最常用的态度量表。

（三）社会距离量表(Social Distance Scale)

社会距离量表是由美国社会心理学家博格达斯于 1925 年创建的，亦称博格达斯量表。此量表多用来测量人们愿意与其他群体的人保持什么样的态度，它只涉及态度的某种单一的潜在范围，因此又称"单维量表"。在这种量表中，每项陈述的地位是不同的，它们之间有接近的关系，这就跟假设每个问题的地位、价值是一样的李克特量表大不相同，表 4-1 就是博格达斯量表的一个例子。

表4-1　博格达斯量表项目示例

根据自己的信念，我愿意一个刑满释放人员	
做我女儿的男朋友	1
同我女儿来往	2
作为我的邻居	3
不被歧视	4
被人远远避开	5

在表 4-1 中，右边的数字表示每个陈述所体现的社会距离程度，数字越大，社会距离越大。

（四）语义分析量表

语义分析量表为美国社会心理学家奥斯古德所创立，用于测定态度对象对于个体所具有的隐含意义。实验者根据所要测的问题设计一套两极形容词来制定量表,量表中,成对的两极形容词被写在线段的两端,线段上有5或7个刻度,分别代表个体对某对象的几种态度水平,要求被试根据自己的实际想法,在适当的刻度上划圈,然后将每题所得分数相加,可得被试肯定或否定的态度。

二、其他方法

（一）自由反应法

自由反应法也是测定人们态度的一种重要方法,态度量表主要测的是态度的情感因素,而自由反应法测的则是其中的认知因素,二者是相互补充的。这种方法不向被试提供任何可能的答案,而是及时地提出一些开放性问题,让被试自由回答,以从中推测被试的态度,自由反应法主要包括以下三种形式。

1. 开放式态度测量法。即提出一些开放性问题,如"你对当前经济体制改革如何看?"而不提供任何答案,让被试自由回答,以便被试能充分表明自己的态度。

2. 投射法。投射法指通过间接的方法来了解一个人对某一事物的态度,它通过分析人们对某个刺激物所产生的联想来推测其态度,由于人们在致力于联想时,其个人心理防卫能力会降低,从而其潜意识中的态度不知不觉地浮现出来。实验中常采用的方法是让被试者叙述一幅模糊的图画(墨迹图),或是续完一个没有结局的故事,被试在叙述的时候,不知不觉就把自己对某一事物的态度投射进去,从而泄露了自己的真实态度。

3. 语句完成法。语句完成法是指事先准备好几个有关某一事物的未完成的句子,让人将其写完,从中反映出他的态度。比如,要了解某人对其父亲的态度,可让其完成下述几个句子:"假如我父亲……","今天我父亲……"等。从他所填的句子中,我们就可推知他对父亲的态度。

（二）情境法

它指根据人们在已知情境中的态度,去预测他们在另一类情境中的态度,美国中央情报局常采取此方法测量人们的态度。例如,一情报小组在前进中遇到一条河,必须迅速搭桥过河,但事先毫无准备,又无现成可用的材料(有意设置的情境),这时,就可充分观察小组负责人对待困境的态度怎样,从而推断他对待突然出现的情况的态度。

（三）行为观察法

此法主要通过观察人们的行为表现来推断其态度。这种方法由于在使用时可以不让被观察者发觉,故可以准确地收集资料,但应该知道,这种方法不像量表法那样去直接测定个人的态度,而是从外显行为上加以推断。行为与态度并非一一对应的关系,所以由观察到的行为去推断态度,其可行性值得研究,但它作为一种重要的测量态度的方法,其作用是应该肯定的。

（四）生理反应测量法

这种方法是指通过测定被试者的生理变化(主要是皮肤电反应和瞳孔反应)来测定其态度,其原理是在态度发生时,特别是在情感活动时,身体内部会发生一系列生理反应,如皮肤内血管的舒张与收缩、汗腺分泌的变化、心跳与呼吸的变化等,用一些精密的仪器就可以测量出这些变化,从而推断出态度的变化状况,测谎仪就是这种方法的一个实际应用。

第三节　态度和行为

一、能否通过态度预测行为

态度是个体的一种心理倾向,是行为的准备状态,行为是态度的外显,是在个体态度的影响下表现出来的对对象的具体反应。态度和行为有着密切的关系。在一般情况下,态度和行为是一致的,有什么样的态度就会有什么样的行为。有爱慕某人的态度,就会产生追求某人的行为;有热爱父母的态度,就会有孝顺父母的行为。最初,社会心理学家确实认为通过态度能预测人的行为。但是,态度和行为的关系又并非这样简单,在很多情况下会出现态度与行为的不一致。譬如:即使知道吸烟有害健康,但是世界上追求健康的人群中吸着烟的仍不占少数。社会心理学家艾伦·威克(Alan Wake)的研究对态度可能具有的作用进一步提出了挑战。通过对各种人群态度和行为的综述研究,他得出了一个令人吃惊的结论:很难通过人们的态度预测他们的各种行为。例如,学生对于作弊的态度与他们的实际作弊行为几乎没有关系。对教堂的态度与星期天做礼拜的行为只存在中等程度的相关。

　　这些关于人们经常言行不一致的发现促使社会心理学家去探寻其背后的原因。我们认为，关键在于态度只是决定行为的一种倾向性，即一种心理上的可能性，而非必然性，因为态度并非决定行为的全部因素。比如在上火车时，有人不小心踩了我们一下，我们感到疼痛，当然会产生一种负向的态度，但这不一定就会导致我们的负向行为，如果对方马上说声"对不起"，我们可能就会以礼相待，说声"没关系"，显然这里态度与行为并不一致，讲文明讲礼貌这种社会道德因素在此时的行为中起了主导作用。其次，人们在认识事物时总是习惯于将它们先行归类再加以概括，认识往往是对一类事物的认识。同样，人们态度的对象也往往是一类社会事物、现象和人，态度具有一般性的特点。而人们的每次行动，通常都是指向具体的对象，产生于具体的社会环境之中，因此行为是具有特殊性的。当这种态度的一般性与行为的特殊性产生矛盾时，很容易导致行为与态度的偏离。第三，行为是受个人、社会等多重因素影响的函数，社会规范就是社会因素中一个比较重要的方面。每个人都承担一定的社会角色，这种角色要受到社会规范的制约，所以每个人的行为必须符合他的角色，而不管他的态度是否也要求这样的行为。当有辈份的亲戚故去，一般的亲戚都要去吊丧。这时无论你真的喜欢这个人与否，无论是否真的想哭，你都需伏地大哭一阵，直到有人拉你起来。第四，当某种态度与原本存在的动机发生冲突时，可能会破坏态度与行为的一致性关系。比如一个工人对其班长反感，持有负向的态度；但他工作的好坏要通过班长评定，所以想获得好评的动机会推动他去做出与自己态度相反的行为——接近班长。第五，在影响态度与行为不一致的因素中，能力也是一个重要的方面，我们经常说的"心有余而力不足"就属于这种情况。比如，一个学生对将要进行的演讲持有强烈的正向态度，极想能引起轰动，但由于准备和技巧的不足或自己本身能力的缺陷，结果演讲失败了，这种行为与态度的不一致，就是能力因素造成的。第六，当情境压力很强时，态度就不可能再成为一种很强的行为决定因素了。这种情况在一些政治上实行高压政策的社会中比较常见。比如，在一些企业中，工人的劳动权益得不到保护，企业主不愿意花大量的钱去维护劳动者的权益，但当国家颁布实施了《劳动者权益保护法》之后，在法律这种外界压力下，企业的雇主不得不做出和他态度不一致的行为，投资改善工人的劳动环境。最后，当态度的对象具有很高的价值时，也会使我们做出一些违背自己态度的行为。比如，药很苦，人们一般是不喜欢吃的，但药能治病，为了治病，病人会毫不犹豫地吃药。另外,有时候做出某种符合态度的行为,必须付出代价,若需要付出的代价高于个人愿意接受的程度,也常会使态度与行为出现不一致。

何时才能通过态度有效地预测行为呢?

让我们来看一个研究的例子,虽然通过人们对于宗教的总体态度很难预测他们下周末是否会去做礼拜(因为天气、传教士、每个人的感觉等等都会影响做礼拜行为)。但是,宗教态度能够很好地预测在较长的一段时间内个体总体的宗教行为(Fishbein & Ajzen,1974;Kahle & Berman,1979)。通过这个发现可以得出一个综合原则:当我们观察个体总体或通常的行为,而非单独每一次行为时,态度对于行为的预测效应会变得更加明显。他们还指出(Ajzen & Fishbein,1977;Ajzen,1982),当测量的态度非常笼统时,如关于对于亚洲人的态度,比起询问非常具体,如是否去帮助某个具体的亚洲人时,态度对于行为的预测能力显然较弱。

经过一系列研究,社会心理学家迈尔斯总结了通过态度能够预测行为的两个条件:(1)将影响态度和行为的其他因素最小化;(2)态度与观察到的行为间存在具体的相关性。当然他还补充了第三种情况,即通过强有力的态度能够很好地预测行为。

二、行为是否影响态度

在过去的 25 年间,心理学家不仅研究了态度影响行为的方法和条件,还同时发现了行为影响态度的现象。

有这样一个案例:萨拉被催眠了,催眠师要求她当一本书掉到地上的时候脱掉自己的鞋子。15 分钟后,一本书掉到地上,萨拉安静地脱掉她的平底鞋。"萨拉,"催眠师问她,"你为什么脱鞋?""嗯……我的脚很热也很累,"萨拉回答道。"已经有一整天了。"可见,行为确实会影响观点。

而角色扮演的例子再次证实了自我说服的效力,即态度紧跟随行为。当我们扮演一种新的社会角色时,起初我们可能会觉得虚假,但很快我们便会适应。在一项研究中,斯坦福大学心理系教授津巴多(P. G. Zimbardo,1971;Haney & Zimbardo,1998)设计了一个模拟的监狱实验,要求大学生志愿者在其中待上一段时间。津巴多想知道到底是邪恶的犯人和恶毒的狱卒导致了监狱的残酷性,还是狱卒和犯人在制度上的角色令其即使是富有同情心的人也会变得十分恶毒和冷酷。在最后的报告中,津巴多写道:"人们越来越分不清现实和幻觉、扮演的角色和自己的身份……这个创造出来的监狱……正在同化我们,使我们成为它的傀儡。"

另一个行为改变态度的效应便是:登门槛现象。在一项研究中,心理学家发现,在直接接触的情况下,多伦多郊区46%的住户会乐意向癌症群体捐款。而如果在一天前让他们戴上一个翻领别针宣传这项活动(他们都愿意这样做的话),那捐款者的数量会是前者的两倍。研究也不断发现,当人们承诺公众行为并且认为因此而获得的欣慰是自觉做出来的时候,他们会更加坚信自己的所作所为。

有三个不同的理论可以就态度对行为的影响进行解释。自我展示理论假定人们适当调整自己的态度以使其看起来与欣慰一致,尤其是那些为了给人们留下好印象而控制自己行为的人,他们会因他人的想法而调整自己的态度,有时也会引发真实态度的改变。不协调理论的解释是,当我们的行为与态度相反或者很难作决定时,我们会感到紧张。为了降低这种情绪的激活,我们会通过一系列的心理活动将自己的行为合理化。不协调理论进一步认为,我们不当行为的外在理由越少,我们越觉得自己对其负有责任,就会产生更多不协调,态度也改变得更多。而自我知觉理论则认为,当我们的态度不很坚定时,我们就通过观察自己的行为及其环境来判断我们的态度。

第四节 态度的改变

一、相关理论研究

有关态度改变的理论有很多,这里仅介绍其中比较重要的认知失调理论及平衡理论。

(一)认知失调理论

这种理论是由费斯汀格于1957年提出来的,他认为,人的认知是由许许多多的认知元素构成的。所谓认知元素是指有关环境、个人及个人行为的任何认知、意见、信念等。在认知元素之间存在着三种关系,即协调关系、不相关联关系和不协调关系。如"我帮助同学"与"我得到了表扬"是协调关系,"我不喜欢看电视"与"我口渴了"是不相关联的,而"我帮助同学"与

"我受到了批评"则是不协调关系。当个体发觉自己持有两个或两个以上相互矛盾的认知因素时,便出现了不协调状态。不协调状态有程度的高低,取决于两个因素:一是认知对于个人的重要性,即那些处于不协调的认知元素对人是不是很重要;二是不协调认知数目与协调认知数目的相对比例。产生认知不协调后,人们在心理上就会产生不愉快及紧张的感觉,就会产生解除不协调的动机,态度也会随之而改变,消除不协调的方法通常有如下三种:第一,改变某一认知元素,使之与其他认知元素趋于协调。例如,认知元素 A:我喜欢抽烟;认知元素 B:抽烟容易患癌症,两者是不协调的。一个人可以改变 A 为我不喜欢抽烟,或改变 B 为抽烟容易患癌症是不足信的,从而可以达到协调的状态。

第二,增加新的认知元素,改变认知不协调的状况。例如上例中的认知元素 A 与 B 不协调,可以增加新的认知元素 C:世界上抽烟而长寿者很多,认知元素 D:抽烟可减缓精神紧张,有利于心理健康等,可使不协调程度大大降低。

第三,强调某一认知元素的重要性,如上例中,可强调 A,认为抽烟使我快乐,这是最重要的,不必管以后会不会患癌症;也可强调 B,认为自己的健康最重要,为此可以少抽烟甚至戒掉。

（二）平衡理论

平衡理论是海德提出来的。海德认为,我们的认知对象包括世上的各种人、事物和概念,这些对象有的各自分离,有的则连成一体被我们认知。海德将连成一体的两对象间的关系称为单元关系,个体对单元两个对象的态度通常是一个方向的。如,你喜欢张三,则对他的朋友也有好感。这时,个体对单元内两对象的认知和评价一致,其认知体系也就呈平衡状态。反之,当评价不一致时就会产生不平衡状态,这种状态将引起不快和紧张,个体会设法解除。比如,你喜欢张三,但却不喜欢其衣着方式,在这种情况下,你相应地会在心理上产生不快与紧张,解除方法有二,一是喜欢张三的衣着方式,二是不喜欢张三。显然这个解除紧张的过程也就是人们态度转变的过程。

二、态度改变的方法

（一）一般行为改变

1. 认知主义方法——说服。说服宣传是指通过面对面交谈、参观访问、看电视、看电影等方式来改变人们的偏见及某些信念,从而改变其态度。其中以大众宣传手段改变人们的态度可以达到事半功倍之效,但在说服宣传中应注意以下几点:

(1)提高宣传说服者的可信度。宣传对象会不会在接受传播信息之后改变原来的态度,说服者的可信度——说服者具有影响他人改变态度的特性是一个很重要的因素。说服者的可信度取决于他的专业性与可靠性。说服者可以通过学有专长、拥有较高的社会地位以增强其可信度;也可以通过提高人格力量、学习说服技巧来提高可靠性,增强可信度。

(2)说服宣传要实事求是,既不夸大,也不缩小。例如有两则广告,一则说:"这种门的内把手太偏右了一点,用起来不顺手。但除此之外,其他方面都很好。"另一则全讲优点。结果顾客都相信前一则广告,这说明实事求是的宣传更易获得人们的信任,促使其改变态度。

(3)说服宣传要晓以利害。宣传应使人们内心感到有压力与威胁,只有听从劝告改变态度才能消除心理上的负担,同时又必须实事求是地提供信息。这里应注意两点:第一,如果需要人们立即改变态度的话,则宣传应该引起较强烈的压力和恐怖,使其变为一种动机力量,激发人们迅速改变态度。第二,如果宣传者允许人们可以延长一段时间改变态度,则不必过分强调危险,人们的理智会使态度变化呈倒"U"形关系,当恐怖的宣传由低等到中等程度时,其态度变化也逐渐增大;但恐怖宣传一旦过强之后,情况就会适得其反,人们会或是回避信息,或是持抗拒态度。

(4)说服宣传要有针对性,根据对象的特点有针对性地进行宣传。当人们习惯和宣传者所提倡的方向保持一致,并且在这方面的知识经验不足时,单方面宣传比较合适。当人们早已具备比较充分的知识经验而且习惯于思考和比较时,双方面宣传会更使他们信服。如现今的广告大都是一边倒的单方面宣传,它们可能哄骗一些人,但对知识经验比较丰富的人来说是没多大作用的。因此说服宣传应有的放矢,不能千篇一律。

(5)说服宣传要逐步提出要求。第三章中提到的"得寸进尺"的实验正表明了循序渐进提出要求比一开始就提出比较高的要求更容易使人们接受而转变态度。在日常生活中也是这样,人们突然听到不幸消息(亲人死亡)时,由于无思想准备而一时接受不了,甚至会发生意外,因此必须逐步给予信息。

2. 行为主义方法——积极参加活动。引导人们参加实践活动有助于改变其原来的态度。这在现实生活中有正反两方面的示例,对于喜欢铺张浪费的人,与其对其反复讲道理,不如让他去经济落后地区看看当地人民的生活,这往往能改变他原来的态度。有的人本不赞成赌博,由于好奇心试着赌了一两次,最后也可能转变他原先的态度。某种实践活动经常进行就会改变当事人的态度。

（二）强迫行为转变

1. "洗脑"。洗脑是指用一种经过设计的方式灌输一种观念,并使这种观念根深蒂固,无论它是否是一种听来荒谬绝伦的说法,不管其是对还是错。例如,在整个二战期间,德国纳粹军队曾在多个被其征服的地区绑架了近 25 万名儿童,送到德国,并实施一系列的"洗脑"教育,使这些儿童最后转变为同样狂热的纳粹分子。

2. 群体规定。群体的公约、规则可以有效地改变人们的态度。20 世纪40 年代,勒温曾做过这样一个实验:二战时期,由于食品短缺,美国政府希望能说服家庭主妇们购买一向不大受欢迎的动物内脏做菜。勒温根据这一情况,采用了两种办法,一种按上述要求作讲解与劝说,另一种把上述要求作群体规定。他把主妇分为 6 组,每组 13—17 人,其中三组接受讲解与劝说,另三个组采取制定群体规定的办法。前三个组的主妇们听人讲了这些食品如何美味,营养如何丰富,吃这种食品对国家贡献如何大等,还得到一本烹调内脏的食谱。而后三组仅被简单告知,群体规定大家今后要改用动物内脏做菜。一周后验查,讲解组仅有 3% 改变了态度,而群体规定组有 32% 的人改变了态度,这是因为个人对所属群体具有认同感,希望与团体保持密切的关系,因此乐意接纳团体规范。所以群体规定可以有效改变人们的态度。

3. "催眠"。催眠是由各种不同技术引发的一种意识的替代状态。此时的人对他人的暗示具有极高的反应性,呈一种高度受暗示性的状态,并在知觉、记忆和控制中作出相应的反应。在催眠过程中,被催眠者自主判断、自主意愿行动减弱或丧失,感觉、知觉发生歪曲或丧失。被催眠者遵从催眠师的暗示或指示,并作出反应。因此,催眠可以通过催眠师的暗示达到改变被催眠者态度的效果。例如:催眠减肥、催眠戒烟便是其实际应用的典型。

三、态度转变的伦理问题

态度的转变是让人认识自己、发展自己的过程。如"认知失调理论"便体现了个体发现自身矛盾和局限后所作出的理性改变。然而,任何其他形式的、由外界因素导致的态度改变是否是对原本态度的扭曲呢? 强行植入的、扭曲的态度,与心理学让人认识自己、发展自己的本意相违背。

从进化心理学的角度来看,改变态度是为了更好地适应环境。一方面,它是人"自我觉悟"的一部分,是追求生命延续的自发的改变;另一方面,它也是环境作用于人,从而产生潜意识中态度改变的机制。在世代生存和繁衍的过程中,态度成为个体特质的一部分,态度的转变可以缓解个体内部或者群体间的矛盾冲突,获得生命活动的最大化。

然而,如"洗脑"和"催眠"之类强行改变他人态度的伦理问题也显而易见。部分人为了取得自身或代表自身阶层的利益,利用某些方法和手段在未经同意的前提下,扭曲、篡改他人态度,显然欠缺对个体的尊重。事实上,这样的态度改变在社会中屡见不鲜。

第五节　偏　见

一、偏见及其特征

每个人每天都在与不同的群体打交道,因而会形成对某人或某一群体一定的看法和态度。所谓偏见就是个人对某一群体或该群体的成员所持有的缺乏充分事实根据的态度。例如,人们在生活中往往认为药品越贵效果越好,其实这是一种偏见。偏见有如下特征:

1. 偏见是以有限的或不正确的信息来源为基础的。比如看到某几个河南人不讲礼貌,就认为河南人都是不文明的;听到部分美国人很富有,就认为所有的美国人都这样,美国是一个遍地黄金的天堂。

2. 偏见的认知成分是刻板印象。人们在认识事物时,往往根据其共同特征加以分类,这是人类思维发达的表现,但如果把这种分类固定化,对待每个个体也用共性去完全替代,就会导致偏见,当对象是人时,就会导致刻板印象。

3. 偏见具有过度类化的倾向。一个怀有偏见的人常常是:如果他喜欢某个人,就认为那个人什么都好,"爱屋及乌",连其缺点他也会认为是独特性,是魅力所在;如果他讨厌一个人,就会认为这个人样样都不好,即使是很明显的优点,他也会为之找出另外一种很差的解释。产生上述现象主要是他把对象身上的优点或缺点放大了许多,以致不能对人有一个正确的认识。

4. 偏见含有先入为主的判断,人们在了解到一些信息后往往会过早地下结论。对人的印象也是如此,如果这个结论是错误的话,一般的人在经过了解认识后是会改正的。但有偏见的人即使面对事实也不愿改正原来的错误判断,这主要是因为偏见是先入为主,并掺杂了情感成分。

二、偏见产生的原因

(一)群体间的利害冲突

偏见产生的最根本原因在于群体间的利害冲突,因为资源是有限的,为了得到更多的物质利益,群体之间就会产生竞争和冲突,这就是造成偏见的基础。谢里夫的实验就说明了这一点。他让一群来自不同地区的 12 岁的男孩子参加一次暑期夏令营活动。到营地后,将他们随机地分为两组:一组叫鹰组,一组叫响尾蛇组,开始两组人员彼此互不认识,也互不往来,各在各组内开展活动。等到每个组内的孩子都学会了相互合作,建立了“我们一体”的群体意识感之后,两个组开展各种竞赛活动,并且奖励方式为一方之所得必为另一方之所失。随着竞赛活动的开展,两组之间的社会距离越来越大,并且产生了怨恨和敌意,形成了对己有利而对另一组不利的看法,如都认为自己组是勇敢的、坚强的、友善的,而另一组是卑劣的、狡诈的、邪恶的,即使双方成就差不多,也倾向于高估自己而低估对方。而且这种对立态度不只出现在竞赛的活动中,渐渐地也扩散到了其他非竞赛的场合,即使当取消了竞争游戏而代之以许多社会接触时,双方的对立也没有丝毫减轻。

(二)社会化的影响

有些人的偏见是社会化的结果,即后天学来的。这种学习有三种方式:第一,直接学习。长辈对儿童常以赏罚来强化其偏见态度,如父母不允许孩子同下层社会人家的孩子玩,说“他们都是野孩子,没有教养”,孩子也会逐渐形成这种偏见。第二,模仿学习。亲戚、长辈及经常接触的人都是儿童模仿的对象,儿童亲眼看到、亲耳听到周围的人议论某一群体及其成员,也会逐渐认同这种看法和行为。第三,环境气氛的感染。比如在种族歧视严重的国家里,白人、黑人分区而居,分校而读。黑人在的地方白人就很少光顾,黑人喜欢的东西白人就讨厌,整个生活环境散发着黑白有异的气氛,久居其间定会被逐渐感染。

(三)群体间缺乏了解与沟通

缺乏了解也是产生偏见的一个重要原因。研究表明,让白人学生接触了解很多黑人之后,他们中大多数都改变了其歧视黑人的态度,消除了对黑人的偏见。增加接触可以使人获得更多的正确信息,偏见就很可能被消除。

三、偏见持续的原因

偏见一旦产生,一般都会长久持续下去。持续的原因主要有以下几方面。

(一)文化因素

一群人所共有的态度可以成为文化意识形态的一部分。所谓文化意识形态是指与文化价值有密切关联的观点、态度和信念的复杂体系。而此文化意识形态的传播又会反过来支持个人的态度和观念。例如,在美国,一些白人认为黑人比白人进化得慢,他们在遗传基因上劣于白人,在智力、道德、责任感等方面都较为低下。这种为一些白人所接受的文化意识形态,正好可以用来支持白人对黑人的偏见及相应的行为。

奥尔波特研究了历史上各种偏见的发展与持续过程,发现在同一文化之内,那些支持偏见态度的意识形态,主要是那些有权有势的集团和群体为使自己对无权无势的集团和群体的剥削统治合理化而制造出来的。比如18、19世纪的殖民主义制造了白色人种对有色人种的种族偏见。他们宣扬殖民地人民是劣等的人种,殖民地人民没有足够的智慧和能力,只能依靠白种人帮助他们去开发当地的资源和改善他们的生活。可事实却是白人直接掠夺殖民地人民的金银财宝运回本国,破坏当地文化,进行不平等贸易等。如新大陆发现之后,欧洲人的大量移民与殖民,几乎使当地的印第安人的文化趋于毁灭,人民生活也极其悲惨。中国古代一些封建官吏把百姓叫做"贱民",认为应该由"天子"和"父母官"来统治、教化才行。而且这种偏见会传给下一代或影响他人,使之得到广泛的传播。

（二）社会因素

社会因素中有三个方面会使偏见持续下去,首先是人们对社会规范的从众性。社会规范是群体内部成员共有的态度,具有引导控制个人行为的作用,在一个社会之内,一旦对另外的群体的偏见已根深蒂固,就会形成一种社会规范,人们就会像服从社会规范一样采取偏见的态度。社会心理学家曾对南北美及南非白人反对黑人的偏见进行了研究,证实了偏见得以持久的一个重要原因就是服从社会规范。心理学家还计算了偏见与从众倾向的相关关系,发现那些最有偏见的白人也是最服从社会规范的人。其次是统治集团的支持或默认。统治集团对社会规范有很大的影响力,它可以通过很多手段来建立或废除一种社会规范。因此,如果它想废除偏见是不太困难的,但实际上有很多偏见都是它所散布的。即使有些不是它散布的,但只要对它的统治有利,它也会采取一种不管不问的态度,使偏见得以滋长传播。最后是环境的支持。偏见往往造成了两个群体分开而居,不相往来,如南非的种族隔离制度,这加剧了黑人与白人的差异,使白人更加不了解黑人,从而把一些不好的属性归于黑人。而由于被社会压制对待,少数黑人长期处于不利的环境中,极不容易培养健全的人格,会出现一些不好的特征,如犯罪、不务正业等。这又使偏见者找到了更多的借口。相互之间不相往来,缺乏沟通是偏见得以维持的一个很重要的原因。

（三）个人因素

偏见的持续还有个人心理因素方面的原因。其中主要与个人的专制人格有关,具有这种人格的人会表现出以下几种相互关联的人格特征:第一,固守传统的等级观念,排斥违反传统价值的人;第二,极端倾慕权威,以权威和地位为行事的依据;第三,敌视其他群体的人,喜欢严厉的惩罚;第四,对周围事物喜欢作两分法的简单判断。一个人之所以具有这种人格特征,与其小时候生活的家庭环境有关。一般他们的父母对他们的管教都极为严厉,只有孩子表现出被认可的行为时才有关怀和爱护的奖赏。所以,专制人格的人在儿童时期都非常缺乏安全感并过分依赖父母,他害怕父母并且不自觉地对他们怀有敌意。这种人长大之后便会由于害怕和不安全感而变得脾气暴躁,他把攻击转向弱小团体,却明显保留着对权威的崇拜。而且这种人的信仰往往很难改变,这特别助长了其偏见态度的持续。除去专制人格这种个人因素之外,个人遭遇到挫折而适应不良、个人的尊严与地位受到严重威胁等个人因素也会使偏见得以持续。

四、偏见的消除

偏见是一种不正确的态度,它对人们的生活、学习等都会有不利的影响。因此我们应设法消除偏见,主要有以下几种方法。

(一) 消除刻板印象

刻板印象是偏见的认知成分,一般人常对某些群体的成员存有一定的刻板印象。比如有人对河南人有偏见,认为他们行为粗鲁、不讲礼貌,要想改变他对河南人的看法,最好是与他接触的河南人大都表现出文明、礼貌、诚实等异于刻板印象的特征。只有这样,这个人才会改变原来的偏见,对河南人有一个重新的认识。

(二) 社会化

偏见产生的一个很重要的原因是社会化中出现了偏差,使个体受了不良的影响。因此,要消除偏见,也必须从社会着手。首先在家庭中,父母要当好子女的第一任老师,不要对子女太严厉粗暴,要从小培养他们公正客观地对待其他人。其次在学校教育中,学校应该给学生以正面的影响,教育他们客观公正、实事求是,从认知上消除偏见。最后大众传媒应该注意宣传内容,不要给人们以有偏见的宣传,而且注意时常讨论、消除现存的各种偏见。

(三) 平等地位的接触

当彼此接触的两个人地位明显不等且双方都认同这种地位差异时,相互之间的反应大多是形式化、表面化的,因此不能达到较深的了解,容易根据对方的一些外在表现作出刻板的判断,而且地位高者对地位低下者的判断往往是不好的。另外,地位不平等的接触还使双方的差异更为明显。这就好比某大官下来体察民情,但前有警车开道,后有无数随从。这时遇见一个老百姓,大官想通过谈话来了解情况,但这时老百姓早就诚惶诚恐了,又怎么可能表现他原来的状况。这里,地位不同就构成一种沟通的障碍。如果双方能以一种平等的身份交往,那就会增进彼此的了解,有利于消除偏见。

(四) 加强群体交往的社会规范

人都有服从社会规范的倾向,为了消除偏见,可以制定一些与原有偏见相抵触的社会规范,并加入一定的强制力。这样在外界的压力下,人们会按社会规范行事。可能刚开始会有一些不情愿,可时间长了,形成了习惯,人们之间也通过接触增加了了解,这时偏见就可以消除了。

当然,消除偏见还有其他一些方法,如奖励合作、确立共同目标、熟悉对方的独特性等。

思考题

1. 态度是由哪些因素构成的,它们之间的关系又如何?
2. 态度是如何形成的? 请以生活事件举例说明。
3. 态度可以测量,一般可以采取哪些方法? 这些方法有哪些利弊?
4. 在何种情况下,通过态度能有效地预测行为? 请举例说明。
5. 举例说明认知失调理论。
6. 如何才能有效地消除对他人或某个群体的偏见?

第五章　归因理论

人们需要预见他人的行为,因此每个人都会致力于寻找人们行为的因果性解释。

人们需要预见他人的行为,因此每个人都会致力于寻找人们行为的因果性解释。对于因果关系的解释,在思辨的范畴已经有过很多探讨。社会心理学中对于人们关于"是什么导致事件产生"和"事件为什么像这样发生"的想法的研究,就是归因的研究。它是社会心理学的主要研究内容之一。归因,就是对行为原因的知觉和对原因的分析。所谓归因理论,就是关于人们如何对自己或别人行为的因果关系作出解释和推断的理论。

传统的社会心理学关于为什么要归因的研究一般只追溯到"人们致力于解释行为的因果关系",但是为什么人们要寻求对这种行为的因果解释呢? 在这一章中,我们试图以进化论为视角,作一些初步的探讨。

第一节　什么是归因

从2008年上半年开始,世界经济似乎又进入了一个下滑周期,这次经济下滑的主动诱因是美国的次贷危机。随着这场空前危机的不断加深,美国国内企业破产已经屡见不鲜,失业率也居高不下。这个时候我们仿佛又听到了一些声音:中国人抢走了我们的工作,是中国这样的新兴国家的快速发展导致了这场危机等等。似乎在有些人看来这场危机的根源在中国。

经济学中有一个流派——凯恩斯主义,它是在凯恩斯(John M. Keynes)的著作《就业、利息和货币通论》所表述的思想基础上的经济理论,认为对商品总需求的减少是经济衰退的主要原因。主张国家采用扩张性的经济政策,通过增加需求促进经济增长。即扩大政府开支,实行财政赤字,刺激经济、维持繁荣。

再让我们回到中学阶段,回忆一下,有没有哪次考试失败让你觉得比较痛苦或者郁闷？我想，大多数人都会有这种经历。那么你是怎么看待那次失败的呢？大概的过程可能是这样，你会想一下主要的失误在哪里，觉得我在这次考试中太紧张了，以致这么简单的题目都没做出来；或者这次考试的题目出得太偏了，难怪做不出来。

通过这三个例子，我们会发现，从宏观到微观，从理论到实践，人们都在寻求一种解释，即这种结果是由哪种原因引起的。但是很显然，我们从结果开始往上去追寻原因并不是一件容易的事，相反，在这个过程中有极大的可能会发生错误。尽管这种出现错误的概率很大，人们还是孜孜不倦地去寻求某种合理的解释。简单地说，这就是归因。

归因，是指人们对他人或自己的所作所为进行分析，指出其性质或推论其原因的过程，也就是把他人的行为或自己的行为的原因加以解释和推测。了解原因之后就可以对行为加以预测，从而对人们的环境和行为实行控制。

归因理论包括好几种不同的理论观点和实验成果。不过，这些不同的理论与实验成果也包含了一些类似的特点：第一，归因理论一般都假设动机因素是（或可能是）原因分析的动力。人们需要预料未来，控制事件的发展或他人的行为，正是这种需要促使人们在认知中进行归因分析。第二，归因理论与归因研究往往把社会认知主体视为朴素的科学家。归因理论认为，认知者将运用与专业科学家所用的方法相似的方法去完成归因。虽然认知者在归因过程中会产生一些偏差，但这些偏差仅是由于动机或情绪对理智的干扰所造成的。社会认知者会正确地收集有关信息，对信息进行合乎逻辑地、正确地筛选，再对信息进行综合，从而得出理性的结论。第三，归因理论研究的主要是人们在社会环境中如何运用信息对事件作出原因分析，并探讨人们收集哪些信息以及如何将这些信息综合起来，最后作出归因。第四，归因理论最基本的一个共同假设是，归因是重要的，归因分析是人们行动的基础，同时也是其他认知过程和情绪的基础。

归因研究主要由如下几种理论假说构成：海德的常识心理学、维纳（Bernarrd Weiner）的归因理论、琼斯（E. E. Jones）和戴维斯（K. E. Davis）的相应推断理论、凯利的归因理论，下面就对这些理论作简要概述。

一、海德的常识心理学理论

所谓常识心理学，就是人们理解和推断周围事件意义的方法。海德认为，人们需要预见他人行为，控制周围的环境，只有这样，才能更好地在复杂多变的社会中生活，因此每个人都会致力于寻找人们行为的因果性解释。正是人的这种需要引发了人们的因果推理过程。

某种行为为什么产生？海德认为，关键之点在于此种行为的原因源是在于人本身还是在于环境，或两者皆有。内部原因源（或个人因素）包括动机（力图去做）和完成此种行为的能力。例如，哥哥有能力帮助妹妹做家庭作业，但可能没有任何想帮她的动机。然而，即使想帮也未必能力足够，这些因素还必须加上情境因素。例如，如果妹妹的家庭作业简单，那么哥哥帮她当然不成问题；但如果作业很难的话就不同了。因此，个人能否顺利完成某项任务取决于任务的难度和个人能力，即动机因素和努力程度两者合起来决定着人能否成功。社会知觉者运用上述的关于动机因素、能力、情境因素的信息来推断事件的原因。如果哥哥成功地帮助妹妹完成了家庭作业，那么他的能力、动机和情境因素对于这个任务来说，明显是足够的。

海德也研究了对后果责任的知觉。在许多情况下，认识谁对事件的后果负有责任比了解事件发生的原因更重要。海德假设一个人对他引起的事件负有的责任有几种不同的程度，最低的责任程度是联想，被认为有责任的人实际上与事件根本无关。比联想高一级的责任叫因果性责任，此时的责任者确实引起了事件，但他事前并不知道，事件的发生完全是偶然事故所致，如打猎时误伤他人。第三级责任程度是可预知性责任，例如打猎时明知可能误伤他人却仍然开了枪。第四级责任是故意性责任，即自己故意主动造成某事的发生。此外，还存在一种正当性责任，即事件的发生与某人有直接关系，但某人造成这一事件的原因在道义上又是正当的，如为了自卫而伤人。海德关于因果性和责任的探讨导致了一系列随之而来的研究。可以说，海德对归因理论的贡献主要在于他明确提出了许多基本问题，而这些问题引发了研究者作进一步的探索。

二、维纳的归因理论

对归因行为可以根据不同的角度划分为各种类型。维纳接受了海德把归因划分为外在归因和内在归因两类的观点。所谓外在归因,是指归因分析者把某个事件的原因归咎于外在客观环境,如工作条件、机遇、周围环境、他人等;所谓内在归因,是指归因分析者把某一事件的原因归咎于自身的主观因素,如个人的才能、态度、情绪、性格、兴趣等。可以用一个例子来说明这两种归因的区别。某人高考落榜,他会怎么解释这一事件呢?如果他把他自己没考上大学的原因归之于学校教育质量太差,自己考运不佳或是考试前生了一场大病并因此而没能好好复习,这就是外在归因。但如果他把失败的原因归之于自己不够努力或是不够聪明,甚至是自己根本就对上学没有兴趣,这就是内在归因。一般说来,人们总倾向于对具有肯定性质的事件作内在归因,而对否定性的事件作外在归因,即人们常说的"成功是由于我自己,而失败是由于环境和他人"。一个有趣的例子就是,玩扑克牌的人如果赢了牌,则认为是由于自己玩牌技巧高超。而如果输了牌,就归咎于搭档牌技差或运气不好,很少会有人承认自己牌技臭或对手打牌水平高。

在上述分类中,又可将外在归因再分为两种:一种是将事件的原因归于机会与运气,另一种是将原因归于客观环境的不利与困难。内在归因也可分为两类:一类是将原因归之于自己的能力;另一类是将原因归之于努力。有的研究由此将归因分为四类:能力、努力、困难与运气。这四类归因由两个维度组成,其中一个维度是稳定性,即该归因在时间变动中能否保持不变;另一维度是控制的位置,即是归因于内在个人的因素还是外在的环境因素。例如,工作的困难程度和个人能力是较为稳定的因素,而努力与运气则随时间而有所改变(见表5-1)。

表5-1　四种归因类型

稳 定 性	控 制 的 位 置	
	内 在 的	外 在 的
稳 定	能 力	困 难
不稳定	努 力	运 气

三、琼斯和戴维斯的相应推断理论

由琼斯和戴维斯提出的相应推断理论(theory of correspondent

inferences)的一个基本假设是：认知主体对他人既稳定又富有信息的行为总爱寻找有意义的解释。如果他人的行为被判定为是故意的，而且是由于持续一致的重要意图产生的，并非随情境变化而变化，那么这种行为是最富含信息的。也就是说，暂时的想法不如经常出现的意图更能说明一个人的行为。归因过程的目标在于对他人作出相应推断。所谓相应推断，是指由人的外显行为来推断其内在动机和人格特质，内在动机和人格特质是外显行为的原因。在做相应推断的时候，我们要先了解个体采取某种行为的目的，再进行由行动者意图到行动者个性本质的推断过程。这一推断过程会受到诸多因素的影响，其中所必需的一种归因分析就是非共同性效应的分析。非共同性效应即独特性，它是推断个性本质的重要因素。非共同性因素越少，相应推断的可靠性就越高。除此之外，选择性、社会要求、社会角色和先前期望等，也都是相应推断中需要考虑的因素。

1. 选择性。推断一个行动者的倾向性，重要的一点是看行动者在这一行动中所拥有的自由选择的大小。行动者由于受到情境的限制而被迫实施某种行为，这并不反映他的真实意图，因而不能对他进行相应推断归因。但如果行动者在有自由选择的权利的基础上仍然做出了这一行动，那他就的确存在做出这一行动的内在意图，社会认知主体就会将原因归之于行动者本人。

2. 社会要求。对某一种行动的社会要求越少，我们就越能有信心地推断行动的倾向性。社会要求是决定因果关系的一个重要标准，因为礼节经常限制别人的行为。当人们以某种行为去打破常规或传统时，归因者就会得出结论：这一行为反映了人们的真实意图，因为人们这么做会冒不良的社会后果的风险，而他们不顾这种风险，说明他们本身很想这么做。为了证明上述观点，琼斯等人作了一个实验。他们让被试听一盘求职面试的录音带。录音中假定一些申请者正在申请宇航员的工作，另一些则申请当潜水艇工作人员。听录音带之前，被试被告知：宇航员最理想的个性特点是内向的，而潜水艇工作人员则应该是外向的。则被试认为，工作申请者也同样了解工作对他们性格提出的要求。在录音带中，有的申请者表现出符合工作要求的理想个性特点，另一些则显露出与理想个性相反的特点。然后，让被试表达自己对工作申请者的印象。结果，听了与理想个性特点相违背的申请者录音的被试(如申请潜水艇工作的人表现出内向特点)认为，申请者真实地显露了他们的个性。而被试听了那些与理想个性相符的申请者的谈话后，则更多地认为，申请者只是为了得到工作而刻意表现自己。这一实验证明了社会要求在进行相应推断中具有重要作用。

133

3. 社会角色。能否进行相应推断的第三个条件是看个体的行为是否属于其社会角色相应要求的那部分。与角色相关的行为不一定能提供行为倾向性的信息，例如警察帮一位老人指路，我们并不会由此推断该警察具有相当的道德水准，因为这是他该做的。而如果一个人做出了与自己社会角色不符的行为时，这些行为才能用于作相应推断。

4. 先前期望。对行为者的先前期望是第四个条件。当人们对一个人有多方面了解时，更容易产生先前期望。而此人与先前期望相悖的行为则会使人们对先前的倾向性归因进行反思。如果某人给同事的印象是工作能力强，但他最近却没干好几件事，这时同事就会对其能力作重新判断。

四、凯利的三维归因理论

三维归因又称协变分析模型，它研究人们如何对相同或相似事件的多种例子进行归因。凯利指出，经验总是反复产生的，每次的经验总归有着相似之处。假如我们拥有关于事件的多重信息，我们就会利用协变原则来进行归因。协变是指观察到两个或两个以上的事件中所共同出现的东西。例如，某人每当冬天来临就会生病，这反映了一种高协变性。而如果他只在有些冬天才生病，那么对于他来说，生病和冬天来临这两件事协变程度就较低。如果我们要了解某一结果的原因，就应该考察结果与各种可能的原因之间的协变性，而将结果归因于协变性最高的原因。如果某人生病与冬天的来临之间协变性高，就可以推测，某人生病是因为气候的变化。

凯利认为，人们在进行协变信息归因时，将会从三个维度来着手进行：

第一，区别性，指行动者是否对同类其他刺激作出相同的反应，他是在众多场合下都表现出这种行为还是仅在某一特定情境下表现这一行为。例如，甲拒绝借钱给乙，区别性低表现为甲拒绝借钱给所有人，这时观察者可能进行内归因，而如果区别性高，即甲只拒绝借钱给乙，观察者就可能进行外归因。

第二，一致性。指其他人对同一刺激物是否也作出与行为者相同的方式反应。如果每个人面对相似的情境都有相同的反应，我们说该行为表现出一致性。例如，如果所有人都拒绝借钱给乙，就有较高的一致性，这时观察者倾向于外归因，而如果一致性低，观察者就倾向于内归因。

第三，一贯性。指行动者是否在任何情境下和任何时候对同一刺激物作相同的反应，即行动者的行为是否稳定持久。例如，一贯性高表现为甲一直不借钱给乙,而如果甲以前借给乙很多次,这次没有借,甲这次的行为就有较低的一贯性。行为的一贯性越高,观察者越倾向于对其作内部归因。

如果实体从上述三个维度上同时表现出高区别性、高一贯性和高一致性的信息,就可以对实体作出较为满意的归因。例如,历史教师看到他所教的学生 A 历史成绩差,便会结合 A 的其他功课和其他学生的历史成绩来对此事进行归因:(1)如果 A 的所有功课成绩都不好(而不仅仅是历史不好),区别性就很低;并且其他学生的历史成绩都很好,一致性低;A 的历史成绩一直很差,一贯性高。那么,从上面三个维度来看,可以断言,历史没学好的原因在于 A 本身。(2)如果 A 历史成绩不好,其他功课却很好,区别性高;其他学生历史成绩好,A 的历史成绩不好,一致性低;A 过去的历史成绩好,现在不好,一贯性低。那么,可以归因于当时情境造成了 A 的历史成绩较差。(3)如果 A 的其他功课都很好,只有历史不好,区别性高;不仅 A 的历史成绩不好,其他学生历史成绩也不好,一致性高,A 的历史成绩一直不好,一贯性高。那么原因就被归之于教师,因为他没教好。

其他的研究也支持了凯利的三维归因模型。研究者发现,区别性、一贯性和一致性是人们进行归因的基础。不过,研究者也发现,在归因中,人们对一贯性的偏爱超过了区别性,而一致性则是人们最少注意的一个因素。此外,这一模型只是描述了人们进行归因推理时所使用的一个理想方法,而人们实际上运用的方法可能与之并不完全一样(见表 5－2)。

表 5－2 运用三维模型对"汤姆跳舞时踩琼的脚"这一事件进行归因区别性

区别性	高 区 别 性				低 区 别 性			
	汤姆并不是老踩其他舞伴的脚				汤姆也踩了其他舞伴的脚			
一贯性	高一贯性		低一贯性		高一贯性		低一贯性	
	汤姆几乎总是踩琼的脚		过去汤姆从不踩琼的脚		汤姆几乎总是踩琼的脚		过去汤姆几乎从不踩琼的脚	
一致性	高一致性	低一致性	高一致性	低一致性	高一致性	低一致性	高一致性	低一致性
	所有与琼跳舞的都踩她的脚	琼的其他舞伴很少踩她的脚	琼的舞伴常踩她的脚	琼的舞伴很少踩她的脚	琼的舞伴常踩她的脚	琼的舞伴很少踩她的脚	琼的舞伴常踩她的脚	琼的舞伴很少踩她的脚

续　表

区别性	高 区 别 性				低 区 别 性			
	汤姆并不是老踩其他舞伴的脚				汤姆也踩了其他舞伴的脚			
	实体归因	人—实体归因	环境归因	环境归因	人—实体归因	人归因	模糊归因	模糊归因
归因	琼跳舞不行	汤姆与琼都有责任	汤姆一般都能克服琼的不合作，但今天例外	偶然事件	汤姆和琼都有责任	汤姆舞技不行	今天例外	今天例外

第二节　传统的归因研究

一、对他人和自我的归因

我们的朋友参加应聘一个工作却落选了,我们将怎样看待这件事呢?如果我们自己参加应聘这个工作并且同样落选了,我们又将如何看待这件事呢? 对于上述两件事,我们会怎么推断其原因呢? 我们会把造成朋友和我们自己落选的责任归之于什么呢?

很明显,我们不会把朋友的落选和我们自己的落选归之于同一原因。对他人的归因和对自我的归因是不同的,这正是下面要详加叙述的内容。

(一) 对他人的归因

对他人的归因主要有两种:对他人品质的归因和对他人态度的归因。对他人品质的归因就是前面提到的琼斯等人的相应推断理论所述内容。也就是说,我们在什么样的条件下,会把他人的行为的原因归之于他的稳定的内在属性(动机品质等)呢? 一般说来,当他人的行动未受到太大的环境的外在限制时,我们会把他的行动原因归之于其本人的内在品质。如果不存在强大的外在力量的作用,那么他人做出的某项行动必然是由其内心自主决定的,而行动也反映了他的个人品质。例如,如果某人在公共场合举止文雅、彬彬有礼,我们并不会因他这种表现而认为他本性便是讲礼貌的,因为一般每个人在公共场所都会尽量表现自己好的一面,但如果他私下里与朋友相处时也是如此,我们便会认为他对朋友的礼貌是其本性使然,因为这时并没有外在的力量强迫他如此表现。

就对态度的归因而言,也是同样的。我们怎么知道一个人正在表达他的真实态度,而不是表达一个与真实态度相反的东西呢? 我们在怎样的条件下会把他个人的意见归因于他真实的内在态度而不是归因于对他起作用的外在力量呢? 人们对这一问题的回答,遵循如下原则:当外在力量强大时,某人的意见不应被认为是真实的;当外在力量小时,可以认为这反映了某人的内在态度。实验证明了这一点。在一个实验中让被试看一些学生的论文。这些论文中,有的是表示对当时全美国都在反对的古巴领袖卡斯特罗支持的,有的则是表示反对卡斯特罗的。实验者告诉被试,这些论文有的是在指定情况下写的,有的是在自由选择的条件下写的。结果被试认为,在自由选择的条件下,论文作者表述的意见与其真实态度是一致的。无论其意见是支持还是反对卡斯特罗。而在无自由选择的情况下,被试仍认为作者的观点反映了其隐藏态度,不过,被试并不十分确信情况就是这样,特别当论文观点是被指定的,并且完全不同于大部分大学生期望看到的观点时(比如,当作者被指定写一篇支持卡斯特罗的文章时)。不过,只要作者的观点是大部分大学生所期望的观点(反对卡斯特罗的),文章是否在有选择的条件下写的,就并不重要了。在两种情况下,论文都被认为反映了真实的内在的反卡斯特罗的观点。但是当论文采用了人们未预料的亲卡斯特罗的观点,并且作者还无选择时,被试就不能确定作者的真实观点了。作者也许有,也许没有独立的亲卡斯特罗的观点,然而由于有强大的外在作用的力量,被试对此就不能肯定了。

当一个人没受到环境条件控制的时候,人们总觉得他的话是对其真实内在态度的更忠实、更可信的反映,这是一般的看法。一个讲演人采取的立场与其本人利益或听众利益相背时,人们总以为他比较诚恳。而讲演人的讲话是为了他自己的利益,是为了巴结讨好公众时,人们会怀疑他的想法是否有说服力。沃尔斯特等人的研究发现,拥护和自己利益相反观点的罪犯,总被认为比拥护利益与其观点相同的、地位很高的讲话人(一个起诉者)更为可信。拥护和自己利益完全相反的观点,给予罪犯更多的可信性。

（二）自我知觉

我们的情绪、态度、品质和能力对我们自己来说,常常是模糊的。所以,我们将从我们自己的外在行动和对围绕我们的环境力量的认识中推断它们。正如在对他人的行动进行因果推理中所做的一样,我们试图用相似的办法来对自己作出归因。

1. 沙赫特的情绪标志理论。沙赫特的这一理论将研究内容由归因扩大到自我知觉(特别是对情绪的自我知觉)方面。沙赫特最初发现,当人们经历一些困难事件时,他们常常与也在经历类似困境的人交往。沙赫特经多方面研究后推断:人们有一种将自己的情绪状态与处于相似情景的其他人比较,以便理解和标志自己的反应的需要。可见,人们用来解释自己情绪的内部生理线索是模糊不清的,适合于多种不同的解释。因此,对自己情绪的相应知觉也是间接的、较不稳定的。

沙赫特据此提出了情绪产生的两个必要条件:一是生理唤醒状态,它并不专门引起某种具体情绪,许多情绪的生理唤醒模式可能是相同的;二是认知,它对生理唤醒进行标志,并决定着产生哪一种情绪。

有的时候,认知先于唤醒(例如,事先就预知某一危险事件的来临)。有时,唤醒先出现,然后才导致认知,以寻找能够解释这一唤醒的原因。在此情况下,周围环境中的线索很可能被用来标志生理唤醒,把它标志为某一种特定的情绪。为此,沙赫特设计了一个经典实验(参见本书第三章第四节中关于"感觉"一小节内容)。沙赫特推断,如果人对自身生理唤醒的体验的确容易得出多种不同的解释,那么,接受注射但没有得知肾上腺素会引起副作用的被试者,在发现自己实际处于唤醒状态时,就会寻找对生理唤醒的解释。这时,假被试者的行为就成了解释他们唤醒的突出线索。因此,如果这些被试者看到了假被试者的快乐行为,他们也会觉得自己快乐;如果看到假被试者的愤怒行为,他们也会感到愤怒。而对于接受注射并正确得知肾上腺素效果的被试者,他们对自己的唤醒状态已经有了解释,即唤醒是由于注射引起的,所以他们的情绪不会随着假被试的情绪而改变,控制组的被试情绪也不应该受假被试情绪的左右。沙赫特的实验结果证实了上述假设。这一研究的重要意义在于,它说明对唤醒的归因是可训练的,从而为实际的临床治疗提供了指导。许多人都由于自己的一些缺点或想象中的缺点而感到焦虑。在这些情况下,往往会产生消极情绪反应。学生在考试中由于认为自己无法顺利通过而紧张得全身发抖,并导致自己实际考试的不及格;应聘人员在面试中由于害怕给人印象太差而过于紧张,说话词不达意。这些都是情绪唤醒的错误归因所导致的。如果运用重新归因法引导人们将他们的生理唤醒重新归因于无威胁性的因素,就可以中断消极情绪的恶性循环,也可以使他们在先前会引起他们紧张的环境中应付得好些。

2. 贝姆(S. L. Bem)的自我知觉理论。贝姆与沙赫特一样,也认为人们分析自己的反应所运用的内部线索是间接的、模糊的,人们常常从外部环境因素中寻找线索来分析自己的内部反应。贝姆的自我知觉理论指出,人们分析自己态度的过程,与分析他人态度的过程没有什么本质的差异。人们喜欢通过观察自己的外显行为或行为产生的环境来认识自己的态度、情绪及其他内部状态。人们分析自己的态度也与分析别人的态度一样,是通过行为的观察来进行的。如果有人问我是否喜欢体育,我就用判断他人的办法来判断自己,看我平常对体育的关心是否甚于对其他东西的关心。

人们分析自己态度的过程中存在着几个限制性条件。首先,选择性是这一过程的一个重要因素。人们首先要观察行为是由自己选择的还是外部客观因素控制的,然后根据自己选择的行为推测态度。如果我近期对体育的关心仅是因为恰逢奥运会之年,那就难以得出我内心喜爱体育的推论。其次,当推断态度所依据的内部线索不明显以及当自己态度的外部反应缺乏时,就更可能运用自我知觉作为推断态度的基础。例如,假如我是一个体育协会的积极活动者,关于我对体育的态度就已经有了一个非常明确的线索作为解释,不用通过自我知觉的过程来看我是否喜欢体育。

贝姆的理论与琼斯和戴维斯以及凯利的理论的不同之处在于,后者的理论都假定社会知觉者进行了大量的认知尝试,而自我知觉理论则很少提到人们的认知努力。但是,贝姆的确为归因理论的发展作出了重要贡献。这主要表现在:

第一,自我知觉理论指出,如果能够控制人们表达态度的外部环境,或者向人们提供有关他们认知的一些假反馈,那么将可以影响他们的自我知觉和信仰的表达。弗里德曼关于"得寸进尺"效应的实验便反映了这一点。自我知觉理论对这一现象的解释是,当被试者答应第一次请求时,他们对自己的态度发生了变化。他们开始认为自己是乐于做这些事的人,因此,遇到第二个请求时,就根据新态度行事。

139

第二，自我知觉理论对认知失调现象提出了严峻的挑战。贝姆提出了第一个非动机性的理论观点，在不假设一个"中介的唤醒状态"（即消除不平衡感的动机状态）的条件下也可以解释不协调理论的大多数结果。阿伦森等人做了一个这方面的实验。实验要求女性被试者参加一个关于性的讨论。一些被试被告知，她们首先要经过一个准备过程才能参加这个讨论。在准备过程中，第一组被试要求在男性面前念出一组脏话，第二组则念一些不太脏的话，第三组被试则没有经过准备过程。然后，让三组被试者一起听一段枯燥的关于动物性问题的讨论，结束后请被试者对讨论作出评价。结果，第一组的被试者比其他两个组的被试更倾向于对这一讨论作肯定性的评价。如何解释这一实验呢？认知不协调理论认为，被试者同时遇见两个矛盾的认识问题——为了参加小组讨论而付出重大代价（难堪的准备过程），但讨论本身却是乏味的——这就产生了一种不协调的动机状态，改变两者之一就可以解决不协调的问题。因为被试参加了准备过程这一点无法改变了，因此只有对讨论作出肯定的评价。与此相反，自我知觉理论则指出，被试像观察者那样考察自己行为，从而推断自己的态度：既然自己愿意参加讨论的准备过程，那自己一定喜欢讨论。可见，贝姆的理论能够取代认知协调理论而对一些现象作出新的解释。

不过，贝姆的理论也受到比较大的条件约束。当由态度产生的后果很小时，人们会运用意味着特定态度的外部因素进行推断，这时自我知觉理论是适用的。但是，当由态度引起的后果很严重时，人们在态度问题上就会花更多时间和运用更多的信息，自我知觉理论便受到一定限制。泰勒在一项实验中向女性被试者提供错误的生理反馈信息——从生理上表明，她们在看一些男性的照片时就已经被照片上的人吸引住了。从一组被试者获得的反馈表明，她们先前判定为吸引力高的男性照片吸引了她们。而从另一组被试获得的反馈表明，她们先前判定为只有中等吸引力的男性吸引了他们。当过一段时间后再重新测量她们对照片上的男性的态度时，没有期望会见这些男性的被试者表达了与假反馈相对更一致的态度。相反，的确期望与这些男性相互交往的被试则运用她们自己的判断作为她们态度的基础。特别是那些反馈表明她们对实际上并不是最喜欢的男性的照片作出了生理反应的被试，更拒绝反馈信息，而把她们的最后判断建立在最初的偏爱的基础上。可见，人们并不总是按照自我知觉理论模式来进行自我归因的。

二、归因偏差

当一个事件发生时,个人总是试图找出事件发生的原因。这种探索行为原因的需要,是人类的一种超越已有信息的倾向,它常常有助于个人更好地保持心理平衡和进行社会交往。但是,归因毕竟是一个主观的心理过程,它总会产生这样或那样的偏差和失误。

由于人们在归因过程中可能因为各种原因而产生一些偏差,因此对于同一件事,不同的人往往会产生不同的归因。由凯利、海德、琼斯等人提出的各类归因理论认为,社会认知者在归因时应该采用正确的方法,但是在现实生活中,社会认知者并不总是遵循这些方法的原则。相反,归因中经常出现一些错误和偏见。这些错误和偏见有的源于认知过程本身固有的局限,即非动机性偏差。这是指在加工信息资料的过程中,人们把已知的因素过分普遍化,或是忽略了某些方面的因素。有的来源于人们本身的动机,即动机性偏差。这是指人们总对自己的成功进行内在归因,而对失败进行外在归因,其原因是要维持或加强自己的自尊心。还有些则是认知因素和动机两者共同的结果。

(一)非动机因素的归因偏差
这里面包括好几种情况。

1. 观察者与行为者归因判断的分歧。行为者本人对自己行为动机的归因不同于他人对自己行为的归因。虽然双方认知到的是同一行为,但行为者往往把自己失败的行为归因于情境,而他人则归因于行为者的个人倾向;行为者把自己成功的行为归因于个人倾向,而他人则可能归因于情境。例如,某个学生考试不及格,他会认为这是由于老师教得不好或自己客观上没时间来复习功课,而老师则认为这是由于该学生学习能力差、太不用功。

斯奈德(Kirk Snyder)就此做了一个实验。他邀请一部分被试参加赛跑,另一部分被试观看赛跑。赛后,实验者请参加赛跑的被试解释自己成败的原因,胜利者把自己的成功归因于内在因素,诸如赛跑的技术等;失败者则把自己失败的原因归因于外部因素,如运气不好等。而观看赛跑的人则认为,胜利者的成功是由于运气等外在因素,而失败者则是败于技术差等。在另一项研究中,实验者要求男学生被试写一段话,说明他们为什么喜欢他们约会最多的女性,以及他们为什么选择他们目前所学的专业。然后,要他

141

们为自己要好的朋友写个类似回答。实验者按照行为被归因于某人素质的程度(例如,我需要某个能使我轻松一下的人,或我想要赚大钱),或刺激性存在的程度(她,一个使人轻松的人,或化学是赚大钱的行业)进行了统计。如下表5－3所示,对自己的行为,被试所提供的外在原因的数量要比对旁人的行为所提供的多得多。而对朋友的行为提供较多内在原因的倾向也是存在的,虽然不很强烈。

表5－3　对自己和朋友所作的不同归因(单位:个)

对行动的归因 行动者	选择专业的原因		喜欢女朋友的原因	
	外在原因	内在原因	外在原因	内在原因
朋　　友	0.43	1.70	2.70	2.57
自　　己	1.52	1.83	4.61	2.04

2. 归因的拟人化错误。人们倾向在一个简单的知觉意义上,按邻近性、相似性、共同界线和单一性原则,把刺激物分组归类。对于本不具有社会意义的自然现象也加以拟人化,进行社会性的归因。这也是归因偏差的来源之一。

米乔特(A. E. Michotte)在实验中用无生命的两个物体(黑色的长方形A和灰色的长方形B)作为实验材料,要求被试对它们的运动做出判断。米乔特先使A沿直线移动,触到B后就停止移动。然后移动B,使它逐渐离开A。实验者还变动A和B的速度。结果,被试对此作了拟人化的归因。如果A移向B的速度小于B离开A的速度,被试就认为B的移动是出于对A的"恐惧"而做出的逃避;若A移向B的速度大于B离开A的速度,被试就认为B的离开是受了A的影响。可见,人们有时会对无意义的现象进行拟人化归因,从而引起认识的偏差。

另一类似的实验中,实验者给被试放映的电影中有运动着的一个圆圈和两个三角。这些图形以不同的方式移动,例如,大三角向着小三角移去,并且有时两者接触。被试总是把这些运动描述成好像是有活力的生物在运动。他们把这两个三角的关系说成是"追赶"或"打架",说它们的倾向是"害羞"或"好欺侮人"。

3. 一致性信息失效。凯利认为一致性信息是解决归因问题的三个维度之一。然而,研究者们在实际中发现:在区别性、一致性、一贯性三个维度中,人们对一致性的关注最小。

有学者根据凯利的三维归因理论作出一个假设:如果刚进入一个新环境生活的某人了解到别人也有同样的困扰(一致性高)的话,他将认为困扰是由环境原因造成的,而不会将困扰归因于自己。为此,这位学者给一些被试(刚进入到一个新的工作环境中的博士)寄出信件,在信件中告知被试,如果他对工作、对科研感到灰心丧气的话,请不要担心,因为所有刚参加工作的博士都会遇到这种情况。信中还说,移居到一个人地生疏的新城市,开始一项新工作,备课需要太多时间以致无力搞科研等,这是刚参加工作的博士都会遇到的问题。对于同样作为被试的另一些博士,则不寄出信件。结果表明,收到信的博士与没收到信的博士一样对自己遇到的困扰进行自我归因,因而感到沮丧。可见,作为归因维度之一的一致性信息在此失效了。有些研究者指出,某种"基于自我的一致性"信息经常会压倒一致性信息。就是说,人们经常判断在一个情境中自己会有怎样的感受和怎样的行动,然后假定他人也会有同样的感受和行为,从而忽视他人的实际意见和行为。在一个实验中,实验者问被试(大学生)是否愿意身穿一件广告衣在校园内走30分钟。有的学生愿意,其他的则表示不愿意。然后,实验者要求被试估计与自己答复相同的人的百分比。结果,表示愿意的人认为会有62%的学生也愿意,而不愿意的人认为会有67%的学生也回绝这一请求。

这种基于自我的一致性效应是造成归因偏差的一个重要因素。社会认知者总是过高地估计自己行为、情绪、态度等的代表性,从而确信自己是正确的。这无疑是偏见、偏激和对他人的强迫的根源之一。

另外,对一致性信息的忽视也来自信息资料的抽象性。人们对具体、生动的事情印象更深,而不关心抽象空洞的资料。在一个实验中,实验者给被试(心理学专业学生)两种不同类型的关于高年级分科的心理学课程的信息。其中一些被试看了一些上个学期学过这一课程的学生所做的表格,因而所接受的是抽象的一致性信息。而另一些被试则由两三个学过这一课程的学生以亲身经历对其作出描述,因而所接受的是较为生动具体的非一致性信息。实验结果表明,生动具体的信息比抽象的一致性信息对学生影响更大。与干巴巴的统计数字比起来,关于认知对象的直接信息显得更为生动,对人刺激性更强,因此使人们认为直接信息比非直接信息更可信,从而

143

过分地使用特殊的具体经验,并给予这些经验以普遍性。这是人们偏见的表现之一。

(二)动机因素的归因偏差

1. 防卫性归因。人们往往为了维护自己而作出有偏差的归因,这就是防卫性归因。这种对自我的维护既包括利益方面,也包括自尊心等。由于归因者主观因素的介入,归因者自己有意识的动机性歪曲给归因带来了一定的偏误。在一项实验中,实验者请被试说服另一个人(此人实际上是个实验助手)相信某一观点。此外,实验者还要求另一些被试作为与此事无关的旁观者来观察这一过程。在实验中,实验助手有时表现得已被说服,有时则表现得难以被说服。最后,要求说服者和观察者分别对实验助手是否聪明作出评价。结果,说服者对被他成功说服了的实验助手的评价是"聪明的",而作为旁观者的被试却不这样认为;说服者对没被他说服的实验助手的评价是"不聪明的",而作为旁观者的被试同样不这么认为。可见,出于维护自己的利益,自己的自尊心,说服者主观歪曲了对实验助手的评价:如果自己未能说服实验助手,那仅仅是因为他愚蠢得无可救药,而不是自己无能。

这种防卫性归因的另一种表现是,如果要归因的事件与自己未来的情境有关系时,归因过程就会出现偏向。当归因者自身与一个严重事件的肇事者类似时,为了降低事故在自己环境中的意义,他将把事件看成是由偶然因素造成的。而当归因者与肇事者基本没有类似之处时,他会更多地注重肇事者本人的责任。这一现象的出现,主要在于减少对归因者本人的威胁性。例如,在足球比赛中,某一后卫将球踢入了自己一方的球门中。对于这一事件,一般的足球观众将会把责任归之于后卫。但是,如果某观众本人也是足球队后卫的话,他很可能不会如此想,反而会认为是偶然因素造成这一事件的发生,责任并不完全在于后卫。为什么他会作出与众不同的归因呢?因为归因者本人是后卫,他担心在自己身上也可能发生同一事件——将球踢入自己一方的球门。

2. "公平世界"的偏差。旁观者以发生在别人身上的偶然事件为基础,对别人的意向作道德上的归属,这也会导致归因偏差的产生。某人之所以现在贫困潦倒,是因为他自己本身的无能和懒惰,而不是别的原因;如果学生成绩不好,那必定是因为他天赋低并不好好用功,所以学得不好是理所当然。在这种归因逻辑——善有善报、恶有恶报下,发生在别人身上的事都是咎由自取,理所当然的。这种偏差也是由保护自我的需要驱使的,因而是一种动机性偏差。因为如果能把某项事件发生的原因归结于他人本身的特点的话,我们自己就能心安理得了。在一项实验中,实验者让被试观看一些无辜者遭受电击的情况。这些遭受电击者是被随意挑选出来的。然后,让被试解释无辜者遭受电击的原因。结果,被试倾向于把原因归结于受电击者本人,认为是由于他们自身不好而遭受电击。这说明,社会认知者需要把事件归结于人的具体特点和行为,因为如果事件发生是由于人的原因的话,那我们就可以通过控制自身行为来避免不幸事件的发生,从而获得一种安全感。

三、归因偏差的共同根源

上述对归因偏差的叙述表明,社会认知主体在归因中并不是完全理性、客观的,他们经常会做一些背离归因标准模式的事。在这些背离中,具有如下两个共同点:

第一,归因者更倾向作出稳定的归因(特别是对他人作出归因时),把事件原因归之于个人的稳定素质。即使是碰到了否定自己看法的证据时,也不愿意改变自己对他人和自己的看法。

第二,归因者在推断过程中总是把自己作为中心参考系,根据自己的认知经验来进行信息处理和逻辑判断,这样,归因者自己所获得的认知信息就具有比其他方面的认知信息更为重要的意义,这将给客观处理信息带来偏差;另外,社会认知主体本身的利益、需要和动机会影响不带感情的无偏见的归因分析,使他们以有利于自我的方式去作出主观推断。

恋爱失败后的"归因偏差"

恋爱失败是大家在大学生活中经常遇见的事情。一段恋情结束后,人们在回忆恋情结束的原因时,总会找出这样那样的原因。但是,很多时候,人们在进行归因时,却并不总是合乎逻辑的,这是因为出现了"归因偏差"。那么,在恋爱失败中会有哪些主要的归因偏差呢。

首先是行为者与观察者的归因偏差。恋爱失败后,当事人往往会将原因归结于某个情境,比如某次吵架、某次失约、发生了什么变

故等。但是,旁人却更可能从恋爱的本身出发,讨论恋爱者本身的性格、能力、处世态度,如性格太倔强、有大男子主义、容易发脾气、经常无理取闹等。

形成这种偏差的原因主要是双方的角度和出发点不同。恋爱的人更多的是从具体情况出发,强调实际行为的特殊情境,如出现了第三者或者一方发现了另外一方的秘密等。旁观者则往往站在另一个角度,从常规的逻辑出发,假设恋爱本人在恋爱中的行为表现和生活中的表现一致,一旦出现问题,就归因于恋爱本人的个人因素。

其次是利己主义的归因偏差。有时候,恋爱者为了避免人们因为恋爱的失败而对自己产生偏见,往往作出将错误归因于对方的解释。所谓利己主义归因偏差,是指人们一般将良好的行为或成功归因于自身,而将不良的行为或失败归因于外部情境或他人。

之所以产生这种归因偏差,一是情感上的需要:因为成功和良好的行为总是与愉快、自豪的情绪相联系的,而失败和不良行为总是与痛苦、悲哀相联系的。恋爱失败者处于情感的低落期,需要进行心理和情感上的调整。将错误归因于对方,可以帮助自己从低谷中走出来。二是为了维护自尊心和良好形象。因为成功能体现并维护自身的价值,也可以给别人留下良好的印象。

此外还有一些其他方面的因素。诸如迷信、宿命论及行为者的社会地位、长相及性格差异等也会导致归因偏差。比如说恋爱失败后,迷信者可能会认为是双方的生辰八字不符合,性格软弱的人会认为是某一方的父母的阻碍,而相信宿命论的人认为是命运的安排等。这种归因在恋爱失败者已经付出多方努力但仍是成功无望时最容易产生。

归因偏差是不可避免的,但是人们可以尽量去减少它的影响。如果恋爱失败了,要考虑特殊事件和一般情况的关系。比如男方一向是一个行为果断的人,但是在一次事件中受到父母的责备提出分手,我们就可以归因为他是一个比较听从父母亲的人。还要注意如果有不止一个原因存在,那么我们对自己的归因不要太过自信,应充分地考虑各个因素的作用。

资料来源:人民网——教育频道,作者:黄雨恒。

第三节　传统归因理论应用与局限

归因理论探讨并不仅仅是一种纯粹的学术研究,它本身也能运用到社会实践中去并为社会服务。另外,归因理论既然是一种尚未完善的学说,那它也不可避免地存在着一定不足,本节的目的,就在于对归因理论的实际应用与局限作简要介绍。

一、归因理论的实际应用

人们的许多心理问题并不是由事件本身引起的,而是由于对它们的解释所引起的。这就预示着,如果能够对人们的心理认知过程加以控制和改变的话,就能纠正人们对事件的解释,并使他们获得一种较为舒适的心理感觉。

(一)归因疗法

人们在遭受失败时常倾向于从自己身上寻找原因,从而引起对自尊的损害和对能力的无信心。归因疗法的目的就在于说服人们将失败的内在归因转为外在归因,以减轻人们的心理压抑与沮丧。

不过,有时外向归因对行为的影响比内向归因的影响还要不利。如果人们把失败归结于外在环境的话,虽然有助于减轻对自尊的打击,但也可能会使人们产生一种对外部环境的无能为力感。不过将一个事件作外向归因虽然可以降低威胁性,却不能解决这个问题导致的心理障碍。不过,如果能使人们的归因从稳定、不可控因素转变为不稳定、可控因素的话,情况就会大不一样。因此,在心理治疗中,如果引导患者把问题归因于可控的内部因素(如努力程度)的话,将有助于减轻患者的症状。

威尔逊(Edward O. Wilson)等人做了一个这方面的实验,被试是一些担心自己今后的学习是否会成功的大学新生。实验者告诉一部分被试,大学的学习成绩是不稳定的,一般是越到后来,成绩会变得越好。实验者还向新生播放了一部高年级学生谈学习的录像片,老生们谈论自己的成绩随年级上升而戏剧性地改善。对于其他被试,实验者则不告知这些信息。结果,了解信息并看了录像的新生在后来的学习中,退学的人更少,研究生入学考试(GRE)成绩更高,并且到二年级时平均成绩也提高了。可见,如果学生认识到学习成绩是不稳定的,学习成绩的提高是很可能的,那么在一年级时即使成绩差也不会被困难阻挠,他们会比没有得到这些信息的学生更有信心努力学习。

在另一个实验中,被试是一些对失败长期表现出极端不良反应的儿童们。实验者把这些儿童分为人数相等的 A、B 两组,并让他们都练习做一些数学题。不过,实验者把成功的反馈信息告诉 A 组,并鼓励 A 组儿童将成功归因于内部因素;对于 B 组,则把成功和失败的两种信息都反馈给他们,并让 B 组儿童将失败归因于努力不够这一可控的、不稳定的内部因素。在后一个阶段中,所有的儿童都体验到失败,结果只有那些学会将失败归因于努力不够的 B 组儿童坚持下来,只有成功经验的 A 组儿童则在遭受失败后降低了操作水平。

(二) 对实际生活中的爱、性和攻击行为的归因分析

心理学家发现,当人们体验一种强烈情绪时,余留的这种情绪会扩展到其他情绪上,如性兴奋、攻击等。

在一个研究中,实验者让一些男被试或跨越一座吓人的吊桥,或跨越附近的一座相对稳固的木桥,并让一个有吸引力的女子和他们交谈。每一个男子都被要求为一张有关一个年轻妇女的意义不明确的照片讲述一个故事。结果,跨过了吓人的吊桥的男被试(他们产生了害怕的情绪)比跨越安全木桥的男子在讲故事时包含更多的性的内容。而且,他们后来比跨越安全木桥的男子更可能给那位有吸引力的女性实验者打电话。可见,起初由害怕引起的唤醒已转移到了浪漫或性的吸引上。

其他的研究还证明了剩余的兴奋还能增强愤怒与攻击。当一个人处于愤怒状态时,再让他接触一些性的刺激,如故事、裸体照片、一个有吸引力的异性实验者,结果他会更好地报告性欲的产生。有些研究还发现,先前的性唤醒会增加攻击行为的可能,憎恶则会增加对音乐和幽默的赏识等。

从上面可以推断出,运用对唤醒的分析可以解释许多在日常生活中常见的现象。

二、归因理论的局限

关于归因理论的一些研究结果也揭示了归因理论本身的局限与不足。

归因理论是一种理论吗？归因理论研究现在所采用的方法是否完全恰当？归因理论所适用的范围有多大？这都是归因理论所面临的问题。

一个好的理论具有三个方面的特点：（1）可检验性。理论必须提出清楚的预测并根据事实来检验这种预测；（2）各种观点间存在着内在一致，彼此相互联结。也就是说，只要知道了理论中的某个或某些观点，就能由此推导出另外的观点；（3）具有较高的解释力。好的观点必须能解释大量事实，并能不断地把新现象包容进理论框架中。从上述三个方面来看，归因理论最为欠缺的是第二个特点。

归因理论并不是内部一致、相互联系的可验证的一组理论观点和实验结果的集合，它只是一组只有少量的基本共同点的知识体。尽管一些具体的理论贡献，如琼斯和戴维斯的相应推断理论、凯利和维纳的归因理论具有好的理论的一些必要条件，但是关于这些理论何时能运用、何时不能运用的界限很不明确。

缺乏一个共同的理论焦点是归因理论的最大缺陷。这表现在：第一，归因理论缺乏共同的概念和假设。一般通过理论的焦点可以指出关键的概念，并围绕这些概念寻找实验证据。但很明显，归因理论并不存在这些东西。第二，归因理论由于缺乏理论观点的总指导可能导致理论缺乏统一性，如果各个研究者独自提出一套理论，而没有已有的一致公认的观点作参考，即使是同样的概念，不同的心理学家也会有不同的解释。

概括地说，归因理论中的一个重要问题是理论上的松散。没有一个共同的理论核心，大量的实验研究只能产生表面上相似的各种观点。除此之外，归因理论对于归因的根本动机也没有作一个有说服力的论述。

第四节 进化与归因

追根究底是我们的习惯，也是推动科学发展的一个主要的主观因素。传统的归因研究似乎没有能够提供让我们满意的结果，我们还有很多问题没有搞清楚，其中一个便是人们为什么要归因？如果能够回答这个问题，便能够从根源处解决归因理论松散的缺陷。另外，人们归因是基于理性还是部分理性？这一节试图从进化心理学的角度作一些初步的探讨。

一、归因——最初的经验获得机制

传统的归因动机研究一般只追问到"人们有寻求合理解释、并预测未来的需要",其实这样的答案只能算作是一种假设,或者说是一个尚待证明的命题。因为,如果我们提出类似"人们为什么要寻求合理解释,并且想预测未来呢?"的问题,还是需要一个有说服力的答案。如果要回答"人们为什么要归因"这个问题,我们有必要运用抽丝剥茧的方法一层层地追问下去,弄清到底是什么机制在影响着人们的归因方式。

首先一点,对于任何一个人来说,自己的诞生很多情况下都是一个谜,更不要说人类社会的起源与发展了。除了自己来自何方,还有一个问题也困扰着一代一代的哲学家和爱思考的人。我们也有必要把目光投向人类形成的关键点上。根据人类学研究,我们人类起源于非洲大草原上的大猩猩。历经数百万年的时间,大猩猩逐渐从树上走了下来,下肢开始发达,上肢逐渐变短。也许是突然,也许又是个漫长的等待,大猩猩有了简单的思维,他们更像人了。对于这个转变大猩猩们或者说是人类的先民们或许还没有做好准备,突然之间他们就成为人了。我们这里不作生物学的探讨,但是我们会有一些猜想:在人类形成的初期,吃完饭后,人们所想的问题可能就是,我怎么就变成人了呢?整个进化的过程是自然的选择,或许思考、制造工具的能力就是适应变化的环境的产物。但是作为思维和制造工具的能力的拥有者,人类并不知道这些能力是从什么地方来的,他们也没有主导这个进化的过程。疑问从一开始就形成了。

当人类的先民正式以人类的身份迎接东方的第一缕曙光的时候,他们开始了在这个地球上的探索工作。他们有两个重大的历史使命:活下来然后繁衍后代。活下来要满足三个条件:吃饱、穿暖和有地方住。吃饱要靠打猎种植;穿暖要有树叶、野兽的皮毛;有地方住,其实有个山洞可以抵御野兽的袭击就可以了。繁衍后代,这个问题就比较复杂了,不仅仅是要完成一次性行为,还有很多问题要考虑,如怎样才能使后代能够在大自然的严酷环境里存活下来。

我们不去探讨人们为什么要活下来还要繁衍后代,将其作为一个基本假设。如果需要,读者可以到精神分析学派和人本主义学派的相关理论中去寻找一些答案。人类要生存下来,要繁衍,总是需要一些手段与方法的。

人类没有办法从其他途径继承这些手段与方法,可以做的仅仅是从不断的尝试中寻找成功概率比较高的那些做法。比如,种植水稻的时候,用什么种子、什么时候播种、播种后该做哪些事情,都是千万次实验后得出结论的。他们的逻辑是,那些可以导致产量比较高的做法就是他们要寻找的,换句话说,是那些方法导致了产量比较高。这些发现是基于经验的总结。繁衍后代的工作有着同样的经历。人类的先民们,开始的时候并没有太多地关注它,对象也很随便,或许那个时候人类也像现在的动物一样有着明显的季节特征。但是,为了繁衍出健康的、能够适应严酷环境的后代,他们逐渐发现了一些规律:和什么样的异性结合可以繁衍符合标准的后代。这些规律不一定就是真理,但是他们对自己的发现有着某种崇拜。因此他们相信在以后的生活中如果按照这个规律来行事,那么结果便一定是和预计的一样了。

一切都要从头开始,为了生存和繁衍后代。人类的先民们在无数次尝试中总结经验,他们的逻辑是从经验中归纳出一般规律。他们所做的第一步工作就是归因,这样的行为导致了这样的结果。这是人类最伟大的实践。也许随着人类社会的发展,逐渐的归因这种总结经验的方式便成为了人们的一种看上去与生俱来的习惯。不仅仅在群体经验,而且在个体经验的总结上,归因都得到了很好的尝试。比如,苦尽才会甘来。

人类发展到今天,归因的倾向性被很好地保留了下来。那么,在远古时候人们归因是为了获取生存和繁衍后代的经验,在生存和繁衍都不再是值得担忧的问题的今天,归因是否还是一个普遍的现象呢?实际上,这也是容易理解的。我们认为,归因在今天的最根本的意义就是人们为了让自己生存得更好,让自己的基因能够更顺畅地保留下去。这也是关于"为什么要归因"这个问题的答案。按照一般的经验,在意识层面,人们是不会想到这一点的,不会意识到归因有着这样的机制。在很多人眼里,根本就没有想到自己在归因。

除了我们所说的生存得更好、基因遗传更流畅这个根本的原因之外,人们归因还有更为直接的潜意识考虑,可以称之为第二层面的原因。主要是:保持更好的心理状态;有效的防御机制;通用的经验获得方式。通过我们前面讲到的对于自己和他人的归因,可以发现归因的保持更好的心理健康状态和作为有效的防御机制这些功能。关于"通用的经验总结方式"这个说法,应该更加容易理解。首先,根据我们前面的分析,归因最初就是经验获得过程中的重要一环;其次,我们想一想生活中的经历,如果我们认为考试成绩的提高是由于更加努力导致的,那么我们会采取什么样的行动呢?

通过上面的这些叙述,读者应该可以比较容易理解,寻求合理的解释、希望能够预测未来只是归因最为直接的动机,这里并没有更深入地进行分析。基于我们所说的归因的根本动机,所有的归因现象都能够被合理地解释了。

二、部分理性——归因偏差的一种解释

在"传统的归因研究"这一节中,我们已经探讨了归因偏差的集中表现形式并对其原因进行了初步探究。这里我们仍然试图通过进化的视角对归因偏差作一个分析。同样的,归因偏差的表现和分类不是我们关注的重点,这里就不再进行探讨。

在作具体的分析之前,请读者和我一起来回忆一下统计学中的假设检验。假设检验是重要的统计推断问题,它的基本思想可以用小概率原理来解释。所谓小概率原理,就是认为小概率事件在一次试验中是几乎不可能发生的。也就是说,对总体的某个假设是真实的,那么不利于或不能支持这一假设的事件 A 在一次试验中是几乎不可能发生的;要是在一次试验中事件 A 竟然发生了,我们就有理由怀疑这一假设的真实性,拒绝这一假设。假设检验可能产生两种错误,其中一种便是没能拒绝错误的假设。

可以将这个理论引入到我们要论述的关于归因偏差来源的分析中。前面讲到过,归因是人类先民经验总结中的重要一环。这种经验的总结,是从结果来追溯原因,不是数学公式推导。任何人都知道外界可能对结果产生影响的因素实在是太多了,于是如果我们非得找出某些原因的话,出现错误的概率还是很高的。因此,从经验获得的角度来讲,无论是现在还是在远古,从结果推导原因是很难的,归因发生偏差也就不足为奇了。

除了从经验获得的角度可以解释归因偏差,从理性人假设的角度也可以对其来源进行一些阐述。在绪论中已经探讨过,社会心理学应该承担大的使命,而实现这个目标的一个前提就是与其他学科进行深入而有效的对话。因此我们试图参考经济学等学科的一些理论来探讨归因的偏差问题。对经济学有一定了解的读者可能知道,微观经济学理论的建立是以一定的假设条件作为前提的。在微观经济分析中,根据所研究的问题和所要建立的理论的不同需要,假设条件存在着差异。但是,在众多不同经济理论的各

自不同的假设条件中,有一个假设条件是所有的经济理论均具备的一个基本假设条件,就是"合乎理性的人"的假设条件。在经济学里,"合乎理性的人"的假设通常简称为"理性人"或者"经济人"的假设条件。经济学家指出,所谓的"理性人"的假设是对在经济社会中从事经济活动的所有人的基本特征的一个一般性的抽象。这个被抽象出来的基本特征就是:每一个从事经济活动的人都是利己的。也可以说,每一个从事经济活动的人所采取的经济行为都是力图以自己的最小经济代价去获得自己的最大经济利益。经济学家认为,在任何经济活动中,只有这样的人才是"合乎理性的人",否则,就是非理性的人。

理性人假设似乎与心理学在探讨归因时的逻辑体系是一致的。上面我们将归因的根本动机总结为了更好地生存,更顺畅地使基因得以遗传。如果我们承认理性人假设,那么就可以这样来叙述这个根本动机:人们归因是为了使自己生存得更好,使自己的基因能够更顺畅地传承下去。简而言之,人们归因是依据自身利益最大化的原则。基于这个根本动机,各种归因现象可以被合理解释。可是归因偏差还是出现了,是这个根本动机出了问题,还是通过基于理性人假设的叙述值得商榷?

首先来看看研究者们对于理性人假设的评价。诺斯(Douglass C. North)在《制度、制度变迁与经济绩效》一书中指出:人类行为比经济学家模型中的个人效用函数所包含的内容更为复杂。有许多情况不仅是一种财富最大化行为,而且是利他的和自我施加的约束,它们会根本改变人们实际作出选择的结果。他把诸如利他主义、意识形态和自愿负担约束等其他非财富最大化行为引入个人预期效用函数,从而建立了更加复杂的、更接近于现实的理性人假设。他认为人是社会的人,人在不同时间与不同地点会处于不同的制度环境中,在不同的制度环境中,人的具体回应是不同的。同时,由于人总是社会中的一员,在一个人的生活目标中,不可能仅仅只有自己。也就是说,人的行为目标是复杂的、多样的,因此,人的决策不是也不可能是使个体利益最大化,而是取决于四周环境的制约,以及本能、习惯、习俗、从众等非理性因素的影响。

从这样的评价中,我们发现人不是在所有情况下都能够作出理性决策的。有些研究也证明了这一点,比如2002年的诺贝尔经济学奖得主卡尼曼(Daniel Kahneman)就是因为其对人的非理性决策研究的开创性贡献而获奖。可以说,人的非理性在一定程度上导致了归因的偏差。

这一点和进化的观点是否冲突？我们将进行一些论述。归因是远古时期人类先民经验总结过程中重要的一环。他们从结果推导原因，但是导致某种结果的因素有很多，限于当时的认知能力，人们不可能作出完全准确的判断。而且很多时候，这种归因是由一个群体来完成的，人们的观点不可能是完全一致的，群体中的决策者不可避免地要受到其他人的影响。因此所推测出的原因可能就会出现偏差了。

基于这样的分析，我们发现，人们的归因不完全是理性的，所得出的原因或总结出的经验不一定是真理，而是我们在外界环境影响下思考的产物。我们对待归因应该抱一种更加超脱的心态。

思考题

1. 试对几种重要的归因理论进行评述。
2. 试述对自我知觉理论的理解。
3. 结合实际，阐述哪些因素造成了归因偏差？
4. 如何从进化角度理解归因？

第六章　人类的攻击性

人类自身是一种攻击性的物种吗？攻击性是人类先天固有的本性吗？

在有记载的人类短暂的历史中,共发生过大大小小的战争约 14 000 次,在当今社会的现实生活中人的攻击性也时有显现。人类是否具有天生的攻击性?从进化的角度能够解释人类的这种攻击倾向吗?如何能够有效地减少攻击性行为?对这些问题的解答牵涉面极广,本章仅从心理学角度对这些问题进行探讨。

第一节 什么是攻击

在大众化定义中,攻击性行为一词有多种用法:显然,罪犯具有攻击性;一个足球运动员在球场上冲撞、绊倒对方球员也可以称为攻击性行为;甚至于一个野心勃勃的小人物梦想往上爬,如《红与黑》一书中的主角于连,也被认为有攻击性。生活中的攻击事件也比比皆是:谩骂、毁谤、打架斗殴、行凶抢劫、战争等,都体现了攻击性。虽然每个人都能理解什么是攻击性行为,然而我们对攻击性行为的定义却很难作出清晰的表述。一位心理学家在《攻击与越轨的控制》一文中纯粹以行为主义的口吻说"攻击是向另一有机体释放有名刺激的一种反应"。这种以"刺激实践反应"的模式表达的行为主义定义的优点在于,行为本身就决定了一个特殊的举动是否就是攻击性的。也就是说把大众化定义中肯定性方面与否定性方面作了区分,把伤害他人的行为与无害他人的行为作了区分。然而,这个定义并非令人满意,因为它只重视行为的结果,忽视了动作者的意图,而意图恰恰是攻击行为定义最关键的方面,因此攻击行为应该定义为是有意伤害他人的行为,一种目的在于引起他人受伤害或痛楚的行为。

显然,区分敌对性攻击和工具性攻击对于我们理解攻击性行为有很大帮助(Berkowitz,1993)。敌对性攻击是一种源自愤怒的行为,目的就是伤害对方,即将痛苦或伤害加给别人。而工具性攻击是通过伤害达到其他目的,这种伤害仅仅是作为达成某种目的的手段。比如,为了增加自己队取胜的可能性,一个足球运动员有意伤害对方主力队员从而使其受伤退出赛场的行为,就是作为手段的攻击行为。相反他无缘由地对一个人的侮辱,就是目的性的攻击行为。

在这里还需作另一种区分,那就是对攻击行为好坏的区分。通常,我们都认为攻击是坏事。确实如此,一般情况下,一个攻击性的行为是由一种伤害他人的意图引起的。但又不尽然,也有一些攻击性行为是好的例子。比如,愤怒的情绪会激起攻击性行为,此时攻击性行为的目的很可能是主观意识上有意地去伤害他人。但是,恐惧、不安全感等情绪同样也会激起攻击性行为,此时的攻击性行为也有可能是源于自我保护与自我防卫。因此,对攻击行为好坏的区分标准就在于判断该行为是反社会的攻击,还是亲社会的攻击;是违反公认的社会准则的攻击,还是维护社会准则的攻击。比如,我们赞同警察开枪打死一个杀害了许多无辜受害者并把别人当人质的恐怖分子。"亲社会攻击行为是为了达到群体的道德标准所能接受的目的,以一种社会认可的方式所采取的攻击行为。"(R. R. Sears, 1961)反社会攻击行为则不是这样,比如人身攻击、凶杀和打群架等无缘无故伤害人的犯罪活动。显然是违反社会准则的,所以被认为是反社会的。但是,许多攻击性行为实际上是为社会准则支配的,因而被认为是亲社会的。执行法令的行动、父母对孩子的适当惩罚或者正义战争中执行指挥官命令的行动,都被看作是完全正确、完全必要的。最后,还有另一类攻击性行为,即介乎亲社会攻击行为和反社会攻击行为之间的行动,可以称它为被认可的攻击性行为。这种行为包括不为社会准则所需、但又很可能包括在其范围之内的攻击性行为。它们不违反公认的道德标准。例如教练用坐冷板凳的办法训练一个不听话的运动员,在他的职权范围内通常被认为是可取的。同样,一个人为自卫目的而打了某个正在无端殴打他的人,或一个女人回击一个企图强奸她的男人,通常都被认为是合理的。

第二节　攻击性行为的定义

一、关于攻击行为的生物学理论

(一) 遗传基因的影响

近来有研究发现,猴子的攻击性可能来自遗传,而人的情形与它们相似。此前许多研究都发现,人们对社交的偏好和冲动性攻击行为可能部分来自遗传。美国芝加哥大学的研究人员观察了恒河短尾猴。这种动物群体类似于一个母系社会,因为雌猴都会与自己的母亲保持非常相似的社会行为特征。在实验中,研究者把两只刚出生不久的雌性小猴相互调换给对方的母亲,然后观察它们在日常行为中所表现出来的各种社会行为。比如有多少次攻击行为:威胁、撕咬和追逐其他成员等。然后找出这些行为与小猴的亲生母亲和养母之间的相似性。结果发现,两只小猴的行为都与它们的亲生母亲更相似些,反而与养母之间没有太多的相似性。这一发现支持了有关人类某些社会行为来自遗传的说法。

在另一项关于双胞胎的研究中发现,将双胞胎分开进行单独询问时,当问到一些是否具有攻击倾向的问题,比如是否"经常打架"时,同卵双胞胎给出的答案要比异卵双胞胎的答案更一致(Rushton & others, 1986; Rowe & others, 1999)。心理学家通过研究双生子的动机行为,发现遗传和攻击的确有很大关联。此外,在1961年发现的染色体为47XYY的男性,他们普遍身材高大,动作不协调,在医学上被称为"超男"。但很多学者认为这类人脾气暴烈,好斗,进攻性强,有反社会行为。其中,某些特定的反社会攻击行为具有高遗传性,而且在家族中的表现很明显。这一原因很可能与智能缺乏和中枢神经系统异常有关。这种染色体异常的发现,被认为是人类行为遗传学的一个重要发现。大量研究显示,青少年攻击暴力行为存在家族聚集现象,而且符合多基因遗传方式。目前对攻击行为基因的研究主要聚焦在多巴胺、5-羟色胺(5-HT)和去甲肾上腺素等单胺递质系统功能基因上。

(二)神经系统的影响

阿德里安·雷恩(Adrian Raine)等人发现前额叶被认为是对与攻击性行为有关的脑区进行紧急抑制的。美国加州大学圣迭戈分校的研究人员利用大脑扫描,对比攻击性男孩和自控性男孩在面对威胁时的脑成像图,结果显示进攻性男孩的大脑中与恐惧相关的类扁桃体的活动更为强烈,而与推理和决策相关的前额叶皮质的活动更为薄弱。在对杀人犯和反社会行为人员的一项小型研究中,研究人员发现,他们的前额叶皮质比具有控制力的对照组要小。其他对杀人犯和死囚的研究也证实,脑区异常可能导致异常的攻击行为(Davidson & others, 2000; Lewis, 1998; Pincus, 2001)。额叶与攻击暴力行为的产生关系比较密切,颞叶特别是杏仁核被损伤后可导致攻击暴力行为。以上都说明脑的结构和功能异常可导致出现攻击暴力行为。研究发现：具有反社会行为的人，尤其是那些具有暴力行为历史的人，脑部的前额叶皮质部分具有结构和功能的双重障碍。他们的前额叶皮质不仅小，而且活动疲弱。

神经生理因素动物学研究和临床试验表明，影响青少年冲动性行为的神经回路由前额叶皮质、杏仁核、海马、视交叉前内侧区、下丘脑、扣带前回、脑岛区、纹状体和其他与情绪控制相关联的通路构成，此区域中的一个或多个部位或其相互联系区域的结构、功能不正常，都能增加冲动性攻击行为的发生。比如，刺激大脑中的杏仁核，温顺的动物会变得暴戾。同时某些化学成分也会影响攻击行为，但在这里我们就不详细地一一讨论了。

攻击行为可以很容易地传递给下一代，这与社会文化有很大的关系。比如说我们常常认为，性别会影响攻击行为，因为攻击行为和男性荷尔蒙是有一定关联的。同样，在一个崇尚"男子汉气概"的社会中，当一个男性看起来强壮有力时，他也就是最棒的。由于社会性别的影响，男性的角色也会常常引导他们更具有攻击倾向。这就导致社会文化对男性攻击行为的一种不恰当的默许和认可。当然，不同社会文化对人类攻击行为的影响还不仅如此。例如，隐忍谦让是中国自古以来传统美德的精髓之一。不论儒家、道家还是佛家，皆具有"忍"的内涵。长期以来，"退一步海阔天空"的思想一直要求我们不争、不抢、饶恕他人。这种由于文化传统而造成的人格特征很容易因为基因的遗传而保留下来，所以与西方国家相比，中国人的对外攻击行为会减少很多。而美国文化则尊崇攻击侵略性，他们不懂得怎样谦让，只知道要尽情地表现自己。如果因为忍让而失败，也没有人会给予同情，这与东方文化非常不同。文化对攻击行为的影响效果常常超出我们的预料。

二、关于攻击行为的本能理论

攻击性是本能吗？奥地利心理学大师弗洛伊德是这一观点的典型倡导者。弗洛伊德认为有两种基本驱动力，一种是建设性的攻击性能量，即"力比多"，另一种是破坏性的攻击性能量，即"死本能"。弗洛伊德把人类的破坏行为和攻击行为归咎于人的"死本能"，因此他认为战争是不可避免的。攻击是人类本能的一种表现形式，人从攻击能量的释放中获得快感。由于"超我"的约束及"自我"的管理，通常情况下攻击本能是在社会许可范围内释放或者通过转换的方式释放。如果释放受阻就会不断蓄积，当蓄积未能得到及时宣泄而超过一定限度后,就会以某些方式发泄出来。在《超越未来原则》一书中,弗洛伊德就写道:"'死本能',这种自我破坏性冲动有时是内向的,有时是外向的,'死本能'转入人体内部时,就以自我惩罚的形式表现出来,自我惩罚到了极端的程度就变成自杀,当它转向外部时,就以敌对、好战的形式表现出来。"

动物行为专家康拉德·洛伦兹(Konrad Zacharias Lorenz)同样也认为攻击性的能量来自本能,是非习得性的,然而他却认为攻击行为更多是适应性的而非自我破坏的。他在观察了热带鱼之后报告说,一些雄性鱼常常攻击同种类的其他雄性,如果把除一条以外的所有同类的雄性鱼都从鱼缸里捞出来,剩下的那条会攻击其他种类的雄性鱼,而这些雄性鱼先前是不被理睬的。如果拿走所有雄性鱼,这条雄性鱼会攻击并杀死它的雌性同类。洛伦兹认为,这个实验表明,鱼有攻击性的本能需要,当通常的攻击目标消失之后,这种本能需要会使它们攻击其他目标。

根据弗洛伊德的观点,如果攻击行为是人类的本能之一,那么一旦攻击行为受到阻碍时人必定会以其他方式来发泄。如果还是不能以一种对外的攻击行为发泄出来的话,人很可能就会转向内在攻击,比如自毁行为。在个体成长的每段时期中,都会遇到各种不同的阻碍和压抑,这些阻碍和压抑只有发泄出来才不会影响自我的正常发展。由于受到传统文化、环境、法律甚至道德的影响,许多人选择了一种内在攻击的方式来冲破阻碍。这种内在攻击的形式如果是负性的,那就变成一种自毁行为,比如抽烟、喝酒、吸食毒品等。这些行为能够帮助个体减轻压抑,调整自身状态。所以,当我们的目光更多地关注于讨论攻击行为的外在表现时,往往忽略了内在攻击行为对个体的影响。

三、关于攻击行为的挫折-攻击理论

1939 年,美国耶鲁大学行为主义心理学家约翰·多拉德、N·米勒等人在分析了弗洛伊德关于挫折导致攻击的理论之后,提出了挫折-攻击性假说:"挫折可以引起一系列不同类型反应的刺激,其中之一是引起某种形式的攻击的刺激。"多拉德等人在《挫折与侵犯》一书中对攻击性作了如下定义:"攻击是一种行为的结果,是以伤害另一生命机体为目的的一种反应。"挫折-攻击理论认为:攻击以挫折为前提,挫折必然导致某种形式的攻击。

这种攻击行为因挫折的强度、范围、以前受挫折的频度、可能受到的惩罚程度而有所不同。在通常情况下,当一个人的目的就要达到时,却突然被阻止,这时的挫折感会增加;当奋斗目标已具体可见,并已到达可及的范围之内,对成功已抱有很高的希望却受到了不公正的阻碍时,挫折感最为显著。这些因素有助于说明挫折与剥夺之间的重要区别,挫折感并不会因为剥夺而产生,一个人没有一件东西不一定会引起挫折感,更不会导致攻击,挫折感是相对剥夺的产物,如果一个人失去他应该有的,可能导致攻击性行为。希望的满足可以减少攻击行为,希望的完全丧失也可导致攻击行为的减少。心灰意冷、冷漠都是由于希望的破灭造成的,除了无法获得的东西可以引起挫折感,当人的主要信念、观点、态度受到挑战时,这种挑战也会引起挫折感。

　　社会心理学家伯克威茨(Leonard Berkowitz)在 1978 年提出了影响深远的关于侵犯的"武器效应"(Weapons Effect)理论。他认为,人遭受挫折并不直接导致侵犯,正如失败,并不一定会导致侵犯他人。挫折主要导致产生侵犯行为的情绪准备状态——愤怒。侵犯行为的发生,还要依赖情境侵犯线索的影响。与侵犯有关的刺激倾向于使侵犯行为得到增强。为了检验以上假设的合理性,他们精心设计了一个实验。伯克威茨先让实验助手故意制造挫折情境,激怒实验参加者,然后,安排一个机会,让他们可以对激怒自己的实验者实施电击。电击时有两种情境:一种是可以看到桌子上放着一支左轮手枪,一种是只看到一只羽毛球拍。实验结果与研究者的假设相符,即被激怒的人们看到手枪时,比看到羽毛球拍实施了更多的电击。是手枪增强了人们侵犯的行为。后来,人们将武器增强侵犯行为的现象称为"武器效应"。这个实验告诉我们,社会暴力事件与环境中存在着刺激暴力事件的"武器"有关联。正如伯克威茨所说的:"枪支不仅仅使暴力成为可能,也刺激了暴力。手指扣动扳机,扳机也带动手指。"武器恰恰为正在愤怒情绪中的人提供了线索和更多的行为暗示,对其破坏性行为起了推波助澜的作用。

四、关于攻击行为的社会学习理论

　　在研究人类攻击性方面,伦纳德·伯克威茨是一位具有国际影响的专家,他认为人类在本质上不同于其他动物,是因为学习在人的攻击行为中起着重要作用。就人类而言,攻击性倾向和后天习得的反应之间存在着一种极复杂的相互作用的函数。攻击行为的新理论以社会学习理论为代表,主张攻击行为不是来源于与生俱来的本能,而是源于个人的后天生活经验,是习得的。挫折并不总是导致攻击性行为或挫折不是引起攻击行为的唯一原因,个体受到挫折以后具体如何反应取决于他以往的学习经历。通过自己的亲身经历或是对他人行为的观察学习,我们很容易习得攻击行为的好处。

人类可以通过学习习得攻击行为,这一点在儿童身上尤其突出,儿童都会有一种模仿他人的强烈倾向。一个新生婴儿完全是在无控制的情况下表现攻击性情感。他什么时候受到一点挫折,就什么时候拒绝他喜欢的东西,而后哭叫不止,乱动双臂打旁边的东西。出生后头几天,婴儿不知道其他人的存在,因而不可能故意去伤害他们。当他发现其他人存在时,他再发泄他的怒气,很可能是针对他人的了。到他成人以后,就有了攻击性冲动。这种发展首先是由于学习,教给一个孩子任何适合攻击行为的事情,都将增强他总的攻击性;教给他任何不适合攻击行为的事情,又都将有相反的作用。这种学习出现的第一种作用机制是强化。当某种行为得到报答,一个人就更有可能在今后去重复这一行为;当遭到处罚,他就不太可能去重复了。就像一个小孩因为打了兄弟一拳,或因为向隔壁的女孩扔石子而遭到惩罚后,他就会学着不去做这些事情。当他受到挫折但因控制了自己而得到报答时,他同样也习得了它。

班杜拉(1961)曾做过一项实验:实验者把儿童分为三组观看一部小短片,短片以一个成年人对着一个塑料假人进行各种攻击行为开始。随后第一组儿童所看到的结尾是成年人受到奖赏;第二组儿童看到的结局是成年人受到惩罚;第三组儿童为控制组,他们没有看到成年人因自己的行为而得到任何结果。短片之后,把所有儿童单独带进一间与短片场景相同的实验室里,任其自由活动。实验者透过单向玻璃观察其行为。结果发现,看了成年人受惩罚的第二组儿童,模仿攻击反应明显比其他两组儿童少。由此可看出,看到某种攻击行为,可增加孩子们的攻击倾向。在日常生活中,我们很容易受到攻击性榜样的影响。

同样在另一项研究中,一些被试电击一个实验助手时,得到他人口头的赞许强化,如"很好"、"你做得对"等;另一些被试电击助手,未得到赞许。被强化的被试给予的电击就比未被强化的被试要强许多。我们还可举出许多例子说明此观点,攻击性活动在很大程度是习得的反应,强化是攻击行为的一个主要促进因素。也就是说,惩罚在一定程度上阻止了攻击行为,但是一旦获得外部奖励或认同,比如攻击者认为提高了自己的社会地位,就会强化这种攻击行为。攻击性行为一旦习得,就会随时间泛化到不同的情境中去。比如,在游戏中打怪升级就是一个主要情境,如果把该情境设计得过于逼真和带有暴戾倾向,那么就会比较容易地使其泛化到对其他玩家的攻击上去。

另外,人们的攻击性行为还要受到个体对行为后果考虑的制约。大多数情况下,人们预测能获得积极结果时,才有可能产生攻击行为。虽然人们的攻击行为是通过观察他人的行为获得的,但人的认识作用对攻击行为也起着抑制或促进的作用。

五、攻击行为与进化心理学

在美国犹他大学举行过一场主题为"人类攻击行为的进化:现代战争的教训"的研讨会,越来越多的人类生物学家、进化心理学家已经开始关注人类攻击行为的进化,他们专门探讨了进化过程如何塑造现代人类的各种攻击行为。

有心理学家认为:攻击行为并非因为人类有这种本能,在被压抑时需要释放,而是祖辈遗传下来的一种心理机制,从而帮助我们提高自己的基因在下一代中得到保留的几率。远古时代人类的攻击行为具有非常重要的适应意义。

同样,美国犹他大学生物学家戴维·卡里尔(David Carrier)认为:"在某些物种中,攻击性行为已经过一番进化。对于这些物种而言,攻击性行为有助于个体提高自己的生存和繁殖几率。不过,这种行为是如何进化的,则取决于与该物种相关的社会、历史、繁殖以及一些特殊环境。在这些物种中,人类的攻击等级是最高的,当然我们也是最富利他性和同情心的物种。"因为我们爱护自己的后代,所以我们要让自己的基因能够以更大的几率传递下去,而暴力倾向对于某些物种来说很可能也具有相似的作用。

人类的攻击性行为与其他动物的攻击行为存在着本质区别,即使它们都属于某种进化现象。对于动物来说,即便简单的争食,也会让它们暴怒无比,然后攻击同伴。在少数动物中,攻击行为可能不局限于保卫领地、配偶、后代和食物,比如一些狗或猩猩也会因为"嫉妒"而向同伴或其他人发起攻击。而在人类中,只有复杂的情感才能激发暴力行为,不过相对这些动物,人类攻击行为的进化等级显然更高,我们很少因为某种单纯的情感而向他人发起攻击。比如,孩子杀害自己的父母,从心理学角度解释,这种残忍的攻击性行为可能是由于亲子关系中的不安全感所致。在孩子的成长过程中,由于父母教养方式不当或其他问题而引起的亲子关系没有正常分离,造成了孩子心理发展的不完善、不健康。"就拿报复性杀人为例,由于这种行为受到社会习俗和规则的影响,人类攻击行为出现了新的形式。"科学家认为,弄清楚人类攻击性行为的根源,将有助于国家制定更好的政策,以约束和引导人们的行为。人类学教授伊丽莎白·卡什丹(Elizabeth Cashdan)认为:"进化不仅塑造了我们的暴力行为,也让我们能对不同的环境作出合适的反应。如果要改变人类的行为,我们就得弄清楚哪些环境会影响我们的行为。"

同样,很多关于两性在攻击行为上的差异性研究也非常有意思。比如曾有研究发现,在口头攻击中,男、女性的攻击行为基本一样多,然而女性却更多地攻击对方的外形或是不检点的行为。再比如,在同性之间的攻击行为中,激发男性攻击行为的情境因素通常包括失业、未婚、地位和名誉受损时,而女性之间的攻击行为主要发生在双方的竞争活动中。亚诺马莫(Yanomamo,巴西北部和委内瑞拉南部一个好战的原始民族)战争还向我们展现了人类攻击行为的一些关键特征:战争主要是男性的活动;有繁殖能力的女性是战争的获胜者所得到的主要战利品;无论男性或是女性,都会非常惧怕战斗带来的死亡后果。

攻击性之所以能在长期的进化过程中幸存下来,是因为它对动物非常有用。除此之外,纳什维尔范德比尔特大学的研究人员近期发现,攻击行为很有可能也会让大脑产生快感。大脑对攻击行为作出反应时,会分泌神经传递素多巴胺。当大脑对各种刺激作出反应时会分泌这种物质。研究人员发现这个"脑奖励通路"跟性、食品和毒品的脑奖励通路相同。虽然他们的初级阶段研究是通过实验室老鼠进行的,但是这些科学家认为,他们的发现或许适用于所有哺乳动物,其中包括人类。几乎所有物种间都存在攻击性,暴力行为几乎已经演变成棘手的问题。攻击性之所以能在长期的进化过程中幸存下来,很可能是因为它对物种有着重要的作用。当然,攻击性太强也绝对不是好事。

第三节　减少攻击性行为的途径

一、惩罚

人类可能由于害怕受到惩罚或报复而抑制他们的攻击性行为。可是，虽然惩罚使人顺从，却很少使人内化，所以往往会增加人们对他人进行含蓄的、非直接的和替代性的攻击。邦德(M. H. Bond)、杜登(D. G. Dutton)(1975)、威尔逊等人运用电击实验时发现，当告诉被试实验的后一部分要颠倒一下角色时，被试就减小了电击，因为他(或她)也会处在被电击的位置上。但通常的实际情况却没有那么简单。正如前面已讲过，因为攻击性而时常受到惩罚的儿童要比正常的儿童具有更大的攻击性。这也许是因为他们效仿攻击性的双亲，也许是因为频繁的惩罚本身引起了许多愤怒。

有一项研究实验测试当白人被试知道日后黑人研究助理有机会进行报复时，他对这个黑人助手的攻击程度有多大。唐纳斯坦兄弟(E. Donnerstein, M. Donnerstein, 1975)的一个实验是检验被试是否因为扮演角色会颠倒互换而改变对黑人助手的刺激。实验事先假定角色要互换，且黑人助手对白人被试会进行报复。在一些类似的研究中，唐纳斯坦兄弟发现，潜在的报复会显著地减轻白人被试对黑人助手进行直接攻击的强度。在这种"教师—学习者"的情境中，直接攻击的强度是按照被试在助手出了"错误"时对他进行电击的严重程度来标明的。当白人被试预料到互换角色时，就会减轻对黑人助手进行直接攻击的强度，对黑人助手给予好评。

但是，潜在的报复也会造成这样的结果，那就是增加对黑人助手进行含蓄的、非直接的和替代性的攻击形式。非直接的攻击行为的测定法是把电击机固定在一个特定的强度上，被试无法控制强度；又因为告诉被试必须对每个错误释放电击，所以被试也无法控制是否电击。但被试控制着电击的持续时间，他可以给一个很短的电击，也可以给一个很长的电击。长时间的电击是攻击行为一种比较隐蔽的形式；但潜在报复实际上增加了攻击行为这种间接的、比较隐蔽的形式。所以报复白人被试的黑人助手似乎真的减少了白人被试针对他的直接攻击行为——但事实上反而增加了攻击行为的含蓄和非直接的形式。

二、宣泄

一般我们认为宣泄这个概念是由亚里士多德创造的。他认为我们可以通过体验情绪,通过观看悲剧而达到一种对怜悯和恐惧情感的"净化"。让某种情绪兴奋,就是让那种情绪得到释放(Butcher,1951)。如果一个人怀有强烈的攻击性情感,那么去做一件具有攻击性的活动,即使是假想的,也会减少他的攻击性情感的强度。这类说法似乎是个合理的见解,但多数实验证明,使用暴力的发泄确实可以使我们感到舒服一些,但并不能减少敌意。就人类而言,攻击性不仅依赖一个人所感到的紧张状态,而且还依赖于一个人的思维。当一个人伤害另一个人时,动机上产生一种为残酷行为而贬低对方的认知过程。一旦有了这个过程,个体对攻击行为的抑制便减少了,攻击行为也就变得容易了,合法化了。

然而,使用暴力进行宣泄却被一些社会学家否认了。在宣泄的实验中,有研究者把被激怒的被试分为两组去击打沙袋,第一组让他们回想惹自己生气的人,另一组则想象在锻炼自己的身体,同时有一组不击打沙袋的控制组。接下来,让被试对那些惹自己生气的人大声吼叫,结果发现:击打沙袋并回想生气事件的那组被试的行为最具有攻击性。相反,有积极的信念以及什么都不做更能有效地减少人们的攻击倾向。所以,人类应用一种非暴力的方式来表达愤怒、生气,也许能缓和紧张状态,同时也不会使生气的人产生贬低攻击目标来为自己的行为辩护的认知动机。

三、榜样的力量

米尔格拉姆(Stanley Milgram)在实验中发现,当被试看到在他之前有人拒绝服从实验者的要求,不肯去电击无辜的他人时,也往往予以仿效。这说明正如攻击性的榜样会增加人们的攻击倾向一样,非攻击性榜样也会降低人们的攻击性倾向。不仅如此,对攻击性榜样予以抨击,也会成功地减少随后而来的攻击行为。1972年,罗伯特·巴伦(Robert A. Baron)的实验发现,当被试见自己的同伴因该行为受人抨击之后,立即降低了对他人电击的程度。特别要指出的是,当这种抨击出自社会地位较高的人时更为有效。父母在教育孩子的时候更多地也应对非攻击性行为进行鼓励与奖励,为孩子树立非攻击性的榜样,训练孩子以建设性的方式而不是暴力或破坏的方式来对待挫折,这才是可取的。

四、感情净化

从需求不满的攻击假设来说,直接的赏罚等等因素虽然对表现在外部的攻击起抑制作用,但对内在的攻击动机的降低却不起作用。那么,有关攻击动机降低的因素是什么呢?

多拉德等人认为,攻击一经表现出来,需求不满引起的心理紧张就会降低,从而攻击动机减少(也就是经历感情净化)。还有实验证实了这类攻击表现确有感情净化效果,但对这种效果的程度则还有疑问。攻击表现出来,也许的确当场能使感情净化,但同时由于社会的非难等,会陷入新的需求不满,马上唤起新的攻击动机,并且这种可能性还是很大的。而且,根据这种想法,为了抑制攻击,自己就不得不首先对他人展开攻击了。有一种观点认为,即便不产生实际上的攻击,哪怕只有头脑中的空想,也会产生感情净化。但是关于这点,学者们还没有得出清楚、一致的结论。

五、转 化

有些儿童在对攻击行为进行模仿学习之后,往往会将攻击行为内化成为自己的一种固定行为模式,当然也极有可能衍生出一些具有创新性的攻击行为。这种现象往往被研究者所忽视。然而,倘若我们能够利用这种"创新举动",特别是具有破坏性的行为的"创新举动",及时引导儿童的行为发展,是否可能让社会减少一个具有攻击性的人,而多一个富有创造性的人才?

从表面上看,攻击性与创造性似乎没有任何共同联系,但其实它们之间也有着一定的内在联系。一般来说,具有攻击行为的人都好争斗、好进攻,喜欢干奇特的事情,有不顾危险的倾向。当我们试图减少某个人的攻击行为时,首先必须先了解个体的内在动因,其次不要一味地消除某人的攻击性

168

行为。特别对于成长中的儿童来说,即便使用惩罚减少了他的攻击行为,与此同时也有可能抑制了孩子的创造性思维和能力。另一方面,具有攻击性的人往往容易有抑郁、焦虑、缺乏情感等个性特征,这些特征极有可能引起个体做出一些"自毁行为",如抽烟、喝酒等,以此来缓解自身的不安与不适。对个体的身心健康也有极大影响。

所以,我们在试图减少某人的攻击性行为时,应该首先尝试把它转化成为一些正向的行为,冲破自身的阻力,形成一种积极的力量。

2009 年 3 月 11 日上午,在德国斯图加特市附近的温嫩登镇上,17 岁少年蒂姆·克雷齐默尔闯进了艾伯特维尔中学,用枪向正在上课的学生射击,打死了 9 名学生、3 名教师。随后,在逃跑及与警方交火过程中,又开枪打死 3 名路人。最后警方在距离案发校园约 40 公里处将枪手击毙。这起恶性枪击案震惊了德国社会,是德国历史上伤亡人数较多的枪击案之一。德国总理默克尔宣布 11 日为国家"哀悼日",并称这起案件是"令人惊骇的罪行"。

回首历史上的多起校园枪杀案不难看出,其直接"导火索"几乎都有惊人的相似之处。美国最近的一次校园枪杀案发生在 2007 年 1 月 3 日,华盛顿州塔科马市的福斯高中一名 17 岁的学生被另一名学生射杀。2002 年 4 月 26 日,德国东部爱尔福特市的一所中学内,一个班的学生正在进行紧张的数学考试。突然有一位学生说道:"我不要参加这次考试。"随后他拔出手枪向周围扫射,17 人在这起血洗校园案中丧生。爱尔福特市长则形容这是该市有史以来最黑暗的一天。

校园枪杀案为什么会如此频繁地出现在现代社会中? 这些孩子究竟怎么了? 这些枪手为何会有如此残忍的攻击行为? 读完本章内容,您是否可以解释枪杀事件的原因以及有效的预防方法? 如果本章能够带给读者些许的警示和反思,就已值得欣慰了!

资料来源:2009 年 3 月 12 日,《新京报》,作者吴妮。

思考题

1. 对于攻击行为的成因及影响因素有哪几种理论可以解释?

2. 在儿童成长过程中,如何有效地转化儿童的攻击倾向与攻击行为?试举例说明。

3. 从进化心理学的视角看,攻击行为具有怎样的适应意义?

第七章　利他行为

　　人为什么会表现出对别人的同情、怜悯,以及产生帮助他人的行为呢?

2008 年 5 月 12 日,一场巨大的灾难降临巴蜀大地,震惊了全国。在汶川地震的搜救工作中,许多人付出了相当大的代价,甚至是自己的生命。而之后社会各界也都在为灾区的重建工作贡献着自己的力量,很多志愿者自费奔赴灾区参与救助工作。在相当长的一段时间内涌现出了许多舍己为人、感人至深的事迹。当人们可以采取事不关己、不予关注的行动时,为什么他们却做出助人甚至是自我牺牲的行为呢? 本章的目的就是解释什么是利他行为,影响利他行为产生的因素是什么,从社会心理学的角度出发来研究这种人类特殊行为的特征和本质。

第一节　利他行为概述

在日常生活中我们常常可以发现有人愿意无偿地帮助不认识的人,也不在意这样的行为能否为他带来可预见的好处,我们把这种行为称为利他行为。在开始讲述利他行为的时候,务必要澄清两个概念:利他(Altruism)和亲社会行为(Prosocial behavior)。

在社会心理学界,美国心理学家威斯伯(L. G. Wispe)在《社会行为的积极形式考察》一文中最早使用"亲社会行为"这一概念,用来代表所有与攻击、欺骗、戕害等人类的否定性行为相对立的行为,如同情、分享、协助、慈善、捐款、救难、自我牺牲等。亲社会行为是一个比较宽泛的概念,包括任何类型的帮助或想要助人的行为,而不管助人者的动机是什么。亲社会行为随情境不同,表现方式各异,但却有一个共同的特征:有益于他人、群体乃至社会。

利他行为,顾名思义,就是有利于他人、帮助他人的行为。那么是不是所有有益于他人、帮助他人的行为都可以称为利他行为呢? 例如,一个人面对伸手向他借钱的朋友,经考虑之后把钱借给了这位朋友。从表面上看,他是帮助了朋友,但实际上他考虑最多的是自己有许多事有求于这个朋友,现在借钱给他,将来好请他帮忙。那么这种预期未来酬赏的助人行为是不是利他行为呢? 对于这个问题,社会心理学界曾展开过争论。

社会心理学家巴塔尔（Bar-Tal, 1976）将亲社会行为分为两种形式：一是利他主义行为，即不期待外来酬赏，帮助别人是唯一目的；二是偿还行为，也以利他为目的，但动机是出于一定的功利目的，有的是为了回报曾经得到过他人的好处而助人，被称为回报性行为；有的是为了补偿自己曾使他人蒙受损失而助人，被称作补偿性行为。巴塔尔的观点，澄清了亲社会行为与利他行为之间的关系，即利他行为是亲社会行为的一种，亲社会行为包括利他行为，但不等于就是利他行为。一种行为是否是利他的，依赖于助人者的意图。例如，如果你志愿为某个慈善团体做义工，但是你这么做是出于可以在简历上写上这一条以增加未来找工作的砝码，这种行为就不是利他行为。

学者们对于巴塔尔的观点也有争议，问题主要集中于利他行为应不应该含有酬赏。有学者认为，利他行为不需要任何酬赏，不论这种酬赏是来自外部（例如受表扬、获奖品等），还是来自行为者内部（例如内心产生自我满足感、精神上的愉快体验等）。但也有学者认为利他行为虽然不需要明显的外在酬赏，但是却需要内部的自我酬赏。一般来说，真正意义上的利他行为通常并不期待外来酬赏，但行为之后可带来自我酬赏的结果。

我们认为，在利他行为者的动机中应该包含对内在酬赏的期望。综合上述观点，利他行为可以被定义为一种自发形成的、把帮助他人当作唯一的目的，且不期望任何外在酬赏的社会行为。由此，利他行为应包括以下四种特征：

（1）以帮助他人为目的；

（2）是完全出于自愿的行为；

（3）不应该带有外在酬赏的期望；

（4）利他者本身可能会有损失。

由此可见，只要是客观上有利于他人、群体乃至社会的行为都可以称为亲社会行为，它是一个连续体，从最无私的利他行为，到完全被自己利益驱动的助人行为。而利他行为是自觉自愿采取的帮助他人的行为，并不期待外在回报，助人者的意图是判断利他的重要标准。因此做好事不留名是利他行为，而为了给找工作增加砝码而去积极做义工就不是利他行为了。为什么一个利他的人在不期待任何回报，甚至损失自己利益的情况下也会帮助他人呢？有没有纯粹的利他动机？社会心理学家试图从不同角度对利他行为作出解释。

第二节　关于利他行为的理论解释

人的利他行为受何种动机支配,受哪些生理、心理和社会因素的影响? 对于这些问题,社会心理学家进行了广泛的研究和探讨,提出了各自不同的理论和看法,下面主要介绍几种。

一、进化理论: 本能与基因

科学家在很早以前就观察到,在一些动物物种中也存在着利他行为。例如雌夜莺,当它被入侵者击中伤了一只翅膀时,就会飞出巢在低处盘旋,最后掉在入侵者的面前束手就擒,以此来挽救同类。哥斯达黎加盛产一种以吸食其他动物的血为生的蝙蝠,如果连续三夜吃不到血它就会饿死。但并非每只蝙蝠夜夜都能饱腹而归,没有吸到血的蝙蝠也不会被饿死,吸到血的蝙蝠会在飞回巢穴后,将血吐出来让饥饿的同类分享,特别是对于因妊娠或哺乳而无法外出猎食的雌蝙蝠,而且这种分享不限于有血缘关系的蝙蝠之间。

根据达尔文的进化论,自然选择偏好那些促进个体生存的基因,经过一个自然选择的过程,有利他天性的生物更有可能使它们的物种留存下来。进化生物学者威尔逊(Wilson E. O., 1975)进一步深入阐述了这一观点,认为人的利他行为是由先天的基因遗传决定的,是人类无须学习就会的一种本能行为。

到底利他行为是不是人类的一种本能呢? 一些学者对年幼儿童的观察研究证明,人类天生有利他行为的倾向。3—5 岁的学龄前儿童在 1 个小时中会表现出 15 次帮助他人的行为,包括给小朋友一个玩具,安慰伤心的伙伴或帮助老师。这些行为不完全就是利他行为,有些只是观察模仿成年人的行为。但是,有些行为是儿童不可能观察到的,所以应该认为儿童具有先天利他行为倾向。2006 年德国有一项研究发现,18 个月大的人类婴幼儿会自发地帮助根本不认识的陌生人,而且只有当婴幼儿们通过自己的推断,认为实验者需要夹子来夹衣服时,他们才会提供帮助。

进化理论产生了几个具体的假设,其中之一就是亲缘选择假设,即自然选择偏好那些帮助近亲的行为。人们不仅可以通过自己的孩子,还可以通过保全他们血亲的孩子来增加基因遗传的机会。因为一个人的血亲有部分他/她自己的基因,他/她越是确保近亲们的生存,他/她的基因在未来留传下去的可能性就越大。像这样,自然选择会偏好直接对血亲的利他行为。例如在房子着火的紧急状况下,当人们觉察到火灾时,在逃离建筑物之前,寻找家人的可能性比寻找朋友的可能性要大得多。

社会生物学家特里弗斯(1971)指出,只有相互的或互惠的利他才有生物学基础。根据他的观点,个体的利他行为动机是期望帮助他人后能增加他们将来帮助我们的可能性。在人类进化过程中,一群完全自私的个体会发现自己比那些相互合作的群体难以生存得多。当然如果太易于合作,这一相互帮助的系统可能会受到潜在"欺骗者"的威胁,他们接受帮助却不回报他人帮助。继续论证:那些最有可能生存的人,是那些和他们的邻居发展出互惠规范的人,即"我现在帮助你,但是当我需要帮助时,你会回报我"。因为其生存价值,这一互惠规范可能成为了遗传基础。

唐纳德·坎贝尔(Donald Campbell, 1975)指出,还有着另一个非互惠利他主义的基础,即人类社会形成的伦理和宗教规则,它们能阻止指向自私的生物性偏好。像"爱你的邻居"这样的戒律训诫我们要兼顾自我和群体。这样才能有利于群体的存活。理查德·道金斯(Richard Dawkins, 1976)提出一个相似的论断:"让我们尽力去宣扬慷慨和利他吧,因为我们天生是自私的。让我们懂得自私的基因是怎么回事吧,因为这样我们至少能有机会颠覆其设置,这是其他物种无法企及的。"

认为利他行为是一种由基因决定的人类本能的观点引起了很多争议。关于该理论如何应用于人类身上解释行为动机仍然需要研究和讨论。但是进化理论为解释利他行为提供了一个有趣的视角,自我保护并不像我们通常认为的那样是一个压倒一切的动机,自私和利他也可同时并存。

二、社会规范理论:责任与公平

对进化理论的批评认为,影响人类利他行为的社会因素比生物学基础更重要。坎贝尔指出,人类在发展历程中,正逐步并有选择地演进着某些能够增加群体繁荣幸福的技巧和信念。利他行为通常对社会有益,因此成为社会规范的一部分。社会规范理论认为,人们的利他行为并非是为了受益,而是在社会化过程中,作为一种行为规范内化为自己的行为模式后产生的。一般来说,社会中的个体面临着必须遵守这些规范的压力,如果违背就可能会遭到社会排斥或其他惩罚。与利他行为有关的特别重要的社会规范有社会责任规范和社会公平规范。

社会责任规范是指人们有责任和义务去帮助那些依赖于和需要他们的人。按照这种规范,家长有责任保护孩子的健康和安全,老师有责任帮助学生解决学习中遇到的问题。伯克威茨等人提出,把这种社会责任规范内化的人,即使没有外来的奖赏,看见别人有困难也会主动去帮助。这里由于责任的实现而产生的满足感和精神愉悦即起到内在酬赏的作用。根据社会责任规范,人是否帮助他人,大多取决于对他人的命运在多大程度上依赖于自己行动的认知。当然这种认知程度要受认知者、受助者、周围环境等诸多因素的影响。研究表明,在社会责任规范中显示出不同文化的差异,即不同的社会具有不同的社会责任规范。前苏联的学校制度非常强调社会责任,这一规范教育儿童要有社会责任感,促使人们对违反社会规定的人进行批评指责。

社会公平规范是关于公正和资源公平分配的准则。如果两个人对任务贡献相等的话,应该得到均等的报酬。如果分配不均,人们就会有重新分配或再分配的压力,最后达到两者均等。更有趣的发现是,得到报酬较多的人可能会给报酬较少的人一些钱,一个观察到这种不公平事件的旁观者也可能对受到不公平对待的人给予支持。这种较多利益中重新分配报酬以达到公平的现象已经得到研究证实。日常生活中捐款给慈善机构、施舍穷人等行为,似乎就是为使资源分配上更公平化而产生的结果。

三、社会交换理论:成本与报酬

霍曼斯用社会交换的理论来解释人类的全部社会行为。他认为在人与人交往过程中贯穿着一系列的社会交换,即个体通过和他人交换,得到和失去各种东西,包括金钱、物品等物质的东西,以及知识、友情或满足感等非物质的东西。该理论的基本假设是,只有当报酬超过成本时,人们才会去助人。按照该理论,我们所做的许多事情来源于最大化报酬和最小化成本的期望。这当然不是教你每天在本子上精确记录下对周围人付出和得到的多少，人们是在更含蓄的意义上记录着社会关系中的成本与报酬。

利他行为可以有多种方式回报。霍曼斯认为，由于帮助他人有遭受身体上、时间上损失的一面，如果没有某种利益（或好处）的获得，利他行为就不会发生。因此，帮助他人就成了期待将来得到社会承认或赞赏等内在酬赏而表现的行为。在重要的社会交换过程中自我价值的实现，精神上、心理上的满足，其本身就是受益，而且这种受益的量比起帮助别人而遭受的损失的量要大得多。

此外，该理论还主张，使他人受益的人在期待将来得到报答的同时，在他自己受益的时候，也认为必须报答对方，这就是我们之前提到的偿还行为。偿还行为本身就是寻求一种交换，正如社会交换论者吉尔德纳提出的社会上有一种互惠性规范，即交往双方互相帮助、互相受益。

上述社会交换的看法，由亚当斯在公平理论中予以发展，他认为受益最大、损失最小的原则不只是对个人方面，对社会整体来说也有作用。社会中各人的受益和损失差别太大，出现极端的不平均时，就会产生不公正感，为了消除这种不公正感，就会出现援助。例如对遭受战乱或天灾的难民进行救济活动，其目的就是消除损失太大而受益小的人们的不公平感。

四、学习理论：强化和观察学习

学习理论强调学习对于利他行为的重要性，认为儿童在成长过程中被教育要与他人分享并帮助他人，而这种助人规范的掌握是靠学习获得的，具体来说是通过强化和观察学习来实现的。

（一）强化

按照传统的学习理论，利他行为与其他行为一样，是通过强化建立起来的。当儿童帮助母亲干家务活，将好吃的东西与别人分享，或在别人难过时试图安慰，父母可能会表扬他们，或者用糖果奖励他们，这些就是一种社会性强化。同样，如果儿童不愿意帮助别人则会受到父母的指责甚至惩罚。按照学习理论，儿童重复那些已经得到过奖赏的利他行为，并去除自私的行为，这就是强化的作用。研究发现，某些形式的赞扬比其他物质奖励更有效。

有研究者让8岁和9岁儿童玩一种游戏，获胜就可以得到筹码换取玩具。在最初阶段，研究者鼓励儿童与那些还没有得到玩具的孩子分享筹码。

随着实验的进行,所有的儿童都贡献过自己的筹码给其他的孩子,这时给予儿童两种类型的赞扬。一种赞扬被称为人格倾向赞扬条件,强调儿童的人格特征,如"你是一个非常好、爱帮助人的好孩子"。另一种则为一般性赞扬条件,在该条件下,强调儿童的行为特征,给贡献过筹码的孩子以这样的表扬:"你把筹码分给其他小朋友,这是非常好的帮助他人的行为。"然后让儿童再次玩游戏,并告诉他们:"如果愿意,你们可以把自己的筹码分给没有玩具的孩子,但这不是必须的。"获得人格倾向赞扬的儿童显著地比那些获得一般性赞扬或没有得到赞扬的儿童更愿意与他人分享自己的筹码。可见人格倾向的赞扬比一般性的赞扬更有效。

(二) 观察学习

观察学习也是个体产生利他行为的重要原因,就是我们常说的榜样的力量。当个体仅仅是观察到他人表现出利他行为,即使没有物质奖励或表扬,他们也会在类似的情景中表现出利他行为。一项关于献血的研究(Rushton & Campbell, 1977)表明了这一点。在实验中,女大学生首先和一个友好的女士(她实际上是一位实验助手)谈话。在研究者的安排下,两个女子起身离去,经过一张搁在走廊中的桌子时,工作人员希望有人能够捐献血液。在半数情况下,实验助手会立即给予志愿捐献,塑造出亲社会行为的榜样。在没有榜样的条件下,实验助手则转向旁边的人,不愿意捐献血液。结果,在实验助手给予捐献的条件下,有67%的被试签名答应捐献血液,而在没有榜样的条件下,只有25%的被试志愿捐献。女大学生对她们的捐献诺言的实际执行程度更令人惊奇,在没有榜样的条件下没有一个女大学生实际捐献血液,但是看到利他榜样的被试中有33%的人实际捐献。

五、决策理论

在任何具体的情境中作出任何行为都包含了复杂的社会认知和理性决策过程,利他行为也不例外。不少社会心理学家都将研究的重点放在利他行为的决定过程上,即当一个人从发现有人需要帮助,到向他人提供帮助,这期间有哪些心理历程,每个过程又受哪些因素影响。在大量研究的基础上,社会心理学家提出"利他行为的决定过程模式"(见图7-1)。一个人必须首先注意到有事件发生,并且决定是否需要提供帮助。如果需要提供帮助,就要决定他自己个人的责任范围,然后评估帮助与否的成本和收益,最后决定采用何种帮助以及具体如何实施。下面详细讨论每一步过程。

（一）知觉到需要

任何利他行为的第一步关键是知觉到有人需要帮助。有时需要很明确，例如一个小孩在玩耍时将头部弄伤得很厉害，需要紧急送往医院救治。但是某些情境中，需要是很难确定的，比如深夜听到一声尖叫，到底是恋人的争吵还是一起严重的暴力攻击引起，你无从判断。

一般来说，助人者也通过三种方式来知觉到有人需要帮助：（1）由被助者本人主动、直接地提出，如向人借钱；（2）由助人者自己发现，如发现有人病倒在路边；（3）由被助者作出被动的求助要求，如公路上的一个司机站在破了轮胎的汽车旁。第一种方式对助人者的知觉影响最鲜明，后两种则容易被人忽略。在进一步研究中，社会心理学家霍罗维兹、琼斯、克里斯等人还发现被助者提出需要帮助时的一些方式也会影响到助人者的知觉系统，进而影响到他获得帮助的几率。

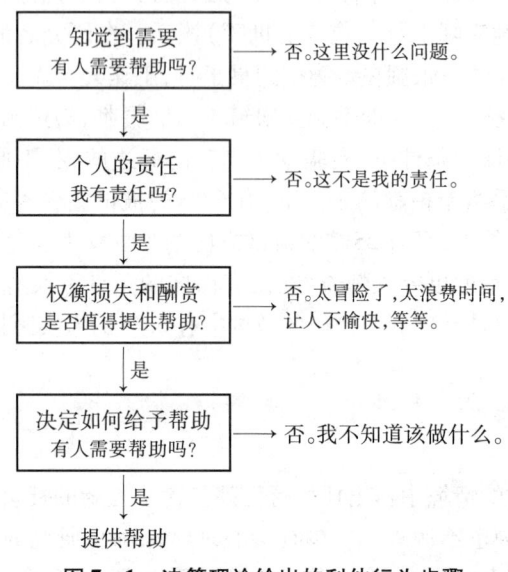

图 7－1　决策理论给出的利他行为步骤

（二）个体责任归属判断

决定助人的第二步是考虑个人的责任。请看这样一个情境：你在海边正晒着太阳。一个女人在你身旁铺开她的小毯子，并把随身携带的收音机放在旁边的岩石上。过了几分钟,她把收音机放在毯子上就去游泳了。一会儿,一个男人走过来,看到收音机,迅速拿走了它。这时候你会怎么做?很可能你不会阻止那个男人,你会告诉自己这不是你的责任。

在实验室复制了上述情境,仅仅有20%的人会阻止小偷并要求其解释(Moriaity,1975)。但是在另一种情况下,收音机的主人(实际上是实验助手)事先与挨在一起晒太阳的人有所接触,并请求那人在她游泳时帮忙照看一下她的东西。同意帮忙的人有95%在随后的偷盗中及时阻止小偷。当人们明显感觉到他们存在个人责任时,他们显然更可能提供帮助。

影响责任知觉的另一个因素是能力。如果我们有能力提供有效的帮助,我们就会感到更多的责任。研究中,被试看到一个人(实际上是研究者)由于操作设备而受到电击晕倒(Clark & Word,1974)。如果被试受过正规的操作电子设备的培训或有这方面经验,90%的被试都会给予帮助;而没有这方面能力的人,只有58%会提供帮助。

(三)权衡损失和酬赏

决策观点认为,可能的助人者要不要采取利他行为,很大程度上取决于他对损失与酬赏的评估。损失即采取一项利他行为所付出的代价,是指时间的损失与精力的消耗。酬赏即采取利他行为后所获得的内在酬赏,指的是诸如光荣感、自尊的提高、精神舒畅等个人主观感觉。

有人在研究中发现,助人行为会因代价的提高而减少。实验是这样的:他们征寻志愿受试者参与一个为时20分钟的填写一份问卷的实验研究。在高代价的情况下,受试者被要求到学校填写问卷;在低代价的情况下,实验者寄给受试者,他们可以在家填写后再寄回去。结果发现,低代价的情况下有81%的受试者同意参加,高代价的情况下只有49%的人同意参加。这说明,付出的代价高或预期会付出较高代价,将抑制或削弱助人行为。

对酬赏的获得进行分析,学者们发现人们若预期从利他的行为中获得较大的内在酬赏,即能得到社会的充分肯定,能受到大多数人的尊重,能获得心理平衡和精神舒畅,就会激励人们多做利他行为,如积极参加义务劳动和募捐活动。反之,若不被人们理解,甚至遭到有些人讽刺、非议,则会大大降低人们的助人行为。

还有的社会心理学家研究指出,当事人(助人者)分析的不只是助人时可能遭受的损失与酬赏的获得,也分析不助人时的损失与酬赏。当一个人拒绝帮助处于困境中的人时,他可能会遭到社会的责难,这是负面酬赏,负面酬赏使人的尊严、信任、社会声望等遭受损失。而这种损失和代价是昂贵的,它与人本身的价值相联系,常代表人格的降低,所以有时为了抵制这种损失,人们也会表现出助人的行为。

(四)决定如何给予帮助

最后一步是决定给予何种帮助并如何采取措施。例如,当有人在你家门外打架,你是会直接去劝架还是打电话报警?当你目击车祸发生,你是直接帮助一个昏迷的伤者还是赶紧拨120叫救护车?在紧急情况下作出的急迫决定,可能要顶住巨大的压力,有时甚至会有个人危险。直接给予助人的干预并不总是很有效,有时可能会出错。

决策理论强调人们为什么不提供帮助的原因。他们不是没注意到问题存在,也不是认为问题微不足道。可能是他们认识到有帮助的需要,但不认为自己有提供帮助的责任;可能认为利他的损失大过行动之后的酬赏;可能是想提供帮助但缺乏相应的能力;也可能是正在犹豫不决。

第三节　利他行为的影响因素

在上一节,我们回顾了利他行为的主要理论观点,现在,让我们来关注一下影响利他行为的几方面具体因素:到底在什么情境下容易引发利他行为?什么样的人最倾向于利他?什么样的人最容易受到帮助?

一、情境因素

情境因素对个体是否表现出利他行为具有重要作用,它主要体现为自然环境条件、社会环境条件、时间压力和事件的紧急性对利他行为的影响。

(一)自然环境

自然环境会影响人的利他行为。你愿意在一个阳光明媚的午后,还是在下雨天帮助一个车子出故障的卡车司机?是更愿意在乡间的小路上还是在大城市的宽阔马路上提供这种帮助?大量研究揭示了环境因素,例如天气和城市规模对助人行为的影响。

1. 天气条件。天气条件影响人们发生利他行为的可能性。有学者对天气的影响作用进行了两个现场研究。其一是让研究者请求路上的行人完成一份问卷,阳光灿烂和气温舒适(冬天里相对较温暖的日子和夏天里相对较凉爽的日子)的天气条件下,人们较愿意去帮助研究者。其二是在气候可以控制的餐厅中进行的,研究发现,阳光明媚的情况下,人们会更为慷慨地给服务生支付小费。其他的研究也表明,人们更愿意在天气好的时候帮助他人。

2. 城市规模。城市规模也是影响利他行为发生概率的重要因素。人们大多认为大城市里的人不友好,不喜爱帮助别人;而小城镇中的居民则愿意合作和爱帮助人。研究发现,在帮助陌生人方面,城市规模是重要的影响因素(Levine, Martinez, Brase, & Sorenson, 1994),在小城镇中比在大城市里,陌生人更可能得到帮助。斯坦利·米尔格拉姆(1970)认为,住在城市中的人周围充斥着各种刺激,这使得他们独善其身以避免被信息淹没。根据这种城市过载假设,如果城市居民在一个平静、刺激较少的环境中,他们会像任何人一样伸手助人。

（二）社会环境

情境中的社会性因素也影响利他行为的发生。是否知觉到他人在场对个体的利他行为具有重要影响作用。

1964 年的一个晚上,纽约市的一个名叫凯蒂·珍洛维斯(Kitty Genovese)的女子在回家的路上遭到了歹徒的袭击,当时她的 38 位邻居都听到了呼救声,而在长达 30 分钟的时间内,竟无一人给予救助,有的人甚至目睹了惨剧的全过程却根本就没有打电话报警。一些社会评论家将此看作是广泛的道德衰落和冷漠的标志。我们也刚刚明白为什么她的邻居对她的呼救充耳不闻的理由之一:谋杀发生在纽约市,世界上人口密度最大的城市之一。也许她的邻居们承受如此多的城市刺激,以至于他们只把她当作周遭喧闹的一个小插曲。社会心理学家拉坦内和达利(J. Darley)则认为可能正是由于这么多旁观者的存在,才导致没有人提供帮助。那些看到谋杀的人可能会想,其他人已经报过警了,所以觉得自己没有进行干预的个人责任。目击某一紧急事件的旁观者人数越多,他们中的任何一个人帮助受害者的可能性就越小。拉坦内和达利把这种现象称为旁观者效应(bystander effect)。

为什么他人的存在会抑制利他行为？决策分析观点给出了几种解释。其一是他人在场所产生的责任分散（diffusion of responsibility）。如果一个人在场，那么他就对需要帮助的人负有全责，如果不提供帮助，他就要接受所有的责备。但是如果几个人在场，那么帮助可以来源于好几个人，助人的责任和助人失败所带来的可能成本是由大家共同分担的。而且，如果一个人知觉到还有他人在场，但不能和他们沟通也看不到他们的行为时，例如凯蒂·珍洛维斯的案子，那么他可能会假设其他人已经提供了帮助。

第二种解释是对模糊情境的社会性定义。当某一情境中事件的性质模糊不清时，我们倾向于参考他人的反应来判断。这种对情境的判断受他人反应影响的现象，就是对情境的社会性定义（Social definition）。拉坦内和达利（1970）用实验证明了旁观者对情境的社会性定义的作用。在实验中要求男性大学生坐下来完成一份问卷，几分钟后有烟雾通过气孔进入房间，很快烟雾变得非常浓重，人们几乎无法正常看东西和呼吸。如果被试是一个人待在房间内，他们一般会跑出来查看烟雾的情况，75%的被试会向研究者报告这一情况；而当被试与两个实验助手同时待在房间内，如果实验助手对烟雾没有反应，只有10%的被试向研究者报告出现了烟雾。可见，外部情境因素要在个体参照他人行为的基础上作出自主判断后起作用并引发个体的各种反应，对同一情境的社会性定义不同会导致不同的行为反应。

影响旁观者效应的第三个因素是评价焦虑（evaluation anxiety）。如果人们知道别人正在注视着自己，就会按照别人期待、以能够被大家喜爱和接受的方式表现自我，避免在别人面前表现得很不成熟或者很傻气，以减少社会贬低的发生，这种反应就是评价焦虑。所以在上述实验中，虽然被试都处于浓烟滚滚的房间之中，但由于他人都表现得很平静，被试害怕如果过多地表现出对烟雾的关注，会被别人认为是愚蠢或胆小，所以也做出和他人相同的反应，这也是从众心理的一种表现形式。

知觉到他人在场，会有责任分散效应，如果知觉到他人的利他行为，则能够激发一个人的助人行为，这被称为他人利他行为的示范作用。这种现象在社会生活中较为常见，比如一群人围观一位跌倒在地身体虚弱的人，此时如有一人率先相扶，其他人也往往不会继续袖手旁观。布赖恩和塔斯特曾做过这样一个实验，让一个女学生站在一辆轮胎破了的汽车旁，不同的是一种情况设定为无人相助，而另一种则有一位男人把自己的车停在一旁帮助她换车胎。结果,在前一种情况下驶过的 2 000 辆汽车中有 35 辆停下来帮忙。而在后一种情况下却有 58 辆停下帮忙。

楷模的示范作用在楷模与观察者之间具有相似性时效果最佳。当观察者认为楷模是和自身一样的人时(即产生"认同"作用),也往往会激励自己能像那人一样地行动。

(三)时间压力

有时人们觉得自己太匆忙了,以至于没有足够的时间去帮助他人。达利等人(1973)的实验证明了这一时间效应。在实验中,他们要求神学院的男学生走到另一所建筑中去听一个讲座。有一半的被试被告知时间随意,讲座不会立即开始;而另一半被试则被告知请尽快,他们已经迟到了。途中被试会看到一个衣衫褴褛的人倒在地上不停地呻吟。在这之后的访谈中,所有的学生都记得看到过受伤者,但是时间匆忙的学生中仅有 10% 给予了帮助,而没有时间压力的学生则有 63% 给予了帮助。研究者认为,时间压力使得这些学生忽视了受伤者的需要。进一步的研究表明被试在多重因素协同作用的情况下,会主动权衡各种因素的成本和收益,最终作出采取何种行动的决定。而时间压力是是否引起利他行为的一个重要因素,但不是唯一决定因素。

(四)事件的紧急性

当人们知觉到外部环境中有紧急事件发生时,他们通常会表现出助人行为。那么,到底人们会将什么情况认定为紧急事件呢?

美国心理学家曾作了一项调查研究,研究者事先把"事件的紧急程度"区分为五个层次(五级):第一级是非常紧急的情况,随后的等级紧急程度依次减小,第五级被定义为最不紧急的情况。他们列举了一系列事件(如表7-1所示),让 69 名女大学生和 21 名男大学生对它们的紧急程度加以评价。结果发现,紧急事件有如下特点:(1)突然或出乎意料地发生;(2)当事人可能要受到伤害或已经受到伤害;(3)随着时间的延续,情况越来越严重和危险;(4)没有其他人可以帮助当事人;(5)旁观者有能力给予当事人帮助。

随后的几项研究也证明了无论是什么事件,如果人们将其判断为紧急的,就有给予帮助的更大可能,事件被认定的紧急程度如何,决定了旁观者给予帮助的可能性大小。因此,紧急情况是唤起利他行为的决定性因素之一。

表 7－1　有可能被定义成需要帮助的紧急情况的事件

事　　　件	平均紧急程度
动脉割断,大量出血	1.00
房子起火,屋内有人呼救	1.00
小孩中毒	1.00
心脏病发作	1.02
某个女孩正在被强奸	1.09
吃多了药	1.00
晚期癌症,只能活 3 个月	2.00
在森林中迷路的人呼救	2.72
汽车在路边熄火	2.72
轻度醉酒的朋友驾车回家	2.84
朋友倾诉其不幸和压抑	3.18
电视节目中要求为营养不良的儿童募捐两千万元	3.75
有人手里拿着香烟,急着找火柴	4.87

（表中所列事件：被评判为 1—5 等级的紧急事件,从第一等级的非常紧急到第五等级的非常不紧急）

二、个体因素

情境因素能影响一个人表现出利他行为的可能性,但是决定其是否表现利他行为的关键性因素还是在个体身上,利他行为的个体差异广泛存在着。与利他行为有关的个人因素主要包括以下几个方面。

（一）助人者：谁最可能提供帮助

1. 人格特征。人们会以为会有那么一部分人具有和其他人有区别的某些人格品质。心理学家也试图去寻找利他人格的特质,即无论在何种情况下使个体帮助他人的品质,但是并没有取得预期的成果。研究发现,在一种情况下发生利他行为的个体,与在另一种情况下的利他行为相关不高。这意味着如果你知道一个人在一种情境中多么乐于助人,并没有多少信心预测在另一种情境中他也会这么乐于助人。

然而在一些特定的情境中,助人者的一些特定人格特质和能力可以使其更愿意帮助他人(Knight, Johnson, Carlo, & Eisenberg)。例如有人发现对社会赞许有高度需求的成年人会比那些低需求的个体捐献更多的钱给慈善机构,但这仅仅出现在有他人在场时。可见,这些人之所以助人是为了获得他人的表扬和关注。

哈斯顿等人在1981年对32个曾经干预了危险情境的人进行了深入的访谈,危险情境包括银行抢劫、持械抢劫和拦路抢劫等。把这32名助人者与和他们在年龄、性别、教育程度和道德背景相匹配的对照组进行比较后发现,这些人显著地比对照个体更高大、更强壮、受过更好的应对紧急情况的训练。但是这些人没有一个将自己描述为强壮的、有攻击性的、有原则的人。他们强调自己受过更多的生命救援、医学或警察的训练,认为自己在能力上能够胜任助人行动。

利他行为的产生由很多因素引起,人格上的个体差异不是某人多么乐于助人的唯一预测源。我们需要同样考虑其他几个关键因素,例如作用于人的环境压力、他们的性别、成长的文化,甚至当时的心境。

2. 当时心境。心境是指一种弥漫性的微弱的情绪状态。在日常生活中,当我们有求于人时,都知道选择对方愉快的时候,因为良好的心境促使人积极、热情。研究者已经在不同情境中发现了这种"心情好,做好事"的效应,个体积极的心境可以增加其产生利他行为的可能性。有一个好心情可以从三方面导致利他行为的增加。首先,帮助他人是一个延续我们好心情的方法。帮助他人之后会使我们感觉良好地离开。相对的,当我们知道应该助人而没有助人时,会削弱我们的好心情(Clark & Isen, 1982; Isen, 1987; Willamson & Clark, 1989)。其次,好心情会使我们看到生活的阳光一面。当我们处于好心情状态时,更倾向于看见他人好的一面。对一个通常可能看上去笨拙或恼人的受害人,当我们心情好时,看他更像一个值得帮助的正派人(Carlson et al. , 1988; Forgas & Bower, 1987)。最后,好心情可以增加自我注意,使得我们更可能根据价值观与理想行事。

坏心情对利他行为的影响要更为复杂一些,如果坏情绪使得人们更多关注自身和自己的需要,就会降低对他人提供帮助的可能。但是如果帮助他人会使自己感觉好些,减少坏情绪,就可能使我们愿意提供帮助。有一种坏心情显然会导致助人的增加——感到内疚(Baumeister, Stillwell, &

Heatherton, 1994；Estrada-Hollenbeck & Heatherton, 1998）。人们常常做了什么使他产生负罪感的事情之后，为了减轻这种感觉而去帮助他人。

假设你这次考试成绩很糟糕，你会感到不快。我们已经知道感到高兴会导致更多的利他行为，那么可能感到不快会减少利他行为。然而，令人吃惊的是，悲伤也会导致利他行为的增加，至少在某些条件下是这样的。当人们感到难过时，会激发他们从事能够使他们感觉更好的活动（Wegener & Petty, 1994）。

3. 助人动机：个人困扰与移情。正如前文所指出的，真正的利他是由个体的意图决定的：仅仅把帮助他人当作唯一目的，不期望获得任何个人利益，这样的行动才是利他的。大量研究者研究利他的纯粹动机，比较个人困扰与移情这两种情感引起的利他行为。

个人困扰（personal distress）是指我们自身对于他人困境所产生的情感反应，如震惊、恐惧、焦虑、无助等。当人们看到一个事件而引发了自身的情感反应时，个人困扰就产生了。移情（empathy）指的是个体在关注到不幸者的需要和情感时，体会他人痛苦的感受或见解，分担他人的痛苦，产生对他人的同情和关心的感受。个人困扰会使人们感受到焦虑和恐惧，移情则让人们感受到对他人的同情和悲悯，这是两种不同类型的情感。

一般来说，个人困扰所引起的不适感可以引起人们通过帮助他人来缓解，但是也可以通过离开当前情境或忽视受害者来缓解。所以个人困扰和助人行为之间没有必然联系。进一步而言，这种为减轻自身不适感而引发的助人行为，本质上还是自私的而非利他主义的，因为个人困扰的焦点在于个体自身。

相反，由于移情把焦点放在了受害者身上，关注的是提高他人的幸福感，所以移情所引发的助人是利他性的。在一项研究中，主试告诉被试一个叫卡罗尔的学生在车祸中双腿骨折，这使得她的功课严重落后。在听完对卡罗尔的采访后，被试被问及是否愿意帮助卡罗尔。研究人员通过改变指导语控制移情的发生，高移情组被试被告知，从被访者的角度想象一下卡罗尔对受伤的感受，以及这次意外对她的生活所造成的影响。低移情组被试被告知，尽可能客观仔细地注意呈现给自己的有关信息，不用关心感受。结果发现，高移情组被试有71%的人愿意提供帮助，而低移情组只有33%。由此可见，设身处地地从遭遇不幸的人的角度考虑问题会促进利他行为。

（二）受助者：谁最可能获得帮助

受助者的许多特征对助人者的利他行为也有一定程度的影响，这些特征主要包括性别、年龄、外表容貌等。

1. 性别和年龄。许多研究表明，女性被助的机会多于男性。一些学者1973年的一项十分有趣的实验证实了这点。一辆车坏了停在路边，驾驶者向路上驰过的车打招呼请求援助。驾驶者或为一位男性，或为一位女性。结果表明，当求助者为男性时，只有2%的过路车停下来。而当求助者为女性时，却有25%的过路车停下来相助。当发生危险时，男性比女性表现出更高的助人倾向，但这仅仅针对女性求助者，尤其是漂亮的女性求助者。女性助人者则不会受到求助者性别的影响，而且女性也会表现出较高的助人倾向，这可能与女性具有较高的移情能力有关。

年龄因素也影响利他行为。一般说来，老人和孩子获得帮助的机会较多。原因也十分明显，在日常生活中，他们的自我独立能力较差，因此容易受到他人的相助。

2. 是否受他人喜欢。我们对一个人的最初印象往往局限于生理吸引力和与自己的相似程度，这些特征也会影响到利他行为。人们更愿意帮助自己喜欢的人，在大多数情况下，外貌上有吸引力的人更可能获得他人的帮助。本森（P. L. Benson）等人在1976年进行了一个现场研究，他们将一份填好的研究生入学申请表放在机场的公用电话亭里，申请表上已经贴好邮票。这份申请正准备寄出，但看上去是被"忘在"那里了。研究者控制了求助者外貌特征这一变量：申请表上的照片有的是很漂亮的人，有的则是没什么吸引力的人。结果表明如果申请书照片上的人外表很有魅力，无论是男性还是女性，信件被寄出的可能性都更大一些。平均来说，有吸引力的人的申请有47%被寄回，而没有吸引力的人的申请只有35%被寄回。助人者与求助者之间的相似性程度也会影响到利他行为的发生。安姆司威勒（T. Emswiller, 1971）等人以嬉皮士为被试的研究表明，人们更愿意帮助那些和他们相似的人。

3. 是否值得他人帮助。一个人是否能获得帮助还取决于这个人是否"值得帮助"。一个看上去像是生病而跌倒的人比一个喝得醉醺醺而跌倒的酒鬼更易于获得帮助。根据归因理论，潜在的助人者会考虑寻求帮助的人需要帮助的理由。一般来说，我们更容易帮助那些我们认为他们自己没有解决问题的能力，但却必须求得帮助的人。例如，迷路的小孩比迷路的大人更容易得到别人的帮助。尽管当前对女人的看法有所改变,不再像从前那样认为她们没有能力自助,但是,人们仍然认为女人应付困难的能力比男人弱,因此,我们会感到有责任去帮助一个遇到麻烦的女人。

另外,如果有人由于外在的不可控制的,大家也认为合理的原因(比如疾病或意外事故)而陷于困难的话,他们会比那些自己造成困难的人更容易获得帮助,也就是说,我们往往拒绝帮助那些由于自己的过错或不适当的行为而遇到麻烦的人。例如,同样是借钱,一个人是因为家里办丧事造成经济紧张,而另一个人是赌博输光了自己的钱。往往前者能够获得他人帮助,而后者获得帮助的可能性就很小了。

社会心理学家伯克威茨(1969)所做的实验证实了内、外因归属的判断对利他行为的影响。他作了两点解释:其一,一个人因外在因素陷入困境,与内在因素相比,能够获得帮助的机会较多,因为这具有较高的合法性。即由天灾人祸而陷入困境的人,理应得到别人的同情和帮助,别人也有责任帮助落难的人。其二,个体由于自身的疏忽而导致必须求助于他人,并不会激起他人对社会责任规范的意识感。他人会认为这并非是不得已的,别人对此不负有任何责任,因此不容易使别人主动自觉地帮助。

遗失信件实验

在地上留下几封贴好邮票的信件,看看是否有人拾起和投递它们。这个称为"遗失信件实验"的实验是由斯坦利·米尔格拉姆(1969)发明的。他发现人们更愿意投递那些写着他们支持的组织地址的信件,例如,写着"医疗研究协会"的信有72%被寄出,然而写着"纳粹党之友"的信件只有25%被寄出(所有信件写的是同一个邮政信箱,这样米尔格拉姆可以计算多少信被寄回来)。

运用遗失信件实验来检验我们在本章中讨论的一些关于助人行为的假设,或者你自己提出的假设。把你的地址写在信件上,以便于你能数出多少封信寄回来,但是你放信的地点和收信人姓名或名称要多样化。例如,在一个小镇和一个城市扔一些信,看看是否小镇的人们更可能寄它们(在信封上用某种方式做上记号,确保你知道它们被放在哪里,例如,在放在小镇的信封背面做个铅笔记号)。住在小镇的人们更可能寄回信件吗？或者你在收信人的姓名和种族上加以变化，看看人们是否更愿意帮助某些种族的成员而非另一些。发挥你的创造性吧！

　　在决定你想变化什么之后（例如收信者的种族或性别），仔细地把两种信封（例如写给男性和女性）放在类似的地点。最好用相当多的信件数（例如每种条件至少 15—20 封），以得到可靠的结果。显然，你不该在同一地点放超过一封的信。你可以和其他同学在这个项目上合作，这样你们可以分担邮票的费用。

资料来源：http://en. wikipedia. org/wiki/Stanley_Milgram, Stanley Milgram, Lost letter experiment, 1969。

思考题

1. 什么是利他行为？利他行为与亲社会行为有什么区别和联系？
2. 简要阐述利他行为的理论解释。
3. 影响利他行为的情境因素有哪些，它们是怎样发生作用的？
4. 影响利他行为的个体因素是什么？

第八章　人际吸引与亲和

　　当人的饮食温饱等生理需求解决之后,人类最难以忍受的大概就是孤独了。

　　在生活中，我们不可避免地需要与社会中许多人交往。为什么在接触各种人物后，有的人与你越走越近，成为莫逆知己，有的人却与你只是泛泛之交，很快便毫无瓜葛？人为什么有时会相互亲近、彼此吸引？怎样的情况下会发生这样的事？让你心生好感的人一般有什么样的特质？这其中的规律自古以来就是人类极其感兴趣、渴望探索得知的心理秘密。

　　各个时代，无数的哲学家、文学家、艺术家以及心理学家对此作出过自己的解释。在过去，西方希腊神话认为爱情源自爱神的意志。中国古代也有用月老牵线的传说来解释男女之间的情愫的。还有人认为，从素不相识到结为至交的过程，是一种称作缘分的神秘力量在起作用。

　　那么，社会心理学是怎样看待这个问题的？心理学家对此有哪些理论和实证呢？这一章我们将探讨有关人际的吸引与亲和。

第一节　我们为何彼此走近

　　当人的饮食温饱等生理需求解决之后，人类最难以忍受的大概就是孤独了。人是一种能够意识到自我存在的生命，而一旦人对于自己的单一存在，对于自己短暂而有限的生命，对于自己在社会与自然威力下的无能为力觉悟之后，孤寂就将使他无法忍受。弗洛姆在《爱的艺术》一书中指出："如果人不能从他的监狱中解放出来，如果他不能以这种或那种方式，同他人或周围世界结合在一起，他就会疯狂。"

　　为了证实人能否与世隔绝地生活，美国社会心理学家沙赫特曾于1959年进行了一项实验。他设计了一个没有窗户的封闭房间，里面有一桌、一椅、一床、一马桶、一灯，除此之外什么也没有了。一日三餐由人送到房门底下的一个小洞口，关在屋里的人伸手即可拿到食物。如果有谁能在这样的房间里待上一年，就可得到一笔可观的报酬。有 5 名大学生被吸引来充当被试。结果，其中一个人只待了20分钟就受不了了，要求放弃实验；有 2 个人待了 2 天;最长者待了 8 天。这个实验表明,人很难无止境地孤立下去。那么人为什么会有这种与人亲近的需求呢? 有许多学者都对此问题进行了探索,这里介绍几种主要的理论解释。

一、生存论:亲近以求生存

生存论以古希腊哲学家柏拉图(Plato)为代表。柏拉图认为,人们之间的相互亲近主要是为了生存。例如刚出生的婴儿,若没有父母或其他人的照料,就无法生存下去。即使到了长大成年之后,家人的照料已显得不那么重要,个人的衣、食、住、行等各个方面仍离不开其他人,离不开各种社会组织,个人与他人的交往势在必行。

生存论的观点的确对人的亲近行为作出了一种合理的解释,但却过于笼统。事实上,何止亲近行为与生存相关,人的各种行为几乎都与生存相关,比如衣、食、住、行等等,都是为了更好地生存,要用生存来解释所有这些行为,显然把问题简单化了。而且生存论也不能解释当人们的生存问题基本解决之后,人们为什么还有亲近的需要。把生存作为人的一切行为、思想尤其是情感需求的目的,显然是有缺陷的。生存是否是人的终极目的还未被达成共识,比如亚里士多德(Aristotle)就认为,幸福才是人生的终极目的。

二、本能论:人类生而相互亲近

本能论以古希腊哲学家亚里士多德和近代英国心理学家麦独孤为主要代表。亚里士多德认为,人是天生的"政治动物",本能地欲与他人接近,家庭和各种社会组织都是以这种本能为基础而组织起来的。麦独孤认为:"先天的遗传的倾向,是一切思想和行为——不论是个人的还是集体的——基本源泉和动力……"在他设置的本能量表中认为人天生有 18 种本能,如相争、好斗、好奇、求偶、合群等。整个人类行为和人类生活就是这些本能的自然市场。而正是其中的合群本能,促使人们相互亲近。

尽管本能论不同于生存论,前者强调的是先天因素,而后者强调的是后天因素,但两者也并非截然矛盾。从进化论的角度看,在动物进化过程中,由于自然选择,任何增加动物生存机会的特性历经数代都已由隐性成为显性,逐渐变为本能。同样道理,最初为了生存而产生的行为,如洪荒之年为提高生存和繁衍机会而采取的群居,最终可能演变成为了合群本能。因此,麦独孤对亲近行为所作的遗传学解释是有一定说服力的。但这种理论也有很多缺陷,首先就在于他没有看到人的本质主要在于社会性,人的几乎所有的行为,如吃、喝、住、行等都已成为一种社会性行为,单纯用本能来解释是很难完全解释清楚的。其次就在于他是把本能看作所有人类行为的原因,但他又用人类行为界定本能(看到某种行为就认为是有这种本能),在逻辑上犯了循环论证的错误,对于解释行为是没有什么意义的。

三、社会交换理论:亲近以图社会酬赏

美国社会心理学家马斯洛提出需要层次理论,他认为人类的需要可以分为七个层次,从下往上是生理需要、安全需要、归属和爱的需要、尊重需要、认知需要、审美需要、自我实现需要。在这里,除了生理需要有赖于物质性酬赏外,其他需要的满足都依赖于社会性酬赏,而且这种酬赏是双向的。也就是说,其他的需要必须在和人的交往中才能满足。正是基于这一点,霍曼斯提出了社会交换理论。根据社会交换理论,人们在社会互动中,总想从别人那里多获得一些报酬,即使报酬大于成本,收获大于支出。若做不到,人们也总想保持"收支平衡",以达到平等交换。这一理论说明,人们之所以与他人交往,是为了获得社会酬赏。

社会交换理论在一定程度上解释了人与人之间交往的原因,但由于该理论只是从个人"利益"的角度去分析,因此无法解释社会交往中为了众人的利益而无私奉献的行为,无法解释友谊中无需回报甘愿付出的行为。因此,这种理论没能从根本上解释人们相互亲近的真正原因。

四、社会比较理论:亲近以评估自我

社会比较理论是美国社会心理学家费斯汀格提出的。这种理论认为,人都有自我评价的倾向,当缺乏非社会性的客观标准时,人就必须在与他人的交往中获得参照标准,人们时而与条件胜于自己者相比较,时而与条件劣于自己者相比较,目的都在于评估自我。这种社会比较的欲望会使人们相互亲近。

与社会交换理论类似,社会比较理论也是仅从一个角度来分析问题。

前者在分析从利益出发的亲近行为时能够适用,而后者在分析以比较为目的的亲近行为时有一定解释力。然而,上述所有这些理论观点都无法完全解释亲近行为的真正原因,因此许多社会心理学家开始抛开这些理论上的推测而从事一些实验性的研究,以探讨影响人的亲近行为的各种因素。

五、实验发现:恐惧引发了亲近需求

有人想到,通过反面观察,即看一看当人被孤立时是什么让他无法忍受,来推测人与人亲近的动因。从一些于冰雪莽原迷途,或由于某些偶然的原因而与世隔绝的人的回忆中,可以发现他们都会产生一种共同的反应,即突然升起的恐惧感和莫名其妙的焦虑。这种恐惧和忧虑与被孤立的时间成正比关系。这一事实表明,恐惧、焦虑都和人的亲近需求之间有关系。那么,恐惧和焦虑究竟能否引发亲近需求呢?我们先来看看恐惧与亲近需求的关系。1959 年,心理学家沙赫特提出一条假设:高恐惧感的人欲与人亲近的需求高于低恐惧感的人。

沙赫特为此设计了一项实验。被试是美国明尼苏达大学的一些女大学生。实验者告诉她们实验是研究电击对人的行为的影响。被试被分为两组,实验者告诉第一组被试,电击绝不会造成后遗症,但会使人疼痛难忍,从而引起这一组被试的高恐惧状态;对第二组被试,实验者说电击一点儿也不觉得疼,最多有一点儿痒痒的感觉,从而引起她们的低恐惧状态。然后实验者托辞要准备实验仪器,让被试等 10 分钟,等待时可以单独等待,也可以和其他人一起等。结果发现,32 个高恐惧组受试者中有 20 个要求和他人一起等待,而 30 个低恐惧组受试者中只有 10 个人表示想和他人一起等待。实验证明了沙赫特的假设,即人的恐惧感越强,亲近需求也就越强。

那么焦虑感高的人是否也会产生较强的亲近需求呢?为此萨尔诺夫(I. Sarnoff)与津巴多于 1961 年设计了一个实验。被试分为两组。其中一组被告知,在实验中要穿婴儿的围兜,吸吮奶嘴。这些虽不使人恐惧,但却令人尴尬,从而引起他们的高焦虑感。而另一组则要求在实验中吹口哨,引起他们的低焦虑感,下面的实验步骤和沙赫特的实验相同。结果发现,与恐惧感正好相反,高焦虑感的被试与低焦虑感的被试相比,更喜欢一个人独自等待。实验说明,恐惧会增加亲近需求,焦虑却会减少亲近需求。换言之,当一个人预期他人会为他减轻恐惧时,他会与他亲近;如果预期他人反而会

使他尴尬时,他宁愿一个人面对焦虑。

另外,在沙赫特的实验里,虽然大部分高恐惧感的受试者表现出较强的亲近要求,但仍有一小部分人宁愿自己待着,这表明亲近需求有个体差异。那么差异的原因有哪些呢?沙赫特进一步的研究发现,出生次序是一个重要原因,头生及独生子女在恐惧时,比后生的孩子表现出更强的亲近需求。这种恐惧与亲近需求的相关程度,随着后生者的晚生次序递减。沙赫特认为造成这种现象的原因与父母对待孩子的态度有关。对第一胎子女,父母由于缺乏经验,往往对孩子过分关切与保护,无意中养成了他们的依赖感,使他们习惯于一有挫折就找父母安慰。等第二、第三个孩子出世,一方面父母有了经验,另一方面孩子多了也分散了父母的关注,因此后生孩子较有独立性,亲近需求不是那么强烈了。

第二节　人际吸引的规律

一、我们被怎样的人吸引

在生活中我们总会接触各色人等,其中一些会特别容易让我们产生亲切的好感。我们更愿意与吸引我们的人成为朋友,更愿意帮助他们,与他们分享自己的利益。有些人魅力较强,能吸引更多的人,从而在社交上有显著的优势。这其中是否有规律可循?怎样的人会吸引你?想要走近一个人,又要具备怎样的条件和技巧?这是一个有趣的主题,对此有过大量的理论和研究。

(一)"以貌取人":外貌吸引

外貌对人际吸引的作用是不容置疑的,特别是在人们第一次见面时。不少人对此颇感不平,认为外貌是人所无法改变的因素,把它作为吸引人的条件太不公平。也有人说"人不可貌相,海水不可斗量"。在价值观上,我们主张尽量公正待人。但客观地说,人在初次见面时依然不可避免地注意到外貌仪表,和相貌丑陋的人打交道心里总感不舒服。不过,爱美之心,人皆有之。《史记·仲尼弟子列传》记载了孔子一句著名的感叹:"吾以言取人,失之宰予,以貌取人,失之子羽。"可见即使"圣人"也会产生这样的倾向。此乃人之常情,也无可厚非。

　　美貌之所以会有吸引力,一方面是因为外貌美会使人感到轻松愉快,构成一种精神奖赏;另一方面,外貌美可以产生前面所说的"晕轮效应",拥有较好的外貌,会使人相信此人还具备其他一系列较好的品质。尽管实际上并非一定如此。亚里士多德就曾说过:"美丽比一封介绍信更具有推荐力。"

　　《韩非子·说难篇》中讲过一个典型的故事。卫灵公非常宠幸弄臣弥子瑕。有一次弥子瑕的母亲病了,他就连夜偷乘卫灵公的车子赶回家去。按卫国法律,偷乘国君的车子要处以砍脚的肉刑。卫灵公却不但不追究,反而夸奖弥子瑕孝顺母亲。又有一次,弥子瑕与卫灵公同游桃园,他摘了个桃子吃,觉得很甜,就把咬过的桃子献给卫灵公尝,卫灵公又夸他爱君。后来,弥子瑕年老色衰。以前的两件事,此时便成了"欺君之罪"。卫灵公对弥子瑕整个人格的评价,仅仅因其容貌上的变化而截然不同。

　　这是先贤的心得之谈。实证研究中也找到了相应的证据。社会学家迪思曾就外貌晕轮效应做过一个实验。实验要求一群女大学生阅读一篇描述一个七岁小女孩不良行为的文章,比如,说她把一只小猫的尾巴弄断了。再让这群被试者看了这个女孩的照片。不过,有的被试看到照片上的女孩是很漂亮的,有的看到的是不漂亮的,然后让被试描述对这个小女孩的印象。结果,看到漂亮照片的被试都倾向于说这个小女孩的不良行为是偶然的。比如有一个被试说:"这个小孩可能很有礼貌、公正、无私,能和别的小孩相处好,至于其的冷酷无情,可以不必在意。"而看到不漂亮照片的被试者则倾向于说这个小女孩的不良行为是本性所致,比如说,"我想这个小孩颇为狡猾,使老师头痛,常打架,是一个问题儿童"。

　　有关研究表明,即使在"执法如山"的法庭情境下,给犯人判罪时也难逃外貌晕轮效应的影响。奥格尔和奥斯特夫曾安排被试作法官,给这些假扮的法官几个案例,并附有罪犯的照片,有的照片漂亮一些,有的不漂亮,"法官"的判决令人震惊:对于罪行相同的罪犯,外貌不漂亮的一般被判刑 7—8 年,而漂亮的平均被判 5.2 年! 不过,对于诈骗犯,尤其是以色情进行诈骗的似乎不是这样,似乎"法官"们认为,越漂亮的诈骗犯越危险,越应重判。

　　由此可见人的外貌在人际交往中的重要作用。当然,外貌美不但指长相,也包括衣着、风度和气质等。

　　持进化观的心理学家们又是如何解释外貌吸引的呢? 他们认为这个现象有繁殖策略上的意义,从生物学的角度来看,美丽其实反映了一些重要的信息：健康、年轻和富于生殖能力。戴维·巴斯(D. M. Buss)的研究有力地支持了这一观点，他所研究的 37 种文化中的男性——从澳大利亚到赞比亚——都的确更喜欢那些能显现生殖能力的女性特征，也就是说，这些男性更容易被突显生殖能力的外貌吸引。另有研究发现，男性始终认为那些腰部比臀部窄 30% 的女性最具有吸引力，而这恰恰是繁殖能力最强的体形特征(Singh, 1993, 1995a; Singh & Young, 1995; Streeter & McBurny, 2003)。女性，尤其是在排卵期的女性，也同样会喜欢如上述腰臀比例等，显示男性健康、活力与生殖能力的男性特征。基于以上种种证据，进化心理学家们将外貌吸引归因为由繁殖策略进化而来的一种原始的吸引力。

（二）"远亲不如近邻"：邻近吸引

人与人之间时空上的距离也是影响人际吸引的重要因素，一般来说，人们在生活上时空距离越小，则双方越容易接近，因此彼此之间容易相互吸引，建立友谊甚至爱情。社会学家收集的数据已显示，大多数人的人际交往对象都是那些和他们居住在同一个小区的，或在同一个单位工作的，或曾在同一个教室里上过课的人(Bossard, 1932; Burr, 1973; Clarke, 1952; Katz & Hill, 1958)。

1956 年，有学者在一个叫"派克森林"的居民点对友谊模式进行了研究。根据长期的观察，发现居民们大多数社会活动的对象都是左邻右舍，这说明住的近的人确实容易产生好感，建立友谊。日常生活中也能体会到，在集体生活中，被安排在同一宿舍的人容易结交。在固定桌位的教室里，学生也更易于和自己的邻座、同桌等成为朋友。

邻近之所以可以促进人际吸引，是因为：(1) 时空的接近可以使人更容易相互了解，从而调整交往方式以适合彼此的需要，故而比较容易建立融洽的关系。(2) 根据社会酬赏和社会交换理论的解释，人们在互动中总是想用最小的代价换取最大的报酬，和邻近者交往，所付出的代价较小，而获得的酬赏会很多(因为接触机会多)。

然而，并非邻近一定具有吸引力。我们喜欢的人一般是邻近的人，而我们讨厌的人一般也是邻近的人。这一方面是因为互相接近容易了解对方的缺点，另一方面是因为经常接触容易彼此发生矛盾，产生摩擦，久之而成为仇人。所以，邻近只是人际吸引的先决、必要条件，而非充分条件。

邻近吸引的适应性是显而易见的，邻近的两人所建立的关系会使得双方都能在对方求助时能够第一时间给予帮助，而不用担心自己为对方提供了利益却在需要时由于物理距离原因无法及时获得相应的回馈。因此,邻近吸引下建立的关系大大提高了双方产生互惠式利他行为的可能性,而此类行为又会促进彼此之间的吸引,巩固所建立的关系,这一良性循环的积极适应性价值最终使得邻近吸引在进化中得以常存。

并且,随着科技进步,人们之间的物理空间已相对越来越小,邻近性吸引的重要性也在不断下降。同时由于城市的房屋建筑、生活方式的改变,邻居之间可能"老死不相往来",这便对邻近性吸引的研究提出了新的要求。

(三)"日久生情":熟识吸引

如果要得到别人的喜欢,最简单易行的办法是设法让别人熟识你。也许你会觉得这种方法不值一提,但社会心理学的研究表明,"脸熟"与否确实能产生出乎一般的效力。为人所熟识的东西,可以在其心目中增加积极意义的成分。即见到的次数越多,越会增加喜欢的程度。这就是所谓的"日久生情"。

比如,无论在历史上还是现代生活中,我们都会发现一个现象:人在决定信任谁时,往往选择自己熟悉的人,而不是通过理性的评估和分析。当决策的是握有大权者时,这一因素会产生让人不平而警惕的作用:古代的皇帝往往更容易宠信常伴在身边的优伶与宦官,而不是不常见面的大臣。现代的官员也易于提拔熟悉的秘书和司机等等。

查荣克(R. Zajonc)为此曾做过多次实验。在一次实验中,他让一些女被试品尝几种不同的饮料,并且让她们从一个房间逐渐转移到另一个房间,转移中,她们会"无意"地碰到五个素昧平生的妇女,实验中不允许同这些妇女交谈,五位妇女露面的次数有多有少,之后,他让被试回答她们喜欢哪一位妇女。结果发现,被试的喜欢程度受对方露面的次数的影响:最喜欢出现了十次的,较喜欢出现了五次的,较不喜欢出现一次的妇女。

另一个设计巧妙的实验是一些学者在 1977 年设计的。实验者首先给一所大学的女生拍了照片,并制作了这些照片经过镜像处理(左右反转)后的版本。随后,实验者将真实的照片与镜像版的照片一起呈现给本人,询问她们更喜欢哪一个形象。结果发现,更多的女生偏爱镜像版的照片——即平日常见的镜中的自己。接着,实验者又将她们最亲密的朋友的照片(同样是真实的照片与镜像版的照片两种版本)呈现给她们,这时,她们又偏向于喜爱真实的照片——即她们看惯了的形象了。

我们不仅偏爱熟悉的面孔,甚至对熟悉的无意单词、陌生文字等都会产生偏好。罗伯特·扎伊翁茨(Robert Zajone, 1968, 1970)的实验显示,被试看到无意义单词或陌生文字的次数越多,他们便认为这些字词表示的意义越积极,因而更加喜爱。

熟识吸引同样具有积极的适应意义,它有助于人类祖先避免与陌生且有害的事物或个体接触而引发灾难性后果。相比熟识的人,陌生人显然更具潜在的危险性,因此对熟识者容易产生喜爱情绪反应,而对陌生者容易产生厌恶情绪反应,这两种适应性情绪反应逐渐进化为本能的熟识吸引以及陌生恐惧,婴儿时期常见的"陌生人恐惧症"就是一个很好的例证。

(四)"以才服人":能力吸引

一般人们都喜欢聪明能干的人,而不喜欢愚笨的人。一方面,聪明的人会在一些问题上给人以帮助;另一方面,聪明人的言行会使人感到恰到好处而"赏心悦目",这其实也是一种酬赏。但并非一个人越聪明能干就越招人喜欢。一个极其聪明的人,会使有些人产生一种自卑感,从而敬而远之。如果一个大人物偶尔露出些小缺点,反而会更招人喜欢。例如,拳王阿里在最后的卫冕战中被击败,声誉不仅没有降低,反而更高了。因为他在失败后,人们感到他并不是战无不胜的神,而是有血有肉的人。因此更亲近他、更喜欢他了。英雄落难常常更受人尊敬和爱戴。

为此,阿伦森等人曾设计了一个实验,让被试听一场"大学生才艺竞争测验"录音带,前一半被试听到两位大学生的答题过程。其中一位能力很强,题目答对了92%,另一位大学生能力平平。然后让被试就对这两人的喜欢程度打分,接下来另一半被试也听了这个录音,但录音中最后听到打破茶杯的声音及大学生的叫声,然后仍让被试打分。结果发现:(1)不管犯没犯错误,能力高的人比能力低的人招人喜欢。(2)能力高的人犯点小错误,会更招人喜欢。(3)能力低的人再犯些错误,吸引力会大大降低。

进一步的研究发现,自尊心很强或很弱的人,如果发现他们所喜欢的能力高超的人犯了错误,则会降低对这个人的喜欢程度,因为自尊心强的人看到能力强的人犯错误,会破坏此人在他心中的完美现象,引起鄙夷。自尊心很弱的人则往往把能力强的人奉为崇拜的偶像,这种偶像如有缺陷,会使他大大失望。许多有才华的人在生活中往往随随便便,不拘小节,这虽使有些人感到失望,但在更多人心中会觉得他更加亲切可爱。

在前述外貌吸引中曾提及的进化心理学家对两性择偶时所表现出的偏

203

好进行的研究中发现,女性会更关注男性的财富以及地位,这其实也反映着女性往往会受到能力的吸引。能力吸引可以用繁殖策略来解释,因为不同于在繁殖任务中主要承担生殖和照料工作的女性,男性更要背负起使整个家庭维持生计的职责,能力在这项职责的履行过程中起着决定性作用。因此,能力吸引是繁殖策略的重要体现。另外,能力也促进了互惠式利他行为的产生,对方只有具备了相应的能力才能在你需要时力所能及,这同样使能力吸引具有巨大的适应性价值。

(五)"人以群分":相似吸引

在交往初期,人们的外在吸引力会产生较大的作用。但随着交往的深入,外在吸引力的作用就变得越来越小,而人们在政治、经济、文化、个性等方面的相似性会对彼此的吸引产生越来越大的作用。也就是说,人们喜欢那些同他们相似的人。

相似性包括的范围很广,如年龄、教育、经历、价值观等等,其中态度是最重要的特性,用态度的相似性吸引可以说明其他的相似性吸引问题,这是因为态度可以被视为以价值观为核心的种种社会背景和个性特点熔炼的合金。纽科姆曾于1961年做过一个有关的实验,他找了一些互不相识的男大学生作为被试。先测定了一下他们关于政治、经济、审美等方面的态度以及他们的人格特征。然后以这些测定为依据给这些被试提供宿舍。一半宿舍中安排态度相似的学生,另一半安排态度不相似的。通过定期访问发现,开始时邻近性吸引比较明显,后来态度的相似性吸引越来越明显。

对相似性为何有吸引力,强化论认为,他人表现出与自己相似的态度,是支持自己评价的有力依据,是对自己的一种酬赏,所以,对方的吸引力就产生了。即当人们发现"英雄所见略同"时,就会产生"惺惺相惜"的情感。同时,在相似性方面还有一种夸大的倾向。在某方面某人和自己相似,自己就会夸大对方在很多方面同自己的相似,因此更加深了对对方的喜欢程度。

进化心理学用寄生虫避免理论来解释相似吸引。寄生虫避免理论认为,人类祖先对潜在疾病的特征所产生的适应性厌恶情绪反应会遗传给下一代,而当厌恶能以传播者的形态学特征为参照进行反应时,显然要比回应每个潜在特征更有效。哪些人是值得厌恶的疾病传播者呢?最简单和最有说服力的方法是看他们是否与自己相像,相像的多半是属于自己的群体,是安全的。于是,个体对那些与自己差异很大的人群会产生一种原始的、自动的偏见,包括一些刻板印象,而对那些与自己相似的人则会互生好感。

(六)"相得益彰":互补吸引

相似性可以引起人际吸引,而根据一些研究,互补性同样可以产生吸引,有时双方各有所长,能产生相得益彰的效果。

那么在人格中相似性与互补性哪一个是关键因素呢? 其实这应视具体情况而定,一般情况下,需求互补产生人际吸引多半出现在择偶上。在择偶时,考虑性格相似是必要的,一个喜欢安静的人不会喜欢一个大喊大叫的人作自己的伴侣。但一个脾气暴躁、支配欲强的人还会找一个性格相似的人吗? 真那样的话生活会怎样? 所以在很多情况下,倒是一个支配欲强的男人喜欢娶一个被动型的女人,互相对立的双方倒能互相吸引。温格通过研究认为产生这种现象有两个原因:一是相互需求的满足。如一个支配欲强的人正好可以满足顺服性强的人,再没比这更好的搭配了。二是对合乎自我理想的人的仰慕心理。自我理想,是指一个人非常希望但却无法达到的高评价标准。例如一个人想成为歌唱家,但却五音不全,但他找的配偶是歌唱家。这样他的自我理想就可以通过配偶来实现,配偶对他就极有吸引力。

人本主义心理学代表人物罗杰斯(Carl R. Rogers)与其妻,就是这样一对"齿轮型"的互补伴侣。他们基本的价值观和背景相似,但一个热衷交际,一个喜好清静;一个专攻学术,一个献身艺术。正好彼此取长补短。两人相伴一生,伉俪情深。

有人指出,相似性与互补性哪个优先取决于交往双方所扮演的角色。如果双方角色相同,决定喜欢的是相似性。如同一组织的两个人,为一个共同目标而努力工作,这时相同的态度、信仰等就起很大作用。如果交往双方有不同的角色作用,则互补性起重要作用。这常发生在友谊、婚姻、职业等关系中。

我们同样可以通过进化心理学中互惠式利他行为的一些原则来对相似吸引与互补吸引进行理解。如果对方与你相似并了解你的愿望、信仰和价值观等,他就能在付出更少代价的情况下给你带来最有利的帮助;如果对方恰好弥补了你的缺陷之处,他在满足你需求时就有更大的一展身手的空间,且很可能在你万分焦急的时刻为你雪中送炭。如同邻近性一样,相似性与互补性增强了互惠式利他行为的可能性,也正是由于这一积极意义使其在进化中日渐演变为人际吸引中极具影响力的准则。

（七）具有魅力的一些品格

人际交往中,人与人之间相互吸引,除去前面提到的六个方面外,个人品质也是一个重要的影响因素。人们一般都喜欢真诚、热情、友好的人,讨厌自私、奸诈、冷酷的人。其实真诚、热情、奸诈、冷酷等都属于个人品质,不同的个人品质对人际吸引的影响不同。一般来说,那些正向的词汇都会产生吸引力,而负向的个人品质则会令人讨厌。1968年,一位社会心理学家曾做过一个实验。他列出555个描绘人的品质的词汇,然后请大学生说他们喜欢哪些品质,并说明喜欢的程度。结果评价最高的是真诚,最低的是虚伪。此外,热情也是一个产生吸引力的重要品质,有研究发现,对别人热情的人,也会引起别人对他的喜欢,即"喜欢别人的人最易受他人喜欢"。除此之外,正直、善良、勇敢等正向的个人品质都会产生对别人的吸引力。

这些品格在进化中的意义又如何呢? 仅以"真诚"为例,之所以在具有魅力的一些品格中,真诚获得最高的评价,这源于互惠利他行为所面临的最重要的适应性问题——"欺骗问题"。有人可能假装成互惠式利他者来吸引你,骗取了你的好处后却不愿意作出相应的回馈。为了避免此类欺骗者,我们自然就产生了对于真诚者的偏好,与真诚的对象所建立的互惠式利他关系也更能得以长久地维持,由真诚这一品格而诱发的吸引正因为其适应性而产生并在进化中被保留。

上述的这些规律和技巧,是否会为我们发展人际关系提供所谓的"捷径",而这些"捷径"又是否真的是发展及完善人格的方法呢? 在规则的指引下,人们试图改变自己以迎合他人的需要,同时满足自己被需要的需要。从进化心理学的观点看,这点正是人得以社会化的关键。

正因为如此,这些规律无可厚非地存在于人们的生活之中。有一些人们意识得到,另一些则意识不到。对于前者,更像是学习或被教化的过程;而后者,则已然内化为人的固有思维或行为模式,是人自我觉悟的体现。这样的人际吸引是自然的、自发的,更是发自内心的。

二、我们寻求怎样的关系

我们乐意与和自己喜欢的、有魅力的人接触,并建立起合作、友谊、婚姻等关系。我们试图从这些关系中得到什么? 一段人际关系具备哪些特点,才会令我们喜爱并享受这一关系,并产生继续维持下去或者进一步发展的愿望呢? 这里同样有一些研究发现的规律。

(一)"投桃报李":对等律

俗话说,你敬人一尺,人会敬你一丈。对等律体现了人际吸引的强化理论,人们一般都有这样一种心理,即喜欢同样喜欢自己的人。古语"爱人者,人恒爱之"的心理基础就是对等律。

社会心理学家做过一个实验。在一种情况下,让假被试同实验者谈话,有意给真被试听见,说他对他如何有好感,在以后继续对他作肯定的评价;而另一种情况其他相同,只是换成了否定性评价,最后问真被试他喜欢哪一个假被试时,真被试与假被试的评价是对等的,即人们总是喜欢也喜欢自己的人。

但是,对他人的喜欢所造成的回报是不同的,对具有较强的自信心、自我尊重高的人,他人的排斥或喜欢不会对他有太多影响,即"宠辱不惊"。而对于自我尊重低的人,由于无法从自己那里得到尊重的满足,非常需要他人的尊重,因此会因为这种尊重的满足而十分强烈地喜欢对方。受到挫折的人容易坠入情网,就是因为痛苦或绝望之中往往会把他人的一句安慰体贴之词当成莫大的幸福,从而报以真挚的感谢。

由对等律有人有这样的推论: 我们喜欢某人,因而某人也喜欢我们,由于这时是我们喜欢对方,从而猜想对方也喜欢我们,这属于一种主观的幻想和理解,并没有把握,因此容易造成曲解和误会。如恋爱中的单相思,很多都是这种情况造成的。

对等律也回答了进化心理学中互惠式利他行为所面临的一个问题,这个问题和一个著名的游戏——"囚徒困境"(具体请参见第九章第二节)非常相似。

罗伯特·阿克塞尔罗德(Robert Axelrod)在其著作《合作的进化》中,探索了经典囚徒困境情景的一个扩展,并把它称作"重复的囚徒困境"(IPD)。阿克塞尔罗德邀请全世界的学术同行来设计计算机策略,并在一个重复囚徒困境的竞赛中反复使用这一策略来互相竞争。这个假想的困境游戏和互惠式利他行为问题的相似之处在于,每个人都能从合作中获得收益,如果选择背叛则既能获得好处又不用付出回报,但如果被背叛则将白白蒙受损失。最终获胜的策略叫做"以牙还牙",它只包含两条非常简单的规则:(1)第一次主动地选择合作;(2)如果对方也选择合作则一直合作下去,如果对方选择了背叛则我方也马上背叛。有学者给此策略起了一个恰当的名字，叫做"条件性互惠"。正是条件性互惠的原则使得互惠式利他行为能够成功建立，并在如同自然选择过程的游戏大赛中百战不殆。

其实，这个"以牙还牙"策略的成功，就是对等律在实践中有效性的一个体现。始终保持与对方对等的方式行动，不恩将仇报，也不以德报怨，这样建立的关系，最利于互惠式利他行为的产生和维持，利于双方关系的延续。我们自然的第一反应恰恰是博弈中的最佳策略，千百年来，对等律让我们"日用而不知"。

（二）"患得患失"：得失律

虽然一个人的外表、人格等条件在人际吸引、建立友谊过程中起着重要作用，但相比之下，我们的自尊与自我意识在人际交往中起着更重要的作用。它们直接与别人的反应及对待我们的态度有关。由于我们所期望于他人的，与他人给予我们的，往往并不时时、事事符合，此时相等理论就显出一定的局限性，得失理论随之产生。

人们对一个人的喜欢不仅仅和来自这个人的肯定的报酬的量有关，也与这些报酬的量是增加还是减少有关，我们最喜欢那些对我们的喜欢不断增加的人，而最不喜欢那些对我们的喜欢显得不断减少的人。当别人越来越喜欢我们时，我们也会更加喜欢他，当别人显得不那么喜欢我们时，我们也会逐渐不喜欢他。阿伦森认为，别人对自己的评价有所改变时，会影响到自己对那个人喜欢的程度。对于一个提高我们自尊心的人，我们处于"得"的状态，会对其产生更多的好感；而对于经常和我们过不去的人，我们处于"失"的状态，会越来越不喜欢他。

在上面关于对等律的实验中，如果假被试开始时对真被试作否定性的评价，但后来的评价却越来越肯定，实验结果表明这时真被试对假被试的喜欢要超过假被试一开始就持肯定态度的情况，对此研究者这样解释：第一种解释认为，开始的否定性评价引起了真被试的忧虑和怀疑，当评价渐渐变为积极肯定时，真被试不仅产生一种感激之情，而且产生报答的想法。这是因为前边的否定增加了对肯定评价的需要，当肯定评价真正来到，就会有一种更高的感觉。第二种解释是从真被试角度考虑的，当假被试一开始就肯定真被试时，真被试可能会产生疑问，怀疑假被试的诚意和辨别力。而当假被试一开始持否定态度，真被试会认为假被试可能经过了思考，有判断力，可能会有一定的道理。因此后面作的肯定性评价、他的意见就有了分量。人们一般更相信一个有判断力的人的赞扬之辞。所以这种人会比那些缺乏洞察力,对谁都讲好话的人更受他人的喜欢。

根据报酬量的增减来作出回应其实反映了进化心理学家威廉·迈克尔·布朗(William Michael Brown)的一个观点,就是人类已经进化出能够觉察他人利他行为的诚意的适应器。报酬量的不断增加、对自己的喜欢的不断增加、从否定性评价转换为肯定性评价可能都表现出了对方的诚意,在此条件下更可能建立起互惠式利他关系。反之,报酬与喜欢的减少、态度向负面的转变可能就意味着对方先前的行为并非出于诚意而是出于其他目的,在此条件下即使已经建立起的互惠式利他关系都必将走向毁灭。总之,得失律有助于更好地建立真诚的合作行为,使人避免被欺诈而受到损失,故此也是一种利于生存的特点。

第三节　人际关系发展的阶段

在我们相互吸引并走近对方之后,我们还会产生一种强烈的与对方建立持续而亲密的人际关系的需要,这也就是马斯洛提出的需要层次理论中仅次于生理和安全需要的归属需要。随着人际关系的发展,喜欢、信任、依赖等因素都在不断地变化。虽然这些因素都在不断地变化,但这些因素中最重要的恐怕就是双方的涉入程度了。有学者在1972年就根据交际双方涉入程度的不同,建立了一个人际关系发展模型。这一模型是基于这样的假定而建立起来的,即:一切个人关系都在双方关系的理论上的两极之间变动,从双方完全没有接触向极其亲密或一致变动。这个连续变动的过程可以划分为几个阶段:(1)零点接触;(2)单相识(只有一方认识另一方,而没有实际交往);(3)表面性接触(包括表面的、非个人的交际);(4)亲密(此时发生一定程度的真诚、深厚的交往)。亲密关系一般是指与情人、配偶或最好的朋友的关系,其中爱情是最典型的亲密关系,我们将在第十三章着重探讨,本节主要来看一看人际关系发展的前几个阶段。同时,在每一阶段上又有不同的、起着决定作用的因素,它们在整个发展历程中扮演着类似一系列"过滤器"的角色,以下我们也将分别加以介绍。

一、从零点接触到单相识阶段

从零点接触到单相识阶段,其间只经历了交际双方微乎其微的接触,始终只有一方对另一方的了解,而没有任何实际交往,我们的社会性关系大多属于这种类型。大部分人与我们萍水相逢,又擦肩而过。对这些人我们当时可能有一些反应(如喜欢或不满),但往往连一句话都未曾交谈过就忘记了。上过几次课后,你会记住上课的老师,也许还会认得几个坐在固定位置的同学,尽管他们不认识你。还有剧场、公车上的邻座,街道上的陌路人,你可能会注意到他们,对他们产生一些想法,却从未交谈。这些都属于单相识水平的人际关系。

总的来说,物理上的距离在关系的最初阶段起着至关重要的作用。相比和你天遥地远的人,当然是身边近在眼前的对象有更多的机会让我们去关注。与近距离对象的关系也有更多的发展潜力。邻近性是产生吸引的要素之一,然而物理距离的决定性也不是没有例外。在古代就有“神交”一说,而在科技发达的现代社会,从未见面的网友也能跨越零接触,甚至向更亲密的方向发展。因此,现在其他因素的作用越来越明显。除了空间距离,这时另一个关键因素是外貌的吸引。众里寻他千百度,蓦然回首,那人却在灯火阑珊处。同样的空间距离,众人之中为什么只有那人会让你心动? 在同样没有任何了解的情况下,拥有美丽的外表、俊朗的气质能为你赢得初步的关注。

二、从单相识到表面性接触阶段

单相识水平的人际关系是短暂的、表面性的,但以此为基础的关系若进一步发展,就会到达表面性接触水平。那些包含着一定程度的实际交往的人际关系,绝大多数处于这一水平。研究者把表面性接触定义为具有衡量个人涉入意义的人际关系,人们在这种关系中基本上是以严格规定了的角色来进行交往的,比如你同售货员、服务员等人所发生的接触就属于这种水平,你只是在和这个岗位,而不是他个人打交道。再比如你的某个婶婶仅仅是过年时来串一下门,你偶尔需要接待,却没有任何情感上的投入,那么即使这种关系维持了几十年,你也仅仅把她看作“婶母”——一个亲戚的角色,这和另一个与你经常有情感交流的亲人是完全不同的。总之,到表面性接触水平为止,我们始终倾向于把交往对象看成是处于一个职位上的没有区别的个体,看作某种角色的执行者,我们与他们的关系也是非人格化的。

在这个阶段,可以直接观察到的表面特征,如外貌、穿着、微笑等,依然保持着巨大的影响力。除此之外,社会和个人背景的相似也起着重要的过滤器作用。偶然相遇的人,会因为志趣相投走到一起。因此那些与我们在社会与个人背景方面相似的人,更容易与我们成为单相识关系并进而发展成表面性接触。另一个比较重要的原则是,如果双方恰好能互惠互利,满足彼此的需要,就可以加强彼此的喜欢,促进人际关系的进一步发展。

三、从表面性接触到亲密阶段

如果交际双方并不愿意止步于表面性接触,而还有深入发展的愿望,那么他们也许就能走到亲密这一水平了。在这一水平上,我们把自己的交际伙伴看作一个独特的人体,我们理解并欣赏他内心对世界的主观看法。彼此之间在情感、认识和行为上存在着一种亲密关系;双方或多或少地具有同样的感情、同样的想法和同样的行动。

当人际关系已达到表面性接触水平时,就出现了更多地运用个人内在特性来影响彼此关系发展的机会。在最初阶段影响最大的是态度的相似,态度相似的人更容易进一步发展关系而成为好朋友。其次,需要的互补也可以促进关系的发展。再有,才能与良好的个人品性也会增进人际交往进而与人发展亲密关系。另外,同别人发展关系也应掌握好时机。一般人们在自卑和自尊心较低的时候,特别容易重视和珍惜同别人的良好关系。在人际关系发展到表面性接触水平之前,互惠原则起着重要作用。而在从表面性接触向亲密水平转变的过程中,起重要作用的已变为得失原则。最后,一旦人际关系发展到互有好感阶段,推动它进一步发展的动力主要就是双方相互适应的自我表露。向对方介绍你自己并探知他的情况,是一种加深人际关系的有效方法。有学者经过长期对自我表露问题的研究指出,自我表露在人际关系发展中起着特别重要的作用:"两个人之间一旦建立起接触,彼此都向对方暴露自己,他们的关系便会继续协调发展。不仁换不义,真情换坦诚。"自我表露还是促使表面接触向亲密接触转变的重要手段。正是通过内心表露,"扮演着相关角色的陌生的人们,便协力将他们之间的关系变成一种更加'个人化'的关系,在这种关系中亲密的增加即使不为某一方所欢迎也能为其所容忍。"但是,自我表露也有一个"最适宜"的度。如果双方在这一适度范围内逐渐、缓慢地增加自我表露,会有助于加深和发展人际关系。有关研究表明,单方面、大幅度地增加自我表露,可能会产生反作用,中等自我表露比极高或极低的自我表露更招人喜欢。

友谊心理学——关于不计回报的友情

进化心理学一般认为,人表现出相互吸引、亲和行为,是为了获得更多生存和繁衍的机会而逐步进化产生的适应性行为。我们看到,在第二节中介绍的那些人际吸引的规律,几乎都能用进化的观点来解释,例如外貌吸引能够让个体增加把自己的基因传递下去的机会。而另一些规律则与"互惠式利他行为"的原则相符,也就是说,利他者虽然这次牺牲自己而顾全了他人的利益,但如果他日后能从受惠者那里获得相应的回报,那么这种利他行为就能得到进化。

但是,用这种理论来解释所有的人际亲和现象,显然会受到很多质疑。在生活经验中,我们会有这样的体验,有一些吸引我们的人,和我没有血缘关系,当然更无所谓基因的传递,但当我们真正与他们结交为朋友,乃至成为至交之后,我们会特别地否认自己与对方只是基于外在的互惠互利,强调自己在提供帮助时感到由衷的快乐,根本不会计较将来是否会得到回馈。这样的友谊是不是确实存在,又有哪些规律?尽管困难,进化心理学家还是试图将这种情谊纳入彀中。

图比(John Tooby)和科斯米迪(Leda Cosmides, 1996)提出,合作利他行为的进化还有第三种潜在的途径,那就是友谊。他们提出了影响择友的五种因素:(1)空缺已满。即每个人都只拥有有限的时间和精力,因此只能给予有限个体帮助,也就是说,每个人都只具备有限数量的友谊生态位。如果你的生态位是空缺的,也就是你没有什么朋友,那你很容易被激发去结交新的朋友,并深化你现存的朋友关系。(2)评估一个人的积极外部效应。比如你身边有一位像施瓦辛格那样的勇猛的男士,你附近的犯罪事件就可能因此骤减,这并非出自他本意,而只是他存在或行为的副产品而已。经济学家把这种有利的周边效应称为"积极外部效应"。此效应通常会给他周围的人带来好处,因此使具有此效应的个体成为更具吸引力的交往对象。其实这与前文所提到的能力吸引是有相通之处的,能力本身就是积极外部效应之一。(3) 选择那些善于读懂你心思的人作朋友。这些人直觉地"知道"我们在想什么,甚至是在我们这么想之前就预测到了我们的心思,因此往往是比较好的交往对象。这与前文的熟识吸引都表达了相同的意思。(4) 选择那些认为你是不可替代的人作朋友。因为如果你的朋友认为你不可替代,那么他会给你的幸福投入更加强大的资本。(5) 选择那些和你趣味相投的人作朋友。这也印证了前文的相似吸引,并且如果双方喜好一致,你的朋友在调整你们所处的共同环境时常常同时满足了你的愿望,因此双方往往共同获益,这也使此择友的原则在进化中始终被保留。

　　读者对这一理论可以有自己的评价。相比对人际吸引初级阶段合理而系统的解释,进化心理学对友谊规律的归纳显得有些力不从心。我们看到,这些择友因素似乎还是没有跳出互利互惠的套路,依然是围绕着利益的交换展开的。这可能与大多数人实际生活中的体验不符。友谊之所以被我们珍视,正是以其不依靠基因、性欲或利益就将人与人紧密地连在了一起。如果把它具体地看做是完全可以用适应生存来理解的,那友谊就失去了它的本质,也不成其为友谊了。将人类的一些高级的、复杂的情感降低到本能地适应生存需要的层面,是需要格外谨慎的,我们不能贸然地给出结论。因为如果将一切感情都剥离了神圣的外壳,那人最终将被视作基因和利益的奴隶。由此也可以看到,要对高级情感进行客观而准确的研究,更具挑战性和艰巨性。

思考题

1. 社会酬赏与交换理论是如何解释人与人之间的亲近行为的?

2. 恐惧、焦虑与亲近需求有什么样的关系?

3. 在人际吸引中存在着哪些规律?

4. 进化心理学是如何解释人际吸引中的规律的?

5. 人际关系的发展会经历哪些主要阶段?

6. 人际关系从一个阶段向另一个阶段过渡时会遇到哪些影响因素?

第九章　群体心理与行为

个人生活在群体之中,通过群体与社会发生关系。

　　社会是人的社会,人是社会的人。个人生活在群体之中,通过群体与社会发生关系。群体在社会关系体系和结构中占有特殊的地位,所以社会心理学除了要研究个体的心理与行为外,还要研究群体的心理与行为。个人在不同的时间、场合身属不同的群体,比如某个班级的学生、某球队的队员、某工厂的工人等。群体的规模、类型、结构、功能的不同对其成员都有不同的影响。同时,个人的身份和角色也都会反作用于群体,对群体产生或大或小的影响。在这种互动中就产生了群体心理和行为问题。在本章中我们将对这些问题作些探讨。

第一节　什么是群体

　　一般来说,在社会心理学中"群体"的含义是指各成员相互依赖、在心理上彼此意识到对方;各成员间在行为上相互作用,彼此影响;各成员都具有"我们属于这一群体"的心理感受等特征的人与人之间的人群集合体。这些特征决定了群体一般不能过大,群体太大,成员就会很难意识到对方的存在,更难说会有什么交往。一个上万人的企业中不同部门的两个职员即使碰面几次也不会有太多的印象。同坐一辆火车的乘客面对面共处了很长时间也很可能不会产生交互作用。

　　一个群体之所以能持续存在,必须有种种活动、相互作用及情感。因为活动要靠人们共同来完成。在相互作用中又会产生各种各样的情感。一般来说,要构成一个群体需要具备以下条件:(1)各成员之间具有共同的目标与利益;(2)各成员之间能够密切协作和配合;(3)群体要满足各成员的归属感;(4)群体成员之间需要有交流;(5)群体成员之间需要有感情交往。

　　当然,群体是多种多样的,我们可以按照不同的标准将群体划分为许多种类。最早由美国心理学家梅奥(George Elton Mayo)在霍桑实验中提出了正式群体和非正式群体的划分。所谓正式群体是指那些被人们规定好成员的地位和角色,明确提出各成员权利和义务,并有固定编制的群体。而非正式群体是指那些无正式规定,自发产生,成员的地位和角色、权利和义务都不明确,也无固定编制的群体,它主要用于满足人们某种生活需要。有心理学家指出,可以根据群体发展的水平和群体成员之间关系密切的程度来划分群体,他将群体分为松散群体和联合群体、集体。所谓松散群体是指人们仅在空间与时间上结成的群体,其成员之间并没有共同活动的内容、目的和意义,如病房中的病人、刚搬进新房里的邻里。松散群体进一步发展,很可能形成联合群体。联合群体的特征在于参加这种群体的成员有共同的活动目的,但这种共同活动都只有个人意义。群体活动的成功与失败都直接与个人利益有密切关系。集体是群体发展的高级阶段。此群体成员结合在一起的共同活动,不仅对成员个人有意义,而且对社会也有意义。真正的群体应兼顾个人、集体和整个社会的利益。关于群体类型的划分还有很多种,可以根据研究者的不同研究需要来划分群体的类型。

第二节　群体行为的进化

一、群体现象

人类进化至今,除了需要具备繁殖后代、获取食物以及避免被掠食的能力以外,还需要有人际交往以及在人际交往过程中解决冲突的能力。人际互动对于生存和繁殖具有极其重要的意义。有学者认为:"推动人类进化的力量并非缘于人与自然环境之间的斗争,而是源于人与人之间的竞争"(Alexander,1987)。我们可以认为这个观点才是名副其实的"适者生存"。然而,除了残酷的物种间的竞争之外,人们也发展了各种群体、机构、规则、习俗、信仰和期望等。所以,进化带给现代人类的主要挑战之一就是如何处理在社会建构和文化中与他人互动的难题。这个复杂的社会任务包括发展和维持互惠的关系、合作、公平或不公平的竞争、保持公平与正义等(Cosmide & Tooby,1992)。在探讨群体是如何建构的,个体如何与群体内、外的成员共处,个体与群体的行为差异等问题之前,我们先来探讨一个更为基本的话题,即群体赖以生存的领地。

　　所有的机体都需要一定的生存空间,与其他动物相比,人类可能具有更强的领地意识。人类最早出现在地球上的哪个洲,这个问题似乎还没有确切的定论。自从 1960 年英国人类学家提出人类源于非洲以后,越来越多的证据都印证了这种说法。而今,亚洲、欧洲、澳洲都已成为人类扩张的领土。据推测,远古人类之所以要移居世界各地是因为他们要寻找新的猎场和居住地。那些早期的原始人部落不断地发展壮大,而后又分成不同小群体,继而寻找土地、原料,觅食、繁衍后代,逐渐地成为一种固化的行为倾向。当不同群体或个体都想争夺同样的东西(如土地)时,冲突和竞争也就在所难免。同样,当今社会有限的资源也必然会引起人们的争斗。可见,人类群体间的竞争本能早已深深根植于人们心中。

　　心理学家和社会学家就群体行为与态度进行了大量的研究。一般而言,我们会以不同标准来评判群体内、外的成员,并且常常认为自己群体的成员要更加优于外群体的成员。研究者提出了"种族中心主义"作为对这个问题的众多解释中最常见的一个,同时还可以解释群体内的合作、关系的疏离以及群体间的竞争。我们之所以会提出种族中心主义的观念,实际上是有着深厚的进化根源的。远古时代,那些紧密合作的群体能够获得更多的竞争优势,竞争的成功反过来又加强了团结,从而最终形成了以种族为中心的观念。我们正是那些在竞争中获胜的祖先的后代,当然也继承了祖先的种族主义观念。博弈论的模拟研究显示,有四分之三的获胜策略都是种族中心化的,并且种族中心主义和区分群体内外成员的能力都有助于加强群体内的合作(Hammond & Axelrod, 2006)。

二、群体选择与利他行为

　　一个种群如果能分割成为彼此不相同的小群体,那么自然选择就可能在各小群体之间发生,这样的选择称为群体选择。例如,许多鸟类有领域性行为,对入侵其领域的同种其他个体发起攻击,从而使种群分为不同等级的小群。领域性行为在进化过程中是通过群体选择而发展起来的。在达尔文(1859, 1871)之后适用于人类群体的各种模式也相继被提出来。比如小群体由亲缘个体组成,则出现亲缘选择。汉密尔顿在 1964 年提出了亲缘选择理论。他认为,亲缘关系越近,动物彼此合作倾向和利他行为也就越强烈;亲缘关系越远,这种倾向和行为则表现越弱。即个体间的血缘关系越近,利他行为产生的效益就越大,而代价和成本相对越小。比如,父母与子女之间有1/2的基因完全相同,从"基因遗传频率最大化"的角度看,原则上只要能使2个以上的孩子获救或成活,那么父母为此作出牺牲就是值得的。无论在人类社会还是生物世界,亲缘利他在父母与子女关系上都表现得尤为动人和充分。

亲缘选择常被用来解释动物的利他行为,亲缘选择只对那些能够有效传递自身基因的个体有利,而不管这个个体的行为是否有利于自身的存活和繁殖。然而,利他行为与亲缘选择仍有不同,即利他行为不再局限于亲属之间,同样也包括无血缘关系的陌生人。"互惠利他所带来的收益远大于成本,从而在一段时间使双方都能享受该行为所带来的好处"(Trivers,1985,1971)。当然,一个人之所以会做出利他行为,在某种意义上是希望将来他人也会对自己做出利他的举动,所以个体在行动之前就必然会考虑到损失和收益之间的权衡。如前面章节中说到的生活在非洲的吸血蝙蝠的例子就证明了这一点。并且生物学家发现蝙蝠群遵循着一个规则,即蝙蝠们不会继续向那些知恩不报的个体馈赠血液(Wilkinson,1984)。这就是一种非常典型的"互惠利他"。然而,互惠利他行为在其他物种中仍然是比较少见的现象,因为利他行为要求有很强的认知能力,只有这样才能在群体中识别和区分哪些是可以互惠的个体而哪些不是。

三、内群体效应

"物以类聚,人以群分",人类数百年以来都过着集体群居的生活。在群体中生活着的人,常常会对"自己的群体"和"他人的群体"有一个区分。社会认同感理论认为,群体成员试图将自己的群体区别于其他群体,并主动地保护群体之间的差异,以便提升或获得一个有利于自己群体成员的良好而积极的社会形象(Tajfel,1979;Turner,1986)。研究者们以内群体和外群体来对此进行描述,并做了很多相关研究。在这里,我们着重讨论一下与内群体相关的研究。

内群体是指具有共通性的内部单位和结构,也包括群体或团体。这种内群体同类性效应与社会认同感、社会文化、认知态度有极其密切的联系。内群体的同类性效应并没有"好"或"坏"之分,它会在群体之间的比较、接触和交流中增加群体内的"团结性"和"内聚力"。内群体的同类性意味着内群体的凝聚力、团结性和明显认同。比如,由一年级刚入校的学生组成的班级,在参加完全校运动会,或是年级歌咏比赛之后,更容易观察到这个班集体凝聚力和团结性的明显变化。这就是因为在经过这些活动之后,班级中的同学不再是以个体为单位地简单地加入到群体中,而是开始产生对这个群体的认同感和归属感。逐渐地,同学们会以这个群体的行为准则作为自己的准则,在群体内部更容易与其他成员进行合作,并会同其他群体进行竞争。

同样,这种内群体同类性效应在种族之间也表现得非常突出。比如,一些在美国定居的华裔,他们更可能讲中文,遵循中国的文化和习俗,穿着中国的服饰。他们的言行举止都表示着:"我是中国人",同时也反映出了在他们意识里对中国极其深厚的认同感。通过这些区别与比较,个体很容易通过价值观的不同把自己和其他群体区分开来。社会认同能够增强内群体的同类性,使得个体能够在群体比较之中,为自己的群体维护一个正面的形象。

当然,群体所在的社会文化本身是否具有同类性、群体的共同目标和信仰等都会对内群体效应产生影响,在这里我们不再详细讨论。

四、群体合作与竞争

(一) 合作与竞争的基本定义

达尔文认为,合作与竞争属进化起源。若一个部落由一些有相同信仰的人组成,成员之间高度信任,相互服从、鼓励和关心,时刻做好帮助其他成员的准备。愿意牺牲自己的利益以争取群体的共同利益,那么这种部落就有很大可能战胜其他大多数部落。这是一个自然选择的过程。然而,社会心理学家及部分社会学家都认为,人类的利他主义和合作行为都是其所在种族与其他种族的群体之间冲突和斗争的结果。一般我们认为,利他合作型的群体具有更大的生殖适应性,有利于产生更多资源,同时它可以通过压制其他群体之外的成员而获得更多的利益。而上述这些资源的生产和利益的获得则会导致群体间的竞争,一旦群体间的竞争策略得到了进化发展,即使没有实质上的利益冲突,群体之间的竞争也会保留下来。

在社会生活中,在人们的互动过程中,合作与竞争是常见的,几个学生分工打扫教室,几个纤夫共同拖拽船只,这些行为都是合作行为。合作是人们为了实现共同目标的群体共同活动。合作之外,还有竞争。如期末考试或智力竞争时全班几十个学生争夺前三名,全校教师争夺千分之几的职称晋升率,这些都是竞争行为。合作与竞争尽管按其性质是相互对立的,但是两者并不是互不相容、截然分开的。事实上人们的许多活动是既有合作又有竞争。竞争是以双方的共同活动来实现的,可见竞争里就有合作的成分。而合作的同时也可能有竞争。从一个球队的内部来看,为了战胜对手,需要成员之间分工互助,密切配合,这当然是合作。但是在战胜对手的过程中,每个成员贡献的大小是不同的。成员之间相互比较贡献多少,这就是竞争。可见,即使密切合作里也有竞争。体育运动、生产劳动、科学发明都是如此。合作与竞争在很多情况下是紧密结合在一起的。

(二) 实验研究

社会心理学对于合作与竞争的实验研究大多数属混合动机的行为模式的研究,而不是对纯粹的合作行为或竞争行为的研究。在西方社会心理学中,关于竞争与合作的实验研究是很多的。其中比较著名的有以下几种。

1. 鲁斯(R. Luce)的实验。鲁斯的实验是许多被称为"囚犯困境"实验中最早的一个。这个实验不准被试相互交谈。鲁斯探讨的是相互作用的双方在既有利害冲突,又有共同利益的混合动机情况中,人们究竟是采取合作还是竞争行为。在"囚犯困境"实验中,A、B 两人被分别监禁,并面临"招"与"不招"两种选择。如果两人都不招就都被释放;一人招而另一个不招的话,招供的人不仅能获得自由,而且可以得到奖金,不招供的则将被严惩;如果两人都招,就都被定罪,但是可从轻判处(见表9-1)。在这种情况下两人应该怎样做,是合作抑或竞争? 倘若两人都不招供,则对两人都有好处,这就是合作,合作对两人来说都是最好的结局。如果选择了有损他人而有利自己,这就是竞争。倘若两人都做"损人利己"的盘算,都招供,结果就会都被判刑。

表9-1 囚犯合作-竞争矩阵表

		A	
		不　招	招　供
B	不　招	释放 释放	释放(奖金) 严惩(判刑 5 年)
	招　供	释放(奖金) 严惩(判刑 5 年)	定罪(判刑 1 年) 定罪(判刑 1 年)

真正的囚犯将会怎样抉择我们不得而知,这也并不重要。"囚犯困境"的研究如同"卡车运输"实验一样,其意义在于它们提供了一种可能性,使我们得以系统地研究和深入地理解日常生活中既有竞争因素又有合作因素的所谓混合动机的互动关系。尤其是在群体中,这种关系就更经常地出现。弗里德曼把"囚犯困境"实验改成赌博游戏,也由两人进行,互不讲话,只把结果由释放或判刑变为得分或金钱。游戏双方 A 与 B 都面临着合作或竞争两种行为选择(见表 9－2)。如果规定 AB 都选 X 则每人得 10 分。而一人选 X 另一人选 Y,则选 Y 者得 15 分,选 X 者输 15 分;如果两人都想多赢分而让对方多输分,同时选 Y 则两人都输 5 分。实验结果表明,双方都有强烈的竞争倾向,在全部被试的人中只有 1/3 的人选择合作。另外 2/3 中,即使他们知道合作稳得高分,对双方都有利,还是选择带有冒险性的竞争。

表 9－2　赌徒合作-竞争矩阵表

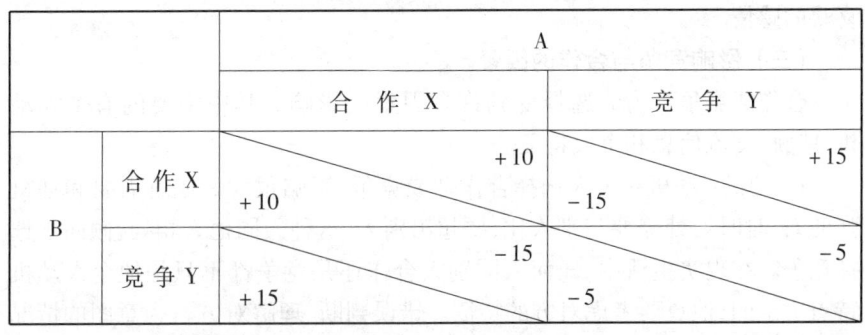

		A	
		合　作 X	竞　争 Y
B	合作 X	+10 / +10	+15 / −15
	竞争 Y	−15 / +15	−5 / −5

2. 道奇(M. Deutsch)的实验。美国社会心理学家道奇在 1960 年设计的实验中,要求被试两人一组,分别充当甲、乙两个运输公司的经理。两人的任务都是使自己的车辆以最快速度从起点驶向终点,速度越快赚钱越多,要求他们尽可能多地赚钱。每人都有两条路线可选,一条是个人专用的道路,但是较远;一条是两人共用的近道,但路很窄,每次只能通行一辆车(见图 9－1)。十分明显,为了多赚钱双方应该合作,轮流走近路。轮流走近路比走远路少费时间,只有合作才是上策。然而实验的结果表明双方都力图抢先通过,结果狭路相逢,谁也不肯让步。

道奇根据实验指出,合作的特点不仅在于有关各方对于为实现共同目标而相互依赖、相互帮助有所认识,而且还在于每个人都对他人采取积极态

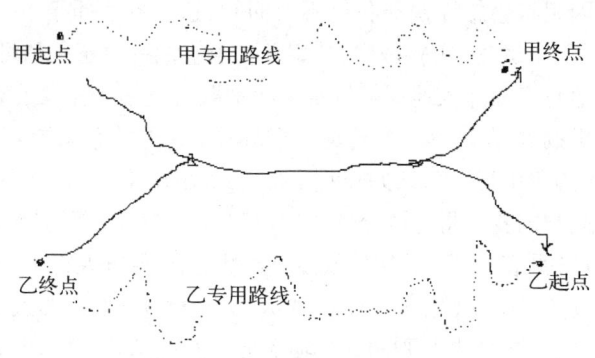

甲起点　　甲专用路线　　甲终点

乙终点　　乙专用路线　　乙起点

图9-1　卡车运输实验示意图

度,具有喜欢的感情。竞争的特点则在于:一方面各方都清楚知道自己要实现目标,另一方面每个人都对自己的竞争对手采取消极冷淡的态度,具有不喜欢的感情。

(三)影响竞争与合作的因素

合作或竞争行为的选择受到许多因素的影响。其中主要的有个人动机、威胁、交流信息和个人特征。

1. 动机:动机对个人选择合作抑或竞争,影响很大。成就需要和动机强的人,时时处处需要与别人比,要超出别人,这种人同他人相处,倾向于选择竞争。在现实生活中,任何人同别人合作还是竞争都不只是他个人动机特点决定的,他总要考虑对方的特征。错误判断、理解对方行为意图的情况是很难避免的,根据自己对对方的错误认识而作出错误的决策是时常发生的现象。

2. 威胁:在冲突中,人们一般使用威胁手段,希望对方屈服,使冲突按有利于自己的方式得到解决,而且,有时威胁也确实能够达到目的,但是,威胁达不到目的,甚至导致冲突升级的情况也是常有的。事实上,双方都没有威胁手段,比另一方拥有威胁手段时实现合作的可能性更大,而一方拥有威胁手段比双方都拥有威胁手段时的竞争可能要大。

3. 交流信息:"囚犯困境"的实验表明,假如双方不是相互隔离,而是拥有沟通信息的机会;再假如彼此说的话都是可以相信的,那么,这种混合动机把情境改变成利害一致的关系就不困难了。由此可见,交往双方相互之间的信息交流具有重要作用。

4. 个性特征：一个人的个性特征,对于他采取合作行为抑或竞争行为的影响很大。在个性特征中,性格和能力的影响作用最为明显。好胜的人倾向于在各种活动中同别人竞争,富有自制力的人较易于同别人合作,而多疑的人则难以同别人合作。人们之间的能力差异,是导致人们相互竞争的原因之一。

（四）合作与竞争的性别差异

一般我们认为,男性比女性有更多的群体活动,更具冒险性,也更加争强好胜。那么男性对群体间竞争的反应是否比女性更为强烈呢? 很多研究结果表明,相对于女性,男性为了获得更多的荣誉、奖赏、食物等个人利益必须参与群体间的竞争,男性也更有可能频繁地参与群体间的竞争活动。我们将这种现象称为"男性尚武假说",以此说明男性的行为和认知比女性更有群体导向。

研究者通过一项"社会两难任务"很好地检验了这一假说。在实验中,研究者将每六名被试组成一个"群体",并且他们需要共同完成一个任务。研究者给每位被试 2 英镑,被试可留为私用也可交与组织共有,贡献多少任其决定。如果每个群体中的成员贡献的钱币数量超过 8 英镑,那么每一位组员,无论贡献了多少都能得到 4 英镑的额外奖励。如果群体的公用钱币数量低于 8 英镑,那么组员不会获得任何奖励,但其原有的 2 英镑仍然保留。所有的被试都被随机分配到两种实验条件:一是自己的群体与其他群体之间有竞争,二是群体之间不存在竞争。实验结束后被试需要填写一份群体认同的问卷。

该实验结果显示,在存在群体竞争的条件下,男性会投入更多的钱币作为公用,对群体的认同感会增强;但女性的钱币投入数量不受影响,也没有明显的对群体认同感的变化。这一结果可以很好地解释合作与竞争的两性差异,因为群体竞争会使男性有一定的危机感,在竞争的条件下合作行为也会增加。同样,在其他的社会两难问题中,男性也更愿意选择群体对抗。这就说明男性群体间的冲突是人类社会的一个普遍特征,也可以说明为什么在对抗性比赛、打架、战争中更多地出现男性的身影。

当然,我们不能以此来证明女性对群体间竞争完全不敏感。因为在实验中,女性贡献的公有钱币数量平均要多于男性,只不过对群体间是否竞争的反应不如男性强烈。这种"男性尚武"特征的存在很可能受到社会文化的强化。比如在儿童社会化的过程中,女性的社会心理可能被更多的需求所塑造,也可能女性因为哺育后代、照顾家庭等活动而建立起了一个支持性的社会关系网络。

第三节　群体压力与规范

所谓群体压力是指群体对生活在这个群体中的成员的特有的约束力。但该压力并非像权威的命令那样,由上而下地强迫个体与群体相一致。而是通过大多数人的意见左右个体的行动。虽然群体压力不具有强制性,但群体的这种作用使个体在心理上很难违抗。因此,群体压力改变行为的效果常常比权威更有效。

群体对个体的压力和个体对群体压力的感受有一个逐渐发生、发展的过程。有学者描述了群体压力发生作用的不同阶段。

1. 辩论阶段:每个成员都可以根据自己的立场自由地发表意见,同时又听取别的成员的不同意见,经过一段时间辩论,一般成员会渐渐地分成多数派和少数派。此时少数派已感到某种群体的压力。但是群体的气氛允许个人据理力争,个人或少数派就因此继续辩论,希望大家能转变观点而同意自己的意见。

2. 规劝阶段:一般情况下,多数派不会轻易改变自己的主张,而会劝告少数派服从自己的意见,并且重新陈述观点和补充一些理由,力图使少数派能够接受。此时,个体感受到的群体压力越来越大,一些人便放弃原来的观点,顺从大家。

3. 攻击阶段:规劝的结果,可能会使相当一部分人归属多数派,但仍有个别人不肯妥协,依然固执己见。此时,大家就会对这种人发动攻击,比如说他不合群、破坏团结等,此时个人会感到极大的压力,无法坚持自己的意见,但有可能为了顾脸面不愿在此时屈服,这样就形成了双方的僵持。

4. 心理隔离阶段:经过上面三个阶段后,如果个体仍不改初衷,大家便开始断绝与他的交往,孤立他。此时个人要么最终服从群体的决定,要么因为感到孤独或压力而脱离这个群体。

群体的压力必然引起个体的心理冲突,迫使个体在归属群体和坚持独立之间作出选择。因为群体压力的情况各异,对个体的某一选择肯定会有不同的看法。比如,当群体正在作出错误决定时,某个成员虽据理力争也不能改变大家的意见,但也并不就此屈从于群体压力,而是坚持真理。当后来事实证明他的意见是对的时,人们就会崇敬他;如果某个群体的决定是正确的,而某个成员却坚持相反意见,在群体压力下离群而去,人们可能会说他执迷不悟。有时,群体的决定无对错之分,比如,大家去某地旅游,是先去甲处还是先去乙处,一般不具有对错性质。但是,在这种情况下,群体的决策依然会给个体带来心理压力,引起他内心的冲突,还有可能引起群体内部关系结构的改变。总之,对群体压力的态度和由此引起的行为,要具体情况具体分析,不可一概而论。

在介绍群体规范以前,我们先来看看由美国心理学家谢里夫做的一个著名的实验。实验在暗室中进行,实验者向被试发出一个小光点,让被试判断光点移动的方向,其实光点是固定不动的。由于暗室没有其他参照物,当人们凝视光点时,就会觉得它在动。实验者把被试分为两组,第一组先做个别实验,每人做 100 次,然后和小组一起判断,也是 100 次;第二组被试先是集体判断,每人 100 次,然后是单独 100 次。实验的结果是:首先,第一组在单独判断时,个体之间的差异很大,当大家一起判断时,各个成员的判断大致相同,趋向一致,产生了一个较为确定的浮动范围。第二组的成员由于他们先在集体中判断,当他们分开单独判断时,判断的结果仍很接近。

这个实验说明,个体的认识受到群体的影响,即个体的判断受群体内部相互作用所产生的一致意见的影响。当没有群体的共同意见时,个体各有各的反应模式。而一旦群体意见产生,它就约束着每个成员的判断,即使让成员离开群体,他们依然不能恢复个人的判断,而保持着群体的共同意见。这种在每个成员的相互作用中产生并制约着每个成员达成共同意见的行为准则,就是我们要向大家介绍的群体规范。

群体规范是实现群体活动目标和群体活动的一致性所必需的。它告诉成员们应当做什么,不应当做什么。对外,它将群体与群体区分开来;对内,它调节着每个成员的活动和他们之间的关系。它不同于国家的法律、工厂的制度那样细致、明确,而只是提供一个各成员活动的范围、框架。违反了群体规范的成员不会被判刑或是受到行政处分,而是因群体性质的不同受到不同的对待,从规劝、悔过、惩罚、歧视直至被要求脱离群体。所以,群体中的成员要遵守规范并不是在强制中实行的,而是通过群体规范的压力作用于个人心理,使成员心甘情愿地服从于群体规范。群体规范的内容多种多样,对每个事物、现象、行为都有其反应模式、活动准则。所以,一个群体对某些事物有规范而对另一些事物没有规范,对同一对象的某些群体具有这种规范而对另一些群体具有那种规范。一般来说,群体规范是由群体的领导者根据群体成员公认的情况制定的,或是自然而然形成的。这个行为的标准也许与一些正式颁布的标准不相一致,但群体成员往往还是以前者作为自己的行为标准。心理学家库尔特·勒温指出,要想改变个体的行为,与其从个体入手,不如从改变其所属群体的规范入手,这样做的效果将会更好。

第四节　群体凝聚力

一、凝聚力的性质

群体是社会生活的基础。尽管群体的种类繁多,但它们都有一个特征,即具有使它们结合在一起并使它们的成员区别于其他群体成员的凝聚力或结合力。凝聚力是群体的重要特征。广义地说,群体凝聚力是使人们集合在一个群体里的情感;说得具体一些,则是一种使其成员对某些人比对另一些人感到更亲近的情感。还可以说群体凝聚力是使成员保持在群体内的合力。我们必须找出成员留在群体内的理由,以此得出测量凝聚力的方法。

二、群体凝聚力的测量

有几种方法可以用来确定群体凝聚力的存在和强度。最简单而又最常用的一种方法是直接询问其成员,你觉得这个群体的其他成员怎么样? 这个群体对你有多大意义? 另一个方法是间接地向成员提问题,比如询问成员最亲密的朋友是谁,有几个等。根据对这些问题的回答,我们就可以测量出有多少朋友属于一个特定群体。另外,我们也能用某些行为进行测量。通过这些方法,人们可以发现成员们在群体中花费了多少时间,要付出怎样的代价才可以离开这个群体,以及他们是否愿意为该群体贡献力量。我们可以用测量群体内的互动模式来了解一些情况,我们还可以采取诸如投射测试这样复杂一些的方法。

运用社会测量学技术是群体凝聚力测量的一种基本方法。测量者使用社会测量学的技术询问个体成员喜欢和谁一起工作、度假、参加晚会等。根据得到的回答,描绘出一幅群体成员间的情感图(见图9－2)。连接圆圈的箭头方向代表选择者和被选择者,双箭头表示相互选择,而不同的字母代表不同的人。通过这样一张示意图,我们就能清楚地表示出群体内的不同亚群体的分层。群体的凝聚力就可以用一些相互联系的线条表示出来。同时,这张图还可以揭示个体间的互动变化,准确地表示出按照年龄、性别或种族组成的小集团。因此,这种方法不仅可以确定个体在群体内的地位,还是确定群体结构的一种非常简便的方法。

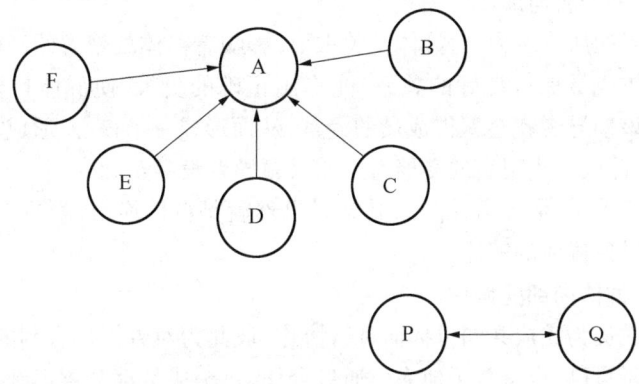

图 9－2　群体成员情感图

现在,有许多调查者已把类似的社会测量图应用于分析宗派小集团,揭示个性问题,以及研究群体内的领导资格问题。但社会测量图的弊端是对于较大规模的群体来说,图形显得太复杂。

三、影响群体凝聚力的因素

群体凝聚力会受到很多因素的影响,根据不同视角可将其分为不同的方面,综合起来主要有以下几种。

(一) 成员间的相似性

相似性指的是人们在民族、阶级、教育程度、价值观、态度、兴趣、爱好、性格、年龄、职业等方面的相似。它对人们的交往、友谊和吸引有着重要的影响。在某个方面的相似，容易使人感到彼此接近，从而产生好感，发生认同。许多研究证明，相似的人往往互相喜欢。伯恩的实验就说明了这一点。伯恩给被试者看一份有关另一个人的描述性材料，内容包括态度、观点和其他一些特点。有的描述和被试者十分接近，有的则相差很远。待被试者看完材料后，试验者问他们对这个人的喜欢程度。结果表明，材料描述的人越像被试，被试就越喜欢。由此可见，相似性具有很大的吸引力，越是相似，越容易产生好感和喜爱，彼此也就有很大的吸引力，也就容易增强群体的凝聚力。反之，就不容易产生吸引，而群体凝聚力就会降低。可见，相似性在一定程度上影响着群体凝聚力的高低。

（二）领导者与成员的关系

领导者的所作所为，对群体至关重要，影响着群体凝聚力的高低。若领导者与群体成员保持良好的关系，能作出正确的决策，使群体目标顺利完成，那么，该领导者就会赢得成员的爱戴，从而形成一个核心，形成很高的士气，群体因此表现出很高的凝聚力。如果领导者没有正确的领导方式，不关心成员的疾苦，专横霸道，那么，其结果自然就是群体涣散，凝聚力降低，严重时甚至导致群体的解体。

（三）群体内部的协作

群体成员为完成共同目标而进行协作，彼此为对方提供有利的条件，这不仅有益于自己，也有益于他人。通过合作，每个成员都会意识到自己对他人的依赖，感到通过别人的帮助才能实现自己的目标。这样一来，群体成员对共同活动就会感到满意，并且彼此发生好感，进而频繁交往，群体凝聚力自然也提高了。美国心理学家道奇做了一个简单的实验，他让一个班级的同学讨论问题，对其中的一半说，若哪个学生与成员合作得越好，成绩就会越高；然后对另一半说，按每个学生竞争的能力分等级打分，越突出则分数越高；结果表明，合作的那一半学生要比竞争的一半更好地解决问题，群体更加协调一致，成员关系也更加融洽，群体凝聚力很高。相反，竞争的小组内很少有沟通，彼此间关系紧张，群体凝聚力遭到破坏。

（四）群体间的竞争

群体与群体之间处于竞争状态时，各自的群体内部就会产生压力与威胁，迫使所有的成员自觉地减少分歧，统一意见，一致对外，以避免所属的群体受到损失。有实验可以证明这一点。一位美国心理学家组织了许多三人一组的步枪射击小组,有的以射击比赛进行竞争,有的不搞竞争。实验结果表明,搞竞争的小组比不搞竞争的小组结合得更紧密。当不搞竞争的小组中某个成员缺席时,不管这个成员对他人友好还是不友好,能力是强还是弱,同组的其他成员对他始终持肯定态度,即使由于他的缺席使得小组在竞争中处于不利地位。

四、群体凝聚力的后果与表现

加强群体内部的凝聚力,对群体来讲会出现很多正面的效果,表现在以下几个方面。

1. 凝聚力强的群体,成员有较强的归属感,个体往往会非常自豪自己成为该群体的一员。在这个群体里,成员们彼此信赖,相互帮助而不愿脱离这个群体。

2. 凝聚力强的群体内的成员愿意更多地承担群体的责任,关心群体的存在和发展。因此,参加群体聚会的出席率高于低凝聚力的群体。我们常常可以根据群体成员出席群体活动的比例高低,来比较不同的凝聚力。

3. 高凝聚力群体中个体的特点必然影响着群体的特性。由于凝聚力高的群体里人际关系好,因此,群体成员之间的沟通与互动就比凝聚力低的群体频繁。沟通的内容也多于凝聚力低的群体。比如,在一个办公室工作的同事,若彼此互不喜欢,那么,除了必要的工作联系,也就无话可谈,正所谓"话不投机半句多"。反之,同事之间会有较多、较深的交流。此外,在沟通语言上,凝聚力高的群体往往更多地使用正面的、友好的语言和非语言的沟通方式。而凝聚力低的群体内部,由于人际关系不好,个体间的沟通可能火药味十足,语言多属于攻击性。即使有关群体的决策大事,也会被曲折表达,不愿明言。而这种拐弯抹角的方式反过来又影响着沟通,降低了群体的凝聚力。

五、群体凝聚力的负功能

群体凝聚力提高,是不是只产生正面影响呢?也不一定。以工作效率与群体凝聚力的关系来说,一般情况下,我们认为群体凝聚力强,就会产生较高的工作效率;反之,就会降低工作效率。但事情往往并不那么简单。对一个只要求中等水平的工作效率的群体来说,群体凝聚力高并不是件好事。社会心理学家沙赫特做了一个实验,他把实验组分置于四种条件下,即高、低凝聚力和积极、消极诱导,积极诱导组要求增加生产,消极诱导组则要求减慢工作速度。实验结果表明,两种诱导产生了明显不同的效果,无论凝聚力高低,积极诱导都提高了生产率,而凝聚力高的组则生产率更高;消极诱导都降低了生产率,而凝聚力高的组则生产率更低。

所以,凝聚力高可以使工作效率高,也可以使工作效率低。这是由于凝聚力越强,成员越遵循群体规范,这时,如果群体倾向于要求成员努力工作取得好成绩,那么就会使生产效率提高,如果群体不要求取得好成绩,那么就会降低生产效率。所以说,工作效率的高低主要不是取决于凝聚力,而是取决于群体的倾向。同样的例子还有:犯罪群体的凝聚力高低也与其对社会的危害大小成正比。

第五节　群体决策与问题的解决

一、影响群体决策的因素

影响群体决策的因素是多方面的,有群体内部的,也有群体外部的。就群体内部的因素而言,促使群体决策的主要条件是群体的凝聚力。关于群体凝聚力的问题在本章前面的部分中已有讨论,根据其中的论点我们就可知道群体凝聚力越高,整合力越强,成员就越是愿意群体决策。因为在一个高度团结的群体中,每个成员都比较容易获得他人的支持,也比较容易顺从别人的意见,这种和睦关系使得群体的决策容易制定并付诸实践。另外,凝聚力高的群体中,即使个人意见被否决,也不会造成成员之间的关系的恶化,大家愿意畅所欲言,使群体决策的民主性和准确性得以增强。

从另一个侧面讲,当某一问题将对这一群体产生重大影响时往往就会导致群体决策。比方说,当群体的某个决定涉及全体成员利益的时候,群体就应当采取群体决策方式,在讨论中使每个成员意识到自己的利益和意见在群体中的地位,从而更自觉地执行群体决策。

二、群体决策的类型及意义

群体决策有许多类型,一般来讲,群体决策有以下两种方法:

1. 头脑风暴法。第一阶段是讨论,提出尽可能多的解决问题的方法。在这个阶段,对出主意者不加任何限制,即使是毫无根据的幻想也可以,其优点是可以鼓励群体成员的积极性,不使他们有任何负担。第二阶段,对提出来的各种建议进行分类,把不能用的去掉,把有争议的放在一边,采纳合理的建议,然后再讨论那些有争议的建议,在这个阶段要尽可能多地保留其中可能有用的建议,目的是为下一步的决策打下更为坚实的基础。第三阶段,对剩下来的不同方案优选,这就是群体的最后决策。

2. 综合法。这个方法的实质是将各种观点尤其是对立的观点结合起来。在第一阶段也是让成员提出尽可能多的建议而无论对错或是否相抵触。第二阶段,在群体中划分出"综合者",即那些在群体中积极表达自己观点的人,理想的人数是5—7个。他们与群体一起参加讨论,任务是找出明确对立的意见,使全体成员意识到解决问题的办法中的两个"极端"。然后,对它们作全面评价,最终采取大家都满意的决定。

群体决策作用简单地说有以下四种:(1)减少偏见。群体决策的过程是一个讨论的过程,各种意见都已"登台亮相",最终优选出的决策就不会是一种偏见。(2)获得决策者们的支持。决策是群体每个成员共同协商后决定的,所以必然得到决策者们的支持。(3)满足成员自尊心、增强成员责任感。群体成员都参与了群体的决策,自尊心得到了满足,而决策是共同制定的,这就会增强他们执行决策的责任感。(4)提高成员执行决策的效率。由于决策是成员共同参与制定的,所以会增强群体成员执行决策的自觉性。

三、群体决策的局限性

在多数情况下群体决策比个人决策有效,但群体决策也有它的局限性,有时会不如个人决策有效。我们必须对这种局限性有所认识,对不同的问题采用不同的方法,以达到最佳决策。群体决策与个人决策相比有以下五个方面的差异。

1. 解决问题方法的数量和创造性方面的差异。心理学家们曾做了一个典型的实验。他们让 5 个人组成一个小组解决 5 个问题,然后再让 5 个人单独解决这 5 个问题。被试可以自由地发挥他们的想象力。实验的结果是,个人单独想出的办法几乎是小组想出的两倍。个人想出的主意平均达 68 个,相比之下,小组平均只有 37.5 个。个人想出的独创的主意,平均每人是约 20 个,而小组平均不足 11 个(见表 9 - 3)。所以,在人的创造性方面,个人决策高于群体决策。

表 9 - 3 群体决策与个人决策的效果比较

条　件	不 同 的 方 法	独 创 的 办 法
小组工作	37.5	10.8
单独工作	68.1	19.8

2. 解决问题方法的精确性和决策速度的差异。一般来说,群体决策因为集中了众人的智慧,所以更加精确,个人决策因为无法听取别人的意见而易于失误。但是个人决策的速度要高于群体,紧急情况下采取个人决策更好些。

3. 解决步骤和答案方面的差异。当一个问题解决步骤很少,解决问题的方法唯一时,群体决策有优势。但当一个问题解决步骤很多,解决问题的方法不确定时,依靠群体决策就会降低效率并且有可能使问题根本无法得到解决。这时个人决策就能显示出优越性。

4. 解决问题逻辑上的差异。群体决策过程中的讨论会影响提出建议者的逻辑性,分散他的注意力,容易使一个建议中途而废。而个人决策由于不受这些因素的影响,可以保持逻辑上的一致性和连贯性,有时会比群体决策更为有效。

5. 在连续性和非连续性问题上的差异。对一个问题,如果解决它是需要通过不同的步骤、不同的阶段来完成的,那么,想要通过群体决策无休无止地对每一个环节作出准确的指导是不现实的,有效的方法是用不同的人来完成不同阶段的工作,各尽所能,最后解决全部问题。在这种非连续性的工作中,个人决策优于群体决策。

四、极端性转移

许多研究表明,群体决策比个人决策具有更大的冒险性,即群体往往容易铤而走险,或极端保守。这时,容易出现所谓"极端性转移"(又称"冒险性转移")。

群体为什么会发生这种极端性转移呢? 一般来讲有以下几种原因。

1. 责任分散。群体决策若出现了问题,应当由群体来承担,而不会把责任归于个人。这就减少了个人的责任感,降低了个人对不利后果的惧怕,从而导致了人们冒险的或保守的策略。

2. 群体偏向。有人认为,到底是冒险还是保守,这取决于全体讨论开始时多数人的偏向。如果多数人一开始就偏向于冒险的决定,那么整个群体就会向冒险转移,反之则向保守转移。由于大多数人的意见对少数人产生了压力,使少数人遵从了多数人,这样就助长了多数人的意见,使群体产生了极端性转移。

3. 文化价值。即一个社会的文化如果赞扬冒险,在群体决策时,人们就会把冒险作为一种规范来应用,积极向冒险转移。而如果一个社会的文化高度评价小心谨慎,那么群体决策就会出现保守倾向。这种观点认为,极端性转移不是真正的群体现象,而是一种社会现象,受社会文化的影响。

我们认为,不能孤立地从某一种角度来解释极端性转移,而应全面、综合地来考虑。

1523 年 6 月上旬,伦敦城中的算命者和占星家预言,泰晤士河将在 1524 年 2 月 1 日猛涨,整座伦敦城将会被淹没,上万户居民的房屋将会被冲毁。在预言发布后的几个月里,所有的盲从者都开始喋喋不休地重复着这个预言,这使得更多的人相信了它。民众纷纷打点行装,移居到伦敦城以外的地区。而这样的迁徙行为又加快了预言传播的速度。随着时间离灾难的预定日期越来越近,移民的数量也在不断增加。到了 1524 年 1 月的时候,下层民众携妻带子,成群结队地步行到遥远的村庄去躲避灾难,中上层的人则乘坐马车赶到那里。到了 1 月中旬的时候,至少两万人离开了伦敦,许多地方只剩下了空荡荡的房子,在人们的心目中,伦敦是一个注定要被毁灭的地方,有钱人特意在其他城市的高地上安家。即使是富有学识的神职人员也不能例外。

然而,泰晤士河并没有在预期的日子暴涨,当人们准备将预言家投入河中的时候,预言家却想出了平息怒火的办法,他们宣称自己计算错了一个小数字,所以洪水到来的日期被弄错了,提前了整整一个世纪。正是这样的毫无根据的预言,却能够在群体之中得到信任与传播,证明了这种来自本能恐惧的情绪力量,具备了传染病一样的威力。可以看出,群体内部的传染意味着群体将获得一种与个体的天性截然对立的两极倾向,如果他不是处于群体之中,他或许根本不可能具有这种意识或能力。这种群体情绪的相互传染——对群体的特点形成起着决定性的作用,从而也会决定着群体行为选择的倾向。

资料来源: http://bbs. dangdang. com / thread－24969－1－1. html 及古斯塔夫·勒庞著,冯克利译:《乌合之众——大众心理研究》,中央编译出版社,2000 年。

思考题

1. 从进化心理学的角度来看,群体行为是如何发展、进化的?

2. 什么是内群体效应? 试举实例说明内群体效应对人们决策与行为的影响?

3. 如何提高群体凝聚力? 凝聚力的高低对群体决策及群体成员的行为有何影响?

4. 心理学家做过哪些实验来解释群体合作与竞争的关系?

第十章　社会影响和相符行为

个人行为大多是受其他人行为的影响而产生的。

　　社会影响是指在社会力量作用下,引起个体的信念、态度、情绪及行为发生变化的现象。这里所说的社会力量是指影响者用以引起他人态度和行为发生变化的各种力量,可以来自个体,也可以来自群体,可以是法律、规范等强制性的,也可以是流言、时尚等自发形成的。本章将分析几种典型的社会影响现象:社会促进与社会抑制、从众、顺从和服从、模仿、暗示和感染、时尚、流言和舆论。

第一节　社会影响概述

一、社会促进和社会抑制

在你的周围,是不是有这么一种人,他们在众人瞩目下,会临场发挥得超乎寻常,让人刮目相看?然而,也有一些新演员、新运动员,私下单独练习时已经很熟练,训练成绩也很好,然而,一上台、一上场就情绪紧张,手足无措,失误增多。社会心理学研究发现,在一个人从事某项活动时,如果有他人同时参加或者有他人在场旁观,他的活动效果会受到影响,在一些场合会促进活动的完成,而在另一些场合反而会干扰活动的完成。我们把这两种情况分别称为社会促进和社会抑制(或社会干扰),也常常将其合称为"他人在场"。

(一) 相关的实验研究

社会促进是群体影响效果实验中最早发现的群体心理现象。早在1898年,一位美国心理学家就注意到自行车骑手在有竞争者时比自己单独练习时骑得快,骑车速度提高30%。后来他设计了一项实验以探究儿童在做某项作业时,有他人在场时是否会做得更快。结果正如他所预期的那样,儿童在拉钓鱼线的作业上,在有他人在场的群体情境中比独自一人时拉得更快。于是他提出,他人在场可刺激个体工作效率的提高。许多研究也显示出同样效果。莫德的实验表明,人们对于疼痛和声音也是在有他人在场时比个人独处时的忍耐能力、辨别能力更高。

奥尔波特于1920年以后进行过一系列有关社会促进问题的实验研究,既证实了社会促进现象的存在,也发现了社会抑制现象,成为此领域的经典研究之一。他让大学生被试单独或一起从事几种难易程度不同的作业:(1)连锁联想;(2)删去短文中的元音;(3)转换透视;(4)乘法运算;(5)写批驳文章。结果发现,在完成前四种工作时,被试有其他人一起时工作效率比单独一人时高。但是在写批驳文章时,单独活动的效果更好。可见,他人在场或与别人一起工作,并不总是出现社会促进作用,随着工作的复杂程度增加,会变成社会抑制。随后的一些重复实验也获得了相同的结果。

1933年,一位学者在实验中让学生学习一些毫无意义的音节,结果,他们在观众面前学会这些音节花费的时间比他们在单独情况下所花费的时间要多。另一位研究者也发现,一个旁观者在场,能降低记忆工作的效率,干扰对某项内容的学习。

有趣的是,不光人类,就连动物有时也是这样。有人做过一个蚂蚁实验:第一天,将36只蚂蚁分别放在装有半瓶沙的玻璃瓶中,观察记录蚂蚁掘土做窝需耗的时间,以及蚂蚁掘土6小时的沙土量;几天后,又将蚂蚁两只一组放入瓶中,重复上述观察;再过几天,将蚂蚁三只一组放入瓶中,重复上述观察,结果(见表10-1)发现,蚂蚁工作效率最高的时候是两只一起工作时;工作效率最低的时候是单独工作时。有意思的是,两只蚂蚁一起工作的效率高于三只一起工作的效率。

表 10-1 蚂蚁工作效率表

蚂蚁组合 观察项目	单独工作	两只一 起工作	三只一 起工作
每只蚂蚁开始虚耗的时间(小时)	192	28	33
每只蚂蚁6小时的掘土量(克)	232	765	728

(二) 理论解释

我们已经了解到社会促进和社会抑制不仅是不同的,而且是相反的。那么群体、他人的存在,在什么条件会起抑制、干扰的作用,什么时候会起促进、助长的作用呢？社会心理学家从不同角度通过许多实验来研究这一问题。

1. 优势反应强化说。20 世纪 60 年代,查荣克提出了优势反应强化说,概述了社会影响的原理。他在研究中发现,他人在场是产生社会促进还是社会抑制取决于个体从事活动的性质。他认为,一个人动机很强烈的时候,他的优势反应能够轻易地表现出来,而较弱的反应会受到抑制。所谓优势反应,是指那些已经学习和掌握得相当熟练,成为不假思索就可以表现出来的习惯动作。如果一个人从事的活动是相当熟练的,或者是很简单的机械动作,则他人在场使之动机增强,活动更加出色。相反,如果他所从事的活动是正在学习的,不熟练的,或者需要费脑筋的,那么他人在场不会使动机增强,反而会产生干扰作用。可以用下图(见图 10 - 1)来表示。

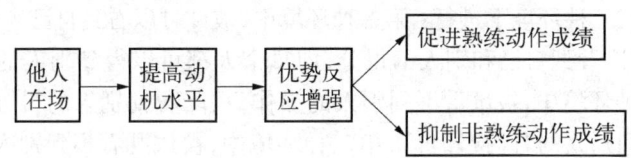

图 10 - 1　他人在场对人活动的影响过程

一项让学生学习词汇的实验也证明了这一理论。实验者让大学生默记难易不同的两类双音节词,首先由学生单独默记,然后在有他人在场的条件下默记。结果发现,对内容有关联的单词,他人在场时默记效果好;而对于不关联单词,单独默记效果好。因为很明显,前者属于熟练工作,后者属于非熟练工作。另有学者的一个实验通过观测学生投篮命中率也同样证明了查荣克的理论。根据以往投篮的成绩,他把被试分为好的和差的两类,让他们分别在没有旁观者和有旁观者的情况下投篮,结果发现:好选手在没有旁观者的情况下投篮命中率为 71% ,在有旁观者时的命中率为 80% ;而差选手在没旁观者时命中率为 36% ,有旁观者时命中率为 25% 。

2. 注意的分配与转移。除了查荣克以外,有些社会心理学家从注意分配和转移的角度来解释社会促进和社会抑制现象。他们认为,从事生疏的或是复杂的工作,必须高度地把注意力放在工作上,否则就会影响工作效率。而他人在场,势必造成工作者注意的分散和转移,这样就影响了他的工作正常进行。从事简单熟练的工作,可以认为工作者已经形成了一定的习惯动作,有的几乎已经达到了"自动化"程度,即使注意力短时间转移或部分

241

分配到别处也不会影响动作的连贯性和效率。比方说,有些妇女织毛衣时还能同时用脚摇晃幼儿的摇篮,并且还能同别人聊天谈笑。她这样"一心三用",不仅不会使织毛衣的动作中断或发生错误,反而会产生一种促进作用,使动作速度加快,协调完善,提高活动效率。

3. 评价的自我知觉度。人们都有一种求成动机,希望自己的才能与潜力充分发挥出来。这种动机的作用在团体情况下尤为明显,激励个体尽全力完成工作。但是随着研究的深入,人们发现并非在任何条件下他人在场都会提高动机水平。要提高活动者动机水平,需要在场的他人对活动进行明确评价,而且活动者本人也要能够对于这种评价有适度的认识。

曾经有人设计了一个非常巧妙的实验。实验者让被试用小棍子把一个小球从某装置的下方拨到上方。这是一个相当困难的工作,需要一定的技巧。实验在三种环境下进行:第一种环境中,被试可以看到自己和别人的操作,并且可以看到自己和别人的得分,即每个人都可以得到别人的"直接评价";第二种环境中,被试看不到别人的操作,只能看到别人的得分,即每个人只能得到别人的"间接评价";第三种环境中,被试既看不到别人的操作,也看不到别人的得分,即每个被试的操作都"无评价"。结果发现,在第一种环境中被试成绩最差,而在第二种环境和第三种环境下,被试的成绩没有什么区别。这说明,在"直接评价"下,活动者的动机水平大为提高,对复杂的工作造成了严重影响。所以,社会促进或社会抑制并非简单地取决于他人是否在场,还依赖于被试知觉到其操作被别人评价与否。

仅有他人在场以及在场他人的评价,而没有活动者对这种评价的适度认知还不能产生社会促进或社会抑制效果。活动者没意识到有他人在场以及他人评价,正聚精会神地进行着自己的工作,则社会促进或社会抑制的效果不显著。此外,活动者对他人在场评价的认知度过高,往往会造成社会抑制。比如,平时小心谨慎的人在向陌生人作介绍时,往往会过分注意自己:我这么说行不行? 别人会怎么评价我? 若发现对方漫不经心,就担心他人对自己的介绍不感兴趣;若对方仔细聆听,则又担心自己出错。这样,她的介绍便结结巴巴,越焦急,介绍效果越不好。

二、社会影响的反应机理

人,既然处于群体之中,就不可避免地受到社会影响。人们对社会影响是如何反应的呢？具体有哪些心理过程？社会心理学领域中对此有不同的理论分析。

（一）社会影响理论

人们对外界的社会压力如何反应，拉坦内（B. Latane）提出了著名的社会影响理论，论述了社会影响的一些原则。他指出在特定情境中，来自他人的社会影响的总量取决于三方面因素：他人的数量、重要性和接近程度。

1. 他人的数量。当观察者数量增加时，他们的影响也会增大。如新演员在面对 100 个观众时要比他面对 10 个观众时更怯场。

2. 他人的重要性。也被称为社会力量的强度，依赖于他人的地位、权力以及他人是否是专家。社会各个领域的权威显然比一般民众的社会影响力高。

3. 他人的接近性。指他人在时间上与空间上与个体的接近程度。与一个相隔 20 米的人相比，一个与我们面对面相处的人对我们的影响作用更大。

拉坦内的社会影响理论能够帮助我们解释为什么他人的存在有时能导致社会促进，而有时却产生社会抑制的效果。在社会促进的情境下，人们往往是观众或者合作者影响的唯一目标，他人的社会影响直接作用于单个个体。当人数增加时，他们对个体的社会影响也随之增加。而当很多人一起工作，只有一名旁观者，社会抑制往往就会发生，随着个体的强度、接近性和数量的增加，会导致社会影响力的分散和减弱，每个个体所体会到的影响力要小于个体单独作为目标时体会到的作用力。用社会影响理论可以解释从众、服从等多种社会现象。

（二）社会影响反应系统

人们认为对社会影响的反应分为四个心理过程，即感知、认知加工、决定、输出反应四阶段。

第一阶段是对社会影响的感知。这是社会影响的输入阶段，是对社会影响反应的基础。感知社会影响，关键在于感知自己与社会影响的差异。如果在社会影响与个人实际之间没有差异，人们也没有反应的必要，自然不会出现顺应、独立或逆反。

第二阶段是对感知信息的加工。在觉察到个人与社会影响的差异之后，出现内在心理冲突，唤醒特定的情绪体验，产生消除冲突的必要。在这个过程中，人们综合判断各种反应的利害得失，权衡各种反应可能导致的结果,试图作出决策。

第三阶段是确定对社会影响的反应。以对感知信息的加工为基础,人们作出如何对社会影响作出反应的决策。或者选择顺应,避免不顺应可能导致的不利结果,回复心理平衡;或是不顺应,将其主观"合理化",消除心理冲突。

第四阶段是输出社会影响的反应。在决策的基础上,以语言、动作、活动等方式作用于环境或社会影响,完成顺应与否的反应。

第二节　从　　众

一、从众的概念与实验研究

(一)从众的概念

对于从众的理解,学界存在多种看法。有人认为,从众是个体在真实的或想象的团体压力下改变行为与信念的倾向;也有学者认为从众是个体对知觉到的团体压力的一种屈服倾向。尽管表达上有差异,但都指出了从众的实质,即个体的观念与行为由于群体的引导或压力,向与多数人相一致的方向变化的现象。

(二)从众的相关实验研究

1. 谢里夫的游动错觉实验。关于从众行为的实验研究,最初是由谢里夫在 20 世纪 30 年代完成的。谢里夫在 1935 年利用"游动错觉"现象设计了一个实验,因为人们常常在暗室里把静止不动的光点当成移动的。他要求被试者在暗室里各自独立估计一个实际上是静止的光点的移动范围。实验反复了几次之后,被试就都确定了各自所估计出的光点移动范围。比如某甲第一次说移动 15 厘米,第二次说 12 厘米,第三次说 14 厘米,那么他所估计的移动范围就是 12—15 厘米。尽管被试单独估计的移动范围各不相同,可是,当几个人一组共同进行估计时,就发现他们个人之间互有影响,相互趋近了。比如,有两人原来各自估计的移动范围是 5—8 厘米、18—25 厘米。一起进行估计时,两人估计的范围就一次比一次接近。实验进行到第九次时,两人估计竟达到了完全一致,即估计为 11—15 厘米。谢里夫的实验表明,一个人对于外界的认识或见解,是会受到别人的、众人的见识和见解的影响的。在谢里夫的实验里,个人放弃自己原来的意见而同别人的、众人的意见或行为趋向一致是典型的从众行为。

2. 阿希(Solomon Asch)实验。20 世纪 50 年代,阿希做了一个被称为经典性的从众行为实验,实验材料是 18 套成对卡片。阿希告诉 123 名大学生被试,将要进行视觉判断力实验。要求指出线段 b、c、d 中哪条与 a 等长。实际上 c 与 a 等长,这一望即知,十分明显。在个人判断时,被试者百分之百都能作出正确的回答。然而,当分组进行实验时情况就不一样了。实验是每组 7 人,其中 6 人是试验者的助手,只有一人是真正的被试。每当试验者显示一对卡片要求回答"哪条线段与 a 等长"时,都是扮作被试的试验者的 6 个助手先答,最后才轮到真正的被试回答。在全部 18 次试验里,前 6 次助手的回答都是正确的,同真被试的答案完全一致,都是"$c = a$"。但是从第 7 次开始,6 名助手异口同声、斩钉截铁地说"$b = a$",轮到第 7 个人即真实被试时,他就惊讶不已,迷惑不解,而陷入了矛盾之中:一方面自己的视觉清楚地告诉他 $c = a$,另一方面前面 6 个人一致地判断是 $b = a$。在这种两难情况下,所有被试的平均从众行为为 35%。

阿希通过对被试的访谈,归纳出从众的行为有三种:知觉歪曲,即被试确实参照他人的反应,观察发生了错误;判断歪曲,即被试虽意识到自己看到的与他人不同,但由于对自己的判断缺乏信心,认为多数人总比自己正确些;行为歪曲,即被试明明知道他人的反应是错误的,但因不愿被视为异类而采取相符行为。此外,阿希还发现,当卡片上的线段的客观差异变小,客观地进行正确回答的概率下降时,从众的比例也上升。这说明,情境越模糊,人们越难判断,越倾向于从众。

二、人们为什么从众

人们从众主要有两个原因:一是为了做正确的事情,二是为了被喜欢(Cialdini & Trost, 1998)。这与前文提及的关于态度转变的分析一致。当人们认为群体成员是正确的,并且希望被群体喜欢和接受时,人们更倾向于产生从众行为。

(一)信息影响:对正确的追求
信息影响是指从他人那里获取信息,并将其当作显示证据(Dentsch &

Gerad, 1955）。个人对于世界，包括对于自身的知识、信息，主要是通过别人获得的。别人提供的知识、信息乃是个人成功地进行活动所必不可少的。而且，经验证明了多数人的意见往往是正确的。因此，是否同多数人的意见保持一致就成了人们评价自己的判断和行为正确与否的依据。个体对自己所持观点越没信心，任务难度越大，就越容易从众；而当个体对某一问题越了解，信息掌握量越大，从众的概率就越小。

（二）规范影响：渴望被接受和喜欢

规范影响是指个体希望获得他人的赞同，并避免其他人的否定。如果个人处于某一群体之中，那么他就要接受群体的规范。成员遵守这些规范就会受到表扬或奖励，受到接纳与欢迎；违反这些规范就会受到批评与惩罚，受到冷淡与排斥。哥伦比亚大学弗里德曼教授曾通知被试小组，新来了一个人，是个"刺头"（即偏离规范者）。之后要求小组挑选一人去参加一项实验，在实验过程中若发生错误将会受到电击，因此大家都不愿参加，选来选去最后选中的都是新来的那个人，表明规范压力也是从众的另一个重要原因。

信息影响和规范影响既互相联系又各不相同。二者不仅性质不同，而且导致的结果也不同。当一个人的从众行为是基于众人提供的信息而实现的，即是作为信息影响的结果而产生的，那么，这种行为被保留的可能性就很大。当一个人的从众行为是基于害怕遭受惩罚的规范影响的结果而产生的，那么，这种行为被保留的可能性就小了。

三、影响从众行为的因素

关于影响从众行为的因素或条件大体可以从群体、个体和情境三个方面来分析。

（一）群体层面

1. 群体规模和凝聚力。群体的规模大小对于个体是否从众是一个重要的影响因素。在阿希的实验中，当试验者的助手只有一人，对于被试几乎没有什么影响；助手增到 2 人时，被试的从众行为量明显增加，答错的次数近13%；助手增加到 3 人时，其错误行为就超过33%了。可是从众行为量并不总是随群体人数的增长而相应增长，超过限度就不仅不再增加甚至会减少从众行为。而在一定规模之内，群体规模越大、人数越多，导致的从众行为概率也越高（见表10-2）。

表 10-2 群体规模与从众行为

群体人数	阿希的研究	杰拉德(H. Gerard)的研究	
	男（%）	男（%）	女（%）
1	2.8	12.6	—
2	12.8	—	21.0
3	33.3	25.9	—
4	35.0	—	33.6
5	—	—	—
6	—	24.1	—
7	—	—	34.6
8	32.0	30.1	—
16	31.3	—	—

群体的凝聚力。凝聚力不同的群体对成员从众行为的影响也是不同的。伯克威茨曾做过一个实验，他把被试分为 3 人一组，但每组有两人是试验者的助手，只有 1 人是真正的被试。先诱导出各组的真被试对于另外 2 人喜欢与否的态度。然后要求各组在完成任务时，成员之间使用书面联系。结果发现，在另 2 人为真被试所喜欢时，会导致真被试的极大的从众性。所以，群体凝聚力越高，成员之间越彼此喜欢，出现从众行为的可能性就越大。

2. 群体成员的行为。群体成员的行为在三个方面影响从众行为：群体成员的态度改变、反从众成员的作用、多数成员行为与个人行为差距。

（1）群体成员的态度改变。如果群体中多数成员一开始赞同被试的反应，而后来改变态度反对其意见时，比一开始就作出不同于被试的反应更能引起个人的从众倾向。如果被试在其他人接受之前，曾自己独立做过相同的工作，而且有支持他做得正确的证据时，则在群体作业的情境中，更能抵制从众的压力。

（2）"反从众者"的作用。当群体中出现一个"反从众者"时，则其他人的从众行为大大减少。这位反从众者无须与其他被试作出同样的反应，只要他作出不同于其他多数人的反应，就可以大大缓解被试所面对的从众压力，使其成为非从众者。这位反从众者对其他人起了支持与鼓励的作用。在阿希实验中，只要有一个人反对群体的错误意见，就会大大减轻被试的心理负担,使他坚信自己的判断,从而减少从众行为。

(3)群体多数成员的行为与个人行为的差异。当个人的认知与群体行为之间的差距太小时,被试不大会感受到群体压力的威胁;当两者之间差距很大时,则易使人怀疑群体反应的正确性;中等程度的差距给个体造成的从众压力最大。

(二)个体层面

1. 性别。长期以来,人们认为女人比男人更容易从众。曾有早期研究表明,女性的从众率为35%,而男性只有22%。然而近期研究表明,早期实验所采用的材料是女性所不熟悉的,所以才有较高的从众率。20世纪70年代,有学者将实验内容分为男女性都熟悉的、中性的和都不熟悉的三类来研究从众行为,结果(见表10-3)表明,男女被试对自己所不熟悉的项目都表现出较高的从众率,而在自己所熟悉的方面都表现出较大的独立性。对于中性项目,男女两性的从众量几乎完全相同。由此可见,性别差异对从众行为量几乎没有影响。

表10-3 男女两性在不同实验内容下的从众率(单位:%)

	内　　　容			平　　均
	男性熟悉的	女性熟悉的	中　性　的	
男	34.15	43.05	39.65	38.95
女	42.75	34.55	39.10	38.80

2. 年龄。有人认为从众是学习的结果,儿童是倾向于独立的,随着年龄增长从众行为才增多。但是,也有人认为从众性是随年龄增长而减少的。年龄增长,从众行为会减少。目前两者之间的关系尚无定论。

3. 地位。一般说来,群体中地位低的人比地位高的人更易于从众。因为在群体中地位低的成员为了提高他在这个群体中的地位和增加被他人、群体所喜欢的程度,他就倾向于更多地作出从众行为。而地位较高的成员,由于可以偏离群体而不受惩罚,另外他们大多是领导者,创新对他们来说是很重要的,所以他们的从众行为较少。

除了上面几点外,个人在有关方面具有成功或失败的经验,个人自尊心的强弱等都会对个人的从众行为发生不同程度的影响。

（三）情境因素（刺激的模糊性、反馈的匿名性、承诺感）

1. 刺激的模糊性。要求被试知觉、判断的客体本身越是模糊不清，就越能增加个体从众的可能性。在阿希的实验中，线段之间的差别越小，个人屈从于团体的压力作出从众行为就越多。道奇把阿希的实验加以改变，要求被试凭记忆作出判断而不是看着卡片作判断，结果被试的从众行为大大提高。

2. 反馈的匿名性。在阿希的实验中被试的意见是被公开的。道奇的实验则要求被试在当众和秘密两种条件下对线段知觉问题作出回答。结果是在公开条件下的从众行为量为30%，而在秘密条件下作出从众行为的只有25%。可见匿名情况降低了群体压力，人们越少感受到孤立，做出的独立性行为就越多。

3. 承诺感。在阿希的实验中，被试观看卡片后并未立即说出各自的意见，而是在听完多数一致的错误意见后，有32%的被试表现了从众行为。如果被试在听取众人意见之前，先将自己的意见表明，再听众人一致的错误意见，其从众行为会受到约束。而且有实验表明，承诺感的高低对其从众行为的发生率的影响是不一样的（见表10-4）。

表 10 - 4　承诺感和从众的关联

组　别	承　诺　感	从众率(%)
甲	无	24.7
乙	低	16.3
丙	高	5.7
丁	最高	5.7

第三节　顺从和服从

一、顺从

顺从行为实际上是一种行为的歪曲，即顺从者表面上接受群体的意见，但实际上是不同意这种意见的。虽然他们明明知道别人的回答是错误的，但为了合群，从而做出了违背自己意愿的行为。行为者一旦离开特定的压力，就会恢复自己的独立判断。顺从行为就是在群体压力下，表面上遵从群体意见或他人期望的行为。它同从众行为的根本区别在于它在行为上符合外界要求的同时，思想上、态度上并没有随之转变。也就是说，连原来的意见也一起放弃而附和群体的，是从众行为；保留原来观点而附和群体的，是顺从行为。

（一）影响顺从行为的因素

影响顺从行为的因素有很多，有学者将其归纳为以下六种。

1. 回报。影响力的一个基础就是能够为顺从者提供正性的结果。比如帮助他完成一个他所期望的目标，或直接给予奖励。有些回报是高度个人化的，如好友一个赞许的微笑；而有些回报则含有交易性，例如尽管事先没有达成一致意见，员工还是希望通过自己的努力和对老板喜好的关注获得升职加薪。

2. 强迫。从惩罚威胁到表达轻微的不满都属于强迫的涵盖范围。比如管理者针对员工迟到进行的处分；父母哄小孩睡觉，可是小孩总是哭，不睡，于是父母将其放在床上不管。

3. 专家意见。专门的知识技术都会影响顺从行为。人们遇到难题时，总是会听从专家的建议，因为我们相信他们的专门技术知识能够给予我们帮助。比如生病时去挂专家门诊，对他们的处方言听计从。

4. 合理要求。当请求别人顺从自己要求时，我们总会提出充分的理由来让其相信要求的合理性。比如员工请求晚点出席会议，如果他说要睡懒觉，那么领导断然不会答应；但如果他称要参与某项职称考试，那么领导同意的概率就比较高。

5. 参照影响力。当我们崇拜或认同某个个体或群体时，我们就会模仿他们的行为或顺从他们的要求。这个被模仿或顺从的个体或群体的影响力就是所谓的参照影响力。例如一个年幼的孩子，可能会通过模仿哥哥姐姐的行为方式，产生和他们相同的爱好。参照影响力也常应用于广告领域，使用某一品牌，即寓示着你属于具有某种生活方式的群体中的一员。

6. 合法权威。社会角色所赋予的合法权利和地位可以促使发生顺从行为。工作人员带领游客进入纽约某地的"热带礁湖"时，要求游客不要用手触摸展览台扶手。当工作人员身着制服时，游客大多顺从这一明显不合逻辑的要求（既然不让触摸，这扶手有什么用）；当工作人员身着便服时，顺从行为明显下降。显然,制服赋予的合法权利和地位增加了人们的顺从行为。

(二)顺从行为的心理基础

美国有这样一则笑话:一个老百姓被邀请到白宫与总统一起吃饭。他很紧张,不知道怎样做。喝咖啡时,他看到总统把牛奶倒入咖啡中,又加了几块糖,接着把咖啡倒入一个盘子中,于是他也照做了,后来发现总统是要用这个盘子里的东西喂狗。尽管他知道怎样喝咖啡,他还是顺从了总统的行为,闹了笑话。如果从心理学的角度来分析,我们会发现导致顺从行为的心理基础有以下几类:

1. 对偏离的恐惧。人们都不愿偏离自己所处的群体的规范而受到冷落甚至惩罚,另外也不希望自己被看成愚蠢的、不称职的人,恐惧使众人的感觉偏离。即使心里明知此事很荒谬,还是得顺从。比如说,某行业协会对某种工作或某种产品的价格定位是统一的,若其中有人想要降价来招揽生意,或者抬高物价来赚取更多的利润就会被警告、惩罚或开除出组织。所以,人们为了避免这些后果,尽管很想多挣些钱,但最后还是选择了顺从行为。

2. "归类"心理。在社会中,如果用归类的方式加强了一个人的自我形象认定,就会使他提供与归类相一致的行为。比如,某工厂为了教育青年,组织那些平常有些小毛病的青工去参观劳教所、监狱,这样无疑是把他与普通职工区别成另外一类人了。所以,还没等参观团出发,他们就在厂里砸玻璃、摔工具,大闹起来。又如,有学术成就的学者被归类为有求必应的社会宣传家后,就很难拒绝此类社会宣传任务,从而增加了其顺从行为。

3. 匿名性。与从众一样,在匿名的环境中,个体顺从的行为会相对减少。比如,某制药厂的代表访问一些医生,询问他们对自己的药品的评价,许多医生为了不使对方丢面子等原因,都给予了较高评价,或称愿意使用这种药。然而,检查这些医生开的处方,发现公开的赞扬并没有使他们私下里为病人开这种药。

(三)增加顺从行为的技巧

如何促进他人的顺从?社会心理学对此进行了深入研究,提出了一些行之有效的策略,在日常生活中被广泛应用。

1. 登门槛技术。即先向对方提一个较小的要求,再向对方提出较大的要求,这样对方接受大要求的可能性会增加,此又称为"得寸进尺效应"。弗里德曼等人曾经就家庭主妇交通安全问题进行过一项实验,应用了这一策略。家庭主妇原来可能认为自己是不参加社会活动的人,一旦她们同意了实验者的小要求,她们的自我形象可能会发生变化。因此对于随后的一个大点的要求,她们会比以前更愿意顺从。也就是说,接受小的要求改变了个体对自己的态度,这种改变减少了她们对以后类似行为的抗拒。

2. 以退为进法。此法与得寸进尺法相反,指先向他人提出一个很大的要求,在对方拒绝之后,紧接着提出一个小的要求,这时小要求被满足的可能性就增加。1975 年的一项研究证明了这种策略的有效性。这种策略之所以奏效,要满足三个前提:一是最初的要求必须很大,从而当人们拒绝时不会对自己产生消极的推论;二是两个要求的提出时间间隔不能过长,否则义务感就会消失;三是两个要求必须由同一个体提出,如果换了他人,该效应不会出现。

3. 折扣技巧法。指先提出一个很大的要求,在对方回应之前赶紧打些折扣或给对方其他的好处。与以退为进法相比,这种方法不给对方拒绝初始大要求的机会。伯格研究了用这种技巧销售蛋糕的效果。控制组中有40% 的潜在购买者最终购买了蛋糕,而在"折扣"情境下,73% 的潜在购买者最终购买了蛋糕。

二、服从

与从众和顺从不同,服从是受他人和群体压力,被迫做出附和规范和他人意志的行为,其显著特点是压力更具有强迫性。因此,个体的意愿和心理也不同于从众和顺从者,带有很强的被迫色彩。下面的实验可以帮助我们了解服从行为。

(一)米尔格拉姆实验

美国社会心理学家米尔格拉姆做了一个服从权威的实验。他首先在报纸上登广告,有 40 个居民入选,都是 20 到 50 岁之间的男性,从事各种不同的职业。他们被告知将要参加一项研究惩罚对于学习效果影响的实验。他们两人一组,被带到实验室,用抽签的方法确定一个人扮演老师,另一个人扮演学生。老师的任务是朗读配对的关联词,而学生则需记住这些词。然后,老师提出某个词,让学生从给定的四个词中选择一个正确的,如果错了,老师就按电钮电击学生。

在实验室里,充当老师的被试坐到控制台前,那上面有 30 个电钮,每个电钮都标有它所控制的电压强度,从 15 伏依次排列到 450 伏。电钮 4 个一组,各组下面标有弱、中、强、特强、剧烈、极剧烈、危险的字样,最后的一档标的是"×××"。老师的惩罚就是通过按电钮给学生电击,第一次错了,就用15伏电击一次,第二次错了,就增加15伏,这样依次递增。实验过程中,学生每次出错,老师都给予电击,开始电击时,学生先是叫喊,而后是怒骂,继之是用脚踢打桌子,最后停止呼喊,似乎是昏过去了。

当有些充当老师的被试不愿再继续下去,实验者会督促他们继续下去并说"你必须继续下去,这是你的责任",当新的更危险的电击后,隔壁没有了声音,老师问实验者怎么办,实验者就用更严厉的声音说,他不回答就按错误处理,继续电击。在这种情况下,有26个被试(占65%)服从了实验者的命令,不断加大电击等级,直到450伏。有一个文质彬彬的被试,在实验进行到21分钟时,内心冲突十分厉害,浑身抽搐,张口结舌,扭动双臂,嘴里不停地说"让我们停止实验吧!"但是,他还是服从了实验者,把实验进行到最后。最后只有14个被试进行了反抗。

实际上被试中只有老师是真被试,充当学生的是实验者的助手,他并没有受到任何电击,他的呻吟、喊叫和踢打桌椅等反应,都是事先安排好的录音,实验时只需放录音而已,而且按钮所对应的电压数是虚假的,而"老师"对这一切一无所知。

(二)服从的影响因素

米尔格拉姆的实验激起了对心理学研究伦理的空前讨论,实验中所观察到的服从的强度是人们难以想象的,当处于合法权威强大的情境压力之下时,正常人也会被驱使而采取破坏性的行为。社会心理学家经过进一步的研究,认为下列因素与服从有关。

1. 命令者的权威性。在米尔格拉姆的实验中,发出命令的权威人物是耶鲁大学实验室的一位很有名望的科学家,并且他宣称该实验研究的是一个重要的科学问题。如果主持实验的不是一位专家,那么服从率就可能降低。我们从小在周围环境中就习得了绝对服从权威的习惯,因为权威之所以被称为权威,自有其过人之处,在学识、经验、能力等诸方面一般来讲都是这一群体中的佼佼者,他们的意见一般较其他人更为准确,那么就容易产生对这个权威的崇拜而不去考虑他的意见是对是错,认为权威的要求是合理的,并且值得服从。

2. 被试的道德水平。进一步的研究证明,在涉及政治、道德等问题时,被试是否服从权威,绝不是单纯取决于服从心理,还要综合考虑人的世界观和政治立场。有人选取处于不同道德发展水平阶段的被试做实验,发现道德水平越高,越可能拒绝服从电击的命令。重复米尔格拉姆实验的人证明,处在柯尔柏格道德发展水平第三、第四阶段的人,有12.5%拒绝电击学生,处在第五、第六阶段上的人,75%有拒绝行为。在现实生活中也是一样,让一个道德水平高的人去做不道德的事是很难想象的。

3. 与权威和受害者的靠近程度。实验中,被试和权威之间的距离越小,服从权威的倾向越大。与受害者之间的距离越大,服从率越高。一个人对他人造成的伤害越直接,他感受到的压力越大,反之则越小。

米尔格拉姆的服从研究,让我们对生活中的权威服从情境积极思考。当你在生活中处于道德上左右为难的困境时,会作出什么样的选择呢?比如你是一个售货员,如果你的老板鼓励欺骗,你是否会欺骗顾客呢?党派成员投票时,你是否本着自己的良心投票呢?我们谈这些并非是争论人的本性,而是要搞清楚为什么就连正常的、有完全意识的个体,在强大的情境和社会压力下,都显得那么脆弱。

第四节　模仿、暗示和感染

一、模仿

(一)模仿的概念和相关研究

1. 什么是模仿。模仿指在没有外界控制的条件下,个体受到他人行为的刺激影响,仿照他人的行为,使自己的行为与之相同或相似。模仿是一种普遍存在的社会现象,从个体对他人的无意识的动作到衣食住行各方面,以及对他人的工作方式、生活态度,乃至于对整个社会生活有关的礼节、时尚等,都存在着模仿。模仿的特点在于,它不仅仅是指个体接受他人的行为或心理的外部特点,而且也对他人表现出的行为特点进行复制。

模仿只能是对外显行为的模仿,而不能模仿他人的内隐心理。以情感为例,情感是由于内外刺激而引起的个体的一种内心体验。没有这种对于刺激的体验,不可能产生相应的情感。奥尔波特指出,我们不能模仿惧怕,如果我们看到他人有惧怕的表情,而自己也感到惧怕的话,那不是模仿的结果,而是由于看到了别人的惧怕表情,会感到自己也处于危险中,因而才惧怕。所谓模仿他人的气质、性格,也是通过模仿他人的一系列行为,体现出一个人所具有的性格爱好等个性心理特征。

2. 模仿的相关研究。作为一种常见的互动模式,模仿这一现象长期以来都备受人们关注。古希腊哲学家亚里士多德认为,"模仿是人的一种自然倾向",是人的本能之一。达尔文认为模仿不仅是人的本能,也是大多数高等动物的本能。

关于模仿的"本能论"在社会心理学领域产生了巨大影响。20 世纪初期,塔德(G. Tarde)和麦独孤都把模仿看成是一种先天的倾向。塔德认为,模仿是社会发展和社会存在的基本原则,由于模仿的结果而产生了团体的规范和价值,模仿是社会进步的根源。实际上模仿在人类社会的发展历史中只具有相对的作用,塔德认为模仿是种本能,并用这种本能来解释整个社会的进步,这是不可取的。

和模仿的"本能论"相对应的是以米勒和多拉德为代表的社会学习理论的观点。他们以"强化"来说明人类模仿行为的产生。米勒曾以动物实验来证明模仿是后天习得的。他认为模仿是后天通过强化习得的行为。他将模仿分为三类,即同一行为、翻版行为和仿同行为。20 世纪 60 年代以后,班杜拉结合人类的认知过程来研究模仿行为,认为和人类的许多其他行为一样,模仿不是先天的、本能的,而是在后天的社会化过程中逐渐习得的。

（二）模仿的特征

一般都认为模仿是非控制条件下,个体自主地仿照他人的行为而活动的过程。模仿有几个特征：(1) 非控制性：模仿不是由他人或社会所控制的行为。模仿有时是因社会的号召而自觉地发生与榜样相似的行为,有时是对榜样无意的仿效。(2) 表面性：模仿是对他人行为的模仿,而不是对榜样内心世界的模仿。实际上,内心世界是无法模仿的,个人体验是无法互通的。所以,模仿仅仅是他人行为的再现。(3) 相似性：模仿是对榜样外部行为的仿效,所以,模仿者的行为就要与榜样的行为相同或类似。尽管这种相似不可能做到完全一样,但总会存在某种程度或行为某一部分的相似。

（三）模仿的类型

1. 根据是否自觉,可将模仿分为有意模仿和无意模仿。

有意模仿。有意模仿者自觉地学习他人行为,在理性指导下进行仿效。有些有意模仿是盲目模仿,即模仿者并不理解他人的行为意义,也不知道人家为什么这样做。"东施效颦"就是例子。当然也有些模仿者懂得他人行为的意义而有选择地进行模仿。

无意模仿。无意模仿是模仿者在没有意识到自己行为意义的情况下,不知不觉地仿照别人的行为。这种模仿大部分是由于生活在一个特定的环境中,长期受影响,不自觉地模仿别人。

2. 根据被模仿对象,可将模仿分为对个体和对群体的模仿。

对个人的模仿。对个人的模仿是模仿者将某个人的行为作为自己的榜样,把被模仿的对象当作自己的榜样。这种模仿大都是有意的,是希望自己的行为类似于榜样的行为。因此,对个人的模仿常常会变成对榜样的崇拜。

对群体的模仿。对群体的模仿是模仿者将群体的某种共同行为作为自己模仿的对象。对群体的模仿也可分为对群体规范和群体特定行为的模仿。如一个新的队员会模仿球队其他球员上场时划十字的动作,办公室的一位新成员会改吸其他办公室成员都吸的那个牌子的香烟等。

（四）影响模仿行为的因素

影响模仿行为的因素很多,有年龄、威信、类似等因素。下面分别作简单介绍。

1. 年龄。一般来说,儿童的模仿性大于成年人,这是比较容易观察到的。儿童的模仿行为是个人社会化不可缺少的环节。儿童关心、喜欢、接触多的人和事物,往往首先成为他的模仿对象。所以,一般来说,父母总是儿童模仿的榜样,年龄越大,模仿的行为就越少。

2. 威信。构成威信的因素很多,比如年龄、权利、地位、名望、才能、知识等。只要在某方面占有优势,就会获得相应的威信,从而有可能成为他人模仿的对象。

3. 类似特质。模仿的对象往往是类似自己又要高于自己的人。有70名女大学生参加了某个实验。首先,她们被带到一个个单间欣赏唱片,然后和隔壁的实验者的助手(假被试)交换意见。第一次假被试听完真被试的意见后附和了她,再次重复这个过程后,假被试先发表意见,结果,真被试作了同样的选择。所以,特质相似者之间容易产生模仿。

二、暗示

暗示是社会影响的主要形式之一,是指人或环境以含蓄、间接的方式向他人发出某种信息,以此来对他人的心理和行为产生影响。这种影响具体表现为使人不自觉地按一定的方式行动,或接受一定的理念。人们在社会生活中的许多活动实际上都是无意识地对来自他人或环境中的各种暗示作出的反应。社会心理学中一般研究的是"社会暗示",指群体或他人对个体的影响。在个体与他人和群体的交往中,如果能够给个体创造一定的暗示环境,就能在一定程度上控制个体的行为和活动。受暗示,就是人们对被控制的社会刺激发生的从众反应,其结果是个体行为向群体行为的趋同。

（一）暗示的相关实验和特征

1. 暗示的相关实验。暗示对人们的心理和行为有着很大的影响作用。美国心理学家谢里夫曾对暗示的作用做过一个实验。他要求大学生对两段作品作出评价,他告诉学生说,第一段作品是英国大文豪狄更斯（C. J. H. Dickens）写的,第二段作品是一个普通作家写的。其实这两段作品都是狄更斯写的。受了暗示的大学生却对两段作品作了悬殊的评价:第一段作品获得了宽厚而又崇敬的赞扬,第二段作品却得到了苛刻而鄙夷的评价。这一实验表明暗示的作用是很大的。

南京大学陈秀萍的暗示实验同样证明了这点。她将实验者分为两组,安置在不同的地方。实验材料是一张青年人的照片,要求被试根据照片上的形象描写这个人的性格。主试对其中一组人说,这是个罪犯的照片,对另一组人说是个年轻教授的照片。同一张照片,两组人对它的性格描写却有明显差异。

也有些实验是对暗示产生的心理生理机制所做的研究。有些学者认为,暗示会引起人们的生理变化。在实验室内,反复给被试喝大量糖水。经检验,可发现其血糖增高,出现糖尿、尿量增多等生理变化。后来,不给糖水喝,实验者用语言来暗示,结果同样发生上述变化。

奥尔波特指出,暗示能够产生很大的效力,主要有两方面表现:一是语言控制的自动性和无意识性,二是身体变化的普遍性和完全性。人的高级神经系统暂时联系的接通,可以由于多次反复强化而得到巩固。人体某一感受器官接受到某种暗示刺激的时候,其他器官会自动地表现出相应反应。例如在某电站工作的电学家,经常感到自己有可能触电,虽然有各种保险措施,他还是深感不安。一天他无意中触到一根电线,立即晕倒,表现出种种触电症状,最后留下种种触电伤痕而死。但是经检查,那根电线其实不带电,他纯粹是被自我暗示吓死的。这种现象背后的奥秘还没有被完全解开,

257

现在只能作肤浅的解释：在一种暗示的刺激下会突然引起某些器官自动的消极调整，所以产生了与暗示相对应的症状。

2. 暗示的特征。根据乐国安编著的《社会心理学》，暗示有如下特征：

（1）计划性。暗示者为使被暗示者能有特定的反应而拟定计划，并加以刺激。

（2）代表性与部分性。暗示者代表特定的刺激。在一定的情况下对被暗示者加以刺激。然而，被暗示者则会对其他情况或者其他特定的刺激显示出相同的反应。

（3）非合理性。被暗示者会作出无判断、不合理的反应。

（4）感化性。被暗示者因暗示者或与其有关的关系而变化反应的种类与程度。例如不会走路的婴儿听到母亲的呼唤，就想要走过去；如果是别人叫，他也许就不会反应。

（5）被暗示性。被暗示者因身心因素而有不同反应，尤其在判断能力暂时松弛时。如疲劳想睡觉时，最容易接受暗示。

（二）暗示的类型

暗示分为他人暗示和自我暗示两个主要类别：暗示信息来自他人，称为他人暗示；暗示信息来自本人，称为自我暗示。

1. 他人暗示。他人暗示又可细分为直接暗示、间接暗示和反暗示。

（1）直接暗示。这是由暗示者把某一事物的意义直接告知受暗示者，使人迅速而无意识地加以接受的一种暗示。心理学家做过一个实验，实验者以化学教授的身份告诉学生，他手中的瓶子里装有一种恶臭的气体，他想测试这种气体的扩散速度，并请闻到该气味的学生举手。然后他打开瓶塞开始计时，十五秒钟后，前排多数学生举起了手；一分钟后，有75%的学生举起了手。实际上这当然只是一个并无恶臭气体的瓶子。这就是一种直接暗示。

（2）间接暗示。这种暗示是一种主要的暗示手法，是由暗示者凭借其他事物或行为为其中介，将某一事物的意义间接告知受暗示者，使人迅速而无意识地加以接受的一种暗示。比如某人一种难以治愈的疾病在拜了某棵树后突然痊愈，顿时这棵树就成了"神树"，受到其他人的顶礼膜拜。间接暗示一般不会使接受者产生心理抗拒，所以其控制作用往往大于直接暗示。

（3）反暗示。反暗示也是暗示，只不过是外界刺激的结果引起了相反的反应。中国古代笑话"此地无银三百两，隔壁阿二不曾偷"就是一例。在现实生活中，"声东击西"、"欲擒故纵"、"请将不如激将"等也都是反暗示的作用。

2. 自我暗示。自我暗示指依靠思想、语言向自己发出刺激,以影响自己的情绪、情感,抑制或加深对某一观念的认知,或要求自己按某一方式行动。比如某人怀疑自己吃饭时误吃了一只苍蝇,非常恶心,焦躁不安,以致得了病,无法康复。有医生用致吐的药使他呕吐,在呕吐物中偷偷放入一只苍蝇。病人见后心情马上愉快起来,病也就好了。

自我暗示又可分为积极的自我暗示和消极的自我暗示。积极的自我暗示是用积极向上的思想、语言不断提示自己,使心情开朗、情绪稳定、态度坚定等。一个人的自信心其实就是自我暗示。当个人面临一项挑战性的任务时,如果能看到自己的力量,进行积极的自我暗示,他一定能很好地完成任务。反之,消极的自我暗示则会有不小的危害作用。成语"杯弓蛇影"的故事就很好地解释了消极的自我暗示。严重的消极的自我暗示,可使人的正常生理功能失调、紊乱,甚至危害心理健康。

(三) 暗示的影响因素

暗示的效果既受主观因素影响,又受客观因素影响,下面从受暗示者、暗示者和情境因素三方面做简要介绍。

1. 受暗示者因素。受暗示者的年龄、性别和心理状态都会影响到暗示的效果。一般认为,年龄幼小、独立性差和身体衰弱的人比较容易接受暗示。因为他们依赖性强,缺乏自主的分析和判断,对别人的暗示,往往无条件地接受。性格内向、多疑敏感的人也容易受暗示影响,对于他人的一点点暗示,就会引起强烈的反应。

有研究认为,儿童和青少年比成年人更容易受暗示。比利时的一项实验指出,越是富有暗示性的问题,儿童越容易接受暗示,因为他们知识和经验都较少,缺乏思考力,容易轻信他人。但是也有研究认为,年龄越小则可能越不会被暗示,知识经验少,切身感受亦少,因而无法接受暗示。时蓉华等人的暗示实验发现,年龄越大,暗示的镇痛效果越好,尤其是老年人,而年轻人却对机体的酸胀麻痛等没有体会,故不能发生暗示作用。

暗示的效果在实验中也显现出性别差异。一位美国学者的研究发现,女子比男子更易接受暗示。因为女性感情丰富、细腻,当情绪高涨时最容易受外界影响,较易受暗示。罗斯指出,若女子在社会上受同等待遇,参加同样的社会活动,具有同等社会地位,则暗示效果的性别差异就会小得多。

暗示的效果也与受暗示者的心理状态有关。人们在疲倦时易受暗示,而精神振作时则反之;人们对毫无经验的事物易受暗示,对于充分了解的事物则不然;人们对于习惯的行为易受暗示,反之则不然;意志坚强者或感情冷漠者均不易受暗示。

2. 暗示者因素。暗示是由于人们对暗示者怀有一种信服的态度而产生的。而这种态度的产生主要取决于暗示者的影响力。比如同样的医嘱,从年轻医生和老医生口中说出,对病人的效果会大不一样。另外,成就、专长以及个人在群体中的地位等也会对暗示的效果有影响。一般来说,职务较高,知识丰富,甚至年龄较大等都是构成高地位的因素。在被暗示者看来,这样的人更值得依靠和信赖,所以更有可能接受他的暗示。

罗斯指出,凡是最有影响力的人,就是最有力量的人。罗斯指出了9种影响力与所属的阶层,后又有学者补充一种,共10种影响力(见表10-5):

表10-5 暗示者的影响力

影响力	数量	年龄	体格	神圣	思想	地位	金钱	灵感	学问	门第
阶层	群众	老者	壮士	教士	哲学家	官员	资本家	先知先觉	专家学者	贵族世家

资料来源:时蓉华编著,《现代社会心理学》,上海:华东师范大学出版社,1994年,第440页。

3. 情境因素(暗示刺激的特点等)。人们是否接受暗示,往往与当时的情境有关。在情况不明时,在困难和焦虑时最容易接受旁人的暗示。因为人要顺利地进行活动,解决遇到的难题,就会对他人寄予期望,一旦得到他人暗示的刺激,就会出现如人漂流在大海中突然抓到一片木板一样的反应:牢牢抓住它。

例如学生在考试中遇到难题时,往往会根据老师说的话作出选择。在社会动荡时期或是出现大的灾难的时候,人们也容易受暗示。社会心理学家穆尔做过一项暗示实验,实验内容是关于学生的语言及道德行为的判断。第一轮实验,主试对学生不作任何暗示。第二轮实验的内容与第一轮相同,只是告诉学生说多数人已经作出某种判断。对照两个实验结果,发现学生中改变原来的意见而符合多数人意见的人数与坚持自己原来意见的人数比例为5:1。

暗示效果大小也与暗示刺激大小有关。一种刺激多次反复更易发生效果,现代某些商业广告就是这样,经常出现在大众媒体中,总会发生暗示作用。任何暗示刺激,其表现范围越广,区域越大,数量越多且不断重复,其暗示效果就越大。暗示刺激具有特殊性或新奇性也较易产生暗示效果。

三、感染

(一) 感染的概念和特征

感染是普遍存在的一种影响方式,对大量人群有一定的整合作用,特别是同诸如宗教的心醉神迷、群体性的宗教狂热这些现象联系起来,更是如此。一位俄国心理学家将感染定义为个体对某种心理状态的无意识的、不自觉的屈从。这种屈从不是通过不同程度自觉地接受某种信息或行为模式表现出来,而是通过传播某种情感状态,通过"心理调整"表现出来的。由于这种情感状态是在群众中的,因此多次相互强化交往者情感影响的机制在起作用。

从感染的主体出发,感染可以定义为通过某种方式引起他人相同的情绪和行动;从被感染者角度则可将其定义为个体对某种心理状态的无意识的、不自觉的屈从。综合来看,感染是一种群众性的模仿,主要是指情绪的传递,通过语言、表情、动作及其他方式引起他人相同的情绪和行动,也即感情或者行为从人群中的一个参与者蔓延到其他参与者。

一般来说,感染具有下面几个特征:

第一,感染这一社会影响的实现是在无压力的条件下产生的。如果其中有人被强迫接受某种情绪的感染,只会使其产生反感、讨厌或者惧怕的心情,他也不可能接受这种情绪感染。

第二,感染这种情绪状态产生于大众之中,因此,交往者的情绪在感染的过程中多次相互强化,在这里实现的是对一般心态的共同感受。因此,感染不同于模仿和暗示,是双向乃至多向的相互影响。

第三,感染是一种无意识和不自主的屈从,这一点和自我暗示有区别。自我暗示是指有意识地向自己发出刺激,调节自己的认知、情感、意志和行为,而感染则指在不知不觉中发生了情感或行为的变化。

第四,感染具有同一性。感染者产生与发出与刺激者相同的情绪,并可能产生相同情绪控制下的行为。比如看到小孩天真无邪的笑容,你自己也会受感染而笑起来。

（二）感染的分类

研究者认为,感染可以从两种角度分类,一种是情绪感染和行为感染,另一种是个体间感染、群体间感染和文艺作品感染。

1. 情绪感染和行为感染。

情绪感染是指一群人的情绪统一起来,使个人放弃平常抑制其行为的社会准则,于是,每个人的行动便主要由自己的情绪发动。情绪感染在所有参与者都有相同的态度、信念和价值的情况下极易发生,它们会促进个体间的模仿过程。例如社会流行话题被用于广告,各种明星、新闻人物以不同方式进入广告。在这种情况下,个体对任何种类的情绪暗示都易于接受,从而使其像他人那样行动。

行为感染是指一个人的行动方式向另一个人乃至许多人传播。例如,某产品的广告发布以后,社会上的人们不仅仅是议论它,而是听到或看到别人开始买它,这时,行动就已经介入感染的范围了。

2. 个体间感染、群体间感染和大众传媒感染。

个体间感染是发生在个人之间或能直接接触的小群体成员之间的感染,是各类感染最常见的形式。

群体间感染是指发生在处于同一物理空间,但其成员又不能人人都接触到的大型群体之间的感染。在集会场所和运动会场馆中比较常见这种类型的感染。其重要特征是循环反应,个体的情绪可引发他人产生相同的情绪,而他人的情绪又反过来加剧这个人原有的情绪。这种感染中情绪反复激荡,易于爆发,可能会导致人群的非理性行为发生。比如某些国家的球类比赛中,观众如痴如狂的欢呼,这种情绪愈演愈烈,最后居然发生了两派观众的斗殴事件。

大众传媒感染是指广播、电影、电视、报刊、文艺作品及互联网等大众传播媒介对个体情绪的影响。大众传媒感染不是直接互动,而是间接互动,通过传媒中作品的艺术形象来打动受众,从而发生互动。随着社会的发展和人们精神文化生活的日益丰富,大众传媒的感染越来越突出。

（三）感染的心理基础

感染实质上是情绪的传递交流,因此相似性就成为感染的基本条件,这也是感染者的心理基础。感染的心理基础主要包括背景相似和理智制约。

1. 背景相似。背景相似是指受感染者与发出刺激者要有相似的背景,主要包括:情境相近、态度、信仰、价值观相近和社会地位相近。

（1）情境相近。情境在这里指物理的、社会的和个体的心理状态等。你看到一个路人在伤心地哭泣，恐怕你很难被感染而产生相同的情绪反应，但是参加同一个亲密好友的追悼会，相似的社会情境会使你很快受感染。再如健康者很难体会病人体会到的病痛和情绪，新婚者也很难了解别人的丧亲之痛。总之相似的自然或社会环境，以及个体的心理状态，是感染的一个重要条件。

（2）态度、信仰、价值观相近。感染受人们的态度、信仰、价值观这些理智因素制约。在同种刺激物面前，不同态度、信仰和价值观的人，其情绪反应可能大不相同，就更谈不上相互感染了，感染的前提是相似性。比如在露天演唱会现场，当摇滚歌手上台表演时，下面的年轻人会"呼天喊地"地跟着唱跳，而周围的一些上了年纪的人或有一定社会地位或身份的人，可能就对此不屑一顾，拂袖而去。

（3）社会地位相近。不同阶层、不同地位的人，在很多情况下，对同一种刺激物所产生的情绪反应不同。比如普通的穷苦农民，看到有钱人把价格不菲的食物喂给宠物猫、狗时，他们能被这种行为感染吗？社会地位的差距悬殊，就很难在情绪和行为方面相互感染。

2. 理智制约。感染虽然是自发的、无意识下产生的反应，但却受理智的制约。个体理智水平的高低，决定着其是否受他人感染，以及受多大程度的感染。有学者指出，社会发展的水平越高，个体对吸引他们的某些行为或心境的力量就越来越具有批判的态度，因而感染机制的作用就越弱。一个人的自我意识水平越高，越有理智，自我控制力就越强，就会越少受他人的感染。然而对于一个头脑冷静、自制力强的人，在自我控制的注意力有所分散、自我控制的意志有所放松时，也会发生情绪感染现象。因为一个人不可能始终保持高度的自我控制。

第五节　时尚、流言和舆论

一、时尚

在生活中，我们常常可以发现有些人服装的样式、口头语等生活模式相同或相似。这是社会中个体之间相互影响、注意和模仿,而迅速波及许多个体的一种社会过程,这个过程可称之为流行,也可以叫做时尚。准确地讲,时尚是在大众内部产生的一种非常规行为方式的流行现象。具体来说是指在一定时期、一定区域内,社会上或某个群体中较短时期内普遍流行的某种生活规范或样式。它涉及日常生活的方方面面,总的说来,以装饰、礼仪和生活行为这三个方面较为突出。

装饰包括个人装饰和家庭装饰两种。个人装饰包括穿着、发式等,家庭装饰则包括家具、室内装潢、颜色搭配等。比如说目前流行的职业女装、功能性组合家具等都属于装饰方面的时尚。礼仪指待人接物所使用的行为规范,如见面时的握手、有客人来时要泡茶等。至于生活行为方面的时尚更多,如旅游热、炒股热等。从语言上来看,时尚的影响更大,如"先生"、"小姐"之类称呼的广泛使用。这些时尚的形式主要在于一种生活模式的更新,给人以各种刺激,从而引起暗示、模仿和从众等心理现象,成为社会上一时的普遍倾向。

这里需要指出的是,风尚和时尚是有区别的。风尚较多涉及伦理、价值等精神层面的东西,所以更具理性和自觉性,如我们常提到的"中华好风尚"等。而且,风尚一般偏重于褒义,时尚比较中性,不能一概而论好坏。时尚的优点是给人提供新的信息和生活方式,能使人扩大眼界,丰富生活,从一个侧面推动社会进步。

(一) 时尚的种类

下面我们介绍一下时尚的种类。

1. 阵热。阵热是一种在短时期内流行起来又迅速平息下去的生活方式。阵热的持续时间并不长,较少计划性,往往是受感染的后果。比如,20世纪50年代末中国乒乓球运动员第一次获世界冠军时,在全国青少年中兴起了乒乓热潮,但不久许多人积极性就减退了,注意力又转移到其他新的热点上去了。

2. 时髦。时髦,泛指一种新的行为模式的流行。它的特点是首先表现在少数人身上,之后才受到其他人的注意。和阵热相比,时髦显得更极端一些,所以说一开始往往会引起人们的争论,或赞许,或反对。比如说男青年烫发、女青年染发等。

3. 时狂。时狂是时尚的一种极端行为,指时尚达到丧失理智的狂热程度。它的持续时间也比时尚短,来时猛烈,去时匆匆。比如,17世纪时荷兰流行养郁金香花,谁家没有就会被人看不起。于是人人买花,家家买花,有一大批人专门从事郁金香买卖。可是突然人们发现这种花很普遍,并没有什么特别价值,于是又竞相抛售,对郁金香的狂热很快就结束了。

（二）时尚的基本特点

时尚作为在较短时间内流行的一种生活样式,它的特点更多地表现在其变迁的过程中。下面简要介绍其中的一些特点。

1. 短时性。时尚的生命力不长,一般是迅速产生,很快地扩展和蔓延,又在较短时间内平息、消失。人们的生活内容中的许多时尚,都具有短时性,不久又被新的时尚所代替。如某首流行歌曲,很快就传遍大江南北,然而不消多时,又有另一首歌取代它的流行地位。社会越是发达,这种短时性就越突出,时尚的更替速度也越快。

2. 反传统性。与传统的守旧不同,时尚以标新立异为特征,追求新奇。越是新颖、奇特,就越合时尚,越是流行。时尚具有浓厚的反传统色彩。

3. 迁移性。一种时尚不会瞬间在整个社会中流行,但也不会顷刻间消失殆尽。最常见的方式是,当一种时尚在某地域或阶层当中不再流行的时候,你会发现它在其他地域或阶层中流行。比如,某时尚在上海、北京等大城市流行完了以后,在其他中小城市又开始风靡。

4. 变异性。在时尚的流行过程中,其具体形态、表现方式、新异程度以及追求者的自我卷入性都会发生这样那样的变化。时尚在流行过程中,由于人们的竞相模仿和追逐,发生变异的情形比比皆是。例如一度流行的"BOBO头",最初只是短发的普通造型,之后又演变出卷发款、不同刘海样式款等。

（三）时尚的传播过程及规律

1. 时尚的传播过程。时尚的传播过程一般分为以下几个发展阶段：认知期、尝试期、普及期及消退期。

第一阶段为传播认知期,即时尚新方式最初传给集团或社会成员,被他们认知的阶段。此阶段的信息传播主要依靠大众传媒。第二阶段为检验尝试期。此阶段,采用新方式的人比较少,人们通过人际交往传播、交流和相互影响。第三阶段为普及期,某一时尚为一般大众所用,他们对此已经完全接受,不再议论纷纷了。而且如果不采用此时尚,那么在群体中要面临一定的社会压力。于是仿效者蜂拥而至,流行到达顶峰。第四阶段为消退期,即流行过了顶峰之后,弃之不用者日益增多,大家开始关注其他可能取代前一时期流行的新事物。由于产生领域和内容不同,以及与普及过程相关的心理、社会条件的不同,并非任何时尚都要经历上述四个阶段,有些时尚并没有完全消退,而是固化为人们的日常习惯。

2. 时尚的传播规律。从短暂的相对满足,到永久的绝对不满足,这是时尚现象变动的心理之源。人类心理欲求的矛盾性,决定了时尚现象的不稳定性。现实生活中,时尚总是来时轰轰烈烈,去时悄无声息,透过一些表象,不难看出时尚的流行还是遵循这些规律的。

第一,时尚的"上行下效"和"下行上效"。"上行下效"是时尚传播的主要规律之一。塔德在《模仿律》中明确指出,下层阶级明显地具有"模仿上层阶级的倾向","并且模仿是从示范者的内圈扩展到外圈这一事实,必然形成了从社会上层到社会下层这样一个依次而下的社会体系"。在自上而下的传播过程中,必然经历从上层到中层再到下层的纵向传播与同一阶层中的横向传播这两个过程。塔德也指出,在模仿过程中有时也出现"下行上效"的现象。许多方言和土语就是因此渗入城市的语言中。尤其是 20 世纪 60 年代以来,时尚传播过程中的"下行上效"现象更为明显。有学者就通过对女帽自下而上的流行普及的实证研究,证明了"下行上效"与"上行下效"一样是时尚流行的基本规律。

第二,时尚的流行是一个循环往复的过程。新旧观念的更替,造成了时尚的往复循环,这在服装款式上尤为明显。美国人类学家在对时尚变迁与人类文明的发展的相关研究中发现,时装的风格变化曲线非常平滑规则,明显地表现出了周期性的循环特征,即时装的变化大约每 5 年到 25 年出现一个循环。

二、流言

流言是指相互传播关于某现实社会问题的不明确的消息,一般是口头的、非形式化的和非官方的。流言和谣言不同,谣言一般都怀有恶意,其目的就是要造成某种恶果,而流言则往往由于无意的讹传所致。流言有时会造成很严重的后果,比如古人讲的"千夫所指,无病而死"、"众口铄金"等,有时甚至会造成社会上的混乱。也有的流言并未产生什么恶果,只是传播了一些虚拟的信息,一旦时间证明了事情真相,这些流言也就不攻自破了。但是需要指出的是,流言所传播的毕竟是一种不确切的消息,很难完全真实。即使它传播的是真实的消息，在传播过程中也会不断加大失真度。它不是信息沟通的科学方式，在更多场合下，它起到了破坏社会秩序的作用。

G·奥尔波特指出，流言一传十，十传百，越传越失真，一直传播到面目全非。他提出了三个概念以说明讹传的原因。一是磨尖，即传播者对传给他的信息断章取义；二是削平，即把传给他的信息的某些情节重新编排，使之故事性更强或易于转述；三是同化，即传播者根据自己的经验，对传给他的信息进行润色，使之更能符合他的人格特点。从信息发出者来看，对于事物的观察有偏差，或者理解有偏差，信息发出者的信息就可能不真实。其次，从信息传播者来看，在接受信息时，由于他对信息本身和向他传达信息的人存在着一种心理定势和认知特点，从而在信息上加上了自己的性格特点。他的语气、表达方式，对信息的歪曲或遗漏，根据个人喜好对信息的取舍或补充，都会使他传播的信息越来越偏离其本来面目。

流言一般出现在下列场合之中：

1. 在正常信息渠道受阻，或缺乏信息和信息不清时。这是因为人们希望了解真实信息，尤其是在现代社会中，人们对信息的需求量大，一旦正常信息不足，流言就会产生来填补这一空白。

2. 在社会剧变或出现天灾人祸时。因为这些时候，人们传统的生活方式已经难以适应，在不知所措又希望找到解决问题的方法时，往往很容易就接受流言，以求得一种安全感。

3. 当人们希望了解、普遍关心和盼望某一事件时。越是人们关注的事情，人们就越急于对他了解，越迫切希望得到它的消息，结果就容易轻信关于此事的传说，并急于告诉他人，从而显示自己消息灵通，受到他人的尊重。

4. 人们对某事物感到非常稀奇时。由于人们对于稀奇事物不了解，又缺乏知识和信息，但又需要满足好奇心，就容易接受流言。

三、舆论

舆论是指众人对某种普遍关注的社会事件公开表明一致意见，即在背离通常行为规范的事件发生后，人们对这一事件的社会价值进行评论，表现出他们的一般认识和情感，并产生影响这一事件发展的巨大力量。舆论和流言不同，流言以传播信息为主，而舆论不仅传播信息，更主要的是表达大众的态度。通过舆论，可以看出造成舆论的众人的知识水平、道德水平、价

267

值观、信仰、兴趣、需要和期望等。

舆论可以分为自发形成和有意形成两种。自发形成的舆论是非官方、无组织无领导的,多为口头表达。它由下而上,首先由群众或群众团体发出。有意形成的舆论,指由政府宣传部门领导,通过媒体的宣传形成的舆论。它有组织、有领导、有计划,动用一定的舆论工具,所以传播速度快,影响范围广,效用也比较大。

在现实生活中,舆论的作用是很大的。(1)它是影响人的心理的重要手段,对人提出社会规范,并能加强对人的约束。(2)舆论过程中的个体,通过与他人的意见交流,可以体验到个人的力量和地位,并产生归属感。(3)个人在舆论中接受教育,明确行动的规范,是个人社会化过程中的一个重要环节。(4)舆论可以反映群众的需要、兴趣、信仰和态度,甚至可以反映一种社会思潮,具有很强的社会影响力。

从另一个侧面讲,舆论还可以使某种政策深入人心,或发挥一定的道德力量。比如计划生育政策的实施,通过各种舆论工具的宣传,最终使人们接受了该政策。又比如对一些违反道德规范的人,虽不够用法律来加以制裁,但却会受到社会舆论的谴责,而被送上"道德法庭"。

时装:现实中的规范性影响

你可以通过专注时装,特别是你和你的朋友的穿着、装饰,还有校园中的其他团体的装扮,来观察社会影响理论是如何起作用的。你同时也可以观察到,如果你违反了时装的规范性规则,将会有什么后果。比如用不同于你所属团体的方式打扮自己。

当你与一群朋友或熟人在一起时,仔细观察每个人的穿着。假装你是来自另一个不同的文化圈,对这个团体规则不甚了解,这将会有助于你注意到一些你原本可能会忽略的细节。例如,这个团体会穿什么类型的裤子、鞋子、衬衣,会佩戴什么样的首饰等。他们的发型有相似之处吗?你能发现这些时装"规则"吗?

接着,花点时间在校园里观察一下他人,特别是要观察一下其他团体的穿着是怎样的。你能根据衣着的风格区分出校园中的亚群体吗?如果能,你的学校中有不同类型的规范性社会影响在起作用。

一群朋友是根据亚群体的规则来选择衣着的,而不是根据校园整体的规则。

最后,如果你胆子够大的话,试试违反你所属的规范性团体的时装规则。你可以做得很含蓄,也可以足够大胆,但是请谨慎一点,注意限度。如果你是男生,你可以穿着裙子在校园里走一圈。绝对会引人注意,因为你大大地违背了规范性社会影响。如果你是女生,要打破规范性规则还得有些创意。因为女士的时装也包括了男性服饰。你可以在衣服外面套个垃圾袋(头和手臂的地方剪几个洞)。无论是哪种情况,你像平常一样走在校园里,好像你没有注意到自己的服装有什么特别的,人们会对你有什么反应?你的朋友会说什么?陌生人会盯着你看吗?

你所属的朋友群体(以及校内的一般学生)或许具备了社会影响理论所讨论的特性:团体对你而言很重要,团体拥有三个以上成员,团体是一致的(如果你所属的朋友团体或者你的学校拥有确定的着装规则)。一旦你不再遵守这种规范性社会影响,团体中的其他成员就会对你施压,企图要把你拉回从众的轨道。

资料来源:Elliot Aronson, Timothy D. Wilson & Robin M. Akert 著,侯玉波等译:《社会心理学》(第五版,中文第二版),中国轻工业出版社,2007 年,第 324 页。

思考题

1. 什么是社会促进和社会抑制?
2. 什么是从众?影响从众行为的因素有哪些?
3. 顺从、服从和从众三者有什么区别与联系?
4. 模仿、暗示和感染三者有什么区别?
5. 试述舆论在现实生活中的重要作用。

第十一章　环境与都市心理

人类身处的自然环境，大多只不过是一种"人化"了的自然环境。

　　众所周知，环境包括自然环境和社会环境两个方面。很显然，社会发展到今天这个阶段，已经很难再说有纯粹的自然环境了。人们现在所说的自然环境，如草坪、湖泊、公园等等，大多也只不过是一种"人化"了的自然环境，主要指人类生活于其中的环境以及周边社会环境。与其说人类会适应周边的环境，不如说人类总是会选择最适合自身生存和繁殖的环境，并改造这个环境使之更符合自己的要求。

　　我们常常看到，有人喜欢与别人亲密无间，有人却处处注意和别人保持距离；有人喜欢居住在人口众多、高楼林立、街道繁华、有大量噪音和生活垃圾的城市，有人反而放弃城市的生活重返乡村；有人偏向住在高层住宅中，有人总是舍不得搬出四合院……这些看似平常的现象，其实都反映了不同的社会心理。

　　在本章中，我们将通过对个人空间、城市生活以及城市生活中常见的拥挤、噪音等问题的分析，来和大家一起认识环境与社会心理之间的关系，并尝试用进化的视角进一步阐释人类与环境的互动关系。

第一节　个人空间和领域性

　　试着想象你和一个朋友面对面坐在咖啡店里聊天。从金融危机到热播电视剧，你们几乎无所不谈，相聊甚欢。说到激动处，你的朋友不断地把他的杯子推向你，甚至身体倾斜过桌面来跟你说话。你一定开始觉得不自在，本能地将身体向后仰，好拉开一定的距离。对方越是逼近你，你越是向后让开。

　　聪明的你一定觉察到了，你需要一定的空间，一旦这个空间被侵犯，你会有所抵触。这就是我们常说的个人空间。多数情况下人们不会意识到它的存在和价值，只有当它受到伤害或破坏时，如上面的例子里说到的那样，你才会发现它的存在。

一、距离与个人空间

霍尔(1966)在他的《隐藏的角度》(*The Hidden Dimension*)一书里首次提到了距离学(proxemics)。他认为距离学是对人类空间行为的科学研究,距离与人们的感情等有密切关系,他在不同文化背景下做了一系列人际距离的研究。他的研究对于个人空间的研究具有开创性的意义。

个人空间是指不允许闯入者进入的环绕人体周围的有看不见界限的一个区域(Robert Sommer, 1969)。这是在心理上个人所需要的最小空间范围,即身体缓冲区(body buffer zone)。它没有一个固定的地理位置,而是随着个体移动和不同的情境而变化。

图 11 - 1　个人空间就像一个隐形的"气泡"。

形象地说,这就像我们每个人都活在一个隐形的"气泡"里(见图 11 - 1),如果有人闯入,通常会导致我们的本能反应,往往表现在情绪上的厌恶或行动上的回避。而这个"气泡"的大小又随着不同的环境而有所改变。比如,在一个热闹的派对上我们更愿意和别人靠近一些,而一个人钓鱼则希望方圆百米都不要有人来打扰;朋友比陌生人要靠得近,想成为朋友的人靠得也很近,彼此相互吸引的异性靠得还要近一些。

虽然正如我们常常提到的那样,距离是个人空间的一个重要指标,但个人空间也包含了社会交往过程中的其他方面,如空间倾向、视觉接触和身体接触等。你和朋友走进餐厅,你们是并肩坐呢,还是面对面坐?你在和别人讲话的时候会看着别人的眼睛呢,还是游离在别的东西上?两个人一起逛街会各走各的,还是勾肩搭背呢?

事实上,我们的"气泡"从来没有为我们规定一个严格的界限,更多的是一种生理和心理上的梯度变化(Gifford, 1987)。

二、个人空间的影响因素

正如我们所看到的,个人空间随着情境的不同会有所改变,这意味着有许多因素会对个人空间产生影响。其中有个人因素,包括年龄、性别、社会阶层等;人际因素,如人与人彼此的喜好程度;情境因素,如不同的场合。当然不同的文化也会导致不同个人空间的需求,我们将着重讨论其中的几个因素。

(一)年龄差异

我们应该都有这样的经验:小时候总是和玩伴们亲密无间,可是不知道从哪一天起,彼此似乎有了一些隔阂,不再像以前那样亲密自然。研究发现,个人空间会随着年龄的增长而增大(Tennis & Debbs, 1975)。对于儿童来说,产生与成人相似的空间规范始于青春期(J. R. Aiello & T. D. Aiello, 1974; J. R. Aiello & R. E. Cooper, 1979)。在中国进行的相似研究也有相近的结果(顾凡,1988)。

(二)性别差异

我们也不难发现,女性朋友总要比男性朋友站得更近一些。虽然这种区别似乎仅仅在人们十二岁的时候才表现出来,但有一些研究发现,妇女们无论和谁站在一起,往往都比男性站得更近一些。国内也有相关的这方面的实验研究表明男性的个人空间与比女性大(杨治良,蒋弢,孙荣根,1988)。另外,异性朋友总比同性朋友站得更近些。然而,后一种发现尚未经科学的实验所证实,而只是我们的一个观测结论。但是我们仍然可以清楚地知道,人的性别直接影响着两个人之间的距离。

个人空间的性别差异还直接表现在男性和女性对于空间的安排上。比如,当女性与她们喜欢的人一起坐时,往往坐在那个人的身边。同样的情况下,男性都往往选择对面的位子。丁·费西尔和唐·伯恩(J. D Fisher & D. Byrne, 1975)在图书馆观察到这样一种情况:若某人单独坐在桌旁,而一个陌生人分别坐在他对面、隔着一个椅子坐或正好挨着他坐。这几种情况中,女性最不喜欢别人挨着她坐,而男性最不喜欢别人占据他对面的座位。男性还试图通过在自己前面放书来避免干扰。同样,女性把书放在旁边的位子上。当然,这是一种特殊状况,还不能说明一切,但性别差异对个人的空间感有普遍的影响。

（三）情境差异

正如我们前面提到的,跟熟悉的朋友在一起我们倾向于站得近一点,而跟陌生人或者不那么熟悉的人,则保持一定的距离才会感觉舒服。这意味着人际吸引力总是与距离有关,靠近能够引起彼此的吸引,而熟悉度、相似度和互补性等引起的人际吸引又会拉近彼此的距离（M. L. Patterson, 1970; A. R. Allgeier, 1973）。

研究表明,在人际交往过程中的个人空间同样也受到社会地位的影响。在交往中地位较高的人总是比对方拥有、控制和利用更大的空间（R. Sommer, 1969; N. M. Henley, 1977）。国内研究显示出相似的结论。

还记得前面提到的问题吗？你和朋友走进餐厅,你们是并肩坐呢,还是面对面坐？研究发现,当两者是合作关系时,他们更倾向于并肩坐,而当他俩是竞争关系时,更倾向于面对面坐。这也表明,情境因素也会影响个体对空间的选择和利用。

三、什么是领域性

个人空间对人类来讲是非常重要的。每个人都需要一定量的空间,当可用空间低于要求,或者最少空间量受到侵犯的时候,个人就要反抗,保卫自己的空间。这种对自己个人空间的需要和保卫,有时可称为领域性。正如我们常常有意无意地把一些东西定义成"我的"或"我们的",以显示我们的拥有者身份。领域性讲的就是,我们,可以是个体也可以是集体或组织,对于某个空间的具有排他性的控制和独占。当我们的领域被侵犯时,我们会本能地对自己的领域进行防卫。

领域性既是动物也是人类的本能,即对空间的需要以及当空间过小时自发的侵犯性行为是先天的。这并不难理解。相信你一定在"动物世界"电视节目中看到不下十次动物之间的"地盘之争",或是在电影里看到动物攻击那些闯进它们安静祥和生活的"不速之客"。有些心理学家认为,尽管某些动物有这种本能,但人类的领域防卫并非总是自发地具有侵犯性的。

个人空间和领域性这两个概念虽然很接近,但仍有一些区别。一般认为个人空间是以人身体为中心的外部空间,可随个人移动而移动。而领域性常指某人活动的一个场所,并且是不希望别人贸然占用的地方。比如常去早锻炼的地方等。

第二节　拥　　挤

一、什么是拥挤

在主观感受和客观状态这两个不同情境下,拥挤的意义是不同的。很明显,我们常常会抱怨受到了束缚或没有充足空间来生活和工作,而这种情绪或情感就是对拥挤的主观感受。但是这种拥挤感是因人而异的,在某个空间内可能某人感到了拥挤而另外的人却没有这种感觉。所以,不管实际上拥有的空间量如何,这种拥挤感觉总会在一些人身上产生。举例来说,一个人想要完全的孤独,那么只要有一个人在他身边,他也会感到拥挤。一个人在湖边垂钓,即使另一个垂钓者距离他五米远,他仍会觉得拥挤。相反,在一个气氛热烈的迪斯科舞厅中,即使挤满了人,大家也不会觉得拥挤。所以,拥挤的主观感受直接与一个人的心理需要相关联,而与实际拥有的空间量关系不大。

拥挤的客观状态指的是每个人实际拥有的空间量,即一个确切的数字,如密度等。谈到密度,我们就必须提到人口。地球上的人口在过去数万年里一直不超过5亿,而仅过了两百年就增加了一倍,达到10亿。而后80年又翻了一番,达到了20亿。又用了45年,人口就达到了40亿。根据目前的增长率,只要再过35年,地球上的人数就将达到80亿。人口的高速增长对人类生存的方方面面有着严重的后果,如资源消耗、污染增加等等。随着人口数量的增加和人口密度的不断升高,人类的拥挤程度将越来越随之加剧。

二、有关拥挤的理论

关于拥挤的理论到目前为止还没有一个被所有研究者认同和接受,我们在这里就简单介绍一些比较有影响的拥挤理论,包括生态理论(ecological model)、感觉超负荷和刺激水平理论(overload model)和密度-强度理论(density-intensity model)。

（一）生态理论

生态理论是指，在某些情境下，高密度会产生消极的情绪和影响；而在另一些情境中，则需要一定密度的群体。如，一个 20 平方米大的教室里，你和你的恋人正在甜蜜私语，第三个人的出现就会让你们感到消极的情绪和一定的拥挤感；而同样是一个 20 平方米大的教室中，一个教授在讲课，却只有 3 名学生，很显然，这并不是一件很愉快的事。

由此可见，在任何情境下，都需要理解最理想的群体大小的问题。

（二）感觉超负荷和刺激水平理论

感觉超负荷理论是斯坦利·米尔格拉姆（1970）提出的。他认为当人们被迫承受过度的刺激时，便体验到了感觉超负荷，也就不能与全部刺激相接触了。感觉超负荷是不愉快的，而且显然会干扰人的正常工作能力。因此，人们要通过筛选某些刺激，以注意最重要的东西来解决感觉超负荷的问题。根据这种观点，拥挤是刺激的一个来源，有时会产生超负荷。

使用这种理论可以解释一些问题，比如女人比男人更能接受大量的刺激。随着密度的增加，男人很快超过了负荷，并因此发生消极反应。当然，高密度有时没有达到发生超负荷的水平，也就不会产生消极的后果。但是，米尔格拉姆的这一理论还不能解释为什么高密度有时产生了积极的影响，也不能解释妇女的反应为什么一般是积极的。但是，这种解释有助于我们理解关于拥挤影响的各种不同的发现。男人和妇女所喜欢的刺激不同，不同的群体可以有不同的偏好，而偏好本身可能完全取决于特殊的环境。当然，这种想法并不能具体说明高密度什么时候有积极的、消极的或中性的影响，但它提供了一个框架，便于我们作进一步的研究。

（三）密度-强度理论

密度-强度理论是弗里德曼（J. L. Freedman, 1975）提出的，他认为高密度加强了对社会环境的一般反应，即在特定的情境中，其他人的存在就是一种刺激，而且增长着的密度也提高了它的重要性。正如加大音量能引起我们对音乐的反感一样，增长着的密度也会引起我们对其他人的反应。无论我们对靠近我们的其他人原本持有什么态度反应，增长着的密度总会加剧这种反应。如果喜欢他们，就会更加喜欢；如果讨厌他们，也就会更厌恶。换句话说，如果我们在低密度条件下感到恐惧、不安、愤怒、侵犯性、友好或其他感觉，那么在高密度条件下，这类感觉就都会有所加剧。

我们的日常体验证明了这种理论有一定的准确性。比方说，拥挤有时是愉快的,有时是不愉快的。但一般说来,它似乎加剧了社会情境。乘公共汽车很难让人愉快,如果汽车拥挤就更不愉快了。但这如果是某学校学生外出郊游的一辆包车,尽管车内很拥挤,但由于出外旅游,学生情绪高涨,故气氛就更加欢快。所以,我们看到了当密度提高时,原来积极肯定的情境会变得更加积极肯定,而消极的则会变得更加消极。这个观点与绝大多数研究结果是一致的,并似乎提出了一种可行的解释。然而,这种理论仍处于一个需要完善的阶段。

三、拥挤和动物

拥挤对人类这类高级的动物有影响,对其他的动物同样也有影响。很多研究指出,在高密度群体中生活可能会给动物带来消极的影响。

卡尔霍恩(John Calhoun,1957,1962,1973)曾经做过一系列经典的实验。他把若干老鼠放入一个封闭的环境之中,供给它们食物和水,保持笼子的清洁。在这种近乎理想的条件下,老鼠大量繁殖,数量迅速增长。然而,当达到一定数量时,情况就发生了戏剧性的变化,老鼠的数量锐减。这种模式已经在各种老鼠和其他动物的实验中得到了证实,因而可以认为这种激增-锐减的模式是有普遍意义的。

造成老鼠数量锐减的直接原因是幼鼠死亡率的提高。在高密度群体中生活,老鼠的怀孕数量大致相同,成活率稍有降低,但较之正常环境,最主要的变化是只有很少的幼鼠能活到成年。因为拥挤的程度很高,环境不适于保持幼鼠的成活。它们得不到照顾,得不到食物,长得矮小,科学家还发现它们会偶然地被吃掉。同时,在聚集地的许多雄性变得不同寻常地具有侵犯性,经常争斗,杂乱交配,正常的生殖行为普遍遭到破坏。

对高密度生活影响的另一种解释认为,其他动物的出现导致了一种极端的紧迫感,因而引起荷尔蒙的变化。根据这种理论,在高密度下的动物是很紧张的,这种紧张引起肾上腺活动的增加,生殖腺就变得不活跃了,极端情况下就会引起繁殖力减低,出生率下降。

无论对这种现象的解释是什么,这些观察的确向我们提出在高密度条件下生活会产生消极的后果。但是把动物的研究结果应用于人类是很有疑问的,当涉及复杂的社会因素和人际关系时,这种情形就更有疑问,生物学家瑞思·杜博斯(René Jules Dubos)明确表达了这一疑虑：

"人类具有适应潜在危险情境的准备状态，这种准备状态使得把设计用来检验动物拥挤产生巨大影响的实验结果，直接应用于人类极不明智。"

四、拥挤和人类

对于人类，一般来讲，拥挤会产生生理影响和社会影响，而不同性别对拥挤的反应是不同的。

（一）生理影响

拥挤有时会产生生理唤起。一些实验在高密度或低密度环境下，对人们进行了一些生理测定。至少某些研究已经发现，当人们拥挤时会有很大的唤起。这种唤起是有条件的。比如，六个人在四尺见方的房子中，实验者告诉被试，研究所注意的是他们对房间的反应，而对为什么待在这样的小房间不给任何解释。实验表明，由于被试的注意力被引向了房间，又没有待在那儿的理由，并且被试之间没有社会相互作用，所以这样拥挤的物理事实就变得比其他情况更重要，而人们也就受到它的烦扰或唤起。

（二）社会影响

拥挤作为工作内容对于社会生活没有完全一致的影响。在拥挤条件下的人，并不比不太拥挤条件下的人更有侵犯性或更不友好。正如对儿童的观察所表明的那样，如果他们有相同的设备和玩具，空间量对他们的侵犯行为很少或根本没有影响。所以，拥挤并不一定导致侵犯性的增加或其他的社会行为的变化。

（三）性别差异

不过，许多实验证实，对高密度的反应可能取决于被试的性别。弗里德曼等人曾经做过两次实验，把全部男性或女性安置在高或低密度的条件下，请被试假冒陪审团做出判决，实验者对判决的不同程度进行了测量。他们发现，男性在高密度条件下比在低密度条件下更具有竞争性，并给予更严厉的判决。女性在高密度条件下很少有竞争性，并给予更温和的判决。另外，群体内部的男性在高密度条件下彼此互相爱护比较少，而女性则较多。但是，关于两性差异使得拥挤的影响不一样，目前对比仍没有完全确定的结论。还有人认为，对于密度的反应并不取决于不同性别的区别，而应有一种更明确的解释。所以，对拥挤的研究还需要进一步深入进行。

第三节 噪 音

噪音是我们测量和评价环境时一个非常重要的变量,环境的好坏与噪音的大小有着很大关系。所以我们常说的环境污染实际上常常将噪音污染包含在内。交通复杂、高层建筑多、人口稠密的现代化城市是极端嘈杂的,这也是乡村、郊区和城市间区别的主要表现之一。人们从城市迁移到农村或从农村迁移到城市,会立刻觉察到噪音等级的变化。人们对噪音总是很敏感。

一、什么是噪音

显而易见,噪音是相对于乐音而言的。什么样的声音才称之为噪音呢?物理学家可能会用测量的方法,认为某种波频和波幅的超过某个分贝值的声音就可以称之为噪音了。而心理学家则认为,噪音是一种主观的心理感受。正如同样的声音,你听来是噪音,而在别人耳中却可能是乐音。如果一种声音让你产生了不愉快、烦躁不安的情绪,那么对你来说,这就是一种噪音。

邻居家的小孩苦练小提琴,夜深了,还在孜孜不倦地发出"鬼哭狼嚎"。你正在赶一份很重要的报告,但是"美妙的"小提琴声让你的耳朵感到很不舒服,你没有办法集中注意力在你的报告上,你开始烦躁起来,效率越来越低。终于噪音消失,你才慢慢回到自己的工作上,但很显然你已经不可能拥有足够的睡眠了,这将直接导致明天的工作效率也不会很高。从这个简单的例子不难看出,噪音对人类的影响涉及生理、心理和日常生活的方方面面。

此外,社会心理学家认为,噪音会影响人们的行为。

马修斯(G. Matthews, 1975)在一项研究中,为了测量各种响度的噪声对帮助行为的影响,设计并进行了两次实验。在实验中,他们要求被试在屋内等待,一个实验者的助手已经坐在那里,他的膝上放着一堆书、杂志和资料。被试一就座,实验者便向那个助手说这个实验轮到他了。于是,他站起

281

身,装作不小心的样子把书和报纸散落在地。因变量是部分被试在面对对方这一困难时会不会出现帮助行为,自变量是屋内的噪声响度。实验者使用了三种不同响度的噪声:自然噪声(无噪声)、65分贝的广播纯噪声(响度小的噪声)、85分贝的广播喇叭纯噪声(响度大的噪声)。实验者在现场研究的实验中还设计了一个相类似的情境,以考察被试是否帮助那个需要帮助的实验者助手。这个助手提着两个装满书的沉重箱子,从被试面前人行道走过,刚一走近被试,箱子上面的两本书便掉了下来,需要助手把箱子放下再捡起书。这个时候看被试是否给这个人帮助。这次实验又增加了一个变量:一种条件下,这个助手穿着从肩部到手腕的圆筒形硬物,表示他行动不便,需要帮助。而另一个条件下,则没有这样的东西。在这一现场研究中,响度大的噪声条件是由第二个助手制造的,他在附近启动了一辆不带消声器的割草机,发出大约85分贝的噪音。

实验者预言,响度大的噪声与帮助行为成负相关关系,而增加视觉暗示(穿着圆筒形硬物)将提高帮助行为的可能性。两项实验中获得的一种结果证实了预见:当噪声大的时候,帮助行为减少;视觉暗示能增加在噪声响度小的条件下的帮助行为,但在响度大的条件下不起作用。他们还提出了可能的解释,如被试只是希望尽可能逃避响度大的噪声,噪声的压力使被试烦躁不安而使帮助行为减少。

从上面的实验可以看出,响度大的噪声不仅在帮助行为中有很大的影响力,而且可能在其他社会互动情境中也是一种重要因素。

二、短期噪音与长期噪音

研究人员通过对噪音的研究发现,人们能很快适应一种噪音环境。当外界突然产生很高的噪音时,人们最初的反应是很强烈的。此外,高噪音还会干扰工作的进行。当我们面对强烈噪音时,不论简单的或复杂的工作都无法做好。然而,这种干扰影响一般只持续很短的时间。哪怕极强烈的噪音,我们也会很快习惯,几分钟后,生理反应就会消失,行为也恢复正常。在噪音没有造成强烈痛苦和生理损害的情况下,人们可以很快地适应,即便有不适之感也很微弱。

当然,上面的结论并不是绝对的。一些研究者指出,当一个人执行需要精神高度集中的任务时,噪音会产生一定的干扰性影响。

有研究表明,长期接触高噪音会带来一种性质非常特殊的有害影响。某城市的一座居民楼建在高速公路旁,使得房间里的噪音相当高。当然,低层的比高层的噪音更厉害。有学者对生活在这座楼里至少有四年的儿童做了阅读和听力测定,发现生活在较低层的儿童在两种测定中表现都比较差。另外还有证据说明城市儿童在阅读和听力上一般都不大好。所以,城市中某个地区长期的高噪音可能给当地居民带来长期严重的后果。

三、对噪音的预见

如果某种高强度的噪音是可预见的或有规律的,它对人的影响又是怎样的呢? 很显然这是研究者感兴趣的课题。

在一项研究中,高噪音或轻微噪音每分钟准时发生或无规律地间隔发生。被试在这两种情况下听到相同数量的噪音,结果却完全不同。在研究噪音阶段,无论噪音如何强烈或是否可以预料,群体的全部工作都进行得一样地好。而后的情况如表 11-1 所示,那些听到预料噪音的人的活动比那些听到无规律发生的噪音的人要好些。事实上,不可预料的低弱噪音比可预料的高噪音引起了更多的失误。尽管被试的报告认为可预料与不可预料的噪音同样令人烦恼,但上述情况是真实的。

表 11-1　不同条件下噪音对阅读的影响(单位: %)

条　　件	失　误　数
无噪音	26.40
低弱可预料的	27.40
低弱不可预料的	36.70
高强可预料的	31.78
高强不可预料的	40.11

噪音的不可预见比噪音的正常发生影响更严重,而且多数人抱怨的正是这种噪音。尽管我们还不能确切地解释为什么噪音的预见性如此重要,

但这个发现有助于我们了解在现实世界中不同噪音的不同影响。

第四节　城　市　生　活

　　生活在城市环境中和生活在郊区或农村的环境中区别很大。西方一些城市中存在高犯罪率、失业、拥挤、噪音等严重问题,当然也有繁荣、发达、方便、开放等优点。城市生活实际上对人并没有消极的心理或生理影响。尽管城市生活有时可能是危险的,也可能不符合所有人的爱好,但它对身心健康并不一定有什么害处。

一、生活环境

　　前面我们已经讲到过,拥挤和噪音对人类可能产生一定的影响。而这两个因素正是城市所拥有的特点。很多生活在城市中的人认为二者是有害的,但实际上它们对人的消极影响很小,至少没有人们想象的那么厉害。高密度无论是在邻里间还是在拥挤的公寓,并不产生完全有害的结果。它和高犯罪率、精神病态、道德危机或任何种类的疾病并没有直接的联系。生活在拥挤条件下的人和生活在不拥挤条件下的人,在身心和社会健康方面并无区别。同样,噪音的消极影响也不像多数人想象得那么严重。非常高的噪音会在工作中产生一些损失,但不久就会消失。长期噪音也可能带来一些坏的影响,但人们很快就能适应。我们也讲过,非预料的非控制的噪音似乎更刺激人,并且可能会有长期的消极影响。不过,住在城市的人们比住在郊区或农村的人习惯高噪音,但如果在一般水平上发生突然变化,也可能会引起失调。但是并无理由使我们相信它会有更大的影响。

　　另外,生活在城市的人心理疾病的发病率并不比生活在郊区或农村的人高多少。在城市生活可能比较紧张,但不论是否如此,它并不产生更多的精神病。精神病的发病率在每个地方都很相近,进一步说,城市居民并不比其他人感到更多的忧虑和不快。在一项许多美国人参加的调查中,人们发现,生活在城市的人说自己很幸福。各种特殊类型的社区、城市、郊区、城镇或农村与人们的健康、正常心理状态实际上并没有多大关系。有很多人说了城市的种种不好,这似乎与上面的结论是矛盾的。事实上,对城市的反应取决于很多个人特性。正如某些人喜欢高度刺激而许多人不喜欢一样,有些人喜欢城市而另一些人不喜欢,关键的因素可能是你喜欢刺激的程度。很明显,如果你喜欢高水平的刺激,就可能更喜欢城市。

上面提到的调查表明,许多人不喜欢他们的社区。但生活在农村的一些人和生活在城市的一些人一样,也不是满意的,而且不满的程度,在任何地区都是相同的。问题是,不喜欢自己社区的人往往是不幸和不健康的人。虽然人们生活的各类社区不完全影响其幸福,但这对他们对社区的满足感是有影响的。城市、郊区和农村各有其利弊所在,而对一些问题产生不满是个人所决定的。

由上面的研究我们可以得出结论,在城市环境中生活和在其他社区环境中的生活一样是健康的,各类社区的作用可能依赖于每个人的选择偏好和人格特性。

但不一定只要是城市就会使生活更美好,如何让城市使生活更美好,仍需要进行多学科的研究,当然社会心理学理应为此作出贡献。

二、住宅环境

城市生活的一个很重要的环境因素是住宅环境,尤其是高层与低层住宅环境。高层或超高层的住宅楼在许多城市已经很普遍了,很多人怀疑高层住宅是否会给住宅带来什么不利的影响。许多专家对这个问题做了研究。研究表明,高层住宅一般没有任何有害的影响。正如这方面的一位专家指出,没有任何令人信服的证据说明在高层住宅中生活会引起病变。这种住宅的居住者在构成社会相互关系网的能力上,在参与城市生活的能力和身体健康上,都与其他市民一样。

当然,高层住宅或任何一种住宅不可能对任何人都合适。虽然还没有研究提出高层与低层住宅之间的区别。但两者都会有人不喜欢。有些带小孩的父母常常抱怨高层住宅的困难,他们不愿让孩子单独乘电梯,认为招呼孩子别乱跑太麻烦。另外,有些高层住宅的居民不大珍视与邻居的友谊。但总的来说,这些与居民的健康和满意程度不相干。总之,没有任何研究表明高层住宅有消极否定的影响,但对高层住宅与低层住宅居民的生活行为做进一步的深入研究是很必要的。

第五节　进化的视角

虽然进化心理学早已经不是什么新鲜玩意了,在前面的部分我们对进化心理学基本理念也有了简单的介绍。但用进化心理学的观念来解读社会心理是一项很有趣,同时也很有现代意义的工作,而对人与环境关系的进化理解是其中不可缺少的一部分。

一、领域性

为了生存空间而开展的斗争,无论是在动物界,还是在人类社会中,几乎每天都在上演。如果你了解哪怕只是一点点达尔文,你就应该明白这其实无可厚非,因为生存和延续是人类发展的主旋律。进化论告诉我们,生物体都有过度繁殖的倾向以延续自己的种族,然而生存空间和物质条件总是有限的,于是他们为此而斗争。所有的有机体都需要一定的生存空间,并对自身的空间有独占和控制的欲望,这便是我们上面所讲的领域性。

二、人与环境的关系

"自然选择"是进化论的主线,"物竞天择,适者生存"的进化理念不可谓不深入人心。对于动物来说,能够适应环境的个体生存并延续,而不能够适应环境的个体则被淘汰。幸运的是,卡尔·马克思指出了人的主观能动性。作为人类,我们所能做的,不仅仅是单纯地适应环境。我们可以选择适合自己生存的环境,并通过实践活动主动地改造我们所处的环境,使之更适合生存。

喜欢住在城市里的人,中意城市便捷的交通、快速的生活频率、充满机会和挑战的市场,他们的生存和发展需要城市所能提供的这些条件,所以他们在这样的环境里如鱼得水。至于拥挤,其体现了激烈的竞争,噪音则是生命力的证明,对他们来说,根本算不上什么威胁;喜欢住在郊区或乡下的人,中意清净的田园、清新的空气、质朴的民风,他们受不了城市里的拥挤和噪音,感到生存受到了威胁,也许郊区和乡下才是他们最好的选择。正所谓,萝卜青菜,各有所爱。

人和环境的关系是一种平等的沟通。无论是适应还是改造,都应该是人类与环境沟通的结果,也是达到人和自然的真正融合的唯一途径。"天人合一"——这种东方提出的人与自然的理想关系将是我们的努力方向。

拥挤的大学生公寓

绝大多数对居住环境的拥挤研究都是在大学生公寓里展开的,已经有资料显示,生活在成套公寓里的大学生比生活在走道式公寓里的大学生更善于交际,并且此种社交能力的差别似乎影响到了公寓以外的世界。所以在可能的情况下,应该避免长走道的设计,而为学生提供成套的住宅或学生公寓。

对于现在已经是长走道的公寓楼,有什么方法可以"挽救"呢?Baum 和 Davis(1980)的建议是当走道较长时,可以用减短走道长度的方法来减少拥挤的压力。他们的实验设计非常简单,在一个公寓楼的某一层的长走道中间设置一道分隔墙,并在墙上开了两扇门。开学仅仅几个星期之后,这一层楼学生的拥挤感就明显减少了。尽管此扇门并没有关上,但由于走廊一分为二,似乎减少了学生们的过量负荷,促使两边的学生分开使用公共设施,如厕所和浴室,并有助于形成和睦的关系。这个实验还发现为了减少拥挤的压力,避免干扰,此公寓楼其他楼层的大学生的房门比刚开学时关闭的时间明显增多,但这个被隔开走道的楼层里的大学生,他们房间的关门情况则没有什么变化。

在大学公寓的一个房间里往往要住好几个学生。如果允许他们在房间里进行适当分隔的话,哪怕只是挡板或是帘子,虽然挡不住声音,但至少可以遮挡视线,拥挤感也会减少。这些措施可以减少不必要的交往并提高大学生的控制感,保障他们的私密性。我们认为让大学生建立一个属于自己的小空间要比与别人分享一个大空间来得好。在这些小空间里学生可以建立自己的个人控制,不受别人视线的干扰,并有机会对空间进行个人化的设计。

资料来源:徐磊青、杨公侠编著:《环境心理学——环境、知觉和行为》,同济大学出版社,2002 年,第 74 页。

思考题

1. 影响人们对个人空间态度的因素有哪些?

2. 什么是个人空间?

3. 试述个人空间和领域性的区别与联系。

4. 拥挤对人类生活有哪些影响?

5. 人们对短期噪音与长期噪音、可预见噪音和不可预见噪音有哪些反应,反应之间有何区别?

6. 进化心理学对人与环境的解释有何意义?

第十二章　广告与消费者心理

了解了广告的大众心理效果，才能对其作用作出测定。

 商业广告具有悠久的历史,自出现商品交换以后,诸如沿街叫卖、悬挂招牌等比较原始的广告形式也随之出现。随着经济的进一步发展和科技的进步,商业广告不仅成为社会经济生活的重要内容,而且逐渐发展成为一门具有艺术性的学问。

很显然,广告作为一种宣传手段,长久以来对人们的消费及生活观念产生了巨大的影响。它的应用范围十分广泛,诸如政府公告、卫生宣传、挂失声明、寻人启事、新书介绍、影讯报道、展销海报、商品介绍、招聘启事等都是广告。

第一节　充斥生活的商业广告

我们可以简单地把广告分为经济广告(又叫商业广告)和非经济广告。前者是生产者或经营者为了促进商品或劳务的销售,通过一定的媒体有计划地向消费者传递商品与劳务信息以谋取利润的手段,其主要目的是为了赢利。非经济广告则是为了达到某种宣传目的而开展的信息传播活动,其目的并非赢利。我们在这里要讨论的,主要指的是狭义上的广告,即通常所说的以赢利为目的的经济类的商业广告。

我刚上高中的女儿像她的很多同龄人一样爱看电视剧。她恨透了那些在情节高潮时突然插入的广告,然而又害怕转台而错过任何精彩的情节,只好耐着性子看完长达五到十分钟的广告。这是常有的事,广告商总会想尽办法让广告充斥你生活的各个角落,让你躲也躲不掉。

一、五花八门的商业广告

由于商品经济的高度发达和激烈的市场竞争,现代西方商业广告的发展已经到了登峰造极的地步:一方面广告费用令人听话,另一方面商业广告已成了一项高盈利的产业。在中国,随着改革开放,广告业也有了迅猛的发展,近年来也开始逐步与国际接轨。

（一）广告的种类

中国目前工业企业运用的广告主要有产品广告和企业广告两大类。

1. 产品广告：它提供商品信息，对商品进行推销（图 12 - 1）。

图 12 - 1　某产品广告

这类广告由于产品寿命期的不同而会在各个阶段对其内容有所侧重。例如，在产品试销期，它侧重于介绍和提供信息，让消费者了解产品的性能、用途、成分、使用方法等，其目的主要在于激发消费者的消费欲望，树立新产品及公司的形象；在产品畅销期，同类商品的竞争更加激烈，广告应突出本产品的优越性，以强化消费者对本产品的知觉和选择性需求，所以这时的广告应具有诱导性、说服性；在产品的滞销期，广告应是备忘录或提醒式的，以使消费者不至于遗忘，一直保持对该产品的记忆。

2. 企业广告：这是介绍企业现状、树立企业形象和建立企业信誉的宣传，它着重介绍企业的历史、现状、未来及特色、厂名、厂牌、商标、地址等。近年来在中国兴起的企业形象策划（CIS）即属于这一类广告。企业广告对于引导消费者使用自己的产品具有不可低估的作用。

但总的说来，不论哪种类型的广告，都是为了在消费者心目中树立企业和商品的良好形象，以便能推销商品和尽可能最大份额地占领市场。因此，广告是一项技巧，其作用不可小视。

（二）商业广告的要求

作为一种传播信息和促销商品的手段，商业广告通常应符合以下要求：

1. 有针对性。广告必须要有明确的宣传对象，也就是说要有一定的目标市场。确定目标市场是广告策划的首要环节，为了强化这一针对性，在开展广告策划前，有必要先对产品进行市场调查，以了解该产品所面临的市场环境、竞争状况及消费者的消费心理等，并在此基础上进行产品的市场定位，因此市场调查是广告宣传的前提。

2. 确定广告宣传的内容和媒体，并制定详细的计划。

3. 广告宣传与市场营销活动应密切联系,根据市场的反馈及时调整广告宣传内容,因为广告的目的是为了促进产品的销售,是企业活动的一个有机组成部分,它不能与其他环节特别是销售环节脱离。

4. 广告宣传必须付出一定的经济代价。美国在海外投入的广告费约占其出口额的 15% 左右,而中国仅是 0.1% 到 0.2% 之间,远远不能满足要求。

5. 广告要有好的创意。好的创意能新颖别致地表现广告的主题,它能把商品信息融于一种"意境"中,从而刺激消费者的购买欲望。一个好的广告,应当是内容和艺术表现形式的统一体,因此,广告的设计是一项综合性的艺术创造,它不但要有美学的观点,还需要心理学观点。(图 12 - 2)

图 12 - 2　Bosch 博世 IXO 电动拧紧机广告

二、商业广告怎样影响消费者

商业广告指以一定的媒介向消费者传播商品信息的一种活动,或者说是以一定的媒介手段向消费者传播商品信息的一种过程。在这个过程中,广告要借助于媒介物来沟通产、供、销之间的信息,发挥其促销作用。广告的功能是指广告对消费者所产生的作用和影响,从消费心理学的角度看,广告具有以下基本功能。

(一)认识和传播功能

广告是传播信息的手段。广告将各种信息及时传递给消费者,帮助消费者了解有关商品的性能、用途、价格、使用和维修方法,以及销售地点、销售方式等。由于借助不同的媒体,可以使信息传递打破时间、空间范围的限制,广泛渗透到各个消费地区和不同的消费领域。

（二）诱导功能

良好的广告可以成为诱因，吸引人们的注意力，唤起消费者的兴趣，改变消费者的态度，激起潜在的购买欲望，影响消费者的决策和诱导新的消费需求。广告的这种心理功能主要是因为广告的设计和制作是以心理学的相关原理为基础的。

（三）艺术功能

好的广告本身就是一种艺术创造，它能通过生动形象的画面、富有情趣的语言和动听美妙的音乐来宣传商品，给消费者以美的享受，同时美化社会生活和环境。

（四）教育功能

良好的广告采用文明道德、健康向上的表现形式和内容，可以扩大消费者的科学文化知识面，丰富其精神生活，陶冶其道德情操，从而对视听者起到潜移默化的教育作用。良好的广告可以通过对作品、形象的观赏，给人以美的享受，是一种雅俗共赏、一举多得的美育方式。

（五）促销功能

这是广告的基本功能。商业广告的根本目的就是为了促销。广告通过对商品或劳务的宣传，把有关信息传递给广大消费者，引起消费者的注意，深化消费者对其商品或劳务的认识，增强购买信心，加速购买决策。俗话说，货俏还得宣传巧。一种新产品问世，即使品质优良，但也会由于刚上市而无人问津，只有通过广告宣传，才能打开销路。市场营销的实践已无数次地证明，广告在促销方面有着不可磨灭的贡献。

如果说，以上这些广告的功能是说给广告商听的，那么我想，作为消费者，我们仍然需要知道的是，广告是怎样影响我们的心理，从而影响我们的消费决策，激发我们的消费行为的。一般说来，商业广告主要从以下几个方面来影响消费者的心理行为：

1. 通过奇特新颖甚至怪诞、惊险、刺激、幽默的方式来吸引消费者注意，使消费者在注意这一广告的瞬间，对该广告中的有关内容稍有记忆，从而在不知不觉中影响其消费决策。

2. 通过广告宣传引导消费者的购买行为。当消费者有某种消费需求时，广告可以用其独特的方式抓住消费者，使消费者自愿选择广告中的产品，达到广告促销的目的。

> 你正计划去欧洲旅行,你已经决定在那些风情浪漫的古典城市中选一个,并且把目标进一步限定在罗马和巴黎之间。这两处都是你的最爱。旅行社对两个城市分别安排了一系列的计划,包括机票、旅馆、观光,外加每天免费的精美早餐。就在你犹豫不决,举棋不定的时候,旅行社给出了你第三个选择:罗马,但不含每天的早餐。显而易见,你已经知道你的答案了。

资料来源:丹·艾瑞里著,赵德亮、夏蓓洁译:《怪诞行为学》,中信出版社,2008 年。

3. 通过情感诉求方式来说服消费者改变原来的消费方式或对商品的态度。广告利用情感诉求方式可以影响消费者情绪,实现消费者与商品的沟通,使其对商品产生好感,从而产生购买行为。

> 1998 年下半年,雕牌洗衣粉曾全面退市。1999 年初,其又以全新的包装切入洗衣粉市场,获得二次创业的成功。此次出击雕牌大打情感牌,借助"下岗潮"的出现,其不失时机地抓住这一引起社会普遍关注的资源,借势进行品牌的打造与传播。"雕"的情感诉求比较成功,其创造的"下岗篇"广告片,内容就体现了一种比较好的情感宣传方式:妈妈下岗了,家庭生活日显拮据,随着妈妈找工作的画面,广告把情感推向了高潮,片中小主角的真情表白:妈妈说,雕牌洗衣粉,只用一点点,就能洗好多好多衣服,可省钱了。妈妈,我能帮您干活了。随着下岗这一普遍社会现象的出现,这一宣传,引起了消费者内心深处的震撼以及强烈的情感共鸣,品牌迅速得以认同与提升。

资料来源:http://blog.sina.com.cn/s/blog_4d1acee90100092r.html。

4. 通过广告活动向消费者宣传商品信息,使消费者形成对该商品的认知和印象,从而为其最终购买创造条件。

5. 通过不同形式、不同规模的广告宣传,并利用社会心理作用的机制,在消费群体中造成广告轰动效应,促使流行、时尚等社会行为的出现,激发其他消费者也作出购买的决定。下面的事例说明了这一点。

美国一个名不见经传的小报纸《检查者》曾在电视上做了一则广告。电视画面推出旧金山电报大楼塔顶的特写,画外音:"我们正在重复伽利略的试验,以证明究竟是这台电视机重,还是这份报纸——《检查报》重。"接着,一个著名的报纸出版商将一台电视机和一份报纸同时从塔顶扔下,报纸落下时,竟把人行道撞出个洞,而电视机仅仅跳了几下。反常的试验结果马上引起人们的争论。一家电台就试验结果发表了一篇措辞激烈的评论,要求让记者重复这个试验,以证事实。

这件事在美国引起不小反响,不仅地方电视台给予报道,连《纽约时报》和国家广播电台也报道了此事。结果就是大家都认识了《检查报》,并争相购买。

第二节　谁把广告灌输给我们

广告没有长脚,是有人把它送到了我们的面前,这就是广告媒介。其一般主要是指报纸、杂志、广播、电视、标牌、招贴、说明书、信件、电影、电视等,它是在广告者和消费者之间起沟通作用的物质手段。媒介使得广告能以语言、文字、图案以及声、光等形式,通过视听等感觉渠道向广大消费者传递有关商品的种种信息。

一、百家争鸣的广告媒介

不同广告媒介为我们呈现的广告,对我们消费者而言,吸引力是大不相同的。这是因为它们具有不同的心理特征。

（一）报纸广告

报纸是目前商业广告的主要媒体,它以简明、精炼的文字和鲜明的图案向消费者传递商品的信息。报纸的优点是:(1)广泛性。这主要是因为报纸发行量大,订户多,读报的人多。(2)及时性。由于人们形成一种习惯心理,读报以先睹为快,所以报纸广告能及时传递信息。(3)消息性。报纸本来就是以消息为中心的,当新产品研制成功的消息刊登以后,可以促进新商品的销售。(4)准确性。报纸广告向来以传播及时、准确著称,并可以反复地、连续地传播,给消费者留下深刻的印象。(5)权威性。大多数报纸历史悠久,在群众中素有威望,从而使广大消费者对报纸的广告信息比较信任。(6)保存期长,可以反复阅读,广告费用低。但报纸广告亦有其不足之处:时效短,内容繁杂,不易引起消费者注意。同时对消费者视觉刺激较弱,在一定程度上削弱了广告效果。

（二）杂志广告

目前中国绝大多数杂志都兼营广告业务。杂志是中国的主要广告媒体之一。它最大的优点是针对性强。因为它有特定的读者群,可以针对消费者的兴趣和爱好来进行广告宣传。其次,它保存期长,篇幅较多,宣传效果较好。但由于它的专业性强,因此传播面小,出版周期长,难以及时传递信息,再加上费用较高,所以一些时间性强的广告不宜采用此种形式。

（三）电视广告

电视广告是20世纪40年代以来出现的一种发展迅速、表现力最强的广告媒体。它把视、听、音、色、形巧妙地结合起来,具有强大的宣传影响力。它的传播范围十分广泛,为广大消费者喜闻乐见。其次,它的重复性高,由于可以重复播放,易在消费者心目中形成牢固的印象。但是,电视广告要求有特定的时间和空间条件,费用也十分昂贵。

（四）电台广告

亦称广播广告,具有独特的宣传效果。首先,它具有广泛性,活动空间大,可以通过电波传到每一个角落。其次,它具有及时性,广播传播极为迅速,最新的消息能在最短的时间内传播。再次,它具有灵活性,人们可以随时随地收听,广播的形式也灵活多变,不拘一格。最后,它也具有权威性,使广大消费者易于产生信赖感。但由于广播声音瞬间即逝,听众在缺少视觉形象的情况下难以记牢。

以上所述的报纸、杂志、电视、电台被称为广告的四大媒体。但随着信息时代的到来,上述传统的四大媒体已无法满足宣传空间和传播层次日益扩张的需要。这样,一些新的广告媒体应运而生,下面简要介绍一下 POP 广告、邮递广告、交通广告、户外广告和互联网广告等。

(五) POP 广告

POP 广告(Point of purchase advertising),即购物场所广告。它一般是指购物场所、零售商店入口、周围、内部的广告,一般具有直接性、强视觉性、系列性和多样性。

(六) 邮递广告

它包括销售信、说明书等,是以特定的单位和个人为对象,来推销特定或专门商品的广告形式。其特点主要是针对性强,有亲切感,但它的影响面有限。

(七) 交通广告

利用交通工具做的广告。其特点是醒目,具有重复效果,宣传对象广泛,是近年来兴起的一种新广告形式。但其仅限于一个地区,缺乏针对性。

(八) 户外媒体广告

主要包括路牌、霓虹灯、招贴等。它们具有灵活性、持续性的优点,但却无法选择目标消费者,针对性差。

(九) 互联网广告

随着互联网的不断成熟与发展,互联网广告越来越受到商家的青睐。主要形式有网幅广告、文本链接广告、电子邮件广告、赞助等。其优点是传播范围更加广泛,可直达产品核心消费群,具有强烈的互动性,节省成本,可准确统计广告效果等,是传统广告媒介所不可比拟的。

二、选择合适的广告媒介

要知道,商家总是要比消费者"聪明"一点,这样才不枉为"老板"。在我们被各种广告和广告媒介搅花了眼的同时,他们却清楚地知道选择哪种广告媒介最有利于他们的产品。一般说来,选择广告媒介至少会考虑以下几项因素。

(一) 根据产品的特点选择

这是由于各种产品的性能、特点、使用价值及使用范围不同,宣传的要求也不同,因而宣传的媒介物也应有所不同。就像我们已经习惯了由电视来呈现某种化妆品的效果,或是定期收到大卖场的快讯(DM)。

（二）根据目标市场的消费者特点选择

广告的目的就是为了将有关商品的信息传递给消费者，促进商品销售，因此必须做好市场调研，对目标市场的消费者有所了解后再选择合适的广告媒体。比如，我女儿订阅的青少年读物里常常会夹着有关文具之类广告的内页，而我的母亲则更关注广播里又有什么新鲜东西推荐。

（三）根据广告媒体的内部状况选择

这主要是指广告媒体的传播数量和质量。传播数量主要指报纸杂志的发行量和电台电视的视听率，传播质量则指影响及其声誉等。显然，它们都是选择广告媒体时不可忽视的因素。2008年，"恒源祥"把它的"羊羊羊"广告语推广至12生肖，并在电视上循环播出。其效果我们不得而知，但很显然成了网络上被嘲讽和恶搞的对象。

（四）根据广告费用预算和支付能力选择

广告的目的就是用尽可能少的费用达到最大效果，因此必须考虑自己的支付能力和费用预算。

美国一家公司在印刷装订一本本公司出版的《心事有谁知》的书时，将一千美元夹在其中的一本书中。而后他们登出了一则广告："一位技工不慎将一张一千元美钞，夹在书中忘了拿出来，这位技工心急如焚，发现它的人，请您做好事还给他，我们将会奉送给你500美元作为报酬，并登报致谢"。广告发出后，该公司印的十几万册书，很快便销售一空，其仅花了一千美元便赚回一大笔钱，之后这个公司又刊登了致谢广告，结果该公司信誉大增。

事实上，这个公司其实只是合理地利用了他们的广告预算而已。

第三节　吸引力的最大化

在市场竞争日趋激烈的今天，企业都希望通过广告来宣传自己的产品，达到对消费者吸引力的最大化，从而促进自己产品的销售。而在广告宣传中,最核心的部分就是人。围绕人的心理特点来策划和创作广告已经成为现代广告成功的最基本的要求。特别是在消费者消费意识和消费水平不断提高的当代,生产力已发展到一定水平,许多产品质量不相上下,某些情况下,广告的好坏直接决定着产品推向市场后的命运。

一、如何利用消费者心理

前面我们讲到了,广告是怎么影响消费者的心理和行动的。其实一则好的广告,还会恰到好处地利用消费者的某些心理。所以广告的创作需要充分利用心理学的原理,包括应用注意、感受、记忆、联想、想象、暗示等一连串的精神过程,使顾客对广告的内容发生良好的反应。流动广告的创作还应设法吸引大众的听觉和视觉,设法使大众关心该产品并接受信息。

广告创作中常利用的心理规律有以下几种。

(一) 逆反心理

当今世界,广告无孔不入。许多广告已引起消费者的反感,于是许多广告创作反其道而行之,充分利用人们的逆反心理,反而效果甚佳。如一种保险柜的广告词:"本柜设有密码,如果您记忆不好,请勿使用,否则您只能用焊枪割开。"

(二) 好奇心理

人都有一种好奇心,那些新颖独特、与众不同的广告,特别吊人胃口,从而会在不知不觉中发生神奇的效果。

(三) 模仿名人心理

这在目前应用最广泛,许多消费者出于崇尚名人和自我表现的需要,喜欢模仿名人。广告创作就利用这一心理吸引消费者。许多影星、歌星都在大肆做广告,吸引着那些"追星族"们购之用之。在当前的化妆品、酒类、药类广告中,这种现象比比皆是,层出不穷(见图 12-3 / 12-4)。

(四) 眼见为实心理

俗话说,耳听为虚,眼见为实,在当今假冒伪劣产品充斥市场的情况下,许多人都怀有眼见为实的心理。广告创作也可充分利用这一心理,进行现场表演,从而达到促销目的。

此外,还有不少心理原则,不能尽述。但总的说来,广告创作是一门综

图 12 - 3 / 12 - 4　善打明星牌的百事可乐

合艺术,其关键是要抓住消费者心理,制作出令人信服、便于记忆的广告来,只有这样,产品销路才能大大扩大。

二、广告界的新宠——情感广告

好的产品那种"皇帝女儿不愁嫁"的时代已经一去不复返了,取而代之的是利用新奇、富有情感的广告打动人心,激发人们的购买欲。情感广告逐渐成为一种潮流和趋势,冲击着整个商品市场。

> 广西南方儿童食品厂的南方黑芝麻糊广告以浓郁的怀旧情调展开:在遥远的年代,江南麻石小巷,天色近晚。一对挑担的母女向幽深的陌巷走去,伴随着"南方黑芝麻糊哎——"的叫卖声,音乐响起。而在深宅大院门前,一个小男孩拨开粗重的樘杭,挤出门来,深吸着飘来的香气。小男孩再也坐不住了,跑了出来,看着一位阿婆端着热气腾腾的芝麻糊,急得直搓手,舔唇。这时妇女也给小男孩舀了一碗,他埋头猛吃,大碗几乎盖住了脸庞。研芝麻糊的小女孩投去新奇的目光。小男孩也不在意,吃完了还大模大样地将碗舔得干干净净,逗得小女孩掩嘴善意地笑起来。看着小男孩可爱的样子,妇女爱怜地给他添上一勺芝麻糊,轻轻地抹去他脸上的残糊。这时小男孩默默地抬起头来,目光里似羞涩、似感激、似怀想,意味深长。此时,字幕加画外音:"一股浓香,一缕温暖,南方黑芝麻糊"。

资料来源:http://blog. sina. com. cn / s / blog_4d1acee90100092r. html。

（一）情感广告的特点

一说到南方黑芝麻糊的电视广告,很多人对那股温暖的悸动依然记忆犹新。所谓的情感广告,是指制作广告时,利用心理学原理,把握消费者情感,使广告更富有人情味,更容易为广大消费者所接受,从而刺激其消费需求,产生购买欲望。

情感广告与以往的广告相比,主要有如下特点:

1. 人情化。情感广告顺应时代发展的潮流,一改过去广告的商业色彩,利用人们情感的波动来打动人心,在人们的生产和生活已被大量商业化运作包围的环境中脱颖而出,从而使人们心甘情愿地购买该商品。如孔府家酒的广告词:"孔府家酒,使人想家。"

2. 家庭化。过去的很多广告往往面对社会,而很少以家庭单位作广告对象,但现代社会的发展表明,家庭是人生活的港湾,广告创作的意向向家庭倾斜,是情感广告的又一大特征。家庭是社会的细胞,征服了家庭,也就征服了社会。如著名的舒肤佳广告,就是由一家三口来做,富有人情味,产生了很好的效果。

3. 诱导式。广告如果一味地采用填鸭式的灌输方式,喋喋不休地去介绍产品的性能、作用、使用方法、注意事项等,甚至用一些专业术语,让人一看就觉得远离生活,很难取得成功。情感广告则从人的需要、欲求、想象甚至幻想出发,运用各种手法诱发消费者的欲望,促使其产生购买行为。

4. 服务式。广告的目的是推销,但如若只用干巴枯燥的语言去讲些"国内首创"、"实行三包"、"欲购从速"一类的话,未免浅薄,让人生厌。中国人传统观念是"无商不奸",情感广告正是针对这一情况应运而生。最典型的例子就是美国柯达彩色胶卷的广告语:"您只要按一下按钮,其余的事由我来负责。"

（二）情感广告的心理原则

人对客观现象的认识,包括对广告内容的认识总会产生一定的情感体验,积极的情感体验会转化为购买意向,如果消费者的情感体验是消极的,那就很难引起消费者对广告产品的兴趣。因此,广告与心理学的关系十分密切,情感广告尤其如此。情感广告中最常用的心理原则大致有以下几种:

1. 尊重心理。这是人的一种本能,任何人都需要尊重,希望被人敬重。对人尊重、理解的广告,往往会受到消费者的青睐,从而产生良好的效益。

2. 同情心理。同情是全人类共通的一种情感,一种心理需要。广告制作者应充分利用这一心理,如美国一家快餐店的广告词:"如果你不进来吃,我们俩都要挨饿了!"话语幽默,却又中肯,引人同情,可谓绝妙。

3. 求美心理。爱美之心,人皆有之。广告作为一种手段,也是一门艺术,应具备极强的艺术性,使消费者有美的感受,而不仅仅是泛泛说教。

4. 愉悦心理。追求愉悦是人类每时每刻都在实践着的活动。广告制作应当迎合和满足人们的这种心理,力求在愉悦状态中给人以人情味的熏陶。

三、广告的效度测定

对于商家来说,广告推出后的效果是他们所最关心的,所以要进行广告效果的测定。所谓广告效果的测定,就是要了解广告宣传后广告目的的实现程度。它可以从三个方面进行:(1)接触效果测定,即有多少消费者接触、了解到该广告。(2)心理效果测定,即顾客对广告产生的心理反响。(3)购买行为效果的测定,即有多少消费者通过该广告产生了实际的购买行为,或通过广告宣传后该商品销售额增加的程度。在这里,我们主要谈一谈广告的心理效果及其测定。

广告宣传要达到理想的心理效果,必须在广告的计划、设计和制作方面充分重视对消费者心理活动规律和特点的研究,运用心理学原理,增强广告的表现力、吸引力、感染力和诱惑力。

广告信息传递,通过刺激消费者的视觉和听觉器官,引发消费者一系列的心理活动,诱使消费者购买行为的发生。广告引发消费者的心理活动过程一般要经历以下几个环节:引起注意→启发联想→增进情感→增强记忆→实现购买。

了解了广告的心理效果,才能对其做出测定。由于广告的心理效果是潜在的、抽象的影响和作用,往往很难直接通过市场上商品的销售量测定出来。只能通过其他测定项目如注意度、知名度、理解度、记忆度、购买动机、视听率等来进行测定。而这几个方面都要求消费者的配合,并且要求消费者具有一定的代表性,因此要给予消费者一定的报酬。只有这样,广告才能真正走入千家万户,与消费者的日常生活息息相关。

广告的心理效果测定可以运用多种方式来进行,但大体说来主要有两个方向,一个是如前所述的正规评定方法,另一个则是社会对广告效果的反应判断。而有些不法商家,为了达到预期的效果,不惜做虚假广告甚至是违法广告,这一现象在国内市场几乎数不胜数。

与广告的正向用途相反,在今天,中国的企业纷纷走入市场后,残酷的市场竞争促使一些企业、生产商或经销商充分利用广告对消费者进行引导,其中一些商家或是做虚假广告,以销售假冒伪劣商品或盲目夸大产品质量与用途;或是利用大规模广告从事不正当竞争;或是制造"权威宣传"类广告,博得消费者对商品的信任⋯⋯而其中一些广告所谓的"成功"也正是利用了本章前述的"商业广告的心理功能"。同时,这些虚假广告出台的另一主要原因则是当前某些社会新闻传播媒介的不负责任。如前所述,广告主要是靠报纸、杂志、电台、电视台、互联网等媒介传播的,而在今天,一些传播媒介只为了简单的经济利益,什么样的广告都敢登载或播出,这正给予了那些虚假广告制造者以可乘之机。虽然一些有识之士和有正义感的新闻机构屡屡揭露某些广告的不可信及虚假度,但是这些被揭露的虚假广告往往"打一枪,换一个地方",继续出现在大众面前,以至于消费者防不胜防,比如不断有人跌入那些类似于"多功能记忆增强器"、"人体身高快速增高器"等虚假广告的陷阱之中。中国某县工商行政管理局短时间内就收到投诉信15 251件,创造了"全国第一",其原因就在于该县的虚假产品广告如"高级家用净水器"、"人体增高器"、"多用学习机"等,四年之内就占据了国内数百家报纸的相关版面。

第四节　别让广告蒙住了双眼

纷繁多样的广告对于消费者来说,无疑是一项考验。如何在广告面前保住荷包,意味着我们要懂得辨别广告的真伪,要明确自己的需求,要和狡猾的商家"斗智斗勇"。

一、生态理性指导的消费行为

人类是有限理性的(相对于非理性与纯理性),但这种有限的理性已经足以使他们在现实环境中作出合理判断和决策。现实环境并不苛求人类,也就是说并不要求人类时时处处都作出最优的选择和决策,所以任何人都不必为自己理性资源的有限而忐忑不安。他们对理性的最低要求是：能够与现实环境（包括自然和社会环境）的要求相匹配，这种理性被称为"生态理性"。

在生态理性的指导下，我们认为，个体作出的决策总是以符合现实的要求，与环境相适应为目标的。于是，当我们面临被令人眼花缭乱的广告包装过的商品时，我们首先考虑的仍然是现实的需要和与环境的匹配。

例如，我想买一台新的笔记本电脑。我在数码广场逛了半个小时，手上便拿了一大堆的宣传广告，有的有华丽的外观，有的有高端的配置，有的有惊爆的低价（永远都是最后一天）。我很清楚我需要一台什么样的笔记本，质量好的，外表不用太华丽，配置中等偏上就行，也有一个心理价位。所以即使广告的确令人看花了眼，我还是可以理性地选到我想要的那一台。

二、可预期的非理性

2002 年诺贝尔经济学奖的获得者丹尼尔·卡尼曼和弗蒙·史密斯（Vemonl Smith）为我们开拓了一个新的视野——行为经济学。他们用大量的实验来研究人们在经济活动中的心理和行为，"把心理学研究和经济学研究有效地结合，从而解释了人们在不确定条件下如何决策"。他们指出了人们决策时的非理性因素。

丹·艾瑞里在他的畅销书《怪诞行为学》（Predictable Irrational）中用许多生动的例子向我们展示了人们在日常生活中的非理性选择，并指出了这种非理性的可预期性。很显然，广告也导致了我们在消费中的非理性。

还记得我前面提到的那个蜜月旅行的例子吗？相信在三种选择（罗马有早餐、巴黎有早餐和罗马无早餐）面前，很多人比只有两种选择时（罗马有早餐和巴黎有早餐）更容易地做出选择——罗马有早餐，因为旅行社给出的第三条路线（罗马无早餐）只是一个诱饵。

还记得你有多少次在超市里买了很多你并不需要的东西，只因为收银台上挂着的牌子告诉你，买满 200 元你可以免费获得一个你也许永远也用不上的包。

还记得你多少次拨通电视直销的电话，去买一个你见都没见过并且根本用不着的商品，只因为它的广告说每天限卖 100 份。

很显然,我们的消费行为并不像生态理性所述那么简单。我在写这章的时候总是会有一些矛盾。作为一个消费者,我似乎应该站在消费者的立场上,告诉大家怎样才能不被广告的外表所蒙骗,然后作出正确的决策。事实上,因为那些非理性行为的可预期性,我们完全可以人为地避免非理性行为的发生(理论上来讲)。可是,试想一下,你真的可以时时处处抵抗得了"邪恶"的商家出其不意的促销方式么?

思考题

1. 试从心理学的角度阐述商业广告的功能和作用。
2. 除了本章提到的外,你还知道其他哪些广告媒体?
3. 从心理学的角度谈谈为什么情感广告在现代生活中会越来越受到欢迎?
4. 在广告制作过程中怎样才能做到一下子抓住消费者的心理?
5. 简要叙述对广告心理效果的测定主要有哪两种方法。
6. 试述非理性消费带给你的思考。

第十三章　爱情与婚姻心理

　　爱情是婚姻的基础,但爱情又是人类各种感情中最复杂、最微妙的一种。

爱情是婚姻的基础,但爱情又是人类各种感情中最复杂、最微妙的一种。一段唯美的爱情,一个幸福的家庭,几乎是每个人的梦想。我的一位学生常常说,自从学习心理学以来,他身边的朋友就拿他当"爱情顾问",跟他说很多恋爱中的问题,希望寻求解决。可见,越来越多的人在遇到爱情和婚姻问题时,开始更多地诉诸心理方面的帮助,这也成为心理学相当关注的一个方面。我们在本章里将探讨婚姻美满的社会心理条件,分析夫妻关系的心理与行为冲突及其原因,以帮助人们诊断自己婚姻的病因;同时,还将提出一些挽救不理想婚姻的方法,从而引导人们建立美满和谐的家庭生活。

第一节　爱情是什么

爱情是人类幸福和安定的心理基础,它与婚姻有着直接的内在联系,关系到千家万户。所以,在研究婚姻心理之前,我们有必要先研究爱情的心理特征。

一、爱情的定义

爱情是西方社会心理学家的经典研究课题,各时期的著名学者曾给爱情下过各种不同的定义。

(一)斯腾伯格(Robert J. Sternberg)的爱情三维度论

斯腾伯格运用定量分析与定性分析相结合的研究方法,在进行大量文献综述和实证研究的基础上提出了爱情的三因素理论。按照这一理论,爱情这一个心理学结构有三个维度,他将这三个维度形象地比喻为一个三角形的三个顶点。

1. 亲密。指在爱情关系中能促进亲近、归属、结合等体验的情感。换句话说,它能引起温暖体验。研究表明,它包括如下内容:改善所爱的人的福利的愿望;与所爱的人在一起体验到快乐;对所爱的人高度的关注;在需要帮助时能指望所爱的人;互相理解;分享一个人的自我和一个人的所有;接受来自所爱的人的情感方面的支持;对所爱的人提供情感方面的支持;能与所爱的人进行亲密的沟通交流；重视对方在自己生活中的价值。他提出的这一因素也广泛地存在于较深的友谊关系之中。

2. 激情。或称"情欲"，指驱力，这些驱力能引起浪漫恋爱、体态吸引、性完美及爱情关系中其他有关的现象。或者说，该因素就是在爱情关系中能引起激情体验的各种动机性的唤醒源以及其他形式的唤醒源。它包括一种激烈地渴望与另外一人成为一个统一体的状态。在爱情关系中，性的需要是引起这种激情体验的主导形式。除此之外，按斯腾伯格的说法，诸如自尊、养育、亲和、支配、服从以及自我实现等需要也是唤醒源。

3. 决定/承诺。有两层含义：（1）在短期方面，指一个人作出了爱另外一个人的决定；（2）在长期方面，指那些为了维持爱情关系而作出的承诺或担保。但是，这两个方面不一定同时具备。爱的决定并不一定意味着对其的承诺；同样，承诺也不一定意味着作出决定。现实中，许多人实际上承担了对另一人的爱，却未必承认，更不说作出什么决定了。然而，无论是在时间上，还是在逻辑上，大多数的情况都是决定因素优先于承诺因素。这一因素大体上相当于我们中国人常说的"山盟海誓"、"天长地久"、"忠贞不渝"之类，但不是指行为，而仅指认识（认知）方面。

总之，从某一种角度来看，亲密是"温暖"的，激情是"热烈"的，而决定/承诺是"冷却"的。它们所具有的特性也是各不相同的，斯腾伯格又从三个维度出发，将人类的爱情区分为八种类型（见表13-1的归纳，其中正号代表因素的存在，负号代表因素的缺乏）。

表 13-1　斯腾伯格爱情三维度中的八种类型

爱情类型	亲　密	激　情	决定/承诺
无　爱	-	-	-
喜　爱	+	-	-
痴迷的爱	-	+	-
空洞的爱	-	-	+
浪漫的爱	+	+	-
伴侣的爱	+	-	+
愚昧的爱	-	+	+
完美的爱	+	+	+

（二）弗洛姆的人本主义解读

通常,西方心理学者在定义爱情时所使用的变量都建立在希腊文渴望（eros）和敞开（agape）概念之上。第一个变量 eros 涉及通过另一个人而获得自我完善；第二个变量 agape 则涉及为了另一个人而自我放弃,苏利文（Harry Stack Sullivan,1953）指出:"当另一个人的满足和安全变得像自己的满足和安全一样重要时,爱情就存在了。"而弗洛姆（Erich Fromm）在他脍炙人口的著作《爱的艺术》里,则结合了 eros 和 agape 两个概念。他直截了当地指出:"成熟的爱乃是保全个体的个性、整体性的结合。爱是人积极能动的力量,它打破了把他人隔绝的围墙,使人与人和谐相融；爱使人克服孤独感和分离感,然而又让他仍为他自己,依然伫立于其整体性中。故而在爱中萌生出这样的二律背反:相爱双方融合为一,但仍为二体。"

在弗洛姆看来,爱是一种积极的活动,而不是一种消极的冲动的情绪,真正的爱是那些具有创造性和成熟性格的人的一种能力,是人的内在创造力的表现,是积极追求被爱人的发展和幸福,是在自由自觉中发挥的灵魂的一种力量。

（三）进化视角的定义

随着进化心理学的日趋流行,我们也尝试从进化的视角来解释爱情。从进化论的观点看来,男人与女人的结合是为了繁殖以延续后代。因此,在他们那里,浪漫爱情逐渐演变成了一种带有承诺的人类游戏,其意义就在于将男女双方维系在一起,利于后代同时获得来自父母双方的投资（张雷,2007）。因为婚姻所提供的稳定的夫妻关系和投资关系,保证了后代的成活率,在自然选择的过程中逐渐体现了它的优越性,因此保留至今。

（四）爱情的现代定义

伴随着各类爱情的定义也出现了一些问题,爱情依据内部评价和内在决定过程往往是很难进行研究的。人们如何知道对方是满足了,如何知道对恋人的生活成长给予了足够的关注? 作为对此问题的解答,实验心理学家们倾向于把生理学、归因理论、行为主义结合起来,在综合的理论框架中去形成它的定义。

爱情的现代定义包括下述这些要素:第一,是在男女之间产生的；第二,是在个体心理达到相对成熟之时产生的,幼儿没有这种狭义的爱；第三,个体在生理上被唤醒,爱情包括性欲和性感；第四,爱情是一种对异性产生的具有浪漫色彩的高级情感,其中包括认知成分,不是一种低级的情绪。

简言之,爱情,是在传宗接代的本能基础上产生于男女之间,使人能获

311

得强烈的肉体和精神享受的综合的——既是生物的,又是社会的——互相爱慕之情,是一种复杂的、多方向的、内容丰富的社会现象。

二、爱情的心理结构

从爱情的心理结构来看,爱情是人类各种感情中最复杂、最微妙的一种感情,是多种矛盾的统一体。

人人都希望爱情给自己带来欢乐,而不是痛苦;是人生的充实,而不是生活的空虚;是人格的高尚,而不是行为的低下。为此,很有必要认识爱情的心理结构,以获得美满的婚姻。健康的爱情心理主要包括四个方面。

(一)心理的相容性

心理相容,不仅是指相爱双方的兴趣、爱好的基本一致,以及性格、情感上的类似,而且还指相爱双方互相承认个人世界。不强迫、不显示占有权(垄断欲),给对方以自由。这种爱情与开明的父母对待子女的态度一样,他们一边享受父母本身的人生乐趣,一边注视着孩子,绝不过多干涉,但并不是漠不关心。最好在男女关系上也能有这种感觉。因此,健康的爱情心理意味着互相承认和容忍对方的个人世界。

(二)思想感情的一致

思想感情的一致性是指相爱双方的爱情是建立在思想、理想、志向、道德品质、生活信念和审美情趣等基本一致的基础之上的,这样建立起来的爱情,有着共同的理想、志向和兴趣,能成为事业和生活的推动力,能够保持婚姻的牢固和持久,能够经得起生活的磨炼和时间的考验。相反,建立在纯粹金钱、相貌或一时的感情冲动基础上的爱情,就只能是昙花一现,难以持久。

(三)人格的独立性

健康的爱情是双方独立的人格各为一体,不是一方依赖另一方。这样,即使恋爱以分手告终,双方也能恢复自己原来的独立人格。然而,对于依赖性极强的幼稚人格来说,分手成了被抛弃,以至感到极度失望,充满不安,甚至陷入严重的恐慌。健康的爱情关系有孤独和悲哀,但不会陷入恐慌。

(四)性意向一致性

性意向,是指对爱情中性行为的看法,是构成爱情的心理结构的重要组成部分。性意向的一致、性生活的和谐,是促进夫妻爱情巩固与发展的重要因素之一。

性意向的特点,突出表现在四个方面:排他性、冲动性、直觉性和隐曲性。排他性,是指人们抵制其他人对自己性爱对象予以任何性亲近的心理倾向。这是文明时代人类性爱的最重要特点。

冲动性,这是性爱的又一特点。它是指对性爱对象表现出来的强烈亲近欲望和随时可激起的不顾一切的行为驱使力。这种难以遏止的行为驱使力,使性冲动带上了非理性的色彩。

直觉性,是指依靠直接感知而对异性产生爱慕的一种心理倾向。具有积极与消极两方面作用。

隐曲性,表现为隐蔽、不让人知、不让人见的特点。特别在性爱的初期,这个特点更为突出。隐曲性使人们的性爱更含蓄,但它也有伪装、隐瞒等消极面。

人类性爱的排他性、冲动性、直觉性、隐曲性,是爱情的自然属性,但不是爱情的全部内容。真正健康的爱情,包含着广泛的社会内容和深刻的精神内容。同时,它也包含着价值观念和道德观念的确立,包含着感情和理智的统一,它反映的是高层次的心理结构。

第二节　婚姻中的爱情观

婚姻应该包括爱情及个人满足,这是一种现代的想法。事实上,人们对爱情的定义也是时代的产物。为什么这个社会将爱情视为婚姻的基础?这个见解来自何方?

在原始社会状况下,已婚男女的关系只是一个肉体生存所需的“家庭”单位,“爱情”无足轻重。在原始的语言里也没有“爱”这个字,他们结伙同居、生儿育女通常比独居更有利于生存。

公元前 5 世纪,柏拉图对爱情进行了论述。他认为人类最高的美德就是爱,包括精神上、智慧上以及性的吸引。但他同时认为女人是较劣等的,不值得最高等的爱,也不能爱别人。因而,他指出婚姻与爱情无关,只为繁殖后代。到了中世纪,在欧洲贵族社会里渐渐产生出一种热情的、理想上不能实现的、对婚姻之外的爱的追求。婚姻仍然为政治与经济目的所安排。

此后的几个世纪里,追求爱的理想由上层社会散布到中下层社会。当这一追求在向下扩散时,新的情况产生了。一般平民不愿其爱情因私通的罪名而被报复,渐渐地一对情侣对爱的追求发展到彼此间誓言结婚。人们期盼爱情不仅产生在追求的过程中,也能延续到婚姻里。人们还相信能导致婚姻的爱情更为实际和合理。

从此,人们便把爱情与婚姻两个概念结合在一起。爱情是婚姻的基础,没有爱的婚姻是不幸的,只有拥有真正的爱才能建立幸福完满的婚姻。但人们对婚姻中爱情的认识存在这样那样的曲解,以至这种曲解成为婚姻不幸的最主要原因。

一、从恋爱到婚姻

恋爱,往往是不知不觉地坠入情网,个人常失去大部分的判断力,带有某种"幼稚性"。因为它凭着一种激情,阻止了对任何外在条件的理性思考。而婚姻是男女依照社会风俗、法律规定所建立的夫妻关系,婚姻双方有能力在社会关系、精神方面和内心世界这三个层次上同时保持一致。它是一种"成熟"的关系,彼此间有负担责任的契约。这种契约中有伦理,并不因单方面讨厌便可以随便撕毁。婚姻是理性的,它要求婚姻双方冷静地思考婚姻中的非情感的义务和责任。

恋爱充满不现实的理想化色彩,脱离现实世界,恋爱双方是封闭的人际关系。婚姻则要考虑到现实的社会因素,对配偶的直系、非直系亲属的婚丧嫁娶都不能轻视,对配偶的上司、同事、下级也必须笑脸相迎。如果有了孩子,免不了要出席家长会。所以,婚姻是进入社会,而恋爱则是游离于社会,即使互爱双方与世隔绝也不会遭到责难。

虽然,每个人都欣赏恋爱时的罗曼蒂克,但对一对夫妻来说,恋爱迟早会结束,这时真正的爱才有可能开始。真正的爱不是一种让人们冲昏头脑的感觉,而是一种承诺。只有在爱的承诺的基础上,婚姻双方才能容忍婚姻中的矛盾冲突与危机,探索夫妻双方的沟通技巧及解决问题的方法,以培养爱的能力。而要获得爱的能力,需要忍受千辛万苦,做出巨大的努力。

二、婚姻中爱情的误区

许多婚姻家庭问题大多源于一些对爱情的错误理解,其中最主要的是下面两种。

（一）无差异观念

这种观念宣扬所有人的爱情是相同的,而人们也都是因为相爱而结婚。但在现实生活中这其实只是婚姻动机的一部分。不可否认有些人是因为真正相爱而结婚的,但也有些夫妇是因为其他因素而结婚的。例如,社会习俗期望他们如此,对经济因素的考虑,或是仅仅被对方的外貌所吸引,为了避免孤独,一方对另一方存有同情或责任感等。甚至有些夫妇是在结婚后多年才开始产生爱情的。因此,人们结婚的动机是有显著差异的。而这种爱情无差异观念显然也是错误的。这样的"异途同归"、"多元化"的原理,无疑对"单一动机"、"单一原因"的僵化分析作了很好的补充,也是我们在分析爱情婚姻关系时必须牢记的原理。

（二）理想化模式

这种观点认为满意的婚姻里只有浪漫的爱情和完美的对象。事实上,每个人的爱情得到实现的程度是不同的。每一个追寻爱情的人总是想在对方身上寻找完美的品质,但这些品质几乎只能分别存在于不同的人身上,所以,男女双方很可能因为自己寻找的对象只具有理想品质的一部分而感到不满意。这种理想化的爱情模式是有害于婚姻的。婚姻不是原来爱情理想的完全实现。任何婚姻,即使是令人羡慕的金婚银婚,其间都会有"排异"、"擦痕"和"磨合"。但只要双方共同创造、开拓情感园地,相互发现、相互鼓励、相互欣赏对方的个性特色,理想的婚姻才不是空想或妄想。

第三节　择偶心理

所谓择偶,是指人们在婚姻中如何选择配偶。人到了一定的年龄,具备一定的生理、心理和社会条件,就要寻觅配偶,缔结婚姻,组成家庭。婚姻家庭能够成立,择偶是其中的重要一环。研究婚姻家庭心理必须认真探讨择偶心理的客观规律和影响择偶心理的各种因素。近年来,进化心理学的深入研究也为我们研究人类择偶的心理机制和标准提供了很多新的开创性的材料。

一、择偶的心理机制

择偶心理,就是对选择结婚配偶的认识或看法。它往往受到不同国家、不同民族、不同时代的政治、经济、文化及当事人的价值观、思想品德和文化素养的制约和影响。

(一)相似性

相似性,是指在年龄、学历、职业、民族、社会经济地位、宗教信仰、智力、人格特征方面相近的双方容易相互吸引。

相似性为什么会引起相互吸引?一种解释是,相似的对方更符合主体的"镜中自我",而人们几乎都有自恋倾向,从爱自己推广到爱与自己相似的人。第二种解释是,在宗教信仰、社会地位、智力等方面的相似,夫妻会有更多的一致性,容易形成统一的结合点或轴心,相互肯定和支持,而几乎每个人都需要这种肯定或支持。第三种解释是,当妻子的观点与丈夫一致时,丈夫会受到正面强化,由此引起积极、肯定的情绪。

(二)异质互补性

异质互补是指一方表现出的行为和条件正好能满足对方的需求,男女双方在这种情况下容易产生吸引力。

美国社会学家温奇(R. R. Whinch)提出的"择偶之需要互补"说(The theory of complementarity needs in mate-selection)——异质互补说,其基本假设是男女双方的异质互补是指择偶时能够从特殊需要模式中获得最大满足。温奇学说的重点在于,当事人在择偶时彼此是有条件和需要的;而且不仅有相同的需求,还有不同的需求。在他所研究的 25 对结婚多年的夫妻中,发现夫妻之间需求的相互补充是婚姻关系得以维持长久的基础。互补有两种类型:一是互相需求的满足,如甲有赞扬之需要,乙有敬服之需要,如一位母爱型的女性以照顾、疼爱别人为需要和满足,她与一位依赖性、恋母性格的男性就容易相互吸引。二是两人的需要相同,但强度有别,如甲有高度统治之需要,乙有低度统治之需要,彼此仍能获得满足。

(三)社会交换

社会交换理论把求爱的人视为理性主义者,他们以相似的方式,进入婚姻市场,装备着资源——个人的社会物质——希望换取最好的对象。求爱者的利益和价值可能是物质的、经济的,也可能是精神的、社会的。

像其他市场一样,社会交换理论认为人们在婚姻市场里择偶考虑的因素主要是收益和成本,要求收益大于成本。如对方的物质条件超过自己的期望值,对方就成为其追求的对象。而交换的通货,即交易的资本包括——家庭背景、社会经济地位、教育程度,以及个人的生理条件如年龄、容貌、体格等。人们都希望选择的对象具有社会认可的有价值的物质。但基本的婚姻交换在传统上跟性别有关。以往历史上妇女以其生养子女、做家务以及性的赋予、体态的美丽来交换男性的保护、在地位上和经济上的支持。随着社会的改变,婚姻的基本交换条件也在改变,伴侣间的交换主要不再包括实用的、经济上的资源,而转向重视感情的资源。当女性取得跟男性同样的职业及经济的平等时,交换就变得更对称,男女就更愿寻找具有相同物质资源的伴侣。

二、选择怎样的配偶

择偶是婚姻缔结的关键一步。而婚姻的幸福与不幸,虽取决于婚后对爱情的不断培育和更新,但如能在婚前选择合适的配偶,那么之后拥有一份满意的婚姻的可能性就大大增加。通常,择偶者对"爱人"设计了众多条件,学历、身高、职业、家庭、相貌、风度、修养、健康……多到不可计数,下面只列举几条。

(一) 男子心目中的妻子形象

男子可以和有的女子成为工作、学习上的好朋友,但使其成为结婚的对象可能就不合适了。那么男子一般选择怎样的女子作为妻子的候选人呢?

1. 非神经质的。所谓神经质,是指言语、行为不分场合。例如,妻子不管在家人面前还是在同事面前,经常诉说丈夫的种种不是,而所说的事情又是些鸡毛蒜皮的小事。又比如有洁癖的妻子总要把屋子打扫干净,否则心里就不踏实。这些女子的言行都带有强迫性,在她们看来,男子总是大大咧咧、浮浮躁躁。然而现实的婚姻生活有许多琐碎的事情,不可能处处拘谨,否则就寸步难行。神经质女子处处唠叨,动不动要丈夫受"良心谴责",而男方一般缺乏耐心和韧性,容易对这种行为产生厌恶感。这种婚姻是很难维持的。不过若男方是神经质,由于女性的耐性和韧性优于男性,那婚姻还有维持下去的可能。

2. 刚柔并济型的。男性喜欢什么样的女性? 有的女性认为,小聪明、甜美、娇弱和孩子气足以使男人折服,但无端的撒娇、任性只会使男性感到疲惫;另一种女子,讨厌自己是个女性,想变成男人,怀有同男子相竞争的情绪,这同样使男性敬而远之。

"女性化"在传统定义上,代表着被动、柔弱、娇美;在行为上,必须表现出含羞、胆怯、俏丽可人。一般认为,女性不仅具备传统的品质——温柔、善良、有教养,而且还拥有传统男性的特质——能力、坚韧与积极进取。阳刚与阴柔的结合,才构成了一个完整的女性个体。

这种刚柔并济的女性足以对男人造成莫大的震撼,和这样的女人在一起,男人通常倍感安全和快乐。

3. 外形迷人的。有研究者发现:(1)容貌美的人有美学价值,令人赏心悦目;(2)与容貌美的人相处,会增加自己的价值,受到好的评价。所以男子大多喜欢美人。不过,个体的容貌与其人品特点没有关系,所以男性若只以外形迷人作为择偶的主要标准,可能存在很多问题。首先,美人有不少是在奉承之中长大的,于是不知不觉地产生了以自我为中心、骄傲自大的情绪。认为别人对自己好是理所当然;若对方对自己稍有轻视,就受不了。其次,美丽的女子容易引起其他男子的注意,做丈夫的必然要承受较大的心理压力。

(二)女人心目中的丈夫形象

女性期待完美男子的心理,是自孩提时期即已萌芽的。许多女性分毫不差地照自己心目中的形象去"索骥",以追寻一个完美的化身,但这就如同天方夜谭一样遥不可及,难免产生理想与现实的矛盾,为尽量减少恋爱中的观察与结婚后实际的出入,下面谈谈怎样才是真正好丈夫的候选人。

1. 具有自信心。这是指相信自己的能力。如果没有下列各种情况,就可以断定其有自信心。

(1)对女方多心。这无非是害怕失去女方的爱。对女方多心的男子,总是揣测女方怎样看待自己,这说明其没有信心。一旦女方对自己有好感,便往往以为自己是个殷勤的男子。但其往往缺少男子的果断和气魄。因为从害怕失恋和缺乏信心中产生的殷勤,是乞求爱情的表现。

(2)对女方随随便便。这种男子不相信自己会被女性喜欢,于是考验一下:我这样欺负她,看她是不是还爱我。如约会时,他经常迟到,在公开场合也不尊重女方。他们的心理大体是:我这个人本身就不招女性喜欢,你也早晚要不理我;快点讨厌我吧,否则我心里不踏实,不知什么时候被你甩了。

（3）乱花钱,无存款。乱花钱,是信心不足的又一表现。大把大把地花钱,无意中暴露出这样的心理:我对自己的东西如此慷慨大方,世界上的女人就可以把爱情献给我吗? 这是"吝啬"的另一极端,吝啬的心理是:我不需要爱情之类的东西,因此,也没有必要把自己奉献出去。这种人沉得住气,而乱用钱的人则很乖巧,对谁都有好感,百般殷勤,是无主见、无信心的表现。总之,有自信心的男子,总是泰然自若。他们认为自己是被女性喜欢的人,没有必要为讨好女方而阿谀奉承、低三下四。

2. 具有责任心。这种男人的品性、人格发展相当实在,做任何事都不是表面的,而是出自内心对妻子、对家庭的责任感。结婚后,即使心情不愉快,也必须上班、挣工资、给孩子换尿布,不管怎么厌烦也不能不做自己应该做的事。所谓责任心,它既是应该承担的,又是自愿承担的;既是义务又是权利。什么叫义务,什么叫权利,具体到每个人可能不一样。把什么看作义务,把什么看作权利,一言以蔽之就是"愿望",明确丈夫的责任、妻子的责任。夫妻的愿望一致,这是婚姻幸福的条件。

3. 话多话少得当。男子唠叨意味着喜欢支使别人,如别人不按自己的意思行动便发脾气;另一种唠叨指缺乏自信,老是不放心,不知不觉地唠叨起来。但男子沉默寡言,不爱讲话,也是婚姻生活中的致命弱点。因为交流感情意味着互尽责任,不通过语言是不能充分进行的。尽管不爱说话,但如果体态语言丰富的青年,倒也不令人厌烦。还有的青年擅长用行动表达心情,也适合成为好的丈夫候选人。

以上列举了几种性格特征,没有把全部条件一一列举出来。事实上,世界上并没有样样条件都具备的人。如果择偶标准定得太高、太完善,就找不到合适的人,因此,对择偶条件需客观对待。

三、进化视角的择偶机制

（一）两性配偶关系目标的理论模型

1. 理想标准模型。我的学生在他的一次问卷调查中设计了这样一道题目:"请描述你理想的伴侣形象。"大部分的被试都仔细地描述了他/她心目中配偶的样子:戴眼镜、卷发、英俊、高大、幽默、孝顺、有房有车……很显然,每个人心中都有一个既定的理想化的形象,当他寻找伴侣的时候,这个理想形象自然而然地成为了评价标准。这种理想化的形象是由三个相互联系的因素组成的：对自己、伴侣以及两人关系的感觉（Baldwin，1992）。你肯定已经注意到，大部分人的理想形象都包括良好的外形和社会地位，这种对于高素质的理想形象的追求，对于提高后代的自身素质和成长环境都具有极高的进化意义。另一方面，研究表明，当现实配偶与理想形象具有较大的一致性时，个体的婚姻满意度更高。

2. 关系投资模型。我们常常相信投资与回报总是成一定的正比，于是不禁会问，是不是在伴侣关系中投资越多，彼此的忠诚度就越高，和伴侣的关系就会越紧密。1993 年的一项研究指出，人们在伴侣关系中的投资越多，脱离该关系的可能性越小。我们把这种投资定义为当关系结束时不能取回的资源，如花费的时间、共同的经历等。

3. 关系相互依赖模型。现在的年轻人分分合合似乎是很正常的事。但我对此常常感到不解。有一次课上和学生聊到这个话题，那些洋溢着青春光芒的孩子们七嘴八舌，却让我明白了一个很重要的原因："有更好的为什么不选呢？""看来看去还是现在这个最好。""……"人们在择偶的过程中总是在不断进行对比，当个体从一种伴侣关系中的受益大于其他可供选择的伴侣关系时，个体才会选择它（Kelley & Thibaut，1978）。

（二）两性择偶的一般机制

我们常常喜欢在动物园里看"孔雀开屏"，当然我们都已经不是那些光会看热闹的小孩子了。我们知道"开屏"的都是公孔雀，他们通过展露自己美丽的外表和实力与同性竞争，并以此来吸引异性。这就是达尔文所说的除了"自然选择"以外的"性选择"。

达尔文认为，"性选择"有两种主要的方式：一是性内选择（intrasexual selection），即同性之间相互竞争与异性结合的机会；另一种是两性间的选择（intersexual selection），主要取决于异性的偏好，而雌性在选择配偶时更加严格，所以又称为"雌性选择"（张雷，2007）。

特里弗斯指出，两性对后代投资的差异是性选择的重要推动力。男性具有繁衍的生殖优势——生育期长且配子量多，而女性配子量远远小于男性，且要经历漫长的孕期和哺乳期，男性在两性中的投资和风险都远远地小于女性。因此在择偶时，女性会采取更谨慎小心的态度，并偏向于选择那些能够提供资源和保护的男性。男性则会注重通过资源的获得和展示来吸引女性。

当然，男性也有他们的考虑。出于进化的原因，要知道，和一个没有生殖能力的女性结合代价是巨大的(尤其是一夫一妻制下)。因此,男性在选择异性时更注重那些反映繁衍能力的特征,如年龄、体态和外貌等(Buss & Barnes,1986)。因此女性更愿意展示她们的身体吸引力、健康、年轻和高度的繁殖力。

第四节 夫妻关系

恋爱阶段结束后,第二阶段即婚姻生活阶段就开始了。那么,婚后怎样才能发展、创造爱情呢? 婚后夫妻的心理有什么特点呢?

一、美满婚姻的条件

在不同社会背景下,人们对婚姻生活的需求和感受虽然不同,但谁都知道,美好的婚姻可以改变一个人的精神状态,而一个人的所作所为也势必影响其婚姻生活。两个人要得到一份满意的婚姻,并不只有一条路可走,事实上,有许多不同类型的婚姻关系可以很成功地维持。以下似乎是所有成功的各类婚姻的共同条件。

(一) 互相敬重

美满婚姻里的夫妇会在对方身上发现某些值得敬重的重要品质或能力——如是个好爸爸,很会赚钱,有艺术情趣等等。敬重的范围越广,对婚姻就越满意。

(二) 夫妻间互相容忍

这是一种自我心理调适方法,又是一个人良好品德修养之所在。夫妻间宽以待人,也就是认识到人总是有缺点的,能够接受对方的短处。

(三) 扬长避短

婚姻成功的关键条件在于夫妻如何努力增长婚姻生活的益处,降低其缺憾。婚后生活不可避免地会遇到各种问题,需要夫妻在婚后继续认识对方,掌握对方在特定情境下的看法、想法、忍受程度和行为的倾向。据此在问题出现时,预测对方的行为,鼓励对方发挥长处解决问题。并帮助对方"情绪转移",即把由于问题产生的消极情绪转移到别的事情上去。如此适时地控制自己的情绪,处理对方的不良情绪,才能保持和发展幸福的婚姻关系。幸福感就是这样在知己知彼的默契和思想感情的共鸣过程中产生的。当然,这无疑需要较高水平的认知能力。

(四) 要从心理上断乳,必须摆脱对父母的依赖性

有的人已经结婚了,家里的事却还是不分巨细,都向父母汇报。这种感情上对父母的过分依恋,会使个体在对配偶表示爱慕、关怀时有不安感,担心因为与配偶亲切而忽视了父母。这种情绪的存在对婚姻关系的发展是非常不利的,需要个体进行积极地调整。当然强调心理断乳,同父母分离,绝不是提倡对父母冷淡、忘恩负义,而是提倡在对父母怀有敬爱之心的同时能保持心理的独立自主,这是婚姻幸福的条件。

(五) 夫妻生活必须有经济条件的支持

经济条件包括:(1) 经济收入的绝对量;(2) 经济支出的安排方式;(3) 对经济收入绝对量的主观判断。一般婚后的收入储蓄额越高,婚姻生活的幸福程度也越高;夫妻在经济支出安排上的意见越一致,幸福程度越高;对自己家庭收入的评价较高的夫妻,对自己婚姻美满度的评价也较高。

(六) 夫妻身体健康,精力充沛,也是婚姻幸福的必要条件

因为身体健康的人能够承担繁重的家务,坚持繁忙的工作,为家庭取得源源不断的收入,能够有合理的性生活,也能够承担家庭生活中必须承担的其他责任。而且一方身体的好坏会影响到配偶对生活的感受和行动。若配偶中有一方身体不好,那会将家庭的所有担子压在另一方身上,长年累月会使其表现出疲劳和不满。由此产生的消极情绪和行为又会引起身体不好一方的委屈和不满。所以,锻炼身体、注重健康在婚姻生活中是重要的。

二、婚姻类型

对婚姻进行分类不可能做到精确。而且把婚姻从"最好"到"最坏"加以分类,也不具有科学性。但是这样的分类是了解婚姻的一种思考方法,使夫妇能够认识自己的婚姻属于哪一类型,以便比较容易地讨论其婚姻问题。

(一) 稳定又满意的婚姻

稳定又满意的婚姻会使夫妻俩如鱼得水。他们的社会文化背景通常十分相像,双方皆能理解对方的信息,而且以确定的形式加以回应,这种有效的沟通使得信任感的建立成为可能。而相互信任的婚姻关系使得婚姻双方能以从容的心态将更多的时间、精力、兴趣和信心放置于婚姻之外从事的活动和工作。并且一旦信任感得以建立，双方所存在的差别就会被看作"不过是不同的口味"，而得到婚姻双方的互相理解和接受。由此所产生的双方对平等地位的认识，使夫妻都有自信和勇气在家庭以外的世界，发挥其个人长处。他们可以联合作共同决定，如关于孩子的教育、工作等事项，也可以进行自主的个体行动，并能处理好对方感兴趣的人或事。

（二）不稳定但满意的婚姻

在这类婚姻里，虽然夫妻俩自信其关系不错，但有时相互间的失望却很明显。如双方感到不满时，敌意与隐蔽下的悔恨便会浮现，隐约地或公然地在相互攻击时发作。这种情况下，夫妻俩可能互伤感情，造成创伤，但这些创伤多能痊愈。尽管疤痕累累，这样的婚姻基本上依然健全。

这类婚姻的一种表现是当事者双方都把婚姻生活的起伏视为当然，而且把注意力主要放在孩子、安全感、金钱和地位上。一旦情况变动（如孩子长大离家或配偶之一遇到一个给予他/她新希望的人），这一类婚姻中的夫妻就会变得不满意目前的状态，婚姻便趋向于不稳定。

另一类不稳定但满意的婚姻，已经接近稳定的地步。夫妻一方或双方自知其对方不是"理想"的伴侣，但仍希望保持婚姻。对方虽有瑕疵，却能供给自己所需的东西（金钱、社会地位、安全感、情谊、性等等）。夫妻一方或双方认为与其退回单身状态或另寻找未知的对象，还不如就接受此婚姻里有限的满足。这类夫妻往往觉得从付出的和得到的来看，双方互不吃亏。也就是当双方的成本和收益基本均衡时，这种婚姻能够维持下去，否则就会导致婚姻危机。

（三）不稳定又不满意的婚姻

这类婚姻中的夫妇在婚后不久发现，生活中有种种不满意，对方的表现也不如当初所愿，因此感情开始破裂。他们互相把导致自己不快乐的原因归结于对方身上，并相互攻击。这种攻击，可能是公开的敌对咆哮；也可能是暗地里作战，把愤怒和失望用微妙的讽刺、锋利的幽默或非语言的方式表达出来。不稳定又不满意的夫妇的这种互相攻击，不论以哪种形式，其对婚姻的破坏性都是年复一年以几何级数增长的。

这样的夫妻关系的发展也各不相同，有的在日复一日的争执中尚能交换一点信息，但有的在严重的争执中患上身心疾病或把孩子当作替罪羔羊。

（四）稳定但不满意的婚姻

这类婚姻中的夫妇，比前述三种承受更多的痛苦，互相造成更多的难堪。夫妇间没有交换一点与其关系有关的信息。他们共处的生活总是安静、疏离而冷漠。

稳定但不满意的婚姻，其中一种情况是，他们很能掩饰其不幸的关系，并在不满意的婚姻里度其一生。另一种情况是，夫妻俩相互逃避。如丈夫热衷于某事业，太太则狂热地做自己喜欢的事。他们的行为是基于相互逃避的需要，而把注意力移到两人关系之外的事情上，用一种相同的目标或态度相互结合，使婚姻得以维持。

三、夫妻心理与行为冲突的原因

（一）欲求不满（frustration）

婚姻是为了相互满足性需求、社会需求、爱情需求而缔结的，婚姻的心理稳定性取决于需求的满足程度。但在婚姻里往往会出现需求得不到满足，就是说，结婚也可能带来欲求不满。

第一，性欲在某些时候必须节制，如当配偶怀孕、患病或不在的时候。

第二，在教育孩子问题上也会有欲求不满，比如夫妻在育儿和教育孩子的方法上往往意见不一致，甚至发生争吵。

第三，家庭开销带来的欲求不满。由家庭经济引起的不满，是夫妻冲突中一个突出问题。它往往产生于家庭经济的来源不足及家庭经济的管理方法不善、消费方式欠妥，或各存自私心理等。具体表现为：一方独揽经济大权，对配偶限制过严，而使被限制一方产生委屈、压抑、人格受损之感。或花钱大手大脚，或存偏私心理，厚己薄彼等。

第四，家务事分配引起的欲求不满。婚姻生活和养育孩子会带来大量的麻烦家务事。若家务分配不当就会引起双方的不满。

第五，人际关系上的欲求不满。结婚以后，与伙伴打牌要适可而止，同异性朋友的交往要保持一定限度，一般朋友的来往不能像单身时那么频繁。即使是不喜欢的人，因为是配偶的亲戚、同事，也不得不耐着性子与其打交道。因此，社交不能随心所欲。这种难受，对于爱社交的人，如同爱喝酒而被迫戒酒；对讨厌社交的人，如同不爱喝而硬灌。这就是人际关系方面的欲求不满。

第六,欲求不满在于兴趣不相投。夫妻兴趣不相投现象十分普遍。在二人世界里各吹各的号,各弹各的调,如果不能相容,便造成欲求不满。

第七,欲求不满在于理想与现实的矛盾。未婚者往往对结婚抱有幻想,并憧憬着幸福甜蜜的小家庭生活,然而,恋爱时的理想与婚后的现实之间的距离感会使得不少年轻夫妻大失所望。究其原因:一是恋爱时"情人眼里出西施",看对方优点多缺点少。婚后共同生活,能从多角度看对方,才感到对方其实并不是那么完美。二是婚前的神秘感婚后被揭开,从生理到心理,神秘感消除,使性爱的强度下降。三是婚前双方都努力表现优点,掩盖缺点,以增加对方的好感。婚后已不必遮遮掩掩,各自的缺点都完全暴露了。因此引起对方的不满。

第八,欲求不满的原因在于"必须相爱"这一信条的弊病。谁都认为,夫妻应该相爱。可是,这毕竟是"应该",不等于事实。若一味固守,则当生活并非那样时,便会耿耿于怀,蓄积不满,带来欲求不满。所以,婚姻双方需要保持一种正视现实、随遇而安的心态。

(二) 价值观念不一致

夫妻间的价值观念不一致引起的冲突是根本性的,如对幸福、成就、人生意义、人生追求目的等看法不一致,那么在生活中一遇到相关的问题就会相互指责。同时,价值观为人的行为提供充分理由,它决定人的行为。如果夫妻间的价值观念不一致,可能在行为上背道而驰。

价值观不一致是否导致夫妻心理冲突,取决于两个方面的因素:一是不一致程度,不一致程度越大,所导致的冲突就越强烈;二是可调节程度,在一方或双方的宽容性大、柔弱性强的情况下,不一致可逐渐减少,接受度可以逐渐增加。

(三) 修养不足

这是产生夫妻心理冲突的主要原因之一。修养欠佳表现为:或性情急躁,唠叨成性;或语言粗俗,尖酸刻薄;或心窄多疑,捕风捉影;或沉溺个人嗜好,我行我素;或自私自利,品德不良;或刻板寡言,愚昧无知;或懒惰成性,不修边幅;或优柔寡断,依赖性强;或唯我独尊,骄横一时;或摆弄是非;或滥交异性,作风轻浮;或旧情复发,婚外生情等均能导致夫妻不和。

(四) 沉重的心理负荷

现代社会的多样性和开放性为人的全面发展提供了可能。随着人们的社会活动范围的扩大,人们在社会生活中扮演的角色越来越多。一个人除

325

了在家庭中的角色以外,还在社会中扮演各种角色。角色多样化作为现代人生活的一个特征为每个人的生活提供了丰富、充实的内容和发展的机会,但也造成了生活中的角色紧张和角色冲突,这种矛盾突出地表现在家庭角色和社会角色之间。激烈的、加速的社会生活节奏不断给人们造成种种压力,人们希望回到家庭,从亲人那里得到在社会舞台上无法满足的种种需求。但是,激烈的竞争、全面发展的欲望又不断把人们从家庭中"驱赶"出去,迫使人们把更多的时间和精力花在社会角色上,以至常常"冷落"了家中的妻子或丈夫。家庭处在一种两难境地中,夫妻不得不承受着超负荷的心理压力。种种心理和生活中的负担,都有可能抑制、冲淡夫妻原有的热烈感情,引起婚后的矛盾。

以上从四个方面分析了夫妻心理与行为冲突的原因。然而,并不是每对夫妻都会那样经历,也并不是每对夫妻婚后都会产生冲突而淡化爱情。事实上,大多数夫妻在婚姻磨合期过后,感情会发展得更深沉、更牢固。当然,也有因婚后冲突无法解决而离异的。不过,夫妻在共同生活中产生矛盾是不可避免的,关键是如何调适、平衡和解决好矛盾,使爱情朝着健康的方向发展。

第五节　怎样调适不理想的婚姻

婚姻是一种当事双方必须不断改变自身行为以达到和谐组合的漫长历程。而且即使双方都愿意付出努力,婚姻也可能受到外在的无法控制的因素的影响。因此,并非每个人都能达到理想婚姻的境界。但即使面临不理想的婚姻,如果夫妻有勇气去审视自己的婚姻,并特别注意调适心理冲突,用耐心去解决问题,力挽狂澜也不无可能。

一、婚姻审视的必要性

若不是夫妻俩的行为明显地具有破坏性,两人关系极度深陷绝境之中,夫妻双方可能就不会想到自我审视。甚至当婚姻关系在平静中隐含着危机,愈来愈变得令人不快时,婚姻双方也总是试着以否认的态度把这一恶化的情况排除在知觉之外。然而,婚姻就如健康一样,无论是否出现问题,都应该定期检查,以及早治疗。正如一位身体健康的人可能到了某一年龄段便得调整其生活的某些方面,诸如饮食、运动、戒烟等,以保持身体健康。婚姻审视的必要性在于:

第一,婚姻审视能使夫妻俩认识到以前没估量到的婚姻弱点,而这些弱点又可以经治疗而减少。此外,婚姻审视可以使夫妻俩明白在他们的婚姻里以往所不曾注意到的好处,而想方设法地增加或稳定这些好处。婚姻有不同的时期或阶段,必须相应改变婚姻内相互作用的某些行为,才能适应各时期的婚姻生活。

第二,可以把在婚姻里演变的历程看作一种趋势:在婚姻的历程里,某一方向上的推进可能会随时间的推移作几何级数的增加。例如,夫妻间的误会若没有得到及时的解释、调和,随着时间的逝去,双方的隔阂会越来越深,婚姻也变得愈来愈僵化,愈倾向于原本偶然发生的特殊倾向。而通常陷于此种病态的婚姻系统的夫妻们不明白这有害的倾向是可以通过婚姻的自我审视加以限制,甚至完全反转过来。

第三,在几乎所有的婚姻里都含有不可避免的危险阶段出现。例如,当孩子出生时,当孩子长大而终于独立时,当经济的变动影响家庭开支时,当夫妻俩有了更多的休闲或更多的责任时。而当社会环境变动时,各种新鲜而强烈的压力会被不时地加在婚姻关系上。然而要使一个已婚的人感觉到这些环境因素的变化对婚姻状况发生的影响——婚姻里的交互作用正在发生的变迁——是很难的。只有定期审视婚姻,才可能对这些可能导致婚姻双方冲突的因素保持敏感。

所以,学习检查和估量自己的婚姻状态,才能调适婚姻里不合理的因素,使其婚姻趋向合理和满意。

二、不理想婚姻的调适

对于不理想的婚姻,我们必须主动深入事物的内部,加以处理,才会感到苦中有甜。那么,有什么方法主动调适不理想的婚姻呢?下面提供几种方法。

(一)变纠正为理解

纠正往往是把自己的意志强加给对方。从被纠正的一方来看,他认为自己的言行已被否定,别人已不能容纳自己,就开始破罐子破摔,产生抵触情绪。因此,一般说来,一方越是想纠正,对方越不改正。那该采取什么方法呢?一般应尽量接近对方,积极深入对方的内心世界,掌握其心理,以一种能让对方"感同身受"的方式来进行劝说。

(二)中止婚姻关系里的对称性行为

对称性行为是一种竞争的形式。它和协力的行为正相反,也可以说是斗争状态。所谓对称的婚姻关系,意味着夫妻双方总是要不断地以行为互相证明,他和对方平等或更优越。我们把这种夫妻称作斗争状态者。

婚姻里的对称性行为,很容易从夫妻间的针锋相对与互相干扰里看出来。其实这种行为的背后可能是行为者深深的自卑感。不过,这种婚姻状态也是可以调整的。

首先,夫妻双方可以列一份在家时所做的种种工作和扮演的种种角色的清单。然后,致力于划分各人的工作和权责,互不干涉对方的行动。可能双方会在个人兴趣选择上有差异,比如看哪个电视频道。在这种情形里,如果夫妻双方能同意轮流选择晚间活动,各自接受对方的安排而不发怒的话,不必要的斗争状态就可以被清除掉。

其次,将夫妻之间的分工由特殊职责的分派转变为胜任范围的划定。这个改变给整个婚姻系统带来相当的自由,因为范围的划分不会像特殊职责的划分那样具束缚性。这种指派胜任范围的方法是由一方告诉对方他最长于什么,即他处理什么事最能胜任愉快。如果对方同意了,这便可以算作是他的胜任范围之一。这样尝试一段时间后,夫妻再检讨这些范围的摊派,并做些转换。

再次,则是要决定在那些不免重叠的范围里如何共负权责。例如养育孩子、购置大件物品等。

尝试上述这种训练的夫妻们很可能会明白,当他们致力于划分责任时,他们会为谁能把自己的分内事做得更好而竞争。这虽然也是竞争,但却是向前跨进了一大步,因为它指向更有益的交互作用形式,使人不再与其配偶为没有结果永无休止的问题而发生冲突。

(三)应避免隔阂

隔阂造成人们亲密关系的疏远,它不能解决彼此的冲突,却能增加冲突。我们可以从下述几方面认识隔阂具有的破坏性。

1. 逃避争执。长期的争执逃避者害怕冲突,其真正想保护自己免于因为痛苦、恐惧、争执、羞耻或受辱而被迫接受惨痛的感情。但一方对争执的逃避能使发泄怒气的对方更感到愤怒。

2. 独白。这是另一种产生隔阂的方式。独白者可能邀请其配偶参与谈话,却不给对方回话的机会,并坚持说到底,且不愿被纠正,拒绝对方要求改变的建议。

3. 双重的、互相矛盾的信息。当配偶一方不满意另一方的提议,又不愿直接提出异议时,他常常一方面表示同意,另一方面却用自己的言行暗示自己实际上的不满。这时,提出建议的一方就受到了配偶的双重的、互相矛盾的信息。例如夫妻都同意外出吃晚餐,而其中一方却同时打着呵欠说:忙了一天,非常累。这样的双重信息会造成夫妻间的距离感、不满和迷惘,而使双方不能坦诚地沟通。

4. 猜测、探查及塑型。这三种方式都特别具有破坏力,都是"个性暗杀"的形态。猜测者不攻击对方所做的某一件事,而是攻击其整个人格。如猜测的一方常会武断地认定对方的感觉及动机,并以此来纠正对方所作的陈述。探查者分析其配偶的性格,并让其配偶知道,他对配偶的了解比配偶本身还深入。这种分析的方式并不能解决当前的问题,还常引起被探究者的防御攻击并增加紧张及敌意。另一种造成隔阂的人格分析是塑型,其给对方贴上某种标签,以至于降低了对方的自尊心,还可能引起对方的自轻自贱或更糟糕的情况。

所以,要消除隔阂,有效的争执可以有助于婚姻。

(四) 有效争执

前面所述的逃避争执能使夫妻间彼此疏远,而有效的争执非但不会使夫妻彼此疏远,还能使彼此更亲近些。

1. 彼此坦白。坦白是对一个人的感觉直率的、真诚的、仔细的倾吐。尽管这种坦白的沟通是值得夫妻争取的一种沟通,但许多人都很难做到。为了达到有效的沟通,在争执发生时,夫妻双方要:(1) 避免为了安抚、讨好对方,平息争端,在未能表明其困扰的原因时向对方让步;(2) 另外还要注意直率的表达技巧,说明自己的坦白并无意伤害任何人。

2. 用"我"的语句避免冲突。在人们的感觉里对方用"我"的语句是试图承认及沟通,而"你"或"为什么"的语句则不论发言人的原意如何,都被认为是攻击性的。

3. 给予反馈。为消除争执,可以让双方轮流表述其不满、苦恼的原因,并给予反馈。首先,抱怨者述说其不满,被抱怨者在不打扰其的情况下仔细聆听。然后,互相问问题,以清楚对方的真正意义,当双方都认为彼此了解时,被抱怨者可以坦白回答对方的抱怨。这时抱怨者则静听,而后才反馈,如此这般的轮流坦白、聆听、查对、反馈,一直到彼此的处境都被了解。

4. 谨慎选择争执的时间、地点。如果一方发作得不合时宜,可能结果会很糟。如果夫妻制定时间来争执,尽管看来像是开玩笑,但有两个好处:第一,抱怨者可以镇静地、有目的地组织其思想及感觉,这样的争论更具说服力;第二,被抱怨者可以有时间准备如何接受批评。

5. 清楚为什么争执。婚姻中的争执似乎总是由于平常的一些琐碎小事,但其真正争执的原因可能并非如此。例如,一位生气的丈夫抱怨妻子如何对待孩子,其真正的争执原因可能是他被拒绝的感觉,他觉得妻子没有照应好他。因此,亲密的人们在提出抱怨、不满之前应该问问自己,他所真正要争的是什么。

6. 将恼怒集中在特定的争端上:有效的争执要将其目标集中在当前发生的特殊问题上,而不要从"麻布袋"里取出陈年旧事来争。

7. 有意愿改变自己。有亲密关系的人们应该有意愿为相爱的人而改变自己,并愿意接受有理性的争论、忠告、规劝以及感情的影响。每一个亲密关系里都应包含协议和退让。

8. 不要想争赢。如果在争执中夫妇的一方一定要赢,那么另一方就必输,在亲密的关系里一个人失去了自尊,就增加了怨恨和紧张,这就是为什么在亲密的关系里没有一赢一输的现象——只有两个赢家或两个输家。总之,有效的争执在双方都表明其观点并感到满足时结束,并需确定双方都已将其所需要表达的都说出来。

(五) 保持心理距离

前面说过,对方有毛病不要刻意去纠正,而要努力理解。但是,有时很难做到。做不到,不要往心里去,而要解脱出来。

英语里超脱(detachment)一词,意思是不卷入、独立、不偏不倚,是依恋(attachment)的反义词。当婚姻中由于一方的行为而造成夫妻关系的突然紧张时,另一方有时需要从心理上解脱,采取不冷不热的态度。例如,丈夫酗酒后发酒疯,妻子就对孩子说:"爸爸犯病了,你到楼上去,等他恢复正常再下来。"这种临时解除关系,可以缓解冲突。

当然,保持心理距离,绝非脱离现实。它不过是以自我安慰的形式将引起冲突的一方暂时变成与自己不相关的人,而对他不寄予任何期望。没有期望,也就没有失望,就不会大动肝火。不过,产生能够拒绝对方的心境,是由于相信自己能够独立生存。

(六) 实行"投桃报李"

婚姻是一个互相联系、自成一体的系统。婚姻中一方的行为和态度总会刺激对方的反应。我们把这种行为反应的系统称为"投桃报李"。它是人际关系中常见的互酬心,即情感上的"等价交换"。在婚姻历程里,它意味着如果你如此这般做,我也会这样反应,如果双方都觉得这种交往和亲密关系能使彼此都获得好处,能满足双方心理的需求,其交往和亲密关系就能继续下去。如一方感到付出大于收获,则心理得不到平衡,亲密关系将会中止。

"投桃报李"的历程是潜意识里人们为保证夫妻的平等地位而做的努力。但由于个人与婚姻皆随时间而改变,所以僵硬、不实用的"投桃报李"规则便对婚姻关系具有破坏性。当意外的外在影响力压迫婚姻,或当配偶一方的行为或期许有所改变,便可能产生这样的违规,于是可预期的行为不再可预期。混乱和不协调使婚姻关系不再平衡。

所以,欲使婚姻关系能以最大的和谐度运作下去,建立有益的"投桃报李",有两个原则必须遵守:

第一,夫妻双方应掌握他们拥有的沟通工具,清楚自己的行为及态度,以及对方对每一沟通的反应。不管是一句话、一扬眉,或沉默以对,都需要十分了解。因为,婚姻中一方的行为和态度所引起对方的某种反应通常源于潜意识层面,夫妻双方对此并无察觉。

第二,夫妻双方必须明白,夫妻间的行为一定有许多不同之处——态度、品味、表现的方法以及表现的层面。如果各人任意而为,夫妻间的无数冲突便无可避免。所以为求持续这一婚姻,并得到合作的利益,各人都应牺牲其自动自发之行为的一部分,建立一项可行的"投桃报李"的过程,即建塑出造就双方最大利益的规则。

总而言之,对待不理想婚姻,若已婚者们能有耐心和勇气,并遵从某些规则,婚姻就会有所改进。

三、走向和谐的最后斗争

提到和谐,让我显得与时俱进。我常常在想,眼下所热烈倡导的和谐社会总是放眼在社会生活的大的层面,强调各方面利益关系得到有效协调以及和谐的社会和社会管理体制的不断创新。而事实上,夫妻关系的调和将是达到整体社会和谐的一个基本点,两性斗争是走向和谐的最后斗争。

纵观中国男女观念,从旧时严重的"重男轻女"不平等,通过思想解放、文化冲击和女性的斗争,如今可以说基本做到了"男女平等"(至少外显如此,研究显示还是存在着内隐的"重男轻女")。女性拥有和男性平等的受教育机会、工作机会、薪酬水平、社会地位等,在平等的基础上,双方进行相互的配偶选择。在这样的基础上达到的夫妻关系,在磨合的过程中产生有利的冲突,最终能够通过沟通和冲突的解决达到本质上的和谐。

OLSON 婚姻质量问卷介绍

OLSON 婚姻质量问卷是美国明尼苏达大学的 David H. Olson 教授等,1981 年在已有较高信效度的"婚前预测问卷(PREPARE)"(Olson,1970)的基础上编制的问卷。

结果评定:

施测时间建议:约 40 分钟

作为影响人类身心健康与生活质量的一个重要因素,婚姻质量已日益受到心理卫生工作者的重视,已有众多研究表明,婚姻幸福与否受多维因素影响,它主要源于三个方面:(1)个体因素,包括文化背景,价值观,对婚姻的期望,在婚姻中承担的义务、个性等;(2)婚姻因素,包括夫妻间权力与角色的分配,夫妻间交流,夫妻间解决冲突的方式与能力,性生活等;(3)外界因素,包括经济状态,与子女、父母的关系,与亲友的关系等。

该量表包括 12 个因子,分别为:

过分理想化:测定受试者对婚姻的评价是否过于理想化。

高分者:表明受试者对婚姻的评价感情色彩浓,多见于婚前的情侣。

低分者:表明受试者对婚姻的评价比较现实,多见于寻求婚姻咨询的配偶中。

婚姻满意度:

高分者:表明其对婚姻关系大多数方面是和谐与满意的。

低分者:反映其对婚姻不满意。

性格相容性：测定受试者对配偶行为的满意程度，主要是性格，但也包括吸烟、饮酒等。

高分者：表明满意配偶的行为方式。

低分者：表明不满意，并难以容忍。

夫妻交流：测定受试者对夫妻间角色交流的感觉、信念和态度，主要包括对配偶发出与接受信息的方式的评价，对夫妻间相互分享情感与信念程度的主观感受，以及对夫妻间交流是否恰当的评价。

高分者：表明受试者对夫妻交流方式与交流量感到满意。

低分者：表明交流有缺陷，需要改善交流技巧。

解决冲突的方式：测定受试者对夫妻中存在的冲突与解决方式的感受、信念与态度，主要包括夫妻对识别与解决冲突是否坦诚相见，对其解决方式是否感到满意。

高分者：表明对解决冲突的方式满意，大多数冲突都能解决。

低分者：表明冲突往往不能解决，对解决方式也不满意。

经济安排：测定夫妻对夫妻管理经济方式的态度，主要包括受试经济开销的习惯与观念，对家庭经济安排的看法，夫妻间经济安排的决定方式以及受试者对家庭经济状态的评价。

高分者：表明对经济安排满意，对经济的开销抱实际的态度。

低分者：表明夫妻间在经济安排上有矛盾。

业余活动：测定受试者业余活动的安排与满意度，主要包括业余活动的种类，是集体性的还是个人的，是主动参与还是被动参与，是夫妻共同参加的还是单独活动。以及受试者对业余活动的看法（认为是应该夫妻共同活动好还是应保持相对的个人自由）。

高分者：反映业余活动和谐、灵活，夫妻有共感。

低分者：反映夫妻业余生活有矛盾。

性生活：测定受试者对夫妻感情与性关系的关注度和感受，主要包括夫妻情感表达，性问题交流的程度；对性行为与性交的态度以及是否决定生育子女等。

高分者：表示对夫妻间情感表达满意，对性角色的状况满意。

低分者：表示不满意。

子女与婚姻：测定受试者对是否生育子女以及子女数的态度，主要包括受试对夫妻双方担任父母角色的满意度，对生育子女的看法，对管教子女的意见是否统一，对子女的期望是否一致等。

高分者：表示对上述内容意见统一、满意。

低分者：表示不满意或有某一方面的矛盾。

与亲友的关系：测定受试者对夫妻双方与亲友关系的感受，主要包括与双方亲友一起度过的时间量，对与亲人一起活动的评价，是否与亲友间存在潜在的冲突及亲友对该婚姻的态度等。

高分者：表示夫妻双方与亲友的关系和谐。

低分者：表示与亲友间存在潜在的冲突。

角色平等性：测定受试者对婚姻关系中承担的各种角色的评价，包括家庭角色、性角色、父母角色以及职业角色等。

高分者：表示主张男女平等，希望夫妻角色公平分配。

低分者：表示主张传统的夫妻角色责任分配。

（请注意：评分高低不表明对夫妻角色分配的满意度。）

信仰一致性：测定有关婚姻的宗教信念及对夫妻双方宗教信念的评价。

高分者：表明受试者更倾向于保持传统的婚姻宗教信念。

低分者，表明倾向于不愿意受传统的束缚。

资料来源：http://www.360doc.com/content/09/0327/15/19782_2933637.shtml。

思考题

1. 健康的爱情心理包括哪些方面的特征？
2. 对婚姻中的爱情有哪些错误的看法，婚姻与恋爱有什么不同？
3. 什么是婚姻，它有哪些类型？
4. 造成夫妻冲突的心理因素有哪些？
5. 如何调适不理想的婚姻？
6. 如何理解两性的和谐？

第十四章　团体心理辅导

借助集体的力量和各种心理咨询与治疗的技术，每一个参与的个体都可学会自知与自助。

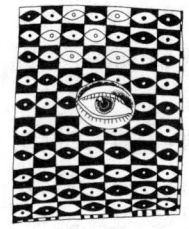借助集体的力量和各种心理咨询与治疗的技术,每一个参与者都可学会自知与自助。

团体心理辅导是一种行之有效的心理咨询和辅导的方法,可广泛应用于学校、企业、社区等各个领域,解决大众的各种心理问题,帮助大众人格成长,提高大众心理素质和心理健康水平。20世纪90年代以后这种方法被引入中国大陆,尤其是新世纪以来越来越受到大众和心理咨询师、社会工作者的欢迎。但对于团体心理辅导,很多人还不是很熟悉。究竟什么是团体心理辅导? 它与个体心理咨询与治疗有什么关系? 在实践中如何应用? 在这一章里我们将对这些问题作简要介绍,帮助大家对此有个初步了解。它也是应用社会心理学的一个重要的组成部分。

第一节　团体心理辅导概述

一、团体心理辅导的概念及理论基础

(一) 概念

团体心理辅导,顾名思义是针对两个人及以上的团体进行的心理辅导。不同的团体气氛、团体规范、团体凝聚力对团体成员的影响也是不同的。因此研究团体的心理现象,并通过培养团体,可以去影响和改变个体的心理和行为。

1. 什么是团体。团体有着不同的分类。就团体的功能而言,有成长性团体:此类团体注重成员的身心发展,协助成员自我认识、自我探索进而自我接纳、自我肯定;训练型团体:此类团体注重成员生活知能的充实与正向行为的建立;治疗性团体:此类团体注重成员经验的解析、人格的重塑与行为的重组。

团体是由两个或两个以上的人组成的,但这两个人(或更多的人)并不构成团体的必要条件。一个真正的团体应该是由两个或两个以上的互动且

相互影响的人组成,它具有以下几个基本特征:

(1)共同目标。团体通常是为了某种目的而存在的,成员聚集在一起既满足了心理需要,又可以在一起去完成他们独自无法完成的目标。正是由于有了共同的目标,团体成员共同承担责任,共同去解决面临的问题。所以,共同的目标是促进团体凝聚力的有利因素之一。

(2)共同规范。团体规范是为了使团体有一套行为的准则来约束彼此的行为,从而保证团体的正常运作,保障所有团体成员的权益,最终实现共同的目标。比如规则里具体涉及保密、真诚、无条件的积极关注、共感等等,这在团体心理辅导开始时就要制订好,随着集体认同的变化可以有所改变。

(3)彼此互动。成员的互动是团体最重要的特征,也是达成团体目标的重要条件。团体成员透过语言与非语言的方式,互相交流,分享彼此感受、经验和信息,并在互动中彼此影响。

(4)相互影响和依赖。在一个团体里,参与者个体之间,个体与团体之间都是相互影响的。团体虽是个体的集合,但并非乌合之众,而是一个完整的整体。随着团体心理辅导的进行,团体成员之间的相互依存感也会逐渐增强。

2. 团体心理辅导的含义。何谓团体辅导(group counseling)?团体辅导是在团体情境下提供心理帮助与指导的一种心理辅导方式,即由咨询师根据来访者问题的相似性组成团体,通过共同商讨、训练、引导等,促进个体在交往中观察、学习、体验、认识自我、探讨自我、接纳自我,调整改善与他人的关系,学习新的态度与行为方式,以发展良好适应的助人自助的过程。团体心理辅导的特色在于培养人的信任感和归属感,由对团体的信任到信任周围的其他人,由对团体的归属感扩大到对学校、社会及国家的认同感和归属感。它通常由一位或两位咨询师主持,称为团体指导者,多个来访者参与,称为团体成员。团体的规模因辅导目标的不同而不等,少则3—5人,多则十几人,甚至几十人。因其独特之处和积极的效果,在国外及中国的港台地区已得到蓬勃的发展,并广泛应用于学校教育、企业管理、军队训练、心理治疗等领域。

(二)理论基础

团体心理辅导以群体动力学理论、需要理论、社会学习理论、人本主义理论等为理论基础,以其人性化的理念、独特的实效性应用于广泛领域。下面作简要介绍。

1. 群体动力学。在群体中,只要有别人在场,一个人的思想、行为就同他单独一个人时有所不同,会受到他人影响。研究群体这种影响作用的理论,即称为群体动力学。团体具有吸引各个成员的内聚力,这种凝聚力来自成员们对团体内部建立起来的一定的规范和价值的遵从,它强有力地把个体的动机需求与团体目标联结在一起,使得团体行为深深地影响个体的行为。群体动力学研究者——德国心理学家勒温采用格式塔心理学的观点,将个体行为变化视为在某一时间与空间内,受内外两种因素交互作用的结果。他用以下公式表示个人与其环境的交互关系:$B = f(PE)$,其中 B 表示行为(Behavior),P 表示个人(Person),E 表示环境(Environment),PE 合起来是代表交互作用形成的情境。此公式的含义是,个人的一切行为(包括心理活动)是随其本身与所处环境条件的变化而改变的。群体动力学基于整体比部分重要的观点,认为群体作为一种内在的关系组成的系统,其影响力或作用远大于互不相干的个体。

2. 需要理论。马斯洛把归属需要视为人的基础需要之一,包括了个体交友、获得他人赞同、获得社会认同和社会支持等心理需要,它们构成了团体中的个体心理基础。这种心理需要能否满足,成为团体内聚力的重要基础和条件。

3. 社会学习理论。观察学习或替代学习是班杜拉社会心理学理论的主要观点。重视示范和相互影响是观察学习理论在团体心理辅导过程中的运用,其主张利用好的示范来鼓励和激发成员们的积极参与,推动团体活动的开展。在整个过程中,成员们相互之间观察、模仿、启发和互助,这种效果和作用是其他类型的活动所不具有的。

4. 人本主义。按人本主义学家罗杰斯的观点,每一个人都具有发展自己、促进自身成长、迈向自我实现的内在动力,人是倾向于创造性和建设性的,需要和他人建立亲密的人际关系,人人都有自我实现的倾向。在团体心理辅导中,咨询师是各成员成长的促进者,帮助他们通过自身的体验和分享,达到自我成长、解决问题的目的。团体训练最终目标是达到自己本真的状态。

二、团体心理辅导的特点

作为心理辅导的两种形式,团体心理辅导与个人心理咨询在许多方面是相似的：（1）目标相似，均是帮助来访者自我指导与自我发展。（2）对象相似，都是有正常发展问题的个人，针对个人的兴趣、要求与经验。（3）对培训师的要求相似，都要求培训师掌握心理辅导的各种技术，"助人自助"。

团体心理辅导有其自身的特点，也可以说是它的精髓理念。

1. 注重平等和民主。咨询师和参与者在整个过程中都是平等的。平等与心理健康密切相连。团体心理辅导过程就是把日常生活中扭曲的关系变成平等健康的关系。在活动过程中，平等互动的双方关系是活动开展的前提。咨询师尊重、关心和了解成员，让成员有充分的心理空间，发展成员的个性，促进双方互动。民主的活动方式可以创造出自由、宽松、和谐的活动氛围，让成员在其中感受到他的创造力、尊严等，每个人在这个过程中都能体验到自己的力量。

2. 自由感和安全感的营造。咨询师在团体心理辅导过程中要营造一种自由感和安全感，让每个人都能感受到，这样就能够使成员逐步地开放心扉、敢于表达、积极参与，达到体验性和实践性的学习。开始时制订的规则要有效保证这一点。此外咨询师还要提醒团体成员注意表达的方式，要有技巧地避免对参与者产生攻击性言论。

3. 注重主体参与性。团体心理辅导注重团体成员的主体参与性，不仅仅是行为，态度上也要全身心地投入。要积极、主动、创造性地参与团体训练活动，增强自身的主体意识，积极参与到每个阶段的活动中去。

4. 注重分享体验的方式。团体心理辅导中注重分享，分享的是体验和感受，最好少用评价的话语。分享是团体心理辅导中真诚表达内心感受的一个方法，有助于团体成员之间，以及与咨询师之间更好地沟通。个人分享的方式使成员感觉到表达自己和倾听别人的重要意义。虽然成员都是为了解决共同问题集结在一起，但是每个人因为其不同的背景与经验，对问题的认识和了解，对讨论与解决问题的方法都有不同的观点。正是这种多样性有利于问题的解决，也促使成员能更宽容地去理解他人，认识他人，和他人沟通。

5. 自我教育与领悟。在团体心理辅导过程中，咨询师只是起到一个引导者的作用，在整个过程中还是需要成员自己去感受、理解，悟出一些平常状态下领悟不到的东西，以加深自我意识，认识、探讨并接纳自我，改善与他人的关系,学习新的态度与行为方式,看清一些问题,最终达到解决问题的目的。

与个体心理咨询相比,团体心理辅导有其特殊的优势。

第一,它提高了咨询效率,有效地利用了资源。个体心理咨询是咨询师与来访者一对一的帮助与指导,每次面谈需要花45分钟至1小时的时间,而团体心理辅导是将有共同需求的人或心理困扰者聚合在一起,以团体的方式实施辅导,即一到两个咨询师面对多个来访者,节省了大量的时间和人力,有效地利用了资源。

第二,它具有很强的感染力,可帮助成员提高心理素质。团体心理辅导的过程是一个多向沟通的过程,一个团体一旦形成,它对个人态度与行为的影响是很大的。在团体中,个人实际上改变了平时生活规则,进入了一个新的角色,发掘自我,回到自己的本真状态。它突破了个体咨询中咨询师作为单一影响源的效果。具体表现在:(1)通过团体成员的互动增进对自己以及对他人的了解。团体的其他成员的存在,可以作为反思自己、了解自己的参考。在与团体的其他成员的接触交流中,可以对他人作进一步了解,有助于日后与其建立良好的人际关系。(2)团体中共同的感受、多元的观点、彼此的支持更有利于问题的解决。团体成员各自有不同的背景与经验,这为对问题的了解与认识、讨论与解决提供了丰富的参考意见,从而避免了因经验、信息有限而陷入困境;另一方面,现实中的人当遭遇挫折或者困难时,常常会感到害怕、无助和失望等。这些负面情绪在个体咨询中往往不容易消除,但在团体中会发现与自己相同境遇的人不少,有助于个体减低自卑与自责感,消除负面情绪与防卫心理,从而促进其彼此的沟通与支持。这些都是在个体心理咨询的情境下无法达到的效果。在团体相对安全的氛围里,真实的情感、态度和行为都可以暴露出来并加以讨论,使个体学会应对的方法,并扩展到以后的日常生活中去。

尽管团体心理辅导有其独特的优势,但也有一些不足之处。主要有:个人的不良行为习惯对其他团体成员可能产生负面的影响。在团体情境中,难以照顾到个人的差异,所以也不易暴露与解决个人深层次的问题。作为一个合格的团体心理咨询师,应该充分认识到团体心理辅导的局限性,正确选择辅导的主题,恰当运用辅导的技巧,保护好每一个成员,避免其受到心理上的伤害,使团体心理辅导产生出最大的功效。

341

第二节　团体心理辅导的发展简史

一、团体心理辅导的探索期

　　心理咨询起源于欧美,团体心理辅导也是最早在欧美发展的,许多心理学家和精神病学家都为它的发展作出过贡献,其中美国内科医生普瑞特(Joseph Pratt)是人们公认的集体心理咨询治疗之父。他于 1905 年组织了一个由 20 多位肺病患者组成的治疗小组,采用讲课、讨论、现身说法等形式开展集体心理治疗,这就是集体心理治疗小组的雏形,普瑞特当年采用的治疗方法、技术,有很多目前仍在使用。1909 年,一位精神科医生兼牧师开始尝试以集体心理治疗的方法治疗精神病人,他是第一个把集体心理治疗方法引进精神治疗与康复工作的精神科医生。之后,1919 年,美国精神病学家拉扎尔(E. W. Lazell)在华盛顿的圣伊丽莎白医院为精神病患者开办了学习班。1920 年,维也纳精神病医生莫瑞诺(J. L. Moreno)首创了一种团体心理辅导的新方法———心理剧。在 1932 年他的一篇文章中他首次使用了"集体心理治疗"这一术语。

　　除了精神病学家的探索之外,这一时期心理学家也在不断地进行这方面的实验,1921 年,阿德勒在维也纳建立了第一个儿童指导所,把精神分析法用于青少年的心理治疗。20 世纪 30 年代初,斯拉夫森(S. Slavson)在纽约运用集体心理治疗的方式为诊断和治疗有行为问题的青少年做出了开创性的工作。自 1905 年至第二次世界大战前的 30 多年里,还有许多心理学家及精神病大夫为团体心理辅导的发展作出过很大贡献,不过,这一阶段团体心理辅导仍不太普遍,它的真正的迅速发展并走向实用是在二战之后。

二、团体心理辅导的发展期

　　二战造成千万人流离失所,大批士兵出现精神障碍,单靠个体心理咨询与治疗已远不能满足社会需要。在此背景下,集体咨询与治疗得到重视,并迅速发展起来,战争中精神科医生柏恩(Wilfred Bion)开始在军中试验集体咨询与治疗。

20世纪40年代后期，德裔美国社会心理学家勒温提出了"集体动力学"和"场论"，并做了大量实验，为团体心理辅导的发展作出了特殊的贡献。1947年，在他的指导下建立了美国"国家训练实验室"，又称"人际关系训练实验室"。这一实验室的建立在集体心理治疗史上有十分重大的意义。因为从前的集体心理治疗主要是针对心理或行为有问题的人作矫正性治疗，如今集体心理治疗已不仅限于这种矫正性治疗，而扩展到为正常人提供发展性教育和培训。"集体心理咨询"这一概念开始为人们所熟悉，该实验室创造的一套训练方法称为T—小组训练，因此以后运用这种训练方法的小组称为T—小组。在20世纪50年代对集体心理治疗产生重大影响的仍是这种T—小组，它在教育中也得到了广泛应用。

1949年，美国精神病专家沃尔夫（K. Wolf）首先将精神分析理论应用于集体心理治疗。20世纪50年代，行为治疗开始兴起，美国心理学和精神病学专家拉扎勒斯首先将以学习为基础的行为疗法应用于集体心理治疗。20世纪60年代，人本主义心理学兴起，对团体心理辅导产生重大影响的是罗杰斯等推进的以"交友集体"为标志的人类潜能运动。其中心概念是人的自我实现，特点是基于心与心之间沟通基础上的集体体验，形式有成长小组、任务定向小组、基础交友小组等，这场运动形成于50年代，60年代由于迅速普及而演变为一场群众运动，70年代被称为反省期，80年代进入日常生活期。

三、团体心理辅导的现状

在美国，20世纪七八十年代以来，各种类型的集体心理咨询活动，特别是交友集体如雨后春笋般地涌现出来，罗杰斯等人倡导的人类潜能开发运动受到越来越多人的关注，全国各地有几百万人自愿参加这种集体，在青少年心理障碍问题的预防与治疗方面团体心理辅导得到广泛的应用。

团体心理辅导主要采用四种理论，即：精神分析理论、行为主义理论，存在-人本主义理论和认知—行为理论。精神分析理论是将精神分析的方法应用到团体心理辅导中；行为主义理论是把行为疗法应用于团体心理辅导，通过改变不适应行为以使症状缓解、消除；认知-行为理论是将认知疗法与行为疗法结合起来，以帮助来访者产生认知、情感、行为方面的变化；存在-

343

人本主义理论以存在主义哲学为基础,比较强调人的价值、人的向善的倾向以及人自由选择的权利和能力,强调通过人际间的交互作用促进来访者的变化与成长。这些理论各有其优点,但自 20 世纪 70 年代以来,治疗专家们就开始出现对各种理论进行整合的倾向,尤其进入 20 世纪 80 年代以后,心理咨询与治疗的整合已发展成一种运动。因为,治疗专家们发现,没有一种单独的理论可以有效解决所有的心理障碍。这种方法与技术的整合也必将会带来理论上的突破,促进团体心理辅导更深入地发展。

在中国,从 20 世纪 80 年代起,团体心理辅导在香港和台湾就有较迅速的发展,而大陆则是 90 年代初才开始出现。这类比较严肃认真、规范和科学的研究和运用多是在学校中出现,尤其是在高校展开的。北京清华大学的樊富珉教授等人在引进、推广方面做了很有影响和成效的工作,与此同时,上海也在这方面做了一系列开拓性的工作。我也承担了有关团体心理辅导与训练方面的原国家教委的"九五"项目、全国教育科学规划小组"十五"重点项目、上海哲学社会科学"十五"重点项目,并取得了有意义的研究结果。值得引起警惕的是,同国外一样,一些商业化、以营利为目的的各类机构和组织也开始在社会上流行泛滥,他们打着集体心理训练的旗号,尤其是与民间的"伪气功"等相结合,发展出类似于邪教性的组织,给社会和个人带来了极大危害,同时也影响着团体心理辅导的健康发展。可喜的是已有越来越多的心理学工作者、思想政治工作者及社会工作者投身到这一领域的研究和应用中,他们的研究、运用和宣传将在推动和维护集体心理咨询和治疗的健康发展中起重要作用。

第三节　团体心理辅导的实践

一、团体心理辅导过程

(一)团体心理辅导前的准备工作

1. 确定咨询与治疗目标。团体心理辅导活动开展之前,最重要的就是要选定一个合适的活动目标,因为以后的整个活动都是围绕这个目标进行的,所以目标应该明确、恰当、能够实现。目标从大的方面说有治疗性目标和发展性目标两类,但具体到一个实际的团体心理辅导活动,目标必须具体、明确、可操作。例如一个自我肯定集体的目标是:(1)协助成员了解自我肯定的意义,以及自我肯定和生活发展的关系;(2)帮助成员探索个人行为模式,并由日常生活中找出自己无法自我肯定的原因;(3)布置安全的情境,帮助成员学习新行为。这一目标定得比较具体、可行,所以实现目标的可能性就大,也为后面整个活动的设计奠定了良好的基础。

当目标确定后,就要为活动想一个名称。名称不必都带上"团体心理辅导",但要具有独特性、可理解性,同时又富有吸引力,还要考虑到未来成员的心理承受力,比如叫"人际交往小组"、"理解自我与理解他人"等都可以。

2. 设计活动计划。活动计划应包括以下方面:

(1)小组规模。团体心理辅导活动是以小组(集体)形式开展的,活动计划首先应考虑到小组的规模。小组人数过少,组员会感到不足,有压力、乏味;人数过多,组员间沟通就不易,参与交往机会受到限制,无法照顾到每一个组员,所以必须确定一个较理想的小组规模,这应该视具体情况而定,一般说来7—15人较为恰当。

(2)活动时间、次数及频率。小组活动可分为集中式小组和持续式小组。集中式小组是将组员集中住宿,在几天时间内进行团体心理辅导活动,一般以3—5天为宜,最长不超过一周。持续式小组是定期活动,一般8—15次为宜,每周1—2次,每次1.5—2小时,持续4—10周左右。当然,活动时间要考虑到组员的方便。

(3)活动场所。首先要有安全感,不会有被人偷窥的感觉;其次要安静,避免干扰;最后要有足够的活动空间,可以在其中走动、活动、围圈坐下,最好桌椅不固定。

(4)组员及其选择。决定在什么对象中选择组员、如何选择组员、怎样结束活动、怎样评估等都要考虑到,考虑越具体,以后的活动就越好开展,因此小组活动计划要尽量全面、具体、具有可操作性。下面谈到的整个小组活动过程都是小组活动计划应考虑的内容。

(二)小组成员的选择

1. 招募小组成员的方法。小组成员的招募应坚持自愿参加的原则,同时他应愿意与其他组员交流,并能遵守小组规则。招募途径有三种:一是通过宣传手段,成员报名参加;二是咨询员根据平时咨询情况,建议某些人参加;三是由其他人介绍。其中宣传招募是最常用的,宣传方式也是多种多样的,如贴海报、开讲座、利用大众传媒等。这里要注意的是宣传应有吸引力,同时又不能过分夸张,此外,对活动时间、地点、内容、经费、报名起止时间等都要说清,以便成员选择。

2. 筛选。并不是所有报名者都能成为小组成员,这里还需筛选,可分为初筛与第二次筛选。初筛时可用量表进行筛选,这里主要应挑选一个或几个合适的量表,选出得分较高的人,然后进行第二次筛选,这时可以同时用几种方法。一是面谈法,了解一些报名者的基本情况。二是量表法,再填一些能反映活动目标的量表,以备以后评估之用。三是请他们写一份简单的自我情况报告,包括入组目标、生活中重要的人和事等,经过这样的筛选,就可以确定最终的组员。另外,这时还可同他们签一份协议书,以保证他们遵守小组规则。

(三) 小组活动的启动与运作

从小组活动开始到活动结束可以分为几个不同的阶段,对怎样划分这些阶段不同研究者有不同的意见,有分为三个阶段的,如导入、实施、终结三个阶段,有分为四个阶段的,还有分为十几个阶段的。其实,无论怎样划分,其基本过程是一样的,这里我们以三个阶段为例来说明小组活动的运作过程。

1. 导入阶段。导入阶段一般是小组的前一两次聚会,目的是让组员相互熟悉,初步建立一种安全、信任的气氛,为以后的活动奠定一个良好的基础。小组活动开始,组员大都互不相识。一方面他们很想知道其他组员的背景、问题等,另一方面又有点儿恐惧、焦虑感,怕不被人接纳,又怕在他人面前出丑,所以这一阶段的活动一般是一些比较简单、容易的互相认识的游戏活动。导入阶段的活动可以分为以静态讨论为主与以动态活动为主两类,前者适合于一些解决问题的小组,后者适合于多种类别的小组,尤其适合于青少年。活动开始时,组长可以先大致介绍一下团体心理辅导和小组的情况,然后同组员集体宣誓遵守小组规则,之后可以采取一些活动,如轻柔体操,使组员紧张的情绪得以放松。接下来可以用做游戏的方式使组员进行自我介绍,介绍他人,比如最佳拍档游戏、棒打情郎游戏、问与答的游戏等。然后可以让组员谈一下在组中的感受,聚会结束时可以让组员回去写一下在组中的感觉及对以后活动的期望、建议。等再次聚会时大家分享作业,以后每次聚会结束都有这种作业。当组员已比较熟悉,能开放自己时,导入阶段便告结束,开始进入第二阶段。

2. 实施阶段。这一阶段的目的是让组员之间形成相互信任、相互坦诚的关系，在小组活动中对自己碰到的问题进行探讨，并加之以行为训练，最后解决问题。这一阶段是团体心理辅导活动的关键阶段，无论是它的治疗性目标还是发展性目标，都主要是在这一阶段做到。

这一阶段采取的小组活动形式和方法因咨询目的、类型、对象的不同而不同。有的小组采用讲座、讨论、写体会、写日记等形式；有的小组采用自由讨论；有的小组主要采用行为训练、角色扮演等方法；有的小组则采取一系列活动的形式。比如由大学生组成的人际关系小组，主要是通过自由讨论查找自己社交困难的原因，寻找解决办法，进而学习一些行为训练方法、情绪表达方法，同时结合一定量的游戏，最终实现减轻社交焦虑的目的。这一阶段除座谈讨论外，一般活动较多，常用的有：

自我探索的活动：我是谁、生命线、自画像、墓志铭、生命计划等。

价值观探索的活动：临终遗言、火光熊熊、生存选择、姑娘与水手等。相互支持的活动：热座、金鱼钵、戴高帽等。

示范作用的活动：心情故事、特别的爱给特别的你等。上述活动内容后面有具体介绍。

这一阶段尽管各类团体心理辅导小组依据的理论不同、活动方式不同、实施方法各异，但成员间相互影响的过程是相同的。即成员彼此谈论自己或别人的心理问题和成长经验，争取别人的理解、支持、指导；利用小组内人际互动反应，发现自己的缺点和弱点，努力加以纠正；把小组当成一个安全的实验场所，练习改善自己的心理与行为，以期能扩展到现实社会生活中去。

3. 终结阶段。终结阶段是指小组的最后几次聚会，不一定是指最后一次聚会。这一阶段的目的是巩固小组咨询的成果，作好分别的心理准备。咨询者应该充分把握时机，给小组活动划上一个完满的句号。终结阶段做得好可以使成员深入掌握在小组中取得的经验，对小组留下美好的回忆，能把小组中的学习成果应用至正常生活中，达到真正的成长目标。

在这一阶段，常采用的活动有：总结会、联谊会、反省会、大团圆等形式。通过前两阶段的活动，原来互不相识的人已成为朋友，集体气氛和谐亲密、心情舒畅、相互信任。在这种气氛下离别多少都会有些伤感。因此，需要安排好结束。活动结束后，也可在必要时再重新聚会，进一步交流，了解小组活动的效果保持情况。

347

（四）小组活动效果评估

小组活动结束后，接下来就该总结一下活动是否达到预期目标、组员是否满意，今后再组织小组活动应做哪些改进，这就是小组活动效果的评估。比较常用的评估方法主要有以下几种：

1. 行为计量法。这种方法要求小组成员自己观察某些行为出现的次数，并做记录，或请与成员有关的人（老师、家长、朋友等）做观察记录，以评估成员的行为是否有改善，咨询者可以根据具体小组活动设计一些行为观察表让成员填写。

2. 量表测量法。即选取一些信度、效度较高的心理测试量表，让小组成员在入组前（筛选时）填写一次，结束时再填写一次，对前后两次的量表得分进行统计分析，以判断咨询与治疗前后组员是否有显著变化，常用的量表有Scl90、SAS与SDS等，选择量表时应注意最好选取和要测变量（如社交焦虑、忧郁等）相关的量表。同时要考虑到文化背景，考虑到量表是否合适，要尽量多选几种量表，以使测试结果能相互比较、验证。

3. 调查问卷。即由咨询者设计一系列有针对性的问题，让成员填写。问卷内容应包括成员在小组中的感受、成员对小组过程、气氛、指导者的意见等。由于它能让成员自由发表他的想法和感受，所以可以搜集到一些宝贵的第一手资料。

除了以上三种主要方法外，还可以通过成员的日记、自我报告、指导者的工作日记、观察记录等方法来评估小组的发展和效果。

二、团体心理辅导的一般方法

团体心理辅导的方法有很多种：集体讨论、难题解决办法、角色扮演、行为训练、各种习作与活动、演讲会、报告会、参观访问、影视观赏等。一般根据小组活动目标和参加对象的不同而异。所有方法中运用最多的是集体讨论、角色扮演和行为训练。下面分别予以简介。

（一）集体讨论

集体讨论是运用最普遍的小组活动方法，主要目的在于沟通意见、集思广益、解决问题。集体讨论是指小组成员就一个共同问题（如公众发言），根据资料与经验，互相合作，深入进行探讨。在讨论过程中，小组成员可发表自己的意见，也可通过听取他人的意见来修正自己的看法。

集体讨论不同于平常的课堂讨论之处在于,它能提供一种安全、信任的气氛,探讨一些深入的话题,可以获得及时的、真实的反馈。对于澄清组员的错误认识、学会参与效果极好。集体讨论可以采用圆桌式讨论、分组讨论、辩论式讨论等方式。

（二）角色扮演法

角色扮演是指用表演的方式来启发小组成员对人际关系及自我情况有所认识的方法。心理剧就属于角色扮演。角色扮演通常由小组成员扮演日常生活情境中的角色,可以使成员把平时压抑的情绪通过表演获得释放、解脱,也可以从中学习人际关系的技巧及获得处理问题的灵感并加以练习。角色扮演有助于找到成员情绪压抑的症结所在,从而找到解决的方法。角色扮演一般从成员中找到素材,然后稍加准备,对全体组员说明场景,让组员自愿选择角色,扮演中还可以互换角色。最后需注意发起组员进行讨论,互相启发,互相支持。

（三）行为训练

行为训练是指以行为学习理论为指导,通过特定程序,学习并强化适应行为,纠正并消除不适应行为的一种心理咨询与治疗方法。小组中的行为训练是通过指导者的示范、指导和小组成员间的人际互动实现的。行为训练包括放松训练、自信训练、情绪表达训练、打招呼训练等。

行为训练一般应由易到难,首先提供示范。对行为训练做得好的成员要及时强化。具体步骤可分为:（1）选择情景。比如公众发言;（2）确定训练目标;（3）集体讨论;（4）示范;（5）正式训练;（6）集体讨论。行为训练应和澄清认识结合起来,这样往往会事半功倍。

三、小组活动中的常用游戏

在小组活动中,穿插一些相关的活泼有趣的游戏,往往可以创造一种欢快轻松的气氛,吸引小组成员积极投入和参与。比较常用的游戏有很多,限于篇幅,这里只能简介其中的一些。

1. 促进小组成员相识的游戏:轻柔体操。

目的:放松、减轻焦虑,活跃气氛。做体操与运动也是心理、生理治疗的一部分。做体操可以使成员对自己身体更加敏感,对自己的存在更有实质的把握。

时间：酌情而定,15—30 分钟,小组成立初期进行。

准备：全体成员围成圆圈,面对圆心,指导者也在队伍里。要求有足够的空间。

进行：指导者先带头做一个动作,要求成员不评价不思考,模仿做三遍。然后每个人依次做一个自己想出来的动作,大家一齐模仿。无论什么动作都可以使大家放松,减缓紧张气氛。有时,一些极富创造性的动作会引起大家愉快的笑声。

2. 建立相互信任与彼此接纳的游戏：戴高帽子。

目的：学习发现别人的优点并加以欣赏,促进相互肯定与接纳。

时间：约 50 分钟,小组中期进行。

操作：5—10 人一组围圈坐。一位成员或坐或站在中间,其他人轮流说出他的优点及值得欣赏之处。然后该组员说出自己哪些已经知道,哪些是未知的及内心感受。规则是必须说优点,态度要真诚。不是毫无根据的吹捧。参加者要注意体会被赞时的感觉,怎样用心去发现别人的长处? 怎样做一个乐于欣赏他人的人。

3. 促进成员自我探索的游戏：生命线。

目的：对过去的我、现在的我、未来的我作评估展望。

时间：约 60 分钟,小组中期进行。

准备：每人 1 张纸,1 支笔。

操作：在纸上画一条直线,起点标上 0,代表你出生的时候,终点是你的预测死亡年龄。根据你自己的健康状况、你家族的健康状况及你所在区域的平均寿命,提出你预测的死亡年龄,在线的终点标出。然后在线上找出你现在的位置。思考你过去的日子里最难忘的三件事,以及你今后的日子里最想达到的目标 2—3 个,并在纸上写下来,10 分钟后大家一齐分享交流。每个人都拿自己的生命线给他人看,边展示边说明,注意自己与他人内心的反应,相互比较一下各自有何不同。

4. 澄清价值观的游戏：临终遗言。

目的：对个人的人生价值观作具体的探索并协助成员在生活中做明智的抉择。

时间：45—60 分钟,小组中期进行。

准备：白纸、笔。

操作：指导者告诉小组成员,由于种种原因,你正面临着死亡,终期将至,时间只允许你再做最后 10 件事,你会做哪 10 件事,并排出先后次序;然后写你的遗嘱(50 字以内)。每个成员认真思索后写下你的决定和遗嘱,再向小组内其他成员说出,并解释原因,谈一谈你在写的时候有什么感受,这感受对你今后的生活有什么影响? 通过活动,可以帮助小组成员对自己的人生观和价值观进行整理,也可以通过与他人的交流启发自己。

5. 集思广益互助解难的游戏:热座。

目的:通过相互提供意见,协助成员解决遇到的困惑。时间:约 60 分钟,小组中期进行。

准备:每人一个信封,若干张纸条(比人数少 1 张)。

操作:每个成员发给一个信封、若干纸条,在信封上写上自己的姓名,然后将目前最困扰、最想得到帮助的问题写在纸条上,每张纸条写一个问题。然后,把写好的纸条发给每位小组成员,请他们回答。每个人拿到他人的纸条后,都要认真思考,真诚地回答,无所谓对错。回答者不用署名。信封放在中央地上或桌上,写好后装进对应的信封内。每个成员取回自己的信封,抽出回条一一阅读。最后,全组集中,每个人谈自己阅读后的感想。

6. 结束小组活动的游戏:大团圆。

目的:通过身体的接触带来温暖和力量,使成员在结束前更实在地肯定集体的团结,体验大家在一起的感受,获得支持与信心。

时间:约 30 分钟,小组结束时进行。

准备:足够的空间,空旷的房间。

操作:在小组最后一次活动结束时,指导者请大家站立,围成圆圈,将两手搭在两侧成员的肩上,聚拢静默 30 秒。然后轻轻地吟唱大家共同熟悉的歌曲,并随着歌曲旋律自由摇摆。歌曲要尽量找大家会的,全部投入,一首接一首,使全体成员在一个充满温馨甜蜜而有内聚力的情景中告别团体,走向生活,留下一个永远的、美好的、极有象征性的、难忘的记忆。

四、小组活动实例

该小组名叫"大学生人际交往小组",是由武汉水利电力学院心理咨询中心举办的。活动过程如下。

(一)小组成员的选择

小组目的是提高大学生交往过程中的心理素质和交往技巧。参加者均是自愿来心理咨询中心要求解答人际交往方面问题的本科生,年龄在18—22岁。参加小组者必须符合三个条件:(1)经卡特尔16人格因素测查或Y-G性格检查确定为心理健康者;(2)在人际交往中存在着诸如羞怯、拘谨、脸红、缺乏自信等心理阻碍;(3)有提高自身社交能力的愿望。经过筛选,有17名学生入组(其中女生2人)。

(二)活动过程及方法

小组活动在贴有"自信、交往、成功"的横幅的房间内进行,室内布置雅致、温暖,放置鲜花,伴有轻松的音乐,有十几把椅子。

准备活动即暖身,是在指导者带领下围圈做自由选择的放松运动,然后绕圈小跑,停下后相互捶背、按摩双肩。通过非语言的身体放松以及相互间的身体接触,减少陌生人初次相见时特有的拘谨心理,活跃小组气氛。

正式活动开始时,指导者简单介绍了活动主题、进行步骤、注意事项,并进行示范表演。活动分四个阶段,每个阶段设置一个主题。

第一阶段:如何介绍他人与自我介绍,小组活动形式有两人组自我介绍,六人组问与答,练习首次交往时的方法与技巧。

第二阶段:学习探索自我、理解他人。活动形式是画出自己的生命线等,进行对自我的分析评价,并在小组内向其他成员倾诉,以自然的方式将内心的苦闷、不安、疑惑等负面情绪暴露出来,减轻心理压力。同时领悟人际交往过程中自己应有的姿态,学会聆听与交谈,克服交往中拘谨、胆怯等心理反应。

第三阶段:如何对待他人的批评与赞扬。小组形式是行为训练,两人一组练习批评与赞扬。话题是对对方在组内的表现给予坦率的评价。通过训练,学会诚恳地接受正确的、善意的批评,愉快地接纳他人的赞扬,勇敢地拒绝不合理的要求。

第四阶段:倾听心声,活动形式是热座。每位成员提出自己在学习、生活、工作中最感到困惑、烦恼的问题,全体成员围绕这个问题抒发己见,提供解决意见。通过交流,彼此进一步沟通,主动参与意识增强,加深了对人际交往中正面效应的感受,并学习如何理解、宽容、支持他人。

(三)小组活动效果

活动结束之后四周,对参与者进行问卷调查,发出17份,回收16份。其中,88.3%的学生对小组活动很满意和较满意,想继续参加的为88.3%,证明小组活动对大学生增进人际交往兴趣、学习掌握交往技巧是行之有效的。

团体指导者的人格特征

团体咨询技术与指导者的个性特征和行为有密切关系。在团体咨询过程中,指导者自己的人格特征、价值观和生活经验会影响到每位成员。因此,为了促进团体成员的成长,指导者自己的生活要有明确的取向,要勇于进行自我评价,以此来鼓励团体成员进行真实的自我探索。

现场表现　要求指导者时刻为成员提供支持,包括积极的关注和进入他们内心世界的意愿,不能为其他事情分心,并且要所有成员都能公开自己的想法。若指导者能意识到这一点,并将自己的感情充分表现出来,那么他就能在情感上很好地融入团体之中,更易于与成员共情和同情。

影响力　包括自信心和对个人影响他人情况的意识。若指导者在生活中没有这种力量,或感觉无法控制自己的力量,那么他也很难使团体成员拥有这种力量。一个真正具有力量的指导者,会通过激励全体成员去感受他们从未使用过的力量,而不会让他们对指导者产生依赖。

勇气　在与团体成员的交流中,指导者要表现出自己的勇气,绝不能将自己藏在咨询师这一特殊角色之后。这些勇气表现在:在团体中敢于冒险并坦率地承认错误;偶尔也表现出脆弱;直面他人并外显自己的反应;按直觉和信条行事;愿意与团体成员分享自己的权力等。当成员远离熟悉而安全的模式时会感到焦虑和恐惧,此时指导者可通过自己的行为表现来证明:尽管自己并不能确定未来的发展,甚至感到担忧害怕,但还是会积极地迎接挑战,勇往直前。

愿意面对自己　指导者的中心任务之一就是激发成员进行自我探索,因为他无法让参与者做那些连咨询师自己都没准备好的事情,故而他们必须表现出不断向自己发问的意愿。直面自我包括清楚自己的需要和动机,同时意识到个人内在的冲突和问题、自我对缺点的防御、未完善发展的领域,以及所有这些在团体咨询过程中所造成的潜在影响。

真诚与真实　指导者要对成员的健康和成长充满诚挚的热情。

353

因为真诚意味着坦率,要如实告诉团体成员目前面对的困难。对团体成员的积极关注意味着既要激励他们正视生活中曾被否定的部分,也要摒弃团体中任何不真诚的行为,同时要给他们提供真实有效的反馈。真实与真诚紧密相连。适当透露自己对团体活动的反应和感受,都要以真实为基础。

认同感 如果团体指导者想要帮助其他成员去寻找真正的自我,指导者本身就要有清晰的自我认同感。这意味着要了解自己的价值,遵循内在的意愿而非外在的他人期望来生活。要做到这一点就必须意识到自己的长处与不足,自己的需要、恐惧、动机和目标,也必须了解自己能够成为什么样的人,会从生活中得到什么,以及如何获得自己想要的东西。

创造力和开拓精神 指导者应避免一成不变的技术和程式化的活动安排。当然,对于每一个团体都采用新的方法是不大容易的,但是充满创造性的指导者会积极地获得新的体验,积极面对不同于他们自己的生活方式和价值观。团体咨询的优势之一就在于它能够提供许多开拓创新的途径。

资料来源:杰拉尔德·柯瑞(Gerald Corey)著,刘铎等译:《团体咨询的理论与实践》,上海社会科学院出版社,2006年,第23—26页。

思考题

1. 团体心理辅导和个体心理咨询有什么区别和联系?
2. 在做团体心理辅导前一般要做哪些准备工作?
3. 团体心理辅导过程中的小组活动一般至少经历哪三个阶段?
4. 简要叙述一下团体心理辅导的整个过程。
5. 谈谈角色扮演法在团体心理辅导中的运用。

第十五章　身心健康

对人的健康来说，心和身是相互联系、相互依赖、相互影响、不可分割的整体。

早在中国古代的春秋战国时代,中国医学的经典之作《黄帝内经》中就提出了"形神若一"的思想,并从五脏六腑(身)、七情(心)、六气(环境)三个方面,用联系的观点分析研究人的健康和疾病。西方的"医学之父"希波克拉蒂(Hippocrates)提出:健康的身体和健康的个性、稳定的情绪是紧密相连的。随着自然科学的发展,医学、生物学也有了很大的发展,并建立了医学的"生物学模式"。它一方面对促进人类健康起了很大的作用,有着不可磨灭的贡献。但另一方面,由于这种模式带有浓厚的机械论思想,所以不可避免地使医学家们在治疗人的疾病、增进人的健康时只见"身"不见"心",只看到人的自然性、生物性,忘记了人的社会性,丢掉了传统医学中身心统一的重要思想。而现代社会的发展又使人际关系、社会交往和需求变得越来越复杂,人的心理承受的压力也越来越大。人心理的紧张紊乱又引起了许多身体上的病变、紊乱,使持有"生物医学模式"的医学家们在治疗人的疾病、维护人的健康方面越来越感到"力不从心",他们转而寻求心理学、社会学、伦理学学科的协作和支持,并共同建立了"生物—心理—社会"医学模式。所以,健康不只是医学、心理学的事,同时也是其他许多学科共同的事。维护和增进人的身心健康当然也就成了社会心理学义不容辞的责任和亟待研究的课题。

第一节 健康:生理与心理的指标

一、疾病的种类

人的疾病无非有以下几种:

1. 躯体疾病。这种疾病主要是外来因素,如烧伤、撞伤、溺水、中毒、传染病等引起的躯体的损伤。医学在医治这类疾病上确实取得了令人惊叹的进步。对这类疾病的研究虽不能说全由医学家来做,但可以说主要是医学家的事。

357

2. 心理疾病。这类疾病又可分为两种。第一种主要是由生理因素引起的心理疾病，如脑损伤、神经系统发育不良等造成的心理障碍。这类疾病应由心理学和医学共同处理。第二种是由单纯心理和社会原因引起的、非器质性的心理疾病，如焦虑症、恐怖症、癔症等。这类疾病则主要由精神病学和心理学来处理。

3. 身心疾病。这类疾病主要是由心理和社会因素引起生理的变化并由此导致躯体病变。这类病则应由医学和心理学共同研究解决。

当然，以上只是为了研究方便粗略地分类。事实上，严格说来，无论什么样的心理疾病最终都有生理的原因。同时任何躯体的病变也都必然导致某些心理上的问题。心理和身体本来就是一个事物的不可分割的两个方面。

二、完整的健康概念

曾在很长一段时间内，健康被片面地解释为人体生理机能正常、没有缺陷和疾病。在生产力和科学落后的时代，这种解释也许还可以被人接受。因为那时人们主要是考虑怎么对付严寒、酷热、洪水、干旱、饥饿、瘟疫等外界恶劣环境给人生命和机体带来的威胁和伤害。但随着社会的发展和科学的进步，人们能有效地防止和解除外界恶劣环境对人身体的威胁，医学的发展也使以躯体因素为主的身体病患得以控制和治疗。物质生活水平的提高、饮食营养、卫生保健也使人的躯体健康水平较以前有所提高。这时人们更加希望精神生活的提高和改善，即单纯躯体的正常并不能使人幸福，人们还希望有健康的心理。然而现代文明在改善人的物质文明的同时，并没有明显地提高人精神生活的质量，反而由于社会关系的复杂、生活节奏的变化引发了许多心理疾病和障碍，而这些心理的失调和不适应又使人产生了许多躯体上的病患。高血压、心脏病等身心疾病成为致人死亡的主要疾病。由此人们越来越认识到健康必须是躯体和心理的高度和谐统一，单纯一个方面的健康既是无意义的，也是难以存在的。

为此联合国世界卫生组织（WHO）把健康解释为不但没有缺陷和病患，还应有完好的生理、心理状态和社会适应能力。后来又提出了健康人应达到的10条具体标准：

（1）有充沛的精力，能从容不迫地应付日常生活和工作的压力，而不感到过分紧张；（2）态度积极，乐于承担责任，不论事情大小都不挑剔；

（3）善于休息，睡眠正常；（4）有适应外界环境变化的应变能力；（5）能够抵抗一般性的感冒和传染病；（6）体重适中，身体匀称，站立时头、肩、臂的位置协调；（7）反应敏捷，眼睛明亮，眼睑不发炎；（8）牙齿清洁，无龋齿、无痛感、无出血现象，齿龈颜色正常；（9）头发有光泽，无头屑；（10）肌肉和皮肤富有弹性，走路步履轻松匀称。以上 10 条既包括了可检测的生理标准，也包括了明确的心理标准。

1989 年联合国世界卫生组织又进一步把健康概括为：躯体健康、心理健康、社会适应良好和道德健康。这个概括把健康的涵义再一次拓宽和加深。从生理、心理、社会三个方面全面地理解健康。在这里健康的标准已从以前的具体的可操作的标准上升到理想的抽象化的标准。按照这个标准，一个人对健康的追求就是一个可以无限逼近又永无止境的过程；同时，对人的健康的研究也就不单是研究一个孤立的自然的人，还必须研究一个人的性格、情绪、世界观、生活态度、人际关系以及这个人所处的社会环境。

第二节　不同心理学流派关于健康的视角

一、精神分析理论

精神分析学派的创始人弗洛伊德以病态人作为研究对象，并认为心理异常的原因是由于本我、自我和超我三者的冲突造成的，健康人格的核心就是要达到自我不再受本我的冲击和超我的压抑，而成为一种协调的综合力量。

弗洛伊德认为人格或人的精神主要分为三个基本部分：本我（id）是人格初始的系统，是精神能量的主要来源及本能的栖息之地。本我遵循享乐原则，即致力于减低压力、避免痛苦及获取欢乐，本我永远是不成熟的，也不会思考，只会希望或行动。一般来说我们无法察觉到本我的存在，因为它属于潜意识的范围。自我（ego）跟外界的真实世界有接触，它控制、管理着个体的人格，调节本能与周遭环境之间的关系。在现实原则的指导下，自我会从事实际而又合乎逻辑的思考，并拟定计划以满足需求。超我（superego）掌握着道德规范,关心的是行为的好坏与善恶。超我的功能在于抑制本我的冲动,说服自我以合乎道德的目标来取代实际的目标,以及致力于追求完美。健康的自我具有适应现实的能力,以涵纳本我与超我的方式,与外在世界互动。所以,弗洛伊德认为"只有一个人本我、自我、超我实现完美的和谐,一个人才能快乐和健康"。然而,这种心理健康模式是从心理失调者身上推论出来的,在现实生活中能够达到"完美和谐"的人几乎没有。

新精神分析学派的代表人物埃里克森提出了人格发展的阶段理论。他主张毕生发展的观点,提出了人格发展的八个阶段理论,包括信任感对不信任感;自主感对羞耻感与怀疑感;主动感对内疚感;勤奋感对自卑感;自我同一感与同一感混乱;亲密感对孤独感;繁殖感对停滞感;自我整合感对绝望感。埃里克森认为人们在心理发展的每个阶段都存在一种危机,成功地解决了危机,个体便向下一个阶段转化。所以,健康人格是通过心理发展各个阶段中各种危机的积极解决而形成的。

二、行为主义观点

行为主义学派认为人的心理异常主要是外界环境造成的,是后天习得的。以华生为首的早期行为主义和以斯金纳为代表的新行为主义,只注重可观察的、可测量的行为,以及引起这些行为的外部刺激,把人类行为只看作是学习的结果。在他们看来,人的各种心理疾病和躯体症状也都是通过系统原则而学习到的,都可看成是一种适应不良或异常行为反应。这些适应不良行为都是在过去的生活经历中,经过条件反射过程而固定下来的。只要强化模式改变,所有异常行为都能得到纠正。

三、人本主义观点

人本主义心理学是在批判行为主义和精神分析理论的基础上建立起来的,该学派主张培养"完整的人",追求"人的能力的全域发展"。人本主义认为,任何健康的人都是一个完整的统一体,意识、认知、情感和运动彼此较少分离,更多的是互相协作。

马斯洛是人本主义心理学最杰出的代表人物,他把"非常独立"、"卓尔不群"作为心理健康者的指标之一。他主张要努力揭示出每个人的性情、素质、藏而不露的个性,以便使他可以不受阻碍地,以他自己独立的风格成长起来。马斯洛把以自我实现为奋斗目标的人称为心理健康者,而只有心理健康的人才能充分开拓并运用自己的天赋、能力和潜力。他相信所有的人都具备达到心理健康的先天素质,人本主义心理学的任务就是帮助人们使这些潜能得以实现。马斯洛把自我实现者的心理特征概括为 15 个方面。(1)对现实更有效的知觉;(2)对自我、他人和自然的接受;(3)行为的自然流露;(4)责任感和献身精神;(5)独处和独立的需要;(6)自主的活动;(7)不断更新的鉴赏力;(8)神秘的或高峰的体验;(9)对所有人的爱的情谊;(10)人际关系融洽;(11)民主的性格结构;(12)手段和目的、善与恶之间的辨别力;(13)富有哲理的、善意的幽默感;(14)创造性;(15)对文化适应的抵抗。

罗杰斯提出了"机能完善的人"和"未来新人类"模式,他认为,实现的倾向是生命的驱动力量,它使人更加复杂化,更具有自主性和社会责任感,从而成为心理健康的人或"机能完善的人"。罗杰斯的以人为中心的治疗目标是将原本不属于自己的经内化而成的自我部分去除掉,找回属于他自己的思想情感和行为模式,用罗杰斯的话说:"变回自己"、"从面具后面走出来",只有这样的人才能充分发挥个人的机能。人本主义的实质就是让人领悟自己的本性,不再倚重外来的价值观念,让人重新信赖、依靠机体估价过程来处理经验,消除外界环境通过内化而强加给他的价值观,让人可以自由表达自己的思想和感情,由自己的意志来决定自己的行为,掌握自己的命运,修复被破坏的自我实现潜力,促进个性的健康发展。从罗杰斯的观点出发,我们认为形成健康人格的关键在于自我结构和经验的协调一致,这就要求有一个非条件的积极关注的成长环境。罗杰斯列举了机能完善者的五个特征:经验开放;时刻保持生活充实;对自身机体高度信任;有较强的自由感;有高度的创造性。另外,罗杰斯还进一步提出了"未来新人类的素质":(1)开朗、开放的人生态度;(2)渴求真实;(3)对科技抱存疑的态度;(4)渴望成为整合的人;(5)渴望亲密关系;(6)重视过程;(7)关爱;(8)与自然和谐共处;(9)反对墨守成规的建制;(10)个体内在的权力;(11)不重视物质享受;(12)自我超越。

最后,我们以人本主义的观点作为对健康概念的总结:"真正的健康者,应该是其内心世界极其丰富,精神生活无比充实,潜能得以充分发挥,人生价值能够完全体现的人。"

第三节　压力与身心疾病

一、负性生活事件的影响

　　有人提出,现代疾病80%与社会心理因素有关。那么,这些社会心理因素是怎样引起人躯体疾病的呢? 我们认为,与生理健康密切相关的原因之一主要包括了生活中压力程度以及应对压力的方式。比如很多人在经历了2001年"9·11"事件之后,都出现过或多或少的心理和生理上的问题(Schlenger, Holman, 2002)。社会和科技的变化速度是惊人的,这些变化改变着我们的工作、学习、居住环境。同样,人们生活方式的变化也反映着社会的变化,个体的认知结构、行为方式要不断地去适应新世界的秩序,才能在不断变化的社会中得以良好的发展。然而,对于某些人来说,适应新的现实是件容易的事,而另一些人则只能紧张不安地默默承受着这种新变化。社会变化所带来的后果如果不是不可见的,则会成为对个人适应能力的压力。

　　最初研究压力与健康问题的是汉斯·斯特利(Hans Stelye)。他提出的应激理论得到了非常广泛的应用,"应激"一词在这里主要是指人体对需要或伤害侵入的一种生理反应。引发应激的重复出现可能导致生理障碍,长期的应激状态还有可能引发消极状态,包括心理衰竭、疾病和死亡。应激理论指出:当人受到来自外界的紧张刺激时,首先进入警戒反应期,在这一阶段内肾上腺分泌增加,以调动身体机能进行防御;接着进入抵抗反应期,这时就会出现呼吸和心跳加快、血压增高等生理变化。如果外界紧张刺激持续下去,当身体的抵御能力不能坚持时,就会进入衰竭期,使机体严重受损,甚至死亡。来自外界的紧张刺激首先是作用于人的心理,产生心理的紧张,然后再由心理作用于躯体。当然,并不是所有的心理紧张一定导致躯体的损伤,必须是紧张刺激超过心理的应变力之后才会产生躯体的伤害,而心理的应变力则因不同的个体、不同的环境而变化。

　　为了研究应激和疾病的关系,研究者做了大量的实验研究,其中有许多报告指出:人们的"生活转变值"越高,其身心健康也就越糟糕。(Seta,

Wang, 1990；Tesser, Beach, 1998）。为了评估这些人生转变,霍姆斯和拉希 (Thomas Holmes & Richard Rahe, 1967)编制了一套《社会再适应评定量表》 (见表15－1)。

表 15－1　社会再适应评定量表

排　序	生　活　事　件	生活转变值
1	配偶去世	100
2	离婚	73
3	分居	65
4	入狱	63
5	亲密的家人去世	63
6	自己受伤或生病	53
7	结婚	50
8	被老板解雇	47
9	婚姻的调和	45
10	退休	45
11	家人健康的转变	44
12	怀孕	40
13	性功能障碍	39
14	新生儿诞生	39
15	工作变动	39
16	经济状况的改变	38
17	好友去世	37
18	从事不同性质的工作	36
19	与配偶吵架次数的改变	35
20	贷款超过 1 万美元	31
21	丧失贷款抵押品的赎取权	30

排　　序	生　活　事　件	生活转变值
22	工作职责的改变	29
23	子女离家	29
24	吃官司	29
25	个人杰出的成就	28
26	配偶开始或者停止工作	26
27	学业的开始或结束	26
28	生活水平的改变	25
29	个人习惯上的修正	24
30	和上司相处不好	23
31	工作时数或工作条件的改变	20
32	搬家	20
33	转校	20
34	娱乐的改变	19
35	教堂活动的改变	19
36	社交活动的改变	18
37	贷款(少于1万美元)	17
38	睡眠习惯的改变	16
39	家庭联欢时人数的改变	15
40	饮食习惯的改变	15
41	假期	13
42	圣诞节	12
43	轻微犯法	11

资料来源：Thomas Holmes & Richard Rahe 于 1967 年编制。

他们认为能够引起应激的不仅是生活中的一些极端事件。相反,他们选择了生活中常发生的自然事件。他们认为,压力的产生取决于人们应对外在事件所必须做的转变以及适应的程度。转变越多,压力就越大。即使是快乐的事情也同样适用。从量表中可以看出,许多人可能都认为结婚、工作中的变化、杰出的个人成就、休假等事件都是积极的事,让人感到愉快。但是它们同样能产生应激,只是程度上有所不同而已。许多研究也表明,这些能够引起应激的生活事件即使没有引起确定的疾病,也会在一定程度上损害个体的健康。

二、知觉压力与归因理论

然而即使是同一件事件,在不同个体身上也会有不同的诠释和反应。理查德·拉扎勒斯(1993,1996)提出了应激的认知模型,他提出在人与事件的相互作用中,有两个认知过程很重要:评价与应对。评价是指严格地为某物赋予一个值或判断某物的性质;应对是指用行为或认知的方法,努力处理环境和内部的需求及两者间的冲突。拉扎勒斯做了大量研究来证明人们对事件的看法而不是事件本身是产生压力的重要因素。他指出:我们所需要讨论的压力是指主观压力而不是客观压力。也就是说只有当个体把某件事情诠释为压力来源时,才能算得上是压力事件。比如在 1999 年世界"环法之旅"中,身患癌症三年的兰斯·阿姆斯特朗(Lance Armstrong)在经历过手术、化疗、康复、训练之后参加了比赛,同时还以绝对优势的好成绩获得了最终冠军,并且他在以后的 4 年中都连续赢得比赛。可以看出,即使他在《社会再适应评定量表》中可能得分值会十分高,也并没有导致他更加严重的疾病。相反,他把疾病带来的压力看作是对自我的挑战。所以,即使是面对各种负性生活事件的袭击,个体也不一定会陷入到健康的危机中。

当然人们对负性事件的诠释导致的压力也会直接影响到免疫系统。比如在一个正常上课的班级中,有一个患有普通感冒的人。虽然整个班级的同学都知道自己可能已经受到感冒病毒的传染了,但最终也只有 20%—60%的人会发病。同样,在感冒易发季节,你所在的群体中必定时常有人患有感冒,但是你也不一定每次都会发病。试着回想一下,是否当你面临期末考试,或者情绪低落时,由于接触病毒而染上感冒的可能性会比较大(Cohen,Tyrrell & Smith,1991)。这就说明压力对人们健康确实会带来一定的负性影响。

当我们已经遭遇到负性生活事件时,还有一个决定我们身心健康的因素是:人们如何对自己解释负性事件发生的原因。有学者提出了悲观解释模式理论来解释认知是如何影响健康的。还有学者在哈佛大学做了一项长期追踪研究,检验了悲观解释模式和身体健康之间的关系。研究者们从男性毕业生中抽取了一个样本,其含有大量心理及身体健康的数据,还包括真实的医疗档案来证实其健康状况。此外在两年之后,被试还做了一份开放式问卷。研究者使用了"对口头陈述的内容分析"(CAVE)的技术分析了被试所做的陈述。根据分析数据,把样本分为悲观和积极两种模式。经过长期的追踪研究,结果显示:对负性事件使用悲观模式解释的人,他们的健康状况要比使用积极模式解释的人差。并且悲观解释模式与健康状况的联结关系在 20 年后达到最强,即在被试约 45 岁时。在其后的十年中,结果依然显著。一般而言,当人们习惯于把坏结果归于内部、稳定和全面性的原因时,他们就在使用悲观解释模式。这种认知趋势同时还预示着较差的健康状况。而那些以积极乐观的态度解释事件发生原因的人,健康状况都较好,并且在学习和工作上都有良好的表现。

当然,关于应激与人类健康关系的解释还有很多理论和观点,在这里我们不再一一讨论。社会变化是复杂、隐蔽而又连续不断的。变化使我们面临许多个人的和社会的两难问题,使我们面对一系列价值冲突,接受变化的事实是我们应对变化的第一步。然而,我们仍然可以通过不同的应激策略把压力减小到最低程度。如何有效地应对压力,已经成为当今社会中人们需要具备的一种素质与能力。

第四节　几种疾病的社会心理分析

一、身心疾病的社会心理分析

人既然是自然与社会、肉体和精神的有机统一体,那么人的疾病也就必然与环境和社会因素有关。只是在不同类型的疾病中各种因素所占的比重不一样。医学上把与社会心理因素关系较为密切的躯体类疾病统称为身心疾病。这类疾病都由紧张的社会、心理刺激引起情绪的紊乱,最终导致躯体的病变。冠心病、高血压、消化性溃疡、癌症等严重威胁人类健康和生命安全的疾病都是一些典型的身心疾病。下面我们将对它们予以介绍。

（一）冠心病

心脏的冠状动脉发生粥样硬化引起的动脉管道狭窄或堵塞的心脏病被称为冠心病。它和高血压、癌症一起被医学界视为人类疾病的三大顽症。中国在 1972 年对 40 岁以上的正常人口普查中发现，一些大城市中知识分子的冠心病发病率已超过 10%。如何预防和治疗冠心病已成为人们普遍关心的问题。冠心病的发生与饮食习惯、遗传等有着复杂的关系。但现代社会快节奏的生活和紧张状态也被证实是引起冠心病的重要因素。一些专家的研究表明，紧张的工作任务比遗传因素和不良的饮食习惯更可能引起中青年人的冠心病。在他们选取的 100 名 25—40 岁的冠心病患者中，有 91% 的人在发病前的一段时间内都承担着过分紧张、繁重的工作任务。有 71% 的人在发病前的一段时间里，每周的工作时间都在 60 小时以上。与和他们相同年龄、性别、职业的人相比，他们的工作和生活负担明显过重。1962 年，研究者对四种类型的医生进行调查，结果发现，工作最紧张的通科临床医生的冠心病发病率高达 11.9%，而工作最轻松的皮肤科医生冠心病发病率也最低，只有 3.2%。瑞典学者观察了 32 对男性同卵双生子。他们发现，在遗传因素相同的情况下，双生子却可能一个发病，另一个仍保持健康。而发病的那一个一般都是生活紧张刺激的结果。

除了紧张的工作状态外，焦虑、沮丧的情绪也是诱发冠心病的原因。明尼苏达变相个性测验中，抑郁量表分高的人更易患心肌梗塞。一些学者研究了高焦虑者和低焦虑者的心绞痛发病率，发现前者是后者的 2 倍。有人对 65 名冠心病人进行了 7 年的追踪研究，发现其中 40 人以上都有严重的情绪障碍。还有人的研究则表明能很好地控制自己情绪的心肌梗塞的病人比那些不能控制自己情绪的人更容易治愈。

冠心病与人的性格之间的关系也被揭示。心脏病专家最初把食物中胆固醇的含量看作是诱发冠心病的主要因素。但他们在研究中发现，许多冠心病患者与家人吃的食物并没有什么区别，可发病率却是家人的 5 倍。他们还对一些会计师作过研究，发现尽管这些会计师的饮食习惯和结构没改变，但每到繁忙的税收时间里，他们血液里胆固醇含量就比平时上升 60%。从这些研究中他们发现了紧张状态是诱发冠心病的原因之一。但为什么处于同样压力下并非每一个人都患病呢？有学者又进一步把研究对象划分为

A型和B型两种人。A型人性格急躁,没耐心,好胜心强,不满足于现状,希望得到别人的重视,精力旺盛,反应敏捷,做事总是匆匆忙忙,喜欢给自己定过高的目标,常主动承担复杂艰难的工作,对失败和挫折的情绪反应强烈,有力图控制和把握环境的倾向。而B型人则正相反。他们的特点是悠闲自在,随遇而安,不喜欢出头露面,想过安稳平静与世无争的生活。研究表明A型人冠心病发病率远远超过B型人。学者的统计证实美国的冠心病人中50%的属A型。而患心肌梗塞的人中则98%的都是A型。世界心肺和血液协会(NHLBI)认为A型人的性格特点对冠心病发病的影响比年龄、吸烟、食物等因素的作用更大。

学者认为人格特征是通过神经内分泌机制使血液中的血脂蛋白成分中的β2脂蛋白发生变化,甘油三酯浓度、血清胆固醇和血小板数目增高,血凝时间缩短等,由此形成了冠状动脉的硬化,从而导致冠心病。

虽然A型人患冠心病的可能性较一般人大,但不是所有A型人都必定患冠心病。也不可简单地把A型性格说成是不良性格。事实上A型人的事业心强、反应敏捷、办事效率高、勇挑重担等都是优秀的人格特点。关键是要量力而行并根据实际情况去调节自己的生活工作节奏。一位研究身心问题的专家曾就这一问题发表了自己的看法,他说:"我自20岁开始醉心于医学研究,至今已70岁,仍然领导着这个研究所。我可以说是个典型的A型的性格,可是我一直没有患冠心病,也没有紧张状态引起的其他疾病的任何表现。这里我强调一下:我对于描绘出主要由先天倾向决定的,现今称之为A型性格特征的杰出研究工作是衷心钦佩的。我只是想安慰那些和我一样天生有这种缺憾的人,情况并非无可救药。我们只需遵循一种能化忧烦、苦恼为舒适、愉快的行为准则就可以了。"

要有效地预防和治疗冠心病,只依靠药物是不行的,还应该建立明确且合适的生活目标。学会判断自己承受压力的水平,注意劳逸结合,在不断进取的同时还应做到淡泊名利。

(二) 高血压

血压是指血管内的血液作用于血管壁上的压力。它又被分为收缩压和舒张压。收缩压是心脏收缩时的血压,舒张压是心脏舒张时的血压。国际卫生组织把收缩压在160毫米水银柱以上,舒张压在95毫米水银柱以上者定为高血压病患者。20世纪70年代的统计资料表明中国人口中该病的平均发病率是7.8%,而城市中从事紧张脑力劳动的知识分子中的发病率则高达 15.8%。

有学者将棕鼠置于互相争斗、争夺食物的恶劣环境下,这些棕鼠后来几乎全都患了高血压。还有人将猫放在一个特制的笼子里,使它每次吃到喜爱的食物时都要受到一次电击。猫长时间处于这种又想吃东西、又怕遭电击的矛盾环境中,最后都患了高血压。

人患高血压的原因远比动物复杂。但长期的内心矛盾冲突、重大应激事件和强烈精神刺激已被医学界公认为高血压的致病因素。流行病学的调查表明导航员、消防队员以及强脑力劳动者等从事紧张工作的人高血压发病率明显高于常人。人际关系紧张、夫妻和家庭关系不和、失业等情况均可能诱发高血压。高血压患者的性格多是拘谨内向、不善交际、固执呆板、自卑胆小、多疑敏感、常不敢公开表达自己的思想情绪,对自己的要求偏高,办事不果断,常有矛盾心理。长期的情绪压抑、内心冲突使大脑皮层兴奋及交感神经系统兴奋,促使肾上腺素增加导致血压升高。同时,肾上腺素的增加又使动脉硬化,进一步促成高血压症的发生。

学会以合适的方式表达自己的思想感情,掌握调节情绪的方法,建立和谐的人际关系,有助于高血压症的预防和治疗。

（三）癌症

对于癌症的成因,至今仍没有令人满意的解释。但社会心理因素与癌症的关系问题已引起了学者们的注意。

许多动物实验表明,长期的惊恐不安会提高癌症的发病率。巴甫洛夫用来做条件反射实验用的 6 只狗,由于长期处于精神过度紧张的状态,结果有 3 只狗后来患了癌症。而作为对照组的另外 4 只狗则一直处于健康状态。中枢神经系统的过度紧张、情绪的压抑等可以破坏体内免疫系统的功能,从而削弱对癌症的抵抗力。把癌细胞移置在动物身上的实验结果表明,处于紧张状态下的动物发病更急,发展也更快。

有人分析了 1902—1957 年间的 57 篇有关癌症的文章后指出,忧郁、失望和难以排解的悲痛可能是癌症的先兆。另有学者报告说,癌症患者病前大多有失去亲人、生活不顺心、悲观抑郁等情况的发生。一项对一百多名癌症病人的观察表明,病人在发病前的一年几乎都有生死离别等重大感情打击。有位学者从 1948 年开始对 1 337 个大学生进行了追踪研究。他发现后来 48 个患癌症的人,大部分童年缺乏母爱、孤独、寂寞。这些人在成年后尤其需要安全感和爱。

当然,社会心理因素只是诱发癌症的因素之一。乐观、坚定、有着优秀人格特征的人有时由于遗传、不良物理化学刺激、病毒等原因也可能患癌症。但由于他们具有良好的心理素质,在生病后往往能保持乐观、坦然、积极的态度,所以他们就比一般人康复得好一些。有一位身心问题的专家在谈到自己的情况时说:"这种态度在几年前曾对我有过帮助,当时医生说我患了癌症,只有几个月可活了。我拒绝退出生活,并决心继续工作,而不去忧虑死亡的到来。也许正是这种态度帮助我的身体抵御了手术带来的压力,因此,你瞧,我至今不是还活得很好吗?"

二、神经症的社会心理分析和治疗

当今社会中,人们越来越注重自己的心理健康问题,在各大精神卫生中心或是医院特需门诊处,你会发现这样一种现象开始普遍存在:许多患者匆匆走进医院门诊部对医生说:"我最近情绪很低落,睡眠也不好。我查过很多资料,觉得自己得了抑郁症。您给我开点药吃吧。"尽管对患者的病症判断仍需要一个比较长久的了解和诊断过程;尽管大部分患者都会主动求医,并且有生活自理能力和社会适应能力,但是我们还是能感受到他们自身的极大痛苦。如何看待神经症引发的健康问题? 如何引导患者正视和治愈这些问题?

神经症(neuroses)是一种不伴随躯体病变的心理疾病,也称之为神经官能症。主要表现为精神活动能力下降、紧张、抑郁等症状。一般认为,神经症的发病原因与心理和社会因素有关。专家们进一步认为,神经症与人类的进化也有关系。他们认为:如果我们能从进化论的观点来理解的话,或许可以认为这些神经症本身并不是疾病,它们仅仅与头痛发烧一样,只不过是某种防御机制而已。从另一方面来看,引起神经症的因素也与现代生活环境的改变有关。社会工业化、人口拥挤、竞争激烈、生活环境恶化等等,都会导致神经症日益普遍。

当然造成神经症的原因是复杂和多方面的,迄今为止还没取得一致的看法和明确的结论。但如果说在身心疾病中社会心理的原因还是那么直观和明显的话,那么它在神经症中的作用则是不言而喻的。心理学家、社会学家都从各自的角度去认真探讨和极力揭示神经症的致病原因。

从心理学的角度看,有如下几种解释。

370

1. 弗洛伊德的精神分析学认为,焦虑是神经症中的一个共同、重要的特点。了解神经症该从焦虑出发。而焦虑则是由于"本我"、"超我"和"自我"的不协调及冲突引起的。早期的经历和精神创伤被压进潜意识之中,以致在以后的某个时候使人焦虑和产生神经症。弗洛伊德学派主要从性的方面去研究这些冲突和压抑。新弗洛伊德学派不那么强调性的作用,他们认为早年的挫折、冷遇使人长大后不信任别人和社会,也不相信自己的能力,看不到自己的价值,以致产生焦虑和神经症。人本主义心理学派则认为人需要的缺失(包括物质和情感的需要)和人在实现自己的愿望和价值过程中的受阻,使人产生焦虑并导致采用不正确的防御机制,从而出现神经症。行为主义学派则认为神经症是习得的,是由于外界不良刺激和不正确的强化方式造成的。

2. 以生物学的观点看,首先神经症有其遗传上的原因。婴儿生来就有很大差别,有的爱哭、爱动,有的则平静安稳。不同的神经系统类型使一些人比另一些人更易患神经症。有学者对 45 对双生子进行研究发现,同卵双生子同患焦虑症的可能性是41%。而异卵双生子同患焦虑症的可能性只有4%。其次也有人认为难以查明的机体因素诸如早产、产伤等也可能和神经症有关。最后,也有人提出饮食习惯、营养因素也是该考虑的。

3. 从社会环境的观点看,随着社会的发展,神经症逐渐增多。这说明现代社会紧张的节奏、激烈的竞争、复杂多变的人际关系都使人的心理负荷加大,以致超出人的心理承受力而产生神经症。还有人认为不合理的社会结构和体制是产生心理变态的最重要的原因。

以上从各个方面探讨了神经症的成因,应该说都有一定的道理。但在实际生活中不能只从一个角度看问题,而应综合辩证地去灵活处理和看待问题。既要注重过去个人的早期经历,也不应忽视现在和将来;既要注重环境因素,也不能忽略个体的因素。

下面,我们就几种常见的神经症类型和治疗方法作简单介绍。

(一) 常见的神经症类型

1. 焦虑症。在现代社会中人们都曾有过焦虑的情绪体验。如面临重要的考试、参加重要会议、竞赛、经济上的压力、工作和生活上难以解决的问题等都会使人焦虑。但对大多数人来说都能够通过适当的处理方式使焦虑平复。而如果这种焦虑严重影响正常的生活和工作,且在没有明显的引起焦虑原因时也经常处于一种高度的焦虑不安状态,那就是一种病态或称之为焦虑症。焦虑症患者常常有绝望无助、惶惶不安、烦躁恐惧的心理体验。有时还伴随心跳加快、出汗、食欲减退、头昏脑胀和睡眠障碍等。

2. 恐怖症。所有的人都会对某些事物和情境产生不同的害怕和恐怖。使人恐怖的事情和情景可以有许许多多。比如巨大的声音、某些动物(蛇、蜂、老鼠、毛虫等)、血迹、污物、站在高处、鬼怪故事等。恐怖本来是一种正常现象,它可使人避开有害事物并保护自己免受伤害。但如果对本不值得害怕的事也害怕就不正常了。比如怕蛇并不奇怪,但如果不但看到真蛇害怕,而且见到类似于蛇的软体动物也害怕,甚至见到蛇的画片或听到别人谈到蛇也心惊肉跳、出汗,就有点问题了。还有人对常人来说很正常的东西,比如玩具毛毛狗等也极度害怕,那就是患了恐怖症。恐怖症虽不致命,但却严重影响人的正常生活和造成其内心痛苦。

3. 强迫症。强迫症患者常常受一些无意义和不合理的思想和行为支配。尽管患者也知道这些强迫性的观念和行为是无意义、不合理的,但自己却无法控制,所以内心非常痛苦。强迫症可以有许多表现形式,如有人反复考虑1加2为什么不等于4这个毫无意义的问题,也有人脑子里反复出现一句歌词或一幅画面,怎么也无法摆脱。有洁癖强迫症的人可能一天无数次洗手、洗衣或打扫房间直至精疲力竭。部分性变态者也可归入此类。

4. 癔症。也称歇斯底里症。这种病在神经症中不属常见病。患者常常会反复、逼真地诉说和感觉到一些躯体症状。比如说自己胃疼、心脏不适等,有时还会出现失明、失聪、躯体麻木瘫痪或疼痛,出现无法控制的哭笑、狂怒、抖动。尽管病人自己心里明白,却难以控制自己。癔症病人虽有躯体不适感和病态表现,但经医学检查并没真正躯体的器质性病变。癔症病人女性偏多,可受暗示性高。许多人在潜意识里有一种希望从病症中得到别人的关心和同情的欲望。

5. 离解性神经症。这种病较为少见,其主要表现是记忆、认识出现障碍,人格出现破碎分离现象,失去人格的完整统一。离解性神经症一般有以下几种类型:

(1) 健忘症:病人突然丧失记忆力,但神经系统无器质性病变。这种状态可以持续很短一段时间,但也可能很久。有人认为这是病人为摆脱现实生活中的痛苦而致的一种"心理自杀"。

(2) 梦游症:这种人好像生活在一种与现实世界相脱离的梦境中。梦游状态可持续几分钟或数小时,但醒来后病人完全忘记梦游中发生的一切。

（3）多重人格：有两种或两种以上的人格在同一个人身上反复出现,而且这些不同的人格差异可能非常大,前后可以判若两人。

（4）神游症：也可以看作是多重人格的极端表现。病人在发作期间会离家出走,并以一种新的身份出现在他所到的地方,有时可达数年。

以上只是对神经症的粗略分类。在实际中碰到的情况是非常多样和复杂的。类别的划分是人为的,事实上在一个患者身上可以多种类别交叉并存。

（二）神经症的治疗

神经症的治疗多以心理治疗为主,有时也以药物辅助。从心理学的不同学派看,不同的学派对神经症的起因有不同的解释,所以治疗的指导思想也就不同。

1. 心理动力学的治疗。从心理动力学的观点看,神经症主要是由无意识中的心理冲突造成的。传统的精神动力学派主要是指弗洛伊德的精神分析,在心理治疗方面弗洛伊德确实做出了不小的贡献。他首次提出造成人心理异常的原因与潜意识中的矛盾冲突有关,并较为系统全面地提出本能、冲动和欲望在人心理和行为中的作用。认为人不像自己认为的那样总是理智的,行为的原因也不一定是表面上意识到的。他所采用的心理方法主要有四种：（1）自由联想。这种方法主要让患者在一种轻松自由的气氛中,无拘无束地自由倾诉内心所想到的一切,目的是让患者自己找到潜意识内的创伤和通过宣泄使之痊愈。（2）梦析。通过对梦的内容分析发现患者潜意识的问题。（3）移情。让患者将感情和情绪反应转移到治疗者身上。这种感情可能是积极友好的,也可能是消极对立的。（4）解释。在治疗过程中,尤其是在自由联想中,患者会遇到内心阻力而无法继续下去,而这些患者所要回避的问题可能正是症结所在。治疗者要善于引导患者去发现问题并解释这些问题,以达病症的治愈。

2. 人本主义的治疗。人本主义学派是一种较新的心理动力学派。他们强调人的价值和尊严,强调潜能。他们反对用各种病名作标签去贴在患者身上,而是采取具体问题具体对待的办法。由于他们坚信人有内在发展自己、完善自己的能力,所以在治疗上多采用尊重患者、以患者为中心、让患者自己发现问题、自己解决问题的方法,而治疗者只起一个引导和提供一个好的气氛和条件的作用。这一学派虽与精神分析派一样看重动力和潜意识的作用,但他们并不过分强调早期经历的作用,而对将来的期望更为重视。所以在治疗中也非常重视对患者未来发展的指导。

373

3. 行为主义的治疗。行为主义学派认为人的心理异常主要是外界环境造成的,是后天习得的。巴甫洛夫用条件反射的方法诱发了动物的神经症,华生也用行为训练的方法制造出儿童的恐怖症,并又用这些方法消除了这一症状。常见的行为疗法有以下几种:(1)系统脱敏法。这种方法是由沃尔帕提出的,用来治疗恐怖症效果较好。治疗时让患者对自己恐怖的刺激从小到大逐步适应。(2)厌恶疗法。其对强迫症有较好的疗效。方法是把一个令患者厌恶的刺激与强迫行为联系起来,以减少强迫症状。(3)消退训练和强化法。即对良好的行为以奖励,对不好行为以惩罚的办法。(4)生物反馈法。该方法是用电子仪器指示出患者与心理状态有关的生理指标,并通过掌握对这些生理状态的控制以达到治疗的目的。

第五节　改善健康之道

治疗固然重要,但优化社会环境,改善人际关系,提高修养和精神文明水平,才是根本的解决方法。

社会存在决定社会意识。从宏观上说,没有健康的社会,就不可能有个人的真正健康。所以,在中国,深化政治和经济体制的改革,抓紧两个文明的建设,创造出良好的社会环境是提高全民族身心健康水平的最根本的保证。但就个人来说,无论社会的物质和精神文明发展到什么水平,人在工作和生活中总还会遇到紧张、压力和各种各样的烦恼。我们不可能也没必要消极躲避这些压力和麻烦。正确的做法是确立积极的人生态度和价值观,培养良好的心理品质,在认识和改造客观世界的同时去更好地认识和改造我们的主观世界。勇敢、愉快地接受人生的各种挑战,把可能损害健康的压力变为激活生命的动力,就可以使我们在取得事业上成功的同时,保持生活的愉快和身心健康。

一、身心疾病的防治方法

身心疾病的范围相当广。例如消化系统的溃疡、呼吸系统的支气管哮喘、心血管系统的高血压、心脏病以及糖尿病、皮肤病、性功能障碍、关节炎等。其致病原因我们在"压力与身心疾病"中已谈到。它主要来自两个方面：一方面是来自外界环境中对个体不利的生活事件、压力和不良刺激，如过分紧张的工作、不顺心的事情、污染、噪音、拥挤；另一方面就是人自身的体质和心理状况。欣克尔博士曾对一群工人进行研究。他发现在这批工人中，凡是有明确生活目标，对婚姻、家庭和工作都感到满意的人全是健康的。而那些没有正确的生活态度、婚姻失败、家庭不幸福、对工作灰心失望的人则是最易染病的人。许多研究都说明，同样的外部压力和精神刺激，对具有不同生活态度、不同性格、不同道德知识水平以及不同体质的人有着不同的影响。所以要防治身心疾病的发生和提高身心健康水平，不但要优化我们的自然环境和增强个人体质，同时还应优化我们的社会环境和改造我们的世界观。

二、人生态度与身心健康

正确的人生态度是人身心健康的重要保证。首先要有正确的目标，执著的追求。满足一个人生理的需要、安全的需要、爱的需要、自尊的需要可以使人消除紧张、减少疾病，但若要使人身心健康，就必须满足人发挥自己的潜能的需要，并同时实现自己价值的需要，满足人追求真、善、美的需要。一个健康的人所追求的目标应该是内在价值的实现、人与大自然的和谐、人与人的相互合作和爱护、创造潜能的发挥以及整个人类的幸福。

只有一个大而空泛的人生目标是不够的，还应该制定一些更加具体和切实可行的奋斗目标。歌德(J. W. Goethe)说过："思想是最容易的事。"托尔斯泰(Lev Tolstoy)则说："写十大本哲学作品比实行一个原则还要容易。"所以人必须给自己定出一个小小的近期的目标，并为此制定出可行的计划去实现这些目标。这样就可以使人始终生活在希望和追求之中，并保持一定的紧张度。我们前边曾指出紧张是产生身心疾病的一个重要因素，但这个紧张是指不适宜的超出人的心理承受能力的紧张。而追求自己发展需要的适度紧张，不但不会损害身体，反而是保持身心健康的必要条件。适度的紧张也可使人的心理承受能力不断提高。正像适度的体育锻炼可以使肌肉发达一样。过分的悠闲、无目标、无所事事和过度的紧张一样都是有害的。

科学家在1967年曾做过一个动物实验，他们让一组幼小的鼠接受电击

375

和其他使其紧张的刺激,但适度控制这些刺激强度,然后让它们正常发育,以后它们就比那些没经过任何刺激的鼠成长得更好。尽管我们不能把在动物身上的实验不慎重地推广到人,但许多研究也表明,紧张而有条不紊的生活使人身心更为健康。我们在日常生活中也可以体会到不断给自己提出奋斗目标并不断实现这些目标的生活尽管使人感觉紧张,但却让人觉得生活的愉快和充实,使人朝气蓬勃、充满活力。当然,我们在制定这些目标时必须注意根据自己的能力,既不可使要求过低,这会使生活变得松松垮垮,又不可使要求太高,力所不能及,这会使自己丧失信心或由于过度的紧张和压力使自己力不能支、身心疲惫。

现代身心医学研究认为那些更刻苦、更望成名、更能抑制自己疲乏感的人,患心脏病可能性较其他人高。但在我们看来,这些性格本身并不坏,关键是要设法把这种性格特点建立在正确的人生态度之上。这样就可避免产生疾病。

三、健全人格与身心健康

一种乐观的生活态度,一个健全的完整人格,在很大程度上能够保持人的身心健康。健康的人不但有追求"真"的能力,还应有追求"美"和享受"美"的能力。他能以乐观、豁达的态度去享受生活、接受挑战。他对明天总是充满着向往和期望。他知道生活中不单有成功和顺利,也有失败和困难。当出现困难和麻烦时,正确的态度应该是勇敢面对现实并找出正确的解决办法。如果采取逃避、害怕、怨天尤人的态度,非但不能使问题化解,反而会增加负担,降低解决问题的能力。

具有乐观的生活态度、健全人格的人,在生活中能经常保持稳定的情绪和愉快、轻松的心情,而这又是保证整个神经系统、内脏系统、内分泌系统以至整个机体稳定和健康的重要条件,因此也是保证身心健康必不可少的。

但这里也必须指出,情绪稳定也并不是说让一个人永远心如止水。乐观的生活态度也并非只会笑和只保持轻松。列宁曾说过,没有人的情感,就从来没有、也不可能有人对真理的追求。喜、怒、哀、乐人皆有之。面对邪恶而无动于衷,面对亲人的亡故而不悲伤,面对紧急事情仍反应淡然的人不能算是健康的人。能够对事情作出正常、适度的情绪反应是身心健康的一个指标。正常的情绪反应并不会对人的身体产生伤害。当一个人遇到恐惧焦虑或对人有威胁的事情时,由于神经系统的作用,会引起呼吸加快、心率加快、血压升高,血液里的血糖含量也会上升,整个机体都会动员起来以应付外来威胁,从而有效地保护人的机体免受伤害。适度的反应对人的健康是有利的。

四、人际交往与身心健康

马克思说:"人的本质并不是单个人所固有的抽象物。在其现实性上,它是一切社会关系的总和。"人是社会的人,没有与别人的交往就无法生存。不但婴幼儿需要依赖别人的照顾才能存活,即使是一个成年人,也很难想象他能不与任何人交往,完全不依靠别人而独立存活下来。同时,与人交往还是一个人社会化的必要之路。人的意识、心理是在与别人的相互交往、相互作用中产生的。离开与他人的交往,就没有人心理的形成和发展。一个人也只有在与人交往中才能学到各种知识、技能和社会规范,使自己的行为、举止、思想、语言与社会相吻合。人对自我的认识也是通过与别人的交往,通过别人对自己的看法和反应形成的。人除了那些维持个体生存的物质需要之外,还有诸如爱的需要、归属的需要、精神的需要。这些需要也都只能在与别人的交往中获得。

培根(Francis Bacon)在《论友谊》中曾具体、深刻地描述了良好人际关系对人的作用,他在文中写道,如果一个人有心事却无法向朋友诉说,那么他必然成为损伤自己身心的人。实际上,友谊的一大奇特作用是:如果你把快乐告诉一个朋友,你将得到两个快乐。而如果你把忧愁向一个朋友倾吐,你将被分掉一半忧愁。当遇到挫折而感到愤懑抑郁的时候,向知心挚友的一席倾诉可以使你得到疏导,否则这种积郁会使人致病。医学告诉我们,"沙沙帕拉"可以通肝气,磁铁粉可以理通脾气,硫磺粉可以理通肺气,海里胶可以治疗头晕。然而除了一个知心挚友以外,却没有任何一种药物是可以疏通心灵之郁闷的。恶劣的人际关系将导致恶劣的情绪反应,使人产生焦虑、烦躁、恐惧等,而不良的情绪又会破坏人正常的生理活动,从而引起身心疾病。可见,健康、良好的人际关系是身心健康的基础和保证。

要建立良好的人际关系应做到以下几个方面:

首先,应该做到善良无私。如果一个人与人相处时处处从自己着想,只考虑自己的利益,把别人当作达到自己一些个人利益的工具,那么无论这个人多么精明,掌握多少交往技巧都不可能与别人建立牢固、持久的良好关系。只有心地善良,待人以诚,能够设身处地地为别人着想,才可能获得朋友。

其次,要待人热情、坦诚。一个冷漠、拘谨、封闭的人是难取得别人的好感的。有些人在与别人交往时总喜欢把自己的真实思想、情感和需求掩盖起来,这种人多是由于缺少一种安全感和自信,对别人缺乏信任,怀有戒心;或者是由于怀有自卑心理,不敢让自己的真实形象让别人看到。社会心理学家的研究表明,合适的自我坦露可以增加一个人的吸引力。有些人担心自我暴露会把自己缺点暴露出来,可事实上缺点是不能靠掩盖消除的,也是掩盖不了的,人都不是完美的,在别人面前呈现自己的本来面貌,尽管这个面貌不是完美无缺的,却更能给人以真实感,使人接受。

再次,要保持良好的人际关系还必须能清醒地把握住自己的角色。角色的混乱会使人把握不住交往的分寸。比如,一个教师过多地向他的学生诉说他对校长的看法、意见,显然是不合适的。因为教师的角色规定他不应这样做。

最后,在与别人相处时,必须有谅解、迁就,不能斤斤计较,但这种谦让、大度应是有限度的。在原则问题上必须能做到寸步不让,才能保持对自己的尊重。斯宾塞曾说过:除非所有的人都道德,你才能获得完全的道德。在现实生活中,完全忽视自己的利益而去保全人际关系,非但不能保全人际关系,反而只会使其受到破坏。

有些人在与朋友相处时,过分地替别人着想,明明是需要并且可以让朋友提供帮助的事,也不好意思提出来,担心这样会打扰别人或引起别人的反感。事实上在生活中,人人都有需要别人帮助的时候,坦然地接受别人的帮助,爽快地向朋友提出一些适当的要求,非但不会引起别人的不快,相反还会加深朋友之间的关系,增进相互之间的感情。有句格言说得好:曾帮助过你的人,比你曾帮助过的人更乐于帮助你。本杰明·富兰克林(Benjamin Franklin)在1736年就曾成功地通过让一位对他持敌视态度的人为他提供一些小的帮助而改善了两人的关系。后来社会心理学家在更巧妙、更严格的控制实验中也证实了当一个人成功地给某人以帮助时,就会增加对这个人的喜爱。当然如果不论大事小事都喜欢麻烦别人,甚至不考虑别人的情况提出一些使朋友为难的要求,就会使人觉得不胜其烦,影响人际关系。

总之,高尚的品德、丰富的知识、良好的个性品质以及掌握各种交往方式和技能,就一定能使人获得良好的人际关系。因为在现代社会中,无论你有多么强的能力,多么好的条件,如果没有良好的人际关系也不可能取得事业上的成功、生活上的幸福和身心的健康。

五、社会支持

有研究发现,应对压力时表现最好的是那些感觉自己获得最多社会支持的人。一般来说,有依靠的人能够更好地处理生活中遇到的问题,并且也能增进健康(Uchino, Cacioppo, Keicolt-Glaser, 1996)。所谓社会支持,即指个人需求获得他人回应和接纳的感觉,并且对应对压力有相当大的帮助。

在一项动物应激试验中发现,如果动物处于应激状态下有母亲或其他兄弟姐妹的陪伴,或者有熟悉的喂养人员安抚时,会大大减少疾病的发生,比如:小白鼠的胃溃疡和兔子的动脉粥样硬化性心脏病的发生。在另一项关于人类的生动研究中,患有乳腺癌的妇女被随机分配到有社会支持情境下或者分到控制组,在有社会支持情境下的被试每周与医生和其他病人讨论他们的问题和恐惧,而在控制组的被试没有获得这些社会支持。这些社会支持不仅能改善情绪,减少恐惧,同时也能延长寿命平均达18个月(Conningham, 2000;Cohen, 1998;Walker, 1999)。针对不同文化的研究也证明了社会支持的重要性。生活在强调相互帮助的集体主义文化中的人,患与压力相关疾病的几率要比生活在强调个人主义文化中的人低,可能是因为在集体文化下的人们更容易获得社会支持(Bond, 1991)。

关于社会支持对健康的影响有两方面的假设研究,一种假设认为:社会支持对健康的影响是直接的,在任何时候社会支持对人都是有益的。另一种假设认为:社会支持对健康起到防御性的作用,只有在不良的生活事件发生时才会起作用,而平时则没有用。这两种假设都得到了证实。人类不能离群独处,社会支持的最大来源是自己的父母、配偶、朋友,除此之外,各种社会团体,比如政治团体、宗教团体等也能够给予社会支持。每个个体,如果能够得到良好的社会支持,必然对自己的身心发展有很大作用,然而个体也需要关注自身的人格发展。只有两者相互配合,达到平衡发展,才能利于身心健康。

　　个体的健康也是心理学家关注的问题之一,作为一名精神病学家或者心理咨询师,如何正确地把握及关注患者的身心健康问题,如何正视患者的恢复状况及医师的自身工作成就,众说纷纭。在《幻想锁链的彼岸》一书中,弗洛姆试图把马克思主义和弗洛伊德学说这两个截然不同的文化领域熔为一炉,组合成一种新的理论。当一个精神分析学家严格地按照弗洛伊德分析病人的程序进行治疗时,常常会陷入一种固定模式:即把病人当作"对象",而分析学家仅仅是一个观察家,并非参与者。长期的这种工作模式会使分析学家感到疲倦不堪,并对工作不满意。更糟糕的是,分析学家们越来越不可能真正地去理解病人,模式化的工作形式只会使他们观察到病人的表面症状,而看不到患者内心的真实情况。

　　针对这种状况,弗洛姆开始寻求一种新的方法,他说道:我必须成为一个参与者,而不是一个旁观者;与病人打交道,不能只停留在表面,而是要深入病人的内心世界……同时,我也体会到,在全力以赴地从事这项工作的时候,任何人都可能是完全客观的。这里"客观"意指对病人之所以成为病人的认识,而不是我要他成为这样的病人。但是,人只有不贪图个人的利益,既不需要得到病人的钦佩或顺从,甚至也不需要病人的"痊愈",才能具有这种客观性……假如出于真心实意地帮助别人这一愿望,我就不会计较个人的得失,也不会因为病人的病情没有好转而损伤自己的自尊心,更不会因为病人的康复而吹嘘"自己的"成就。

　　这种治疗模式的转变,非常有助于分析学家帮助人们成为真正的人,成为一个自由的人,成为一个完整的人。当然,这种治疗模式是否有效,如何才能够达到这种治疗效果,还需要分析学家长期地不断探索。

　　资料来源:弗洛姆著,张燕译:《在幻想锁链的彼岸》,湖南人民出版社,1986年。

思考题

1. 谈谈你对健康定义的理解。
2. 关于应激与健康的关系,心理学家作了哪些研究?
3. 影响身心疾病的因素有哪些?
4. 谈谈你对罗杰斯的"未来新人类的素质"的理解。

第十六章　社会转型与人的现代化

社会的现代化离不开人的现代化。

社会的现代化离不开人的现代化。

从传统农业社会迈向现代工业社会的过程,通常被称为现代化。现代化是一个全面的社会转型过程,它涉及政治、经济、文化等诸多因素,包含社会结构、机制、心态等多方面的巨大变迁。在这个变迁过程中,一方面要构建起适合现代工业社会要求的各种制度,同时也要在文化精神、行为方式这一层面培植起与现代工业社会发展要求相符的人的现代化。一旦人们成为具有现代品质的现代人,研究现代人应具备何种心理素质和社会心态,以及它们与社会的现代化之间有什么相互关系,也就成为当前社会心理学的一个重要且有理论和现实意义的领域。

第一节　现代社会与人的现代化

现代化(Modernization)这一概念最早是由美国学者在 20 世纪 60 年代提出的,随后成为在学术界具有较大影响的理论流派。作为一种理论,现代化指的是传统社会向现代社会的转变过程,其主要内容可概括为:经济上的工业化、政治民主化、社会领域的城市化、文化上的理性化等等。推动现代化的动力从根本上来说是科学技术的发明和知识的不断增长。由于现代化涉及的内容很多,很多学者都从各自的学术领域出发来解释和丰富现代化理论。如有一位经济学家强调,现代社会就是具备在经济上有自我持续增长能力的社会;社会学家特别是结构-功能主义学者认为,现代社会与传统社会之间的根本差别在于社会分层化和整合程度,他们从结构的分化、功能的专门化和整合方面来进行研究;政治学家看重从政治层面进行探讨,提出现代化在政治上体现为政治结构的分化和大众政治参与的扩大,这以美国政治学家亨廷顿(S. P. Huntington)为代表。

不可忽视的是,以麦克勒兰德(David C. McClelland)、英克尔斯(Alex Inkeles)等为代表的一批心理学家也已参与到现代化理论的学术探讨之列,以自己的学术专长推进和丰富着现代化理论的发展,并起到了非常重要的

385

作用。他们认为,现代化进程不仅仅表现和发生在经济、政治、社会层面上,同时也是一种态度、价值观念和生活方式的转变,一种现代人的培养、塑造和出现。美国心理学家麦克勒兰德从"成就动力论"出发,提出一个国家的经济发展不能仅仅从资本形成率等经济因素来理解,还要从成就动力值水平的角度来理解,而成就动力值并不是一个人先天就有的,而是在儿童时期通过教育与社会化方式获得的。因此,对儿童培养方式的好坏,是其未来取得成就与否的关键。事实将证明,全体儿童的成就水平值较高的社会将会造就精力更旺盛的企业家。而这些企业家反过来又会更迅速地推动经济发展。所以,在麦氏看来,是人们头脑中的变化推动了经济增长,而不是相反,成就动力值是经济增长的重要原因。而另一位美国心理学家阿历克斯·英克尔斯对人的现代理论的研究也作出了较大的理论贡献。他通过对六个发展中国家现代化的调查研究,提出人的现代化是现代国家现代化必不可少的因素。他认为,人的现代化并不是现代化过程结束后的副产品,而是现代化制度与经济赖以长期发展并取得成功的先决条件。他批评人们在研究现代化时只关注于经济发展,批评人们往往以为只要实现了经济的现代化就会一劳永逸地解决国家的现代化问题。结果却常常事与愿违:经济刚刚起飞,便又沉重地跌落下来。当然这并不能否认经济在现代化中的重要性,要否定的只是那种只关心经济发展而不关心和探讨人们的心理是否能与现代的经济发展节奏相吻合的观点。事实上,在一个国家向现代化发展的进程中,人是一个基本的因素。一个国家,只有当它的人民是现代人,它的国民从心理和行为上都转变为现代的人格,它的现代政治、经济和文化管理机构中的工作人员都获得了某种与现代化发展相适应的现代性,这样的国家才可真正称得上为现代化的国家。否则,即使经济已经开始起飞,也不会持续很久。更不用说实现高速稳定的经济发展和有效的管理了。

对于较落后的发展中国家而言,人的现代化因素在整个现代化进程中更为重要。这些发展中国家在经历了长久的现代化阵痛后逐渐意识到,当人民的心理和精神还被牢固地锁在传统意识之中时,经济和社会就不可能得到持续稳定的发展。这样,落后和不发达不仅仅是一堆能够勾勒出社会经济图画的统计指标,也是一种心理状态。这就要求人们必须形成现代的态度、价值观、思想和行为方式,并把它们熔铸到他们的基本人格之中去。即实现心理和行为的现代转变,形成现代的人格,或人格的现代性。如果人们不经历这样一种心理上和人格上向现代性的转变,而仅仅依赖外国的援助,依赖先进技术,那么现代化的失败和畸形发展就是不可避免的。

英克尔斯在对六个发展中国家进行调查研究后归纳出现代人的以下一些品质和特征,具体为:现代人准备和乐于接受他未经历过的新的生活经验、新的思想观念和新的行为方式;准备接受社会的改革和变化;思路广阔,头脑开放,尊重并愿意考虑各方面的不同意见和看法;注重现在与未来,守时惜时;强烈的个人效能感,对人和社会的能力充满信心,办事讲求效率;能够制订计划;尊重知识,学习知识;具有可依赖性和信任感;重视专门技术,有愿意根据技术水平高低来领取不同报酬的心理基础;乐于让自己和他的后代选择离开传统所尊敬的职业,对教育的内容和传统智慧敢于挑战;相互了解、尊重和自尊。在这之中,他又归纳出现代人的四个最重要的心理特征:参与型的公民,有丰富的知识;对个人的效能抱有充分的信心;在受到传统势力影响的时候,特别是在处理个人事务时要作出决策的时候,有高度的独立性和自主性;愿意接受新的经验和新的思想,头脑开放。

一些心理学家指出,上述这些现代人应具备的价值观念和态度均只是现代人格结构的外部表现,对于解释和预测人的行为来说作用并不大,它无力深入到人格的内在状况中去进行测量和分析,同时,也没有认真思考过人的行为的变化及其方向。为了弥补这种缺陷,昆克尔(J. H. Kunkle)等人提出了行为调适理论。这种理论一改过去单纯侧重于人格结构的外部表现的缺陷,着重考察研究个人表现的外部活动及其过去和现在的社会结构和心理状态的关系,它是关于如何使用积极的奖励和消极的惩罚来制约个人行为的模式。制约个人行为的模式,其核心是强化,即使用不同的刺激手段强化人们的某种行为方式。换句话说,人们的行为方式每每不同,类型各异,原因是不同的系统和刺激所造成。而为什么会有不同的系统与刺激方式,这是由社会系统中的操作制约所决定的。这样,问题就进一步推演为,不是人的观念、态度和人格特征决定行为的方式,而是社会系统中的操作制约的程序决定人的行为方式,所以没有必要改变人的价值观念。这派心理学家认为社会某些领域的改变会对操作制约程序中的某些方面产生影响,使其发生变化,进而影响人的行为方式的变化。因此,这种理论从制约决定人们行为的各种因素入手进行研究,不承认仅把人的内在特征看作经济发展的心理前提。于是,制约经济发展的力量或因素并不仅仅依赖人格或人格中的某些特征的变化,相反,应该是人们的行为方式,是人们随着社会环境变化所不断学习和形成的那种新型的行为方式。

如果说心理学家在对人的价值观念与行为方式方面有所侧重的话,那么有一部分社会学家则呼应着前者,强调要关注现代化进程中的人们尚未形成的适合现代化发展的文化精神和心态,认为没有这些文化精神与社会心态,也就难以想象人的行为能够指向现代化的方向。但是适合现代化发展的文化精神和社会心态并非是一朝一夕形成的,它是长时期社会教育的结果,特别是社会心态,它更是一种社会的集体意识,是社会长时间的积淀,是社会长时段变迁与演进的产物。在这些社会学家中,德国的马克斯·韦伯(Max Weber)和马克斯·舍勒(Max Scheler)为其代表。

近代以来,现当代社会在其发展过程中逐渐推崇一种文化精神,它的核心为"理性与规范",即在经济活动中,在谋取利润时,要遵循一定的规范,使自己的行为理性化,具有合理性。一个人一旦破坏或不遵循这些规范,最终也会使自己脱离于市场经济活动圈之外,失去赚钱的机会。所以,理性与规范是每个从事经济事务的人应该具有的精神价值观念,也是他进入市场经济大门的通行证。

在一般人的眼里,赚钱即为市场经济的全部,市场经济就是指赚钱,两者天然地等同于一致。其实,从本质上来说,这完全误解甚至可以说是歪曲了当代的市场经济。对财富的贪欲不完全等同于市场经济,当代完整的市场经济更多地是对这种非理性欲望的一种抑制或至少是一种理性缓解。就世俗的每个人来说,对金钱的欲望可以说是一种原始的本能,为了金钱,人们可以使用一切手段,这在人类历史上不乏其例。伴随着市场经济的发展,整个社会要求并逐步确立起规范化的经济体制,在这一体制下,参与经济活动的主体都要自觉地遵循着既定的规范,使自己的活动符合于理性,因而,在当代社会,获得金钱只是一种理性的追求,绝不是原始本能的贪欲。也就是说,倘若人们在违背规则获得金钱和宁愿遵循规则而不赚钱两者中进行选择的话,人们应该选择后者。这正是韦伯所说的理性与规范压抑了对金钱的原始本能的贪欲。这种压抑或理性还蕴含了更深一层的意义,市场是一种再生利润的经济体制,但投身于市场经济活动中的人们不能把赚钱当作目的,当作人生的最大需要,而仅仅是把这项活动当作自己的事业来从事。正如有学者所说,这些人把这项工作视为"天职"(calling)。投身于这种活动,人们能够得到精神的满足和快乐,事业就是他们的责任与精神寄托,尽管这是一项赚钱的职业。甚至一些西方学者也认为,一个人对天职负有责任,也即是一种对职业活动内容负担的义务,每个人都应感到,而且确实也感到了这种义务。至于职业活动到底是什么,或许看上去只是利用个人的能力,也可能仅仅是利用(作为资本的)物质财产,这些都无关宏旨。正是在这个意义上,市场经济并不是也不等于赚钱,相反,它更多是激发起人们对所从事的职业的热爱与献身,因为这是一种神圣的"天职"。

在进行市场经济的活动中,每个人都在观念上确立起了上述信念,他们所从事的职业只是天职而非生存。因而,他们对自己的职业表现出惊人的工作热情、认真精神和非凡的创造力,更为重要的是,他们始终遵循着市场经济所要求的规范和法则。本杰明·富兰克林就曾告诫世人:切记,信用就是金钱。在这种精神的深处蕴含着这样的价值评判,"违犯其规范被认为是忘记责任",也就是忘记和违背着一个人所应有的天职——事业。这样,遵守规范和神圣天职之间便等同一致了起来。由此我们便能理解,诚实、信用与规则何以成为市场经济的价值观念和文化精神。

韦伯一直深信,在社会发展过程中,文化精神观念非常重要,它是推动社会发展的动力。换句话说,要使社会获得发展,必须克服传统的文化观念。韦伯曾列举出这样的例子来说明传统的文化、心理对生产发展的障碍将有多么大。在农业中,实行计件工作制,雇主本以为一再提高劳动者的计件工资,能给劳动者以机会来挣得对他们而言是很高的工资,从而提高他们的工作效率。但是,结果往往却使雇主非常惊讶与失望:即提高计件工资后,工人在同一时间内做完的活儿不是多了,而是少了,因为劳动者对工价提高的反应不是增多而是减少其工作量。例如,某个人按每英亩 1 马克的价钱一天收割了 2.5 英亩,从而挣得 2.5 马克。现在,工价提高到每收割一英亩得 1.25 马克,本来他可以轻而易举地收割 3 英亩地,从而挣得 3.75 马克,但他并不这样做,他只收割 2 英亩地,这样他仍然可以挣得他已经习惯得到的 2.5 马克。这样看来,挣得多一些并不比挣得少一些来得那样诱人。他并不问:如果我尽力去做,那么我一天能挣多少钱呢? 他却这样问:我要做多少活儿,才能挣得以前挣的 2.5 马克来打发传统的需求呢? 在这时人并非"天生"希望多多地挣钱,他只是希望像他已经习惯地那样生活,挣得为此目的必须挣到的那么多钱。这样,这种传统的文化观念当时成为资本主义发展的重要障碍。正如韦伯所说,只要近代资本主义通过提高劳动强度而开始提高人的劳动生产率,它就必然会遭到来自前资本主义劳动的这一主要特征的极其顽固的抵制。两种观念指向着不同的意义,也带来不同的结果。假设遵循传统旧观念,雇主提高计件工资不行,只好采用截然相反的政策,即减少劳动者的工资,迫使他们付出更高的劳动以挣得和以前数目相同的工资。这似乎带来如下结果,低工资就意味着多生产,增加了劳动的物质产品,但如果仔细透视便会发现,在低工资的生产中,尽管它可能有利于产品量的扩大,但却影响了质的提高,因为廉价劳动力本身就意味着素质的低下。所以,这种方式实际上就是不适者的生存,它从根本上阻碍了市场经济更快、更好地发展。在韦伯看来,劳动被当作一种绝对的自身的目的,作为一项天职,它并不是仅靠低工资或高工资刺激起来的。相反,它是长期而艰苦教育的结果。只有对传统的观念进行教育改造,才能使人们在思想观念上确立起这种精神,从而推动市场经济的发展。所以,韦伯这样断言:近代资本主义扩张的动力首先并不是资本额的来源问题,更重要的是资本主义精神的发展问题。

与韦伯一样,德国另一位社会学家舍勒认为不能仅从社会的政治、经济方面来规定和把握现代社会或现代化,还必须从人的精神气质来规定和把握。从传统社会向现代化社会转型,不仅仅是社会环境、制度层面的转变,更重要的是人自身的一种转变,是人的身体、动作、心理和精神的内在构造本身的转变,这意味着不单是人的实际生存的转变,而且是人的生存的标尺的转变。由此而来,现代性或者现代化问题就转换成了在本质上是人的理念、心态和精神的转变问题。在这一转变中,原先形成和存在于人精神领域的理念、心态要转换成为一种符合现代化发展进程的现代人的理念、精神气质和心态。这种理念、精神气质和心态往往超越具体的地域和民族,抽象成了现代人共同具备的共同的理念、精神气质和心态。

由此可见,舍勒和韦伯都认为:对现代资本主义制度的理解不能单纯从财产分配与经济视角去看,还要从心态、文化的视角去看。心态、精神气质标明的是一个价值偏好系统,它给时代和文化打上了自己的印记。具体的实际的心态构成了生活中的价值优先或后置的规则,进而规定了某个民族或个人的世界观和世界认知的结构和内涵。也正是在这一意义上,舍勒反复强调:理念、精神、心态的现代转型比社会的政治、经济制度层面的转型更为根本和更为重要。

第二节 市场经济体制与人的现代化

现在,随着市场经济的不断推进,越来越多的人开始认识到人的思想观念、人的行为方式对于社会进步的重要意义,人的现代化程度在制约着社会现代化前进的步伐。现实的社会发展对人的现代化提出了要求,这是问题的一个方面;另一方面,人的现代化又并非是观念运动的产物,也是现实社会环境展开的结果。因而,我们必须在市场经济这一宏观社会背景下,在市场经济的现实运动过程中梳理出人的现代化的诸种要素,并在市场经济的沃土中培育起人的现代化这棵参天大树。

法国历史学家布罗代尔(Fernand Braudel)通过对历史的考察给市场经济下了这样的定义,市场经济就是交换。用经济学的话语来说,市场经济是一种交换关系,它是通过交换关系把社会中无数个体经济紧密联结在一起的经济。

显然,作为交换关系的市场经济与自给自足的自然经济有着本质的不同,尽管在自然经济下存在着无数的"个体经济",但他们之间并没有发生交换关系,大家过着一种自给自足的经济生活。所以,自然经济实质上即为自给自足的个体经济的集合。在这一经济下,每个人之间没有因交换关系而发生联结和合作,大家彼此独立与离散,正像马克思所说是一个个马铃薯似的集合,彼此间靠的只是血缘或地缘的联结。认识这一点对于正在发生的从自然经济走向市场经济这一社会转型具有相当大的意义。

在现代社会中,每个人无法拥有一切知识,一切财富。这就使得社会存在着无数种社会分工和专业化领域。专业分工的存在即表明必须通过市场交换关系才能实现"互通有无",并降低成本,提高经济绩效。亚当·斯密(Adam Smith)在《国富论》中就曾详细描写过该国制针手工工场内部的各种分工情况。一个从头到尾完成每道工序的手工师傅一天只能生产出一根针,而十几个工人在分工后平均每天可以生产几百根针。这只是企业内部的分工,从全社会看,劳动分工更可以提高全社会的劳动生产率。由此,社会分工成为市场交换关系发生的一个重要条件。社会分工导致了交换,在这一交换过程中就要求拥有专业分工的每个个体进行真诚地合作,如若不能合作,这种交换关系也就会随之中断或受阻,市场经济将会倒退为自给自足的自然经济。

可见合作在市场经济中的地位与作用。

市场经济的本质是交换与合作的一种秩序,它的核心是清晰明确地界定的独立产权,在社会分工的基础上,人们广泛地进行交换与合作,以增进个人的利益和社会整体的利益。这里自然引申出,在市场经济的交换中,进行交换的主体需要具备什么样的品质、观念与行为。换句话说,市场经济对人的现代化提出了什么样的要求与召唤。

从市场经济的视角来看,站在市场交换关系起点的交换主体绝不是一个自然人,而是一个社会人,他具有非常鲜明的社会性。这种社会性体现在,参与交换的每个个体不仅具有自己的独立产权,同时也还是一个具有独立人格的自由人。无法想象一个没有自己独立人格、独立意志和自由的人可以独立拥有和支配自己的产权。实际上,在近代西方思想家看来,人的自由、平等、独立与私有财产一道共同构成了独立产权的要素。或者说人的自由、平等、独立成为市场经济发展和存在的文化和社会前提。

人的自由包含着人身、言论、出版、信教自由等,但我们不能把自由理解为可以做一切事情。实际上,自由被界定为:可以做一切不损害别人的事。马尔蒂诺夫曾说:我认清了什么意味着自由。我了解了这种艰难的情感,这是世界上一种纯粹的个人情感,在一定意义上自由意味着要对世界上的一切负责,对叹息、对眼泪、对悲伤和牺牲。这是从诗人、从文学的角度,对自由的一种表述。法国启蒙泰斗伏尔泰(Voltaire)则从理论的角度阐述了这一点:自由要受到法律的制约和支配。平等也是如此,它只是法律上的平等、地位上的平等,而不是毫无差别的一切平等。指出这一点非常重要,因为我们很多人,特别是青年人常常错误理解西方思想家的思想,这种错误的理解将会妨碍着我们不能真正形成自由平等与独立的人格。

要实现人的自由、平等和独立,每个个体必须把自己从蒙昧状态下解放出来,从权威的束缚下解放出来,运用自己的理智去独立思考,独立判断周围的一切。正像德国哲学家康德(Lmmanuel Kant)所说:要有勇气运用你自己的理智。也正如恩格斯在评价法国启蒙思想家时所说:他们不承认任何外界的权威,不管这些权威是什么样的。宗教、自然观、国家制度,一切都受到了最无情的批判,一切都必须在理性的法庭面前为自己的存在作辩护或者放弃存在的权利。这也就是当年马克思为什么把"怀疑一切"作为自己的信条之一。在市场经济条件下,产权与交换行为都需要一种权威的支持和保护。这种超越于社会之上的强有力的权威保护着产权,也使交换行为合法和有序。霍布斯在他的名著《利维坦》中这样描写道:在自然状态中,人与人之间就像狼一样进行争斗,并经常发生战争,致使人的自由和财产无法得到保障。为了克服自然状态下的不便,霍布斯提出"社会契约"理论,设想人们通过社会契约结成共同体以保卫人的自由和财产。在从自然状态向社会状态的转化中,人们通过社会契约的联合,获得了一种权威的支持和仲裁。这种权威并非是政府和国家本身,而是国家和政府的一系列法律规定和通用规则。于是,产权和交换得到了法律的保护支持,遇到问题要去寻求法律的仲裁与解决,不再像传统社会那样在个人之间进行私下了结,或者寻求民间黑社会的权威来仲裁解决。所以,市场经济要求人们具有法制观念,遵法守法,这也成为市场经济条件下人的现代化的又一重要标志。假设人们不能遵守既定的法律和规则,则会造成市场经济的混乱,最终出现霍布斯所描写过的那种情景,即人们的自由与财产都无法得到保障。

由于市场经济条件下的交换行为一刻也不会停止,它将以频繁的交换行为而扩大市场的半径,从狭小的一个区域直到开拓出广阔的世界市场。这种大规模扩展的表现便是远程贸易。由此对交换主体的要求便是要有强烈的进取心和事业心,特别是在远程贸易中,在对自己完全陌生的一个环境中进行市场开拓时就更需要一种进取精神。只要我们阅读16、17世纪的欧洲历史便会发现,这一时期众多的商人、探险家狂热地向世界开拓,频繁地进行远程贸易。他们不畏险阻,甚至不怕失去自己的生命,表现出了无比强烈的冒险精神和探究心理。

随着市场半径的扩大,人们将冲破其原先的生活地域空间概念与愈来愈多的人们进行沟通、交流与合作。只有当不同地区的完全陌生的人能够相互信任与合作时,市场交换行为才会发生,也才会有市场的扩展。因此,人们之间相互信任与合作既是市场扩展的必然结果,又是市场扩展的重要前提条件。人们之间的合作最早出现在家庭或家族的内部,这是基于血缘联系之上的信任与合作;随着贸易的发展,其合作对象随之扩大到邻近的村庄和地区的人们,这是一种基于地缘联系的信任与合作。建立在这种血缘或地缘天然联系基础之上的亲戚、邻里、同乡之间极其容易取得相互信任和进行合作。在中国传统社会,人们正是凭借这些基础在进行市场交换,因而其市场范围非常狭小,也制约着市场交换难以扩展。目前我们还可以在广大的农村看到异常热闹繁荣的乡村集市或街头贸易,还可以看到很多地区的资源任其自生自灭而未能通过远程贸易去进行交换,由此可知我们要克服与突破在自然经济状态下的那种血缘与地缘的人伦观念与天然联系,建立起适合市场经济扩展的大规模的信任与合作关系又是多么任重道远。

在自然经济下,人们无法也不需要远距离的大范围的相互信任与合作,而在市场经济条件下,人们彼此之间必须建立起一种相互信任、相互合作的关系。英克尔斯在《人的现代化》一书中就把可依赖性和信任感列为人的现代化的一项特征,一个现代人要比传统的人更能信赖一个初次见面的陌生人。市场范围的扩展,实际上也是人们之间信任与合作关系的扩展。它要求克服对陌生人、对外地人天然敌视、猜忌、怀疑、不信任的倾向,不排外,不自私,尊重对方,信任对方,从而建立起交换合作关系。具备这种信任与合作的信念,割断天然的基于血缘和地缘基础之上的联系,建立起大规模的信任与合作关系将是支撑市场经济扩展的重要基础。

应该看到,中国的社会主义市场经济还需要更多的市场经济所必需的社会文化条件和市场经济的主体——人的现代化。市场经济的快速启动迫切在召唤人的现代化,人的现代化程度高低成为制约市场经济发展的重要方面。在此,我们并不奢望这项重任能够一蹴而就,只是满怀信心地相信,在市场经济的社会实践中将塑造着人的现代化,培育出具有创新、独立、诚信、善于合作、自我负责等心理品质的现代化的新人,从而推进着中国的社会主义市场经济和现代化。

第三节 全球化及其应对

近些年,全球化对于人们来说已经不是一个陌生的概念,我们目睹着这个过程,享受着它给我们生活的各个方面带来的影响,这些影响有些是正面的,比如,高科技的生活不再是有国界的,我们可以享受来自发达国家的技术带来的便捷;但是除此以外,我们也经受着全球化给我们带来的阵痛,从大的方面讲,中国不具优势的产业、企业在国际化的竞争中,消失了;微观层面,我们也会发现,我们生活中充斥了所谓的主流文化与单一的标准,因为只有符合统一的标准,融入主流的文化,才能为全球化所容纳。对于国家是这样,对于个人也同样如此。人们逐渐失去了个性,生活不再那么多彩,小山村里热闹的春节联欢逐渐地被电视里面的春晚取代了。

全球化不是对每个参与者都是公平的,赢者通吃这个现象同样存在着。按照标准、表现优异,获得更多的资源,然后成为标准的制定者。这样的故事时刻在发生着。我们该怎么办呢? 在这一节中,我们将作一些简单的探讨。

一、全球化的定义与表现

全球化是个进程,指的是物质和精神产品的流动冲破区域和国界的束缚,影响到地球上每个角落的生活。全球化还包括人员的跨国界流动,人的流动是物质和精神流动最高程度的综合。

《纽约时报》的国际事务专栏作家托马斯・弗里德曼(Thomas L. Friedman)在他的著作《世界是平的》中论述了全球化的进程。1492 年到 1800 年是全球化的第一个阶段,他称之为全球化 1.0。它是在国家层面上发生的——西班牙发现美洲,英国殖民印度——世界从一个庞大的尺寸,变成了中等尺寸。

全球化 2.0 的时代从 1820 年或 1825 年开始,一直持续到 2000 年。这是在公司的层面上,市场和劳动力造就了全球化。世界从中等大缩为小尺寸。

第三个阶段,世界变成“迷你型”的了。这一过程开始于 2000 年。在全球化 3.0 时代,整个世界的竞技场被夷平了。这一阶段全球化的主要元素是个人。个人拥有着各自的机会进行全球化,与其他个人进行竞争。需要强调的是,个人不单指西方人,是指世界各种肤色的个人。

也许世界真的是越来越平,所谓的边界也变得模糊。我们所要论述的全球化不仅仅是指经济的全球化,更要包括其他方面的全球化。在界限上,我们不但指地球越来越小,我们还认为国家之内的民族、地区、城市以及个人之间都存在一种融合或者说空间时间上的接近。因此,在本书中我们试图探讨的全球化属于广义的范畴。

回顾我们身边的生活,寻找一些感性的认识。我们发现世界变小了,很短的时间内人们就可以环游世界。国外的企业进来了,中国的企业走出去了。我们使用着美国的 Apple 品牌,却发现这个品牌的音乐播放器或手机上标着"made in China"。打开电视机或者连上互联网,我们发现精神生活在一定程度上被它们所影响、侵蚀。生活中的一切被所谓的主流所影响。

二、全球化与赢者通吃

关注经济新闻的读者可能知道,虽然从最新的消息来看 2008 年在饮料领域发生的一个并购案并没有成功,但是这个现象本身是非常引人注目的:可口可乐要收购中国国产品牌汇源。这件事有着深刻的全球化背景,但是如果把它作为赢者通吃的一个例子来看可能并不合适,因为在一定意义上,汇源并不是因为在果汁饮料领域输给了竞争对手而被收购,相反,它是在业绩比较好的时候被可口可乐收入囊中,并且"彩礼"也不低。但是如果我们换一个角度来看,站在可口可乐的立场上,作为国际快速消费品行业巨头,它来收购汇源,出发点难道不是想通吃吗? 可口可乐在更大的市场范围内是赢者,这一点是没有人可以否认的。

在谈到中国著名的小品表演者的时候,我们发现 2009 年的春天,除了赵本山之外,他的徒弟小沈阳也进入了公众的视野。在中央电视台春节联欢晚会上的出色表现,让小沈阳迅速走红,成了明星。这个时候还有多少人会想起那些二线的表演者,还有那些民间艺人呢? 我想恐怕不多吧。通讯与媒体的发展,使得我们的世界变小了,文化圈子也被整合了。那些不站在舞台中央的人们很快被遗忘,没有资源投向他们,因为他们不再是吸引人的,尽管他们的艺术成就不比明星们低。

赢者通吃,不是真理却是现实。人们追求公平、反对赢者通吃,但是却不得不面对这个局面,最终接受着这个现实。我们可以理顺一下赢者通吃与全球化之间的逻辑关系。首先看看全球化的本质:不断发展的科学技术使得人们在活动的空间和时间上得以延伸。说白了,信息传播更快,人和商品交流更便捷,世界通过合作与竞争成为一体。全球化是世界经济发展到一定阶段自然而然的趋势,不是人为推动的。打一个比方,原先人们有着自己的领地,在自己的舞台上活动、展现自己,但是全球化之后,舞台变大了也变小了。世界变成了他的舞台,但是与竞争对手却是短兵相接的严酷战斗。竞争的胜负是有标准的,比如,产品质量、外观、功能,音乐、电影的受众认可度等等。因此要想在竞争中胜出,方法有两个:第一,做与别人一样的事,做得比他好;第二,做与别人不一样的事。这两个方法都是艰难的。但是在更多的情况下,人们倾向于选择第一种方法,这或许更符合人们对于竞争的理解。

胜负的标准是既定的。但是有些践行者在全球化之前,在自己的舞台上已经获得了成功,并且也使自己的产品、文化达到了标准。全球化之后,他们先行一步,在更大的舞台上展现自己,这个时候他们的竞争者还在梦中。初期,先行者能够获得更多的资源,更加清晰地了解人们需要什么样的东西,因此能够迅速占领阵地。当竞争者们醒来时,发现自己可以使用的资源是有限的,要想与先行者竞争有些力不从心,被他们吃掉只是时间问题。

也许有些幸存者能够从先行者嘴里分得一杯羹,存活并发展自己。但是他同样不能容忍新的竞争者进入。新入者会被他吃掉,他成为先行者的一员。吃掉竞争者的方式有多种,先行者最厉害的一招是建立标准,通常能够达到这个标准的人是很少的。

除此之外,我们还发现目前人们有一种趋势,那就是寻找偶像,甘愿为偶像放弃自己的想法或追求,在全球化的过程中,偶像的宣传速度加快,这也是造成赢者通吃的一个原因。

通过这样的分析,或许我们会发现,原来目前的全球化必然会导致赢者通吃。平等的只能是竞争的过程,但是从竞争规则的制定开始,不平等便是必然的了。

老子给我们描述过小国寡民老死不相往来的情景。在"小国"里,人们做着自己的事情,不和外面的人往来。从思想上来说,老子是反对全球化的,但是他要是还活着同样是无力回天的,因为今天全球化已经是不可逆转的趋势。

"小国寡民,使有什佰之器而不用,使民重死而不远徙。虽有舟舆,无所乘之;虽有甲兵,无所阵之;使民复结绳而用之。甘其食,美其服,乐其俗,安其居。邻国相望,鸡犬之声相闻,民至老死不相往来。"(《老子》)多么美好的生活,在全球化如日中天的今天,我们可以从中学到些什么呢?

三、心理学角度的全球化应对

请读者想一想自己以及身边的人,在全球化的浪潮中,自己的状态是怎样的呢?很多时候,我们发现大家的方向很一致,状态也差不多。所谓的方向一致,就是我们有着类似的目标:事业成功、生活美满等等。但是客观讲,目前社会上不少人判断是否实现这些目标的标准只有两个：金钱与社会地位。如果硬要归根结底的话就只剩下一个标准：金钱。状态差不多，这些人每天都想着如何去实现这些目标。

这些人要求孩子们努力地读书，为了高考后有一个"美好的未来"。孩子们被要求学习很多知识，如乐器、英语等等，很多家长对此其实是说不出理由的。但是如果让他们找出一个为自己的行为辩解的理由，提及率比较高的将是"我不想让自己的孩子输在起跑线上，我要为他在以后的竞争中胜出创造条件"。可是很多人想回避的一个问题是，他们认为孩子将来竞争胜出的标准其实和他们自己的标准是一样的：一是金钱、二是社会地位，或者归结为一点，金钱。孩子的兴趣是次要的，或者他们认为孩子的兴趣是可以培养的。

再回到我们所说的"赢者通吃"。不难理解人们都希望自己成为"赢者"，在很多人心中，成为赢者很简单，就是比别人做得更好！这里他们同样默认了一个前提，那就是做同样的事情。所以完整的逻辑就是要想成为赢者就应该做同样的事情，比别人做得更好。

人们忽略了另外一个途径：做好与别人不一样的事。从生态的角度来讲就是我们要保持多样性。生态学中这样评价多样性：正是生物多样性使这个星球上的生命得以繁衍和持续：通过森林吸收二氧化碳并释放出氧气，我们才得以自由而畅快地呼吸；通过土壤、微生物和水循环过滤了水中的污物我们才得以喝到洁净的水；此外，通过绿色植物固定大气中的二氧化碳并转化为碳水化合物，我们以及其他动物才有丰富的食物。地球上全部的物种，包括植物、动物、微生物，以及人类组成了生命的大家庭。在这个大家庭里，所有的生命通过物质、能量和信息循环建立了有机的联系，各种生命有机体互相依存，共同按照生态学规律和谐地生活在地球上。因此所有的生命都具有生存和繁衍的权利，都应该得到尊重。这便是我要提出的一个主要的观点。世界本来就是多姿多彩的，但是我们太过崇尚标准，将评价的标准进行了单一化，使得我们的方向变得有些迷失。因此我们也可以得出全球化导致"赢者通吃"的根本原因：个人、企业、国家的个性没有得到关注与尊重，导致个性逐渐丧失，同质化竞争严重。统一标准下的弱者被吃掉的可能性几乎是百分之一百。

应该如何实现多样化呢？方法是以人为本，尊重个体的个性。同样以父母对孩子的教育为例子。不少人说，我让小孩接触各种知识，学习各种技能,这本身就是让他多样化发展呗! 其实,多样化被误解了。它指的是,在我们的社会中,每个人独特的地方都应该被尊重,不应该以同一个评价体系应用到所有人身上。根据进化理论,人类延续到今天,所表现出来的各种行为都有着其独特的适应意义。每个人或者每个群体身上都有着能够让其被自然所选择的地方。如果我们"统一标准",这些东西有可能会被扼杀。

我们也知道,改变一个社会的价值观是多么的困难,但是有些事情目前还是可以做的。那便是保持我们心理健康,逐步认识到世界、社会需要多样性,人的个性需要得到尊重。具体的表现在教育上就是,不能以单一指标衡量学生的优秀与否,尊重他们的兴趣,了解每个人的优势,并加以引导。在人本主义心理学家罗杰斯看来,儿童应该被看成是需要尊重的个体。他认为生活是一个使个体不断成长并达到完美的进程,这个进程是实现倾向的,指向于个体的成长、自主、摆脱外部力量的控制。这与我们提倡的多样性是一致的。在达到完美的过程中,环境(包括教育的因素)发挥了重要的作用。个体总是在得到无条件的积极肯定和积极自我肯定的基础上发展自我意识的。因此应该树立"自由学习"和"学生中心"的学习观与教学观,旨在通过知情统一的方式,培养"躯体、心智、情感、精神、心力融汇一体"的人,即"完人"。这种教育能"促进变化和学习,培养能够适应变化和知道如何学习的人"。而其培养心理气氛的三个最基本的原则是真诚或真实,尊重、关注和接纳,以及移情性理解。如果这样的理想能够实现,那么单一标准的问题便自然而然地解决了。

我们相信如果能够在生活中作一些改变,尊重个性,倡导多样化,这个社会将永远是充满活力的。如果我们的企业能够保持自己的个性,如果不具备做同样的事比别人做得更好的能力,那么便做好与别人不一样的事。再往大里讲,如果每个国家都能找对自己在世界经济中的定位,那么这个世界将同样会是精彩的。

马克思、恩格斯在《共产党宣言》中写到,取代资产阶级社会的,"将是这样一个联合体,在那里,每个人的自由发展是一切人的自由发展的条件。"这是人类对共产主义社会美好的向往。但是在对这句话作解读时,很多人认为是"每个人自由而全面的发展",这样的解读会带来很多的误解,一个人要全面的发展,何谓全面呢? 德智体美? 按照社会的标准,每个人都要去学习乐器、学习绘画、努力考大学,成为"大多数人"? 根据我们上面的分析,每个人对于世界来说都是独一无二、不可或缺的,应该按照自身的兴趣、基础,每个人都有一个完整的自己才能给世界带来色彩。因此"自由而全面的发展"这句话也可以理解为"自由而完整的发展"。不否认他人,承认并尊重他人,在此基础上充分发挥自己的个性、展示自己的独特之处,而不是成为"其他人",来共同组成一个美丽和谐的世界。每个人自由完整的发展是一切人自由完整发展的条件。

思考题

1. 谈谈人的现代化在整个社会现代化中的重要地位。

2. 在市场经济条件下,如何理解本杰明·富兰克林的"信用就是金钱"的观点?

3. 韦伯说,是理性与规范压抑了人类对金钱的贪欲。试用此观点来阐述市场经济并不等于金钱。

4. 一般情况下,市场经济会对人的现代化提出哪些要求?

5. 结合中国国情,谈谈当前中国在社会转型和实现现代化的过程中最大的障碍是什么,应如何去解决?

6. 从宏观和微观层面分析应该如何应对全球化?

参考文献

1. 威廉·S·萨哈金著,周晓虹等译:《社会心理学的历史与体系》,贵州人民出版社,1991年。

2. J·L·弗里德曼等著,高地等译:《社会心理学》,黑龙江出版社,1984年。

3. S·奥斯坎普著,乐国安等译:《应用社会心理学》,知识出版社,1991年。

4. 兰伯斯著,魏明庠等译:《社会心理学》,地质出版社,1990年。

5. 高峰强著:《现代心理学范式的困境与出路》,人民出版社,2001年。

6. 孙时进主编:《心理学概论》,华东师范大学出版社,2002年。

7. J·P·福加斯著,张保生等译:《社会交际心理学》,湖南出版社,1992年。

8. 古斯塔夫·勒庞著,冯克利译:《乌合之众——大众心理学研究》,中央编译出版社,2000年。

9. 周晓红主编:《现代社会心理学》,江苏人民出版社,1991年。

10. 迈克尔·舍默著,闾佳译:《当经济学遇上生物学和心理学》,中国人民大学出版社,2009年。

11. 孙时进主编:《管理心理学》,立信会计出版社,2000年。

12. 孙时进主编:《社会心理学》,复旦大学出版社,2007年。

13. 威廉·麦独孤著,俞国良等译:《社会心理学导论》,浙江教育出版社,1997年。

14. 艾略特·阿伦森著,郑日昌等译:《社会性动物》,新华出版社,2002年。

15. 时蓉华著:《社会心理学》,浙江教育出版社,1998年。

16. 张春兴著:《现代心理学》,上海人民出版社,2001年。

17. 章军编著:《社会心理学自学考试复习指南》,中国人民大学出版社,1999 年。

18. 罗伯特·西奥迪尼著,张力慧译:《影响力》,中国社会科学出版社,2001 年。

19. 林孟平著:《小组辅导与心理治疗》,商务印书馆,1996 年。

20. 吴武典:《团体辅导手册》,心理出版社,1993 年。

21. 林孟平著:《辅导与心理治疗》,商务印书馆,1996 年。

22. 林莱尼斯·布洛克威尔著,王新超译:《应对攻击行为》,北京大学出版社,2002 年。

23. 康罗·洛伦兹著,王守珍等译:《攻击与人性》,作家出版社,1987 年。

24. 麦克·阿盖尔著,陆洛译:《社会行为之科学研究》,巨流图书公司,1996 年。

25. 麦克·阿盖尔等著,张君玫译:《社会情景》,巨流图书公司,1996 年。

26. 麦克·阿盖尔等著,李茂兴译:《合作:社会活动的基石》,巨流图书公司,1996 年。

27. 麦克·阿盖尔等著,陆洛译:《日常生活社会心理学》,巨流图书公司,1996 年。

28. 麦克·阿盖尔等著,苗延威译:《人际关系剖析》,巨流图书公司,1996 年。

29. 沈渔邨主编:《精神病学》,人民卫生出版社,1988 年。

30. 车文博主编:《心理治疗手册》,吉林人民出版社,2000 年。

31. D·M·巴斯著,熊哲宏、张勇、晏倩译:《进化心理学:心理的新科学》,华东师范大学出版社,2007 年。

32. David Capuzzi 著,孙时进等译校:《团体咨询方法——咨询师手册》,中国轻工业出版社,2008 年。

33. Elliot Aronson,Timothy D. Wilson,Robin M. Akert 著,侯玉波等译:《社会心理学》(第五版　中文第二版),中国轻工业出版社,2007 年。

34. S. E. Taylor, L. A. Pelau, D. O. Sear 著,谢晓菲等译:《社会心理学》(第十版),北京大学出版社,2004 年。

35. 戴维·波普诺著,李强等译:《社会学》(第十版),中国人民大学出版社,2004年。

36. 戴维·迈尔斯著,侯玉波等译:《社会心理学》(第八版),人民邮电出版社,2006年。

37. 刘豪兴著:《社会学概论》(2003年版),高等教育出版社,2003年。

38. 丹·艾瑞里著,赵德亮、夏蓓洁译:《怪诞行为学》,北京中信出版社,2008年。

39. 杰拉尔德·柯瑞著,刘铎等译:《团体咨询的理论与实践》,上海社会科学院出版社,2006年。

40. 乐国安著:《社会心理学》,广东高等教育出版社,2006年。

41. B·罗素著:《西方的智慧》,文化艺术出版社,2005年。

42. 纳西姆·尼古拉斯·塔勒布著,万丹译:《黑天鹅》,北京中信出版社,2008年。

43. 徐磊青、杨公侠编著:《环境心理学——环境、知觉和行为》,同济大学出版社,2002年。

44. 俞国良、王青兰、杨治良著:《环境心理学》,人民教育出版社,1999年。

45. 张雷著:《进化心理学》,广东高等教育出版社,2007年。

46. 马建青著:《现代广告心理学》,浙江大学出版社,1997年。

47. 江波著:《广告心理新论》,暨南大学出版社,2002年。

48. 黄合水著:《广告心理学》,高等教育出版社,2005年。

49. 朱滢著:《文化与自我》,北京师范大学出版社,2007年。

50. Jerry M. Burge 著,陈昌会等译:《人格心理学》(第六版),中国轻工业出版社,2004年。

51. 伊·谢·科恩:《自我论》,三联书店,1986年。

52. 刘衍永、周晓阳:《中国传统文化中的死亡观及其现代意义》,载于《船山学刊》,2008年第1期。

53. 刘征等:《进化心理学——心理学研究的一种新视角》,载于《江西教育科研》,2007年第5期。

54. 周晓虹:《现代社会心理学的危机和后现代社会心理学的兴起》,载于《南京社会科学》,1994年第4期。

55. 朱新秤:《进化心理学理论、意义与局限》,载于《自然辩证法研究》,2000年第16卷第4期。

56. 陈晓萍：《关于社会心理学的一些思考》，载于《应用心理学》，1993年第1期。

57. E·B·肖洛霍娃、H·C·马祖罗夫、K·K·帕拉托諾夫著，王骧业译：《社会心理学问题（摘译）》，载于《青海师范大学学报》（哲学社会科学版），1980年第3期。

58. 郑全全：《国内外社会心理学研究的新发展》，载于《应用心理学》，1988年第4期。

59. 冷允清：《社会心理优化与社会主义建设》，载于《理论探索》，1989年第1期。

60. 江波、彭彦琴、漆书青：《网络广告心理效果测评指标体系研究》，载于《心理科学》，2002年第25卷第6期。

61. Yaolm, I. K, *The theory and practice of group psychotherapy*. New York：Basic Books. 1985.

62. Robert Cialdini, *Influence: Science and Practice*. Allyyn & Bacon, a Pearson Education Company. 2001.

63. Malcolm Gladwell, *The Tipping Point: How Little Things Can Make a Big Difference*. little, brown and company. 2000.

64. Gilovich, T., *How we know what isn't so*. New York：Free Press. 1991.

65. Kelley, H. H., *Attribution theory in social psychology*. Lincoln：University of Nebraska Press. 1967.

66. Fiske, S. T. & Taylor, S. E., *Social Cognition*. New York：McGraw Hill. 1991.

67. Asch, S., *Forming impressions of Personality*. Journal of Abnormal Social Psychology, 41, 1946.

68. Turner, J. C., *Rediscovering the social group*. New York：Basil Blackwell. 1987.

69. Loftus, E. E. & Ketchum, K., *Witness for the defense*. New York：St. Martin's Press. 1991.

70. Rousseau, J., *The social contract and discourses*. New York：Dutton. 1930.

71. Storr, A., *Human aggression*. New York：bantam Books. 1970.

72. Carnegie, D. , *How to win friends and influence people*. New York: Simon & Schuster. 1937.

73. Jones, E. E. , *Ingratiation*. New York: Appleton-Century-Crofts. 1964.

后　记

　　这本《社会心理学导论》是在 2002 年复旦大学出版社出版的《社会心理学》一书的基础上重新改写而成的。着手改写该书是几年以前的事了，但一拖再拖到现在，如果没有编辑邬红伟先生耐心的一再催促和坚持，也许这本书永远就出不来。如此拖拉的表面原因和简单解释是懒惰，可深层原因可能就不那么简单了。著名心理学家派克（Scott Peck）说过：人如果有原罪的话，那就是懒惰。从存在主义的角度看，拖延本身最深层的原因可能是对死亡的恐惧。这些都是普遍性的解释，毕竟并不是每个人一样地都懒惰，我个人也不是在每件事上都懒惰。具体到我个人在这件事上拖延的原因之一，也许是由于对当今社会心理学体系本身的不满意，而自己又无力构造出满意的体系吧！这依然是个猜测，到底是什么原因，我自己也百思不得其解，看来人了解自身不是件简单的事。

　　在我看来，当今社会心理学的最大的问题是缺少一个完整的理论体系、框架，缺少有机的内在联系。它只是把许多不同时代的不同心理学家们，从各自不同的原因和兴趣出发研究过的一些问题拼合在了一块，以至于给人支离破碎的感觉。而且这个学科迄今为止既没有对社会的发展和社会问题的解决——这类应用性的问题提出让人称道的答案，也没对关于人性本质等基本理论问题作出重要的贡献。我有时和学生们开玩笑说，你们学完社会心理学的最大的收获也许是终于发现它是没用的。

　　那它存在的理由是什么呢？这也是我一直在思考的一个问题。在我看来，也许许多人文学科的重要特点之一就是敢于大胆地主观假设，而现代社会心理学是侧重于客观地小心求证的。有句话说：人至谨，则无智。问题是它小心谨慎到了枯燥、无味和琐碎的地步，以致被人本主义心理学家批评为就像一个醉汉丢了钥匙，不去丢钥匙的地方找，而坚持到灯光亮的地方找。然而我们不能因为批评它的不足就把"孩子和脏水一起泼掉"，科学严谨的小心求证依然是人文社会科学研究中必不可少的。当今一些被群众称为

"砖家"的学者,刨除利益问题和品德问题,从认识偏差角度看,就是这些"砖家"们常常把自己的一个大胆主观假设和猜测自以为是地当成真实的客观真理。

回到这本书上来,尽管从全书16章的标题看,这本书好像和2002年复旦版的《社会心理学》一样,没有大的变化。然而从实际内容看,是有较大变动的。本书加进了许多心理学的内容,并试图从进化心理学角度来整合社会心理学的体系。但还是有力不从心的感觉。在我看来,心理学应该是"顶天立地"的科学。"顶天"就是能从自己学科的角度回答上至社会发展、幸福和谐甚至死亡、孤独等这些终极关怀的问题,"立地"就是能发展出一些实际解决下至诸如亲子沟通、婆媳关系、交通路牌的易识别性等具体问题的方法与技术。在我看来,社会心理学的整合,如果没有人本心理学、超个人心理学、存在主义心理学和认知实验心理学的整合参与,就无法真正完成自己的整合,也无法做到"顶天立地"。作为人文科学、社会科学和自然科学相结合的心理学如何才能承担起这个"顶天立地"的任务,这是摆在心理学工作者面前的艰巨而又光荣的重要任务。

感谢我的学生刘小雪、陈雪、王俭勤、林婧婧、贺倩如、梅岑、华弥之、陈姗姗为本书所做的工作。刘小雪在第一章、第五章、第十六章,陈雪在第二章,王俭勤在第三章,林婧婧在第四章,贺倩如在第六章、第十五章,梅岑在第七章、第十章、第十四章,华弥之在第八章,陈姗姗在第十一章、第十二章、第十三章中做了大量的工作,他们全面地参与了从总体结构内容的讨论到文字的处理、编辑、校对等工作。完成这项工作的过程也是一个教学相长的过程。

因为这本书是在2002年复旦版《社会心理学》一书的基础上重新改写而来的,所以在此还应该感谢为该版《社会心理学》一书作出贡献的李宏图、高建秀、范新河、桂勇、朱永安、刘伟、郑昶、孙霞、刘佳琛等同志。还要感谢为本书精心绘制插图的刘辉、华弥之。在本书写作过程中作者参考和引用了国内外同行的研究成果,在此一并表示感谢。

以上这些,作为后记吧!

孙时进

2011年春于复旦大学文科楼

图书在版编目(CIP)数据

社会心理学导论/孙时进编著. —上海:复旦大学出版社,2011.5(2025.5重印)
(复旦博学·社会学系列)
ISBN 978-7-309-07407-9

Ⅰ. 社… Ⅱ. 孙… Ⅲ. 社会心理学　Ⅳ. C912.6

中国版本图书馆 CIP 数据核字(2010)第 126290 号

社会心理学导论
孙时进　编著
责任编辑/邬红伟

复旦大学出版社有限公司出版发行
上海市国权路 579 号　邮编:200433
网址:fupnet@ fudanpress.com　http://www.fudanpress.com
门市零售:86-21-65102580　团体订购:86-21-65104505
出版部电话:86-21-65642845
上海新艺印刷有限公司

开本 787 毫米×960 毫米　1/16　印张 26.25　字数 409 千字
2025 年 5 月第 1 版第 8 次印刷
印数 20 401—21 500

ISBN 978-7-309-07407-9/C · 149
定价:52.00 元